suhrkamp taschenbuch
wissenschaft 323

Die lange literaturwissenschaftliche Beschäftigung mit literarischen Erzählungen, den professionellen Resultaten schriftstellerischer Arbeit, hat kaum bewußt werden lassen, daß Erzählen eine alltägliche sprachliche Tätigkeit ist, die vielfältig und für viele praktische Zwecke tagtäglich von zahlreichen Sprechern praktiziert wird. Unbeachtet von der Wissenschaft folgt diese nicht-professionelle Erzählweise komplexen Regeln und Strukturgesetzen. Alltagserzählungen werden in und außerhalb der Institutionen, die unser tägliches Leben bestimmen, verlangt, realisiert, eingesetzt. In diesem Band legen Linguisten und Literaturwissenschaftler Analysen vor, die den Reichtum von Formen und Funktionen alltäglichen Erzählens deutlich werden lassen. Sie beschreiben an Beispielen, die großenteils in »linguistischer Feldarbeit« gewonnen wurden, wie und wo im Alltag erzählt wird, welches Erzählen erfolgreich ist, welches mißlingt und warum. Die Beispiele sind so unterschiedlichen Bereichen entnommen wie Sozialberatungen und Krankenhausvisiten, Schulunterricht und Kneipengespräch, psychoanalytischer Sitzung und gruppentherapeutischen Situationen, Leserbriefspalten und Supervisionsveranstaltungen, dem Gericht und den Versuchen nicht-professioneller Literaturproduktion. Ein besonderer Schwerpunkt liegt auf dem Zusammenhang von institutionellen Strukturen und dem alltäglichen Erzählen. Die Analysen zeigen, wie Sprecher Erzählungen verwenden, um »ihre Geschichte« darzustellen und darin Bilder von sich selbst entwerfen und anderen nahezubringen versuchen.

Erzählen im Alltag wendet sich an Linguisten und Literaturwissenschaftler, an Pädagogen, Therapeuten, Psychoanalytiker, Ärzte, Juristen, Sozialarbeiter und Lehrer, an solche Leser, die Interesse an der Aufhellung der sprachlichen Praxis haben, die sie selbst ausüben und in die sie teilnehmend und beobachtend involviert sind.

Erzählen im Alltag

Herausgegeben von
Konrad Ehlich

Suhrkamp

Der Text von Tucholsky wird mit freundlicher Genehmigung des Ro-
wohlt-Verlages, Reinbek, abgedruckt aus »Kurt Tucholsky, Gesammelte
Werke«, Band III (1960)

suhrkamp taschenbuch wissenschaft 323
Erste Auflage 1980
© Suhrkamp Verlag Frankfurt am Main 1980
Suhrkamp Taschenbuch Verlag
Alle Rechte vorbehalten, insbesondere das
des öffentlichen Vortrags, der Übertragung
durch Rundfunk und Fernsehen
sowie der Übersetzung, auch einzelner Teile.
Satz und Druck: Georg Wagner, Nördlingen
Printed in Germany
Umschlag nach Entwürfen von
Willy Fleckhaus und Rolf Staudt

CIP-Kurztitelaufnahme der Deutschen Bibliothek
Erzählen im Alltag / hrsg. von Konrad Ehlich. –
1. Aufl. – Frankfurt am Main : Suhrkamp, 1980.
(Suhrkamp-Taschenbuch Wissenschaft ; 323)
ISBN 3-518-07923-9
NE: Ehlich, Konrad [Hrsg.]

Inhalt

V

Kurt Tucholsky
Ein Ehepaar erzählt einen Witz

»Herr Panter, wir haben gestern einen so reizenden Witz gehört, den *müssen* wir Ihnen ... also den *muß* ich Ihnen erzählen. Mein Mann kannte ihn schon ... aber er ist zu reizend. Also passen Sie auf.

Ein Mann, Walter, streu nicht den Tabak auf den Teppich, da! Streust ja den ganzen Tabak auf den Teppich, also ein Mann, nein, ein Wanderer verirrt sich im Gebirge. Also der geht im Gebirge und verirrt sich, in den Alpen. Was? In den Dolomiten, also nicht in den Alpen, ist ja ganz egal. Also er geht da durch die Nacht, und da sieht er ein Licht, und er geht grade auf das Licht zu ... laß mich doch erzählen! das gehört dazu! ... geht drauf zu, und da ist eine Hütte, da wohnen zwei Bauersleute drin. Ein Bauer und eine Bauersfrau. Der Bauer ist alt, und sie ist jung und hübsch, ja, sie ist jung. Die liegen schon im Bett. Nein, die liegen noch nicht im Bett ...«

»Meine Frau kann keine Witze erzählen. Laß mich mal. Du kannst nachher sagen, obs richtig war. Also nun werde ich Ihnen das mal erzählen.

Also, ein Mann wandert durch die Dolomiten und verirrt sich. Da kommt er – du machst einen ganz verwirrt, so ist der Witz gar nicht! Der Witz ist ganz anders. In den Dolomiten, so ist das! In den Dolomiten wohnt ein alter Bauer mit seiner jungen Frau. Und die haben gar nichts mehr zu essen; bis zum nächsten Markttag haben sie bloß noch eine Konservenbüchse mit Rindfleisch. Und die sparen sie sich auf. Und da kommt ... wieso? Das ist ganz richtig! Sei mal still ..., da kommt in der Nacht ein Wandersmann, also da klopft es an die Tür, da steht ein Mann, der hat sich verirrt, und der bittet um Nachtquartier. Nun haben die aber gar kein Quartier, das heißt, sie haben nur ein Bett, da schlafen sie zu zweit drin. Wie? Trude, das ist doch Unsinn ... Das kann sehr nett sein!«

»Na, ich könnte das nicht. Immer da einen, der – im Schlaf strampelt ..., also ich könnte das nicht!«

»Sollst du ja auch gar nicht. Unterbrich mich nicht immer.«

»Du sagst doch, das wär nett. Ich finde das nicht nett.«

»Also . . .«

»Walter! Die Asche! Kannst du denn nicht den Aschbecher nehmen?«

»Also . . . der Wanderer steht da nun in der Hütte, er trieft vor Regen, und er möchte doch da schlafen. Und da sagt ihm der Bauer, er kann ja in dem Bett schlafen, mit der Frau.«

»Nein, so war das nicht. Walter, du erzählst es ganz falsch! Dazwischen, zwischen ihm und der Frau – also der Wanderer in der Mitte!«

»Meinetwegen in der Mitte. Das ist doch ganz egal.«

»Das ist gar nicht egal . . . der ganze Witz beruht ja darauf.«

»Der Witz beruht doch nicht darauf, wo der Mann schläft!«

»Natürlich beruht er darauf! Wie soll denn Herr Panter den Witz so verstehen . . . laß mich mal – ich werd ihn mal erzählen! – Also der Mann schläft, verstehen Sie, zwischen dem alten Bauer und seiner Frau. Und draußen gewittert es. Laß mich doch mal!«

»Sie erzählt ihn ganz falsch. Es gewittert erst gar nicht, sondern die schlafen friedlich ein. Plötzlich wacht der Bauer auf und sagt zu seiner Frau – Trude, geh mal ans Telefon, es klingelt. – Nein, also das sagt er natürlich nicht . . . Der Bauer sagt zu seiner Frau . . . Wer ist da? Wer ist am Telefon? Sag ihm, er soll später noch mal anrufen – jetzt haben wir keine Zeit! Ja. Nein. Ja. Häng ab! Häng doch ab!«

»Hat er Ihnen den Witz schon zu Ende erzählt? Nein, noch nicht? Na, erzähl doch!«

»Da sagt der Bauer: Ich muß mal raus, nach den Ziegen sehn – mir ist so, als hätten die sich losgemacht, und dann haben wir morgen keine Milch! Ich will mal sehn, ob die Stalltür auch gut zugeschlossen ist.«

»Walter, entschuldige, wenn ich unterbreche, aber Paul sagt, nachher kann er nicht anrufen, er ruft erst abends an.«

»Gut, abends. Also der Bauer – nehmen Sie doch noch ein bißchen Kaffee! – Also der Bauer geht raus, und kaum ist er rausgegangen, da stupst die junge Frau . . .«

»Ganz falsch. Total falsch. Doch nicht das erstemal! Er geht raus, aber sie stupst erst beim drittenmal – der Bauer geht nämlich dreimal raus – das fand ich so furchtbar komisch! Laß mich mal! Also der Bauer geht raus, nach der Ziege sehn, und die Ziege ist da; und er kommt wieder rein.«

»Falsch. Er bleibt ganz lange draußen. Inzwischen sagt die junge

Frau zu dem Wanderer –«

»Gar nichts sagt sie. Der Bauer kommt rein . . .«

»Erst kommt er nicht rein!«

»Also . . . der Bauer kommt rein, und wie er eine Weile schläft, da fährt er plötzlich aus dem Schlaf hoch und sagt: Ich muß doch noch mal nach der Ziege sehen – und geht wieder raus.«

»Du hast ja ganz vergessen, zu erzählen, daß der Wanderer furchtbaren Hunger hat!«

»Ja. Der Wanderer hat vorher beim Abendbrot gesagt, er hat so furchtbaren Hunger, und da haben die gesagt, ein bißchen Käse wäre noch da . . .«

»Und Milch!«

»Und Milch, und es wär auch noch etwas Fleischkonserve da, aber die könnten sie ihm nicht geben, weil die eben bis zum nächsten Markttag reichen muß. Und dann sind sie zu Bett gegangen.«

»Und wie nun der Bauer draußen ist, da stupst sie den, also da stupst die Frau den Wanderer in die Seite und sagt: Na . . .«

»Keine Spur! Aber keine Spur! Walter, das ist doch falsch! Sie sagt doch nicht: Na . . .!«

»Natürlich sagt sie: Na . . .! Was soll sie denn sagen?«

»Sie sagt: Jetzt wäre so eine Gelegenheit . . .«

»Sie sagt im Gegenteil: Na . . . und stupst den Wandersmann in die Seite . . .«

»Du verdirbst aber wirklich jeden Witz, Walter!«

»Das ist großartig! Ich verderbe jeden Witz? *Du* verdirbst jeden Witz – ich verderbe doch nicht jeden Witz! Da sagt die Frau . . .«

»Jetzt laß *mich* mal den Witz erzählen! Du verkorkst ja die Pointe . . .!«

»Also jetzt mach mich nicht böse, Trude! Wenn ich einen Witz anfange, will ich ihn auch zu Ende erzählen . . .«

»Du hast ihn ja gar nicht angefangen . . . *ich* habe ihn angefangen!« – »Das ist ganz egal – jedenfalls will ich die Geschichte zu Ende erzählen; denn du kannst keine Geschichten erzählen, wenigstens nicht richtig!« – »Und ich erzähle eben meine Geschichten nach meiner Art und nicht nach deiner, und wenn es dir nicht paßt, dann mußt du eben nicht zuhören . . .!« – »Ich will auch gar nicht zuhören . . . ich will sie zu Ende erzählen – und zwar so, daß Herr Panter einen Genuß von der Geschichte hat!« – »Wenn du vielleicht glaubst, daß es ein Genuß ist, dir zuzuhören . . .« – »Trude!« – »Nun sagen Sie, Herr Panter – ist das auszuhalten! Und so nervös ist er schon die ganze Woche . . . ich habe . . .« – »Du bist . . .« – »Deine Unbeherrschtheit . . .« – »Gleich wird sie sagen: Komplexe! Deine Mutter nennt das einfach schlechte Erziehung . . .« – »Meine Kinderstube . . .!« – »Wer hat denn die Sache beim Anwalt rückgängig gemacht? Wer denn? Ich vielleicht? Du! Du hast gebeten, daß die Scheidung nicht . . .« – »Lüge!« – Bumm: Türgeknall rechts. Bumm: Türgeknall links.

Jetzt sitze ich da mit dem halben Witz.

Was hat der Mann zu der jungen Bauersfrau gesagt?

I

Konrad Ehlich
Der Alltag des Erzählens

1. Professionalisierung und Passivität:
Literarisches Erzählen

Vor lauter Erzählungen scheint das *Erzählen* abhanden gekommen. Die Literaten haben sich seiner angenommen. Sie professionalisierten es, indem sie begannen, erzählend zu *schreiben*. Das Ende der mündlichen Tätigkeit markiert den Umschlag, durch den Literatur die Memorierfunktion ablegte und eine eigene Qualität erlangte.

Die Schreibenden schreiben gut – aber es kann ihnen keiner mehr *zuhören:* Ihr Medium sind Erzähl*ungen*, Schreibprodukte, abtrennbar, aus dem Prozeß ihrer Herstellung gelöst, anonymisiert in technischen Vorgängen der Reproduktion, die sie vielen verfügbar macht: zum Lesen. Die *Zuhörer* finden sich als *Leser* wieder. Ihr Gewinn ist erheblich. Sie lesen Meistererzählungen, Herausragendes, ihr Genuß ist groß. Doch die Perfektion des Produktes, die Bedingungen ihres Genusses haben sie dreifach bezahlt: Warenpreis, veränderte Gattung, und sie selbst *passiviert*. Die Rezipienten sind aktiv noch als Käufer und als Leser; im Blick aufs Erzählen selbst sind sie passiv, der Möglichkeiten beraubt, in die Geschichten einzugreifen, sich vom Erzähler in eine gemeinsame Tätigkeit verwickeln zu lassen, ihn zu fordern, ihm zu applaudieren, Fortsetzungen zu elizitieren, ihn zu Improvisationen anzustacheln.

Statt ihrer handeln Rezipienten kat exochen, gleichfalls professionalisierte Leser: Kritiker und Literaturwissenschaftler, die ihrerseits zur Gruppe der Literaten zählen. Die aktive Partizipation am Erzählvorgang, zeitlich zerdehnt auf die Akte des Schreibens und die Akte der Kritik, wird exemplarisch in wenigen Menschen inkorporiert. Die anderen, Adressaten *auch* des literarischen Erzählens, sind aus Zuhörern nahezu Statisten geworden, Passanten sprachlicher Tätigkeiten, die auf einem fernen Forum ausgeführt werden.

Die Professionalisierung läßt das Erzählen also fast nur noch als literarische Beschäftigung erscheinen.

Verständnisrahmen, Erwartungen, angenommene Erzählbedürfnisse sind geprägt durch die entwickelten Fertigkeiten des professionellen Literaten, des *Schreibers* von Erzählungen und Geschichten.

Die veränderten Medien modifizieren den literarisierten Erzählprozeß. Kunst verlangt begleitende Reflexion, verlangt die kunstvolle Konstruktion der Erzählung. Gerade dadurch erweist sich das Produkt als lesenswert, daß der Prozeß seiner Herstellung sich den literarischen Maximen unterwarf.

Erzählen ist Bestandteil der literarischen Gattungslehre, sich entfaltend in Formen der Novelle und des Romans, der Erzählung und der short story, der Kriminalgeschichte und der Autobiographie. Professionelle Erzähler erzählen gattungsbewußt, traditionsbewußt, im inneren Diskurs mit den Resultaten einer langen Erzähltradition, die eine Schreibtradition ist. Erzählen ist eine *Kunstform*.

Der Alltag des Erzählens erscheint zunächst als der Alltag des Erzählers, als professionelle Tätigkeit der Literaten. Den Leser führt das Erzählen jenseits des eigenen Alltags in fiktionale, in fiktive Welten, in die er rezipierend gebracht wird.

Die Existenz einer reichen literarischen Erzählkultur entwertet die eigene Erzählfähigkeit des passivierten Lesers. Der qualitative Abstand dessen, was ihm lesend zugänglich wird, von dem, was er selbst erzählend zu produzieren in der Lage wäre, wirkt tendenziell lähmend. Das Resultat ist paradox: Gerade die qualitative Steigerung des Erzählens schlägt sich in einer erzählerischen Ohnmacht vieler nieder, sofern sie mit jenen Meistererzählungen in lesende Berührung kommen. Die handlungspraktisch hergestellte Passivität als Ergebnis der literarischen Professionalisierung des Erzählens entwertet die eigene Erzählfähigkeit. Diese unterliegt also einer Dialektik, die auch sonst in der entwickelten Kunst-Warenproduktion zu beobachten ist.

Im Maß, wie die Passivität wächst, die Erzählfähigkeit sich reduziert, geht die Voraussetzung auch für das literarische Erzählen verloren.

Gerade das letzte Jahrzehnt hat Proteste gezeigt, die die Passivierung nicht umstandslos ertragen. Einige der vielen, die zu bloßen Lesern gemacht wurden, besinnen sich ihrer eigenen

Erzählfähigkeit, oder sie insistieren doch zumindest darauf, daß sie ein Recht haben zu erzählen, erzählen zu können.

Der Protest wird freilich erst dann verallgemeinert wahrnehmbar, indem er seinerseits sich der Medien des literarischen Erzählens bedient: als »Schreiben«. »Schreiben« opponiert sich »der Literatur«, wie – nach einer längeren Vorgeschichte – zuletzt im Literaturmagazin 11 (1979) thematisch artikuliert. Oft freilich scheint der Protest nahezu hilflos angesichts der kunstvollen Fertigkeit der professionellen Erzähler – wenn er nicht selbst nur eine andere Form eben jener Fertigkeit ist. Der Protest bleibt dem verquickt, gegen das er protestierend sich artikuliert. Doch gerade wenn das nicht geschieht, wird der Abstand zwischen literarischem und unliterarischem Erzählen deutlich. Das komplexe Verhältnis von individueller Erfahrung und allgemeinem Interesse, das die Geschichte der Gattung bestimmt, läßt sich nicht einfach nivellieren, so daß aus der Figur des Protests heraus die Erwartungsstandards sich – kraft der Legitimität der Negation – schlicht umkehren ließen.

Die Zusammenhänge sind in mehrfacher Weise komplexer. Der Protest gegen die Passivierung zieht seine Kraft daraus, daß die Erzählfähigkeit der vielen trotz ihrer professionellen Diskreditierung eine unterschwellige Kontinuität bewahrt hat. Ja, mehr: noch in der Passivität der bloßen Rezeption müssen zumindest Reste der Erzählfähigkeit erhalten sein. Denn Erzählen lebt aus der Reziprozität der Aktanten, aus dem selbst im Lesen noch rudimentär erhaltenen Akt des Zuhörens, der seinerseits *Erzählfähigkeit* voraussetzt. Um zuhören zu können, bedarf der Zuhörer der Teilhabe am gemeinsamen Muster. Und trotz aller Zerdehnung in den Akt des Schreibens, des Übermittelns, des Lesens ist die Partizipation an der Erzählfähigkeit unabdingbar, um auch die literarische Kommunikation gelingen zu lassen.

Der Dialektik von Professionalisierung und Passivität liegt also ein gemeinsames Substrat von Erzählfähigkeit zugrunde. Es ist die Grundlage für die intendierte Umkehrung der Passivität, für das Heraustreten aus dem Schweigen der vielen.

Komplexer sind die Zusammenhänge auch in der Hinsicht, daß die Kritik an der Erzählpassivität oft in ihrem Protest stillschweigend die literarischen Maßstäbe in Geltung läßt, die zu kritisieren sie unternimmt. Michael Rutschky (1979) beschreibt in seiner Arbeit über »Ethnographie des Alltags« exemplarisch als »unliterarische Tendenz der 70er Jahre« jene Tendenz des Protestes, die oben genannt wurde. Er hebt die implizite Kritik an einigen, wie er sagt, »Universalmodellen« literarischer Kommunikation hervor, gegen die sich die nicht-professionellen Erzähler auflehnen. Aber auch bei ihm heißt es etwa: ». . . sie fotografieren gleichsam Alltagsprosa, wie sie aus ihnen herausgeflossen ist.« Das nicht-professionelle Erzählen erscheint als ein physiologischer Prozeß. Die kunstvolle Bearbeitung des Erzählvorgangs macht sich als Folie solcher Einschätzung geltend. Ist dem wirklich so? Lassen wir »Alltagsprosa« sozusagen naturhaft aus uns heraus? Was hat es mit dem alltäglichen Erzählen auf sich?

2. Alltag

Mit den Kennzeichen einer vergessenen Lebensdimension wird »Alltag« gegenwärtig thematisiert. Ihn zu benennen, soll oft die Abstände zwischen Erkenntnisarbeit und Erfahrung verkürzen, soll eine Trennung rückgängig machen, die vielen Intellektuellen nicht mehr hinreichend kompensiert wird, um sie praktizieren zu können. »Alltag« wird zur Formel der Unmittelbarkeit; wer sie benutzt, versichert, daß er aus dem Zirkel der Esoterik von Wissen entkommen ist. »Alltag«, zum Terminus gemacht, hat Funktionen zu erfüllen, die seine Reichweite übersteigen. Deshalb ist eine Präzisierung erwünscht, die ihm deskriptive Kraft vermittelt. Dies kann hier nicht geschehen. Hinweise müssen genügen, die sich vor allem aus den Oppositionen zu »Alltag« ergeben.

»Alltag« ist bestimmt durch etwas, was sich von ihm abhebt: Besonderes, Herausragendes. Alltag ist Einerlei, das unterbrochen wird vom *Fest*. Dieses, zunächst religiös, dann in weniger verbindlichen, zufälligen, fragmentarischen Formen verweltlicht, bringt das Alltägliche zum Schweigen – um nach des Festes Ende den Alltag gefestigt zurückkehren und ihn leichter ertragen zu lassen.

Alltag ist das *Gewohnte,* das *Gewöhnliche.* Dieses nutzt, seit dem Sturm und Drang, die Intelligenz als die Folie, vor der sie ihr eigenes *Genie* bewährt (Paul (1966), S. 17) und so das Besondere personalisiert, darin zugleich »Öffentlichkeit« konstituierend, eine *Öffentlichkeit der Wenigen,* deren Medium vor allem die

Literatur ist. Es ist die Öffentlichkeit der Professionellen. Literatur wird zur Veranstaltung, die durch ihre eigene Existenz, ipso facto, aus dem Alltag heraushebt, die vom Alltag abhebt: sich und den, der sich mit ihr befaßt. Das Besondere ist eine kleine Gruppe, die, wenn schon nicht sozial, so doch in ihrem Selbstbewußtsein, sich vom *Gemeinen* trennt durch Bildung, überhaupt durch etwas »Höheres«.

Alltag aber ist *Werktag*, Werktag ist *Arbeit*. Das Fest, die öffentliche Diskussion, die Literatur lassen die Arbeit vergessen. Der Alltag hingegen ist so grau, wie die Arbeit eintönig. Die *Monotonien* beider, schwer erträglich, werden außerhalb ihrer mühsam kompensiert. Illusionsindustrien arbeiten sich an der Schaffung von Gegenwelten ab, unter ihnen die Literatur. Der Alltag als Werktag findet sein tägliches Ende im Feierabend, mit dem die Reproduktion für den nächsten Alltag beginnt. Dem Alltag wird das Reich der kleinen Träume entgegengesetzt, das, als Surrogat, schal bleibt. Denn Alltag ist, gegenüber dem Surrogat, *real, wirklich*. Der Phantasie wird durch seine Kontinuität ihre eigene Ohnmacht, ihr Illusionscharakter demonstriert.

Es ist vor allem dieser Aspekt des Alltags, der seine Faszination ausmacht, der ihn geeignet erscheinen läßt, eine neue Unmittelbarkeit zu erreichen. Alltag wird ambivalent, besonders dort, wo er zum Thema jener Intelligenz wird, deren Vorgeschichte gerade durch Nicht-Alltäglichkeit konstituiert wurde. Das Insistieren auf dem Alltag wird zu einer Evokation der Wirklichkeit gegen zunehmend isolierte und fragmentarisierte wissenschaftliche und literarische Tätigkeiten. Es klagt den Zusammenhang mit dem gesellschaftlichen Leben emphatisch ein, der in jener Partikularisierung implizit aufgegeben wird. Allerdings fragt sich, ob dieses Bestehen auf dem Alltag nicht seinerseits die spezifischen Medien der Erfahrungserweiterung aufgibt, die in der Lage wären, mehr als eine bloße insistierende Geste hervorzubringen – eine Geste, die nur im Verständigungskontext der Literatur verstehbar ist, von der sie sich lösen will.

Alltag erscheint auch als das *Allgemeine*, demgegenüber die einzelnen Formen des gesellschaftlichen Lebens gesondert sind. Alltag tritt den *Institutionen* gegenüber, als Ausdruck, der zusammenfassend alle jene Lebensformen bezeichnet, die nicht auf den ersten Blick schon als besondere Einrichtungen erkenntlich sind. Diese Institutionen, die ihre Existenz abgehobenen Situationen im Leben der Individuen verdanken – Krankenhäuser, Gefängnisse, Polizeistationen –, werden in der individuellen Biographie erfahren als Eingriffe in ein sonst unbehelligtes Leben – eben das alltägliche.

Kaum sichtbar wird dabei jedoch, daß auch dieses Leben bestimmt ist durch institutionelle Zusammenhänge, daß der Alltag selbst institutionalisiert ist. Alltag wird zum Ort jenseits der Einflußsphären anonym erfahrener »Zuständigke ten«, Alltag selbst erscheint als Garant einer »unauffälligen«, eben deshalb einer untangierten Existenz. Die Anonymität des Gewöhnlichen wird zum Schutz, der vor Exponiertheit abschirmt, die allemal als Bedrohung erfahren wird. Die verwaltete Abhäng gkeit scheint erträglich, wenn die expliziten Begrenzungen nicht berührt, wenn die Beschränkungen akzeptiert sind.

Nur gelegentlich, am Rande, wird »Alltag« in diesem Band im zuletzt benannten Sinn, als Opposition zu »Institution«, in Anspruch genommen. Ein Blick in das Inhaltsverzeichnis zeigt bereits, daß die meisten Erzählanalysen durchaus mit institutionellen Zusammenhängen zu tun haben – wenn auch nicht so, daß das Erzählen umstandslos, bruchlos sich in deren Ablauf fügte. Im Gegenteil – häufig gewinnt es seine spezifische Kontur daraus, daß es sperrig dem glatten Abarbeiten der institutionellen Zwecke sich widersetzt. Diese Spannung, ja Widerspenstigkeit des Erzählens im institutionellen Handlungsraum läßt sich in den vorliegenden Arbeiten nicht nur aufspüren, sie hat sich überraschend geradezu als eines der durchgehenden Themen erwiesen, fast also ein »roter Faden«, ein identifizierendes Zeichen, das sie miteinander trotz unterschiedlicher analytischer Ansätze verbindet.

»Alltag« bezeichnet die Lebenswelt der Mehrheit. Erzählen im Alltag zielt auf die Analyse einer Tätigkeit ab, die sich gerade in jener Sphäre des Üblichen, des Gewöhnlichen, des Tagtäglichen abspielt. Alltag ist ein Bereich, der die nicht-literarische, triviale *Öffentlichkeit der Massen* ausmacht, all jene Monotonie, scheinbare Bedeutungslosigkeit, Unscheinbarkeit, über die sich die Wissenschaften der Kultur lange, der Literaturwissenschaft als Leitwissenschaft folgend, einig waren. Facetten des Alltags zu untersuchen, verlangt also ein Interesse, das im Kanon der Professionalität kaum vorgesehen ist.

(Inwieweit das oben beschriebene neue und emphatische Interesse am Alltag dabei hilfreich ist, muß sich zeigen. Immerhin hat es dazu beigetragen, den Blick für eine ethnographische Perspektive freizugeben, die noch vor wenigen Jahren kaum denkbar war.)

Es ist jener Alltag der vielen, jener Usus der Massen, der in den Fokus gerückt wird. Nicht umsonst geht ein wichtiger Anstoß dazu von der Sprachwissenschaft aus. Denn ihr Objekt war schon immer ein Allgemeines, die Sprache, also etwas, das über ihre literarische Verwendung hinausgeht, genauer: das ihr vorausliegt. Je deutlicher sich die Sprachwissenschaft von den »toten« Texten löste, von den Dokumenten einer fernen Vergangenheit des sprachlichen Handelns, die Überlieferungsqualität weithin der Bedeutung ihres Inhalts verdankten, um so klarer wurde die allgemeine Qualität des sprachwissenschaftlichen Objekts auch für die Linguistik selbst. Die Transformation der Philologie zur Linguistik ist mit diesem Bewußtwerden aufs engste verbunden.

Der Alltag verdient Interesse nicht nur, weil er quantitativ einen so bedeutenden Teil der einzelnen und ihrer Biographien ausmacht. Er interessiert vor allem, weil im Alltag die Akte der tatsächlichen Selbstverständigung erfolgen, die Umsetzungen der gesellschaftlichen »Hauptaktionen« in die individuelle Aneignung, weil in ihm Grundlagen für das gesellschaftliche Handeln bearbeitet werden, die sich in der »offiziellen Geschichte« verdichten. Der Alltag ist der Umschlagsplatz sowohl der verordneten Wahrheiten wie – und vor allem – der gesellschaftlichen Praxen, auf die sie Einfluß nehmen sollen.

Der Alltag ist der Ort, an dem die gesellschaftlichen Widersprüche aufeinanderstoßen und in Lösungsformen prozessiert werden. Der Alltag ist massenhaft. Er ist perspektivenlos oder perspektivenreich; er bestimmt die Horizonte der faktischen Aktanten – oder derer, die Geschichte nur erleiden. Über diesen Alltag aber wissen wir weniger als über viele andere Aspekte des gesellschaftlichen Lebens. Alltag als realer Handlungsraum ist, so steht zu erwarten, als Ausschnitt des Konkreten von erheblicher Komplexität. Diese aber erscheint uns immer schon reduziert. Unser Bewußtsein davon hat Bilder, in der die Komplexität nicht mehr sichtbar wird. Gerade daß auch die Wissenschaftler am Alltag partizipieren, bedeutet, daß sie über ein handlungspraktisches Wissen verfügen, das eine (handlungs-)theoretische Rekonstruktion des Alltäglichen überflüssig erscheinen läßt.

3. Erzählen

Im Alltag nun wird, neben vielen anderen Tätigkeiten, *erzählt*. Das literarische Erzählen hat die alltägliche Erzählfähigkeit nicht wirklich verdrängen können.

Allerdings: es wäre eine lohnende Frage für eine historische Ethnographie, den geheimen Wirkungen der Literatur nachzugehen, deren Resultate eingangs beschrieben wurden. Der Wandel des Erzählens ist Ausdruck des Wandels der Erzählanlässe; dieser Folge und Ausdruck komplexer gesellschaftlicher Wandlungen. Die *Geschichte* des Erzählens als einer alltäglichen Tätigkeit und ihre Bedingungen wie die gesellschaftlichen Bedingungen des professionalisierten Erzählens verlangen nach weiterer, erzähl- und literatursoziologischer Aufklärung. Gerade die Vermittlung der Bedingungen des Erzählens mit diesem selbst herauszuarbeiten, ist eine äußerst reizvolle Aufgabe. Es wäre gut, wenn sie von vornherein in ihrer historischen und synchronen Bedeutung bedacht würde.

Erzählen ist ein aktives Element des alltäglichen Lebens. Allerdings sieht es wenig Grund, sich in einen Wettstreit mit den professionellen Erzählern einzulassen. Es hat seine eigenen Erzählanlässe, seine eigenen Situationen.

Wir sind zwar informiert über die Erzählanlässe der Beduinen und der Indianer; über das Erzählen im historischen Bagdad und außerhalb des historischen Florenz (vgl. Klotz (1980)). Über Umstände, Arten und Weisen, in denen der Nachbar erzählt, wissen wir häufig nur dann etwas, wenn wir den Erzählanlaß mit ihm teilen, wenn wir selbst Zuhörer sind, Adressat einer Alltagserzählung. Doch bereits die Systematisierung dieses Alltagswissens würde mit wünschenswerter Deutlichkeit zeigen, daß das Erzählen unter den alltäglichen sprachlichen Handlungen eine bedeutende Rolle einnimmt.

Im Alltag wird erzählt. Nicht Professionalität und Passivität allein machen also die Erzählwirklichkeit aus. Der veröffentlichte Teil des Erzählens ist nur ein Ausschnitt, der professionalisierte Erzählalltag nicht die ganze Wahrheit. Der Alltag des Erzählens ist wirklich *Alltag*, im weiten Sinn, wie er oben benannt wurde. Erzählen ist alltägliche Tätigkeit auch jenseits der professionellen Bereiche des literarischen Erzählens.

Wie aber ist »Erzählen« nun genau zu verstehen? Eine Klärung dieses Ausdrucks könnte der Klärung der Sache dienen – wäre sie nur einfach zu bewerkstelligen. Das ist sie nicht, und ich will nicht versuchen, eine vorschnelle Antwort zu geben. Der Alltagsausdruck deckt ein weites Spektrum ab, das Tätigkeiten vom bloßen »Aufzählen« von Ereignissen bis hin zur Wiedergabe fein zisilierter »Geschichten« bezeichnen kann. Die literarische Theorie hat recht genaue Vorstellungen von dem, was Erzählen, besonders was gutes Erzählen ist (vgl. zusammenfassend Lämmert (1972)), geschult an eben jenem professionellen Erzählen, von dem die Rede war. Über das alltägliche Erzählen hingegen wissen wir nur wenig. In den Aufsätzen dieses Bandes wird nicht versucht, dieser Situation durch eine vielleicht handgreifliche, aber angesichts des Forschungsstands wahrscheinlich relativ sachferne »Definition«, auf die sich alle Autoren verpflichtet hätten, abzuhelfen.

Der Gebrauch des Ausdrucks verläßt sich zunächst einmal ein Stück weit auf das vorgängige, wenn auch vielleicht brüchige alltagssprachliche Vorverständnis. Auf seinem Hintergrund werden unterschiedliche analytische und theoretische Konzepte erprobt, die in der Konfrontation mit den alltäglichen »Erzähl«tätigkeiten sich und die Leser ihrer Leistungsfähigkeit versichern müssen. Die Vielfalt der theoretischen und kategorialen Perspektiven läßt die Forschungssituation als das deutlich werden, was sie gegenwärtig ist: ein Anfang, der ein neues Thema nennt und zur gemeinsamen Arbeit daran auffordert.

4. Erzähltätigkeit

Erzählen im Alltag und literarisches Erzählen, beide, sind Erzählen. Schon eingangs wurde darauf hingewiesen, daß auch das literarische Erzählen von der Erzählfähigkeit des einfachen Lesers Gebrauch macht, daß dessen Fehlen die Voraussetzungen des literarischen Erzählens beträfe. Beide partizipieren an gemeinsamen Mustern. Alltägliches Erzählen, besonders in der Weite seiner Erstreckung, in den Formen, die sich am stärksten von literarischen Anforderungen entfernen, ist dem Alltag oft nicht nur als Tätigkeit verpflichtet, sondern auch in seinen *Inhalten*. Das macht Alltagserzählungen häufig trivial. Ihre Themen, die Begebenheiten, die sie enthalten, sind unerhört oft nur, sofern Weltkenntnis fehlt, wenn die Erfahrungen in die Enge jener alltäglichen Monotonie eingeschlossen sind.

Allerdings muß dies nicht so sein – es gibt auch im Alltag »gute Erzähler«, die virtuos die ihnen und den Zuhörern gemeinsamen Muster nutzen. Aber selbst in jenem Fall eines rudimentären Erzählens, dessen Inhalte Banalität enthalten und bestätigen, sind die *Muster* selbst im Gebrauch. Gerade aufgrund der literarischen Erzählmaßstäbe erscheint das alltägliche Erzählen um so weniger interessant, je mehr den Inhalten ein genereller »Neuheitscharakter« fehlt. Die Erzählungen, die in einem achselzuckenden »na und« des Zuhörers auslaufen, legen leicht einen unergiebigen Analogieschluß nahe, der das Interesse am Alltag des Erzählens in Frage stellt: den Schluß von der Trivialität des Inhalts auf die Trivialität der *Tätigkeit*. Diese Analogie verhindert nicht nur, die lebenspraktische Bedeutung des Erzählens für den Erzählenden zu erkennen, sie täuscht auch darüber hinweg, daß selbst solches rudimentäres Erzählen als sprachliche Handlung äußerst komplex ist. Die *Komplexität des Erzählens als alltäglicher Tätigkeit*, Erzählen als sprachliches Handeln, macht denn auch eine vorrangige Analyseaufgabe aus. Auf unterschiedliche Weise geben die folgenden Artikel Beiträge zu ihrer Lösung.

Erzählen ist als sprachliches Handeln integriert in die sonstigen Handlungsbezüge der gesellschaftlichen Aktanten. Es ist eines der prominentesten Mittel, mit denen der *Transfer von Erfahrung* bewältigt werden kann. Erzählen ist eine Tätigkeit, die, vom partikularen Erlebniswissen (Ehlich & Rehbein (1977)) bis hin zu komplexen, aber als Geschichte geradezu sinnlich wahrgenommenen Ereignissen und Zusammenhängen, Erfahrung kommunikativ vermittelt. Erzählen überwindet Isolation und konstituiert gemeinsame Teilhabe an Diskurswissen, mit dessen Hilfe die gesellschaftliche Praxis realisiert wird.

Erzählen kann sich auf den Kreis des sich immer wieder affirmierenden Partikularen beschränken. Dasselbe Handlungsmuster aber kann auch zum Mittel werden, durch das komplexes Wissen angeeignet, durch das die Enge des bloß Partikularen überschritten wird. Die Selbstverständigung und die Verständigung miteinander, die sich mit seiner Hilfe vollziehen, kann dazu verhelfen, den Alltag zu verändern, ihn anders zu organisieren, als er »immer schon« verläuft; nicht selten hat alltägliches Erzählen solche, seinen eignen Alltag sprengende Kraft entfaltet. Die erzählende Fiktion führt nicht nur in die festen Kreise des Alltags zurück, sie entwirft auch Veränderungen, deren Faszination

Menschen weiterbringt, als die Reproduktion des Alltags es zuläßt. Es ist gerade die Unmittelbarkeit des *alltäglichen* Erzählens in solchen Situationen, die, doppelt negativ, über die Affirmation des immer Gleichen und gleich Begrenzten ebenso hinausdrängt wie über die eigene Begrenzung zum bloßen Surrogat, zur statischen Gegenwelt.

Das alltägliche Erzählen, als alltägliche Tätigkeit der alltägl chen Aktanten, ist ein Potential, das aus der Passivierung herausführt. Gelingt dies, so verhilft es Menschen dazu, ihre eigenen Fähigkeiten zur Veränderung einzusetzen.

5. Erzählanalysen

Die Rolle, die dem Erzählen – und dem verordneten Erzählverzicht – etwa in der medizinischen Behandlung zukommt, macht das zuletzt Gesagte an der unmittelbaren Leidenserfahrung und am Versuch deutlich, das Leid zu überwinden, wie die Beiträge von Bliesener, Wodak-Leodolter und Flader/Giesecke (Teil III) zeigen.

Der Alltag des Erzählens umfaßt »Leidensgeschichten« jedoch auch an anderen institutionellen Orten, etwa bei der Sozialberatung, die Rehbein untersucht. In anderen Institutionen, wie im Sozialamt (Quasthoff) oder im Gericht (Hoffmann), ist der Alltag des Erzählens zugleich Form der zukunftbestimmenden Entscheidung über die Biographie. Erzählende Kundgabe der eigenen Vorgeschichte greift so oder so in das weitere Leben ein. Die erzählende Tätigkeit wird zum Mittel, Freispruch oder Fürsprache zu gewinnen – andererseits kann sich der Erzählende Urteil und Verzicht einhandeln, indem er sich in institutionalisierten Bewertungen des Erzählens, seiner Wahrheitsansprüche und seiner erzählenden Selbstdarstellung verstrickt (Teil II).

Im institutionell bestimmten Alltag des Erzählens wird Erzählen funktionalisiert – von den Klienten und Patienten der Institutionen für ihre eignen, von den Agenten der Institution für deren Zwecke. Wie verhält sich dazu das Erzählen, das jenseits solcher erkennbarer Determinationen steht? Dieser Frage geht Gülich nach. Stempel hebt eine Struktur heraus, die sich dabei beobachten läßt: die Etablierung von Alltagsfiktion. Ist Alltagsfiktion wirklich »Fiktion«? Aus der Perspektive einer phänomenologischen Literaturwissenschaft fragt Gumbrecht hier nach, indem er Unterschiede des Erzählens in Literatur und Alltag phänomenologisch-kategorial zu erfassen sucht (Teil V).

Erzählfähigkeit wird erworben, wird erlernt, wird ausgebildet. Welchen Beitrag leisten dazu die Schulen? Hurrelmann analysiert eines der für Erzählschulung als probat geltenden Mittel: die Nacherzählung. Das Ergebnis läßt Zweifel aufkommen an seinem Nutzen. Eine neue, andere Erzähldidaktik ist zu fordern. Klein macht Vorschläge, wie sie aussehen könnte, indem er die Erzählfähigkeit, die Schulkinder bereits haben, einbezieht (Teil IV).

Die Beiträge geben neben der Behandlung ihrer jeweiligen Thematik zugleich einen Einblick in gegenwärtige linguistische Methoden der Erzählanalyse. Dieser Zweig der Linguist k ist noch relativ jung. Er stellt eine eigene Entwicklung der Sprachwissenschaft dar, der sich aus der Erfahrung bestimmter Defizite einer bloß satzbezogenen Linguistik ergeben hat. Diese Eigenständigkeit hat das positive Ergebnis mit sich gebracht, daß – auf der Grundlage genuiner theoretischer Ansätze – die Analyse des alltäglichen Erzählens aus einer neuen Perspektive angegangen wird (vgl. Klein (1977), Dittmar (1978)). Freilich bedeutet dies zugleich eine gewisse Isolation, die bisher sowohl gegenüber literaturwissenschaftlichen Verfahren der Erzählanalyse (s. z. B. Lämmert (1972)) wie auch gegenüber den volkskundlichen Erzählanalysen (vgl. zusammenfassend Bausinger (1968)) besteht. Es wäre m. E. im Interesse der verschiedenen Disziplinen, die interdisziplinäre Kooperation und Diskussion bald zu suchen. Bedeutende Ansätze dazu sind gemacht (s. Haubrichs (1976), (1977), (1978)), doch die Möglichkeiten des wechselseitigen Voneinander-Lernens sind damit noch keineswegs erschöpft, ja, sie werden vielleicht überhaupt erst sichtbar, indem die Analysen sich stärker an den Objekten, den alltäglichen und den literarischen Erzählungen, aufeinander beziehen.

Die vorliegenden Arbeiten, obwohl – mit einer Ausnahme – alle von Linguisten geschrieben, zeigen ein relativ breites Spektrum von Analyseansätzen. Sie demonstrieren unterschiedliche Vorgehensweisen, unterschiedliche Kategorien und unterschiedliche Verfahren, mit Alltagserzählungen analytisch umzugehen. Trotz dieser relativen Breite hat sich ein vergleichsweise starker Bezug der einzelnen Arbeiten aufeinander ergeben.[1]

6. Transkriptionen – gesprochene Sprache
lesbar machen

Die meisten Arbeiten dieses Bandes haben das alltägliche Erzählen dort aufgesucht, wo es tatsächlich vor allem zu finden ist und praktiziert wird: in der gesprochenen Sprache des Alltags. Das bedeutet, daß Erzählungen mit Tonbandgeräten oder Kassettenrekordern aufgezeichnet wurden. Diese Aufzeichnungen bilden die Analysegrundlage. Um die Flüchtigkeit der Lautereignisse, die die mündliche Sprache kennzeichnet, zu überwinden, reicht die Aufzeichnung allein aber nicht aus. Vielmehr ist ein erster, wichtiger Schritt für jede Arbeit, die sich Sprache im Alltag zum Gegenstand machen will, die Transkription dessen, was auf dem Band festgehalten ist. Die Transkription ist bereits voll in den interpretativen Prozeß integriert. Das leuchtet vielleicht erst dann ein, wenn man einmal selbst versucht hat, eine Transkription anzufertigen – es ist dann aber auch kaum mehr von der Hand zu weisen. Denn die Verschriftlichung gesprochener Sprache, sofern sie nicht eine pure Übersetzung ins Schriftdeutsch darstellt, verlangt eine Menge von Überlegungen und Entscheidungen, was aus der gesprochenen Sprache in die Schriftfassung zu übernehmen und wie es möglichst informationsreich wiederzugeben ist.

Solche Informationen zu erhalten, wird vor allem dann wichtig, wenn nicht nur die Inhalte, sondern auch die Organisationsformen der mündlichen Sprache deutlich gemacht werden sollen. Der Genauigkeitsgrad, der anzustreben ist, variiert nach der analytischen Zielsetzung (vgl. Ehlich & Switalla (1976)).

Auch im vorliegenden Band sind die Transkriptionen unterschiedlich detailliert. Einige Aspekte sind aber möglichst einheitlich behandelt worden, um die »Tonband-Authentizität« (Rutschky (1979)) auch für den ungeübten Leser so umzusetzen, daß er sich angemessene Vorstellungen von den alltagssprachlichen Dokumenten machen kann. Die Transkripte verwenden meist eine Wiedergabeform, die man mit dem Ausdruck *literarische Umschrift* bezeichnet. Das bedeutet: die Laute werden nicht in die Standardorthographie umgesetzt, sondern die üblichen deutschen Schriftzeichen werden verwendet, um den *tatsächlichen Höreindruck* wiederzugeben. So heißt es zum Beispiel: »Se gab ihm nen Ball« statt der standardorthographischen Form »Sie gab ihm einen Ball«, oder »Er hat n gesehn« statt »Er hat ihn gesehen«. Soweit möglich, werden die üblichen *Interpunktions-zeichen* verwendet. (Im Beitrag von Gülich ist stattdessen eine andere Regelung im Gebrauch, s. Anm. 2 des Artikels). – In der gesprochenen Sprache spielen *Pausen* eine große Rolle, die Sprecher »im Satz« machen. Sie werden durch einen oder mehrere Punkte wiedergegeben, die also nicht mit dem Punkt als Kennzeichen des Satzendes identisch sind. Zum Beispiel:

»und. na. denn daß . . . jetzt. hm. die erst den eingesperrt haben. paar Jungens. glaub ich.«

Die zahlreichen Sprechpausen unterschiedlicher Länge (kurz hinter »und«, »na«, »jetzt« usw., länger hinter »daß«) weisen darauf hin, daß der Sprecher seinen Satz nicht einfach glatt hintereinanderweg vorbringt, sondern daß er offensichtliche »Realisierungsschwierigkeiten« hat o. ä., über deren Ursachen und – zum Beispiel – syntaktische Folgen (»den« nachgestellt nach »erst«, »paar Jungens« als nachgeholte Apposition zu »die«) sich nachzudenken lohnt. Manchmal spricht ein Sprecher auch über Satzgrenzen hinweg, ohne daß er die üblicherweise damit verbundene Pause macht. Dies wird durch »◡« angezeigt.

Besondere *Betonungen* sind kursiv gesetzt.[2]

Eines der auffälligsten Kennzeichen gesprochener Sprache ist das häufige *simultane Sprechen* mehrerer Sprecher während kürzerer oder, seltener, längerer Passagen des Diskurses. Es stellt zugleich eines der schwierigsten Probleme bei der Verschriftlichung dar, ist andererseits für viele Aspekte der mündlichen Kommunikation sehr wichtig, so daß man es nicht einfach auf sich beruhen lassen kann. Wenn bei den Transkripten in diesem Band auf die Gleichzeitigkeit des Sprechens besonders geachtet wird, so wird sie in der folgenden Weise wiedergegeben:

Am Rand steht eine eckige Klammer »[« vor den Zeilen, innerhalb derer gleichzeitig gesprochen wird. Zum Beispiel beginnt in dem folgenden Ausschnitt Sprecher KE mit seiner Äußerung »Das hat . . .«, während Sprecher E noch nicht fertig ist, sondern den Schluß (»bekomm«) seiner Äußerung realisiert. Genauer: Während E bei »komm« ist, beginnt KE mit »Das«. Während KE »ach« in »gesacht« spricht, sagt E »so«:

[E dann würd ich meine Kinder wieder bekomm   so
[KE   Das hat er gesacht

Die durch die »Simultanklammer« [zusammengefaßten Zeilen sind also ähnlich wie eine *Partitur* für die Musik zu lesen.

(Eine andere Konvention wird in Blieseners Beitrag gewählt, s. Anm. 4 seines Artikels.)

Bei einigen Texten findet sich ein Phänomen gehäuft, das für gesprochene Sprache charakteristisch ist: der Abbruch in einer Satzkonstruktion *(Anakoluth)*, ja, innerhalb eines Wortes. Er wird durch »/« angegeben.

Zu den lästigsten Erscheinungen der Arbeit mit Tonaufnahmen gehört es, daß immer wieder Teile der Diskurse nicht oder nur äußerst *schwer verständlich* sind. In solchen Fällen geben einfache Klammern im Transkript an, daß man zwar erkennen kann, *daß* etwas gesagt wird, aber nicht, *was* gesagt wird. Wenn man meint, etwas heraushören zu können, aber unsicher ist, ob man richtig gehört hat, setzt man den Abschnitt gleichfalls in Klammern.

Kurze Bemerkungen zu nicht-sprachlichen Informationen, kurze Kommentare usw. stehen möglichst in Doppelklammern, z. B. »((Räuspern))«

Die meisten Texte sind deutschen Diskursen entnommen, doch verwenden drei Beiträge daneben oder ausschließlich auch englische und französische Diskurse. In dieser sprachlichen Vielfalt kommt zum Ausdruck, daß die hier vorgestellten Analysen sich auf unterschiedliche sprachliche Verhältnisse beziehen können. Um das Verständnis der nicht-deutschen Transkriptionen zu erleichtern, wurde – soweit dies aus Platzgründen möglich war – eine Interlinearübersetzung im Transkript selbst beigegeben, deren Zweck es vor allem ist, ein Verständnis der Originaltexte zu erleichtern. Wäre die Interlinearübersetzung zu umfangreich geraten, so wird doch bei der Analyse der jeweils relevante Ausschnitt des Transkripts deutsch paraphrasiert.

1 Dieser innere Zusammenhang ist Ausdruck einer intensiven Diskussion der Autoren miteinander. Bei der ersten Jahrestagung der *Deutschen Gesellschaft für Sprachwissenschaft (DGfS)* wurden in einer der Tagungssektionen am 28. 2./1. 3. 1979 erste Fassungen der hier vorgelegten Arbeiten vorgetragen und von einem breiteren Forum interessierter Sprachwissenschaftler kritisch diskutiert. Die Anregungen, die sich ergaben, wurden in die weitere Bearbeitung aufgenommen. Im Juni 1979 trafen sich die Autoren ein zweites Mal im Haus der Freunde der Ruhr-Universität Bochum. In einem zweitägigen, sorgfältigen und kooperativen Miteinander-Arbeiten wurden die verschiedenen Ansätze erörtert. Die schließlich erarbeiteten Fassungen, die nun einem größeren Adressatenkreis vorgelegt werden, haben von dieser Möglichkeit der gemeinsamen Arbeit sehr profitiert. Sie ist nicht zuletzt den guten äußeren Bedingungen zu danken, die das Haus der Freunde der Ruhr-Universität geboten hat – ein Umstand, der auch an dieser Stelle mit Dank zu nennen ist.

2 Im Beitrag von Hurrelmann dient Kursivsatz im Transkript auch der Hervorhebung der einzelnen behandelten Abschnitte.

Literaturverzeichnis

Bausinger, H. (1968) Formen der »Volkspoesie«. Berlin: Erich Schmidt Verlag

Dittmar, N. (1978) Zum Forschungsstand der Erzählanalyse. In: Linguistische Berichte 58, S. 77-82

Ehlich, K. & Rehbein, J. (1977) Wissen, kommunikatives Handeln und die Schule. In: Goeppert, H. C. (Hg.) Sprachverhalten im Unterricht. München: Fink. S. 36-114

Ehlich, K. & Switalla, R. (1976) Transkriptionssysteme – Eine exemplarische Übersicht. In: Studium Linguistik 2, S. 78-105

Haubrichs, W. (Hg.) (1976) Erzählforschung 1. Göttingen: Vandenhoeck & Ruprecht (= Zeitschrift für Literaturwissenschaft und Linguistik (LiLi), Beiheft 4)

Haubrichs, W. (Hg.) (1977) Erzählforschung 2. Göttingen: Vandenhoeck & Ruprecht (= Zeitschrift für Literaturwissenschaft und Linguistik (LiLi), Beiheft 6)

Haubrchs, W. (Hg.) (1978) Erzählforschung 3. Göttingen: Vandenhoeck & Ruprecht (= Zeitschrift für Literaturwissenschaft und Linguistik (LiLi), Beiheft 8)

Klein, W. (Hg.) (1977) Methoden der Textanalyse. Heidelberg: Quelle & Meyer

Klotz, V. (1980) Wozu wird erzählt – Von 1001 Nacht zum Dekamerone, von Goethe bis Döblin. Stuttgart: mimeo

Lämmert, E. (1972) Bauformen des Erzählens. Stuttgart: Metzler

Literaturmagazin 11 (1979) Schreiben oder Literatur. Reinbek bei Hamburg: Rowohlt Taschenbuch Verlag

Paul, H. (1966⁶) Deutsches Wörterbuch. Tübingen: Niemeyer

Rutschky, Michael (1979) Ethnographie des Alltags. Eine literarische Tendenz der siebziger Jahre. In: Literaturmagazin 11 (1979) Schreiben oder Literatur. Reinbek bei Hamburg: Rowohlt Taschenbuch Verlag

II

Ludger Hoffmann
Zur Pragmatik von Erzählformen vor Gericht

Behandelt werden Formen des Erzählens unter den spezifischen Bedingungen eines institutionellen Kontextes. Die Zwecksetzungen des Gerichtsverfahrens, interferierende Deutungsschemata, Relevanzsysteme und Strategien bilden den Bezugsrahmen für die Interpretation von Beispielen. Es soll deutlich werden, in welchem Ausmaß alltägliches Erzählen durch die Einbettung in institutionelle Zusammenhänge funktionalisiert wird. Damit fällt ein Licht auf die fundamentalen Kommunikationsprobleme in einer Institution, die zur Teilnahme zwingen, Teilhabe aber systematisch blockieren kann.

1. Vorbemerkungen
2. Erzählformen von Angeklagten
3. Erzählformen von Zeugen

1. Vorbemerkungen

Erzählungen pragmatisch analysieren heißt: sie auf der Folie von Diskurszusammenhängen zu verstehen suchen.

Fragen nach der Struktur, nach Thema und Formulierungsweise, verlieren ihr Schwergewicht – nicht ihre Relevanz – gegenüber Fragen nach der Strategie, dem Zweck, den Bedingungen und Folgen. Die Erhellung des Hintergrundes führt von selbst zurück auf die Muster, Äußerungsformen und Varianten.

Im Rahmen institutioneller Verfahren verliert der Erzähler endgültig seine Unschuld: gesagt ist gesagt, wer offen- und aktenkundig die Unwahrheit sagt, kann sich um Kopf und Kragen reden, was relevant ist, bestimmt jemand anders. Ungleich verteilt sind Wissen und Handlungsmöglichkeiten. Der Fremdbestimmung entgeht nicht einmal, wer schweigt. Das Ausnutzen der Möglichkeiten, die sich hin und wieder bieten, erfordert eine komplexe Handlungsplanung; scheitern kann sie allemal. Wer über die Bedingungen verfügen will, muß sie kennen.

Das Gericht ist die letzte Instanz der sozialen Kontrolle. Hier wird endgültig entschieden, wer als ›abweichend‹ zu kategorisieren ist und wen es zu strafen gilt; gesellschaftlicher Konsens und Stellvertretungsfunktion werden unterstellt. Für eine Verfahrensanalyse reichen Kenntnisse von Gesetz und Verfahrensprogramm nicht aus; professionelle Akteure orientieren sich an – für Außenstehende nur schwer zugänglichen – handlungsleitenden Schemata und Strategien, Routinen und individuentypischen Mustern, deren Interaktion mit dem, was Zwangsteilnehmer aus dem Alltag mitbringen und dem Verfahren aufzuprägen versuchen, die entscheidende Rolle spielt. Allerdings enthält das Verfahrensprogramm Leerstellen, die Möglichkeiten zur Selbstdarstellung des Betroffenen (»Anspruch auf rechtliches Gehör«) einräumen.

Nach dem Verfahrensprogramm sind die zentralen Bestandteile einer Hauptverhandlung in Strafsachen:

A. Feststellung der Identität der Verfahrensbeteiligten;

B. Rekonstruktion des Tatbestandes;

C. Normanwendung;

D. Entscheidung und Begründung.

Erzählformen finden sich im Rahmen der Rekonstruktion des Tatbestandes; als primäre Funktion läßt sich die Darstellung von Sachverhalten angeben. Schließlich geht es im Strafverfahren um nichts weniger als die ›Wahrheit‹ (§ 244 (2) StPO), was faktisch heißt: es ist eine möglichst plausible Rekonstruktion zu leisten, so daß Subsumtion unter ein Gesetz möglich und nach außen vertretbar ist. Überdies wird die Darstellung in jedem Fall auch zur Selbstdarstellung, zur Repräsentation von Identität, die vom Gericht in eine Kategorisierung des Erzählers umgemünzt wird. Eine meist nachhaltige Einstufung ergibt sich schon aus der Vernehmung zur Person, ihre endgültige Bestätigung kann sich nunmehr bereits ergeben. Für das Gericht steht im Mittelpunkt die Frage nach der Glaubwürdigkeit, da eine Entscheidung darüber zu treffen ist, was alles in die Urteilsprämissen eingehen kann. Letztlich sind Darstellungsintentionen von Angeklagten und Zeugen irrelevant: die institutionelle Praxis wird bestimmt durch das Muster der Vernehmung. Die professionellen Akteure setzen Relevanz und Akzente. Laut Verfahrensprogramm allerdings haben zumindest die Zeugen das Recht auf zusammenhängende Darstellung:

»Der Zeuge ist zu veranlassen, das, was ihm von dem Gegenstand seiner Vernehmung bekannt ist, im Zusammenhang anzugeben.« (§ 69 StPO)

Die Praxis ist sehr unterschiedlich: der »Zusammenhang« kann aus zwei Sätzen, er kann aber auch aus einem längeren Erzähltext bestehen. Dies gilt auch für Angeklagte, denen ein solches Recht nicht explizit zugestanden wird. In Kommentaren kann man aber immerhin lesen:

»Der sprachfähige Beschuldigte muß seine Erklärung zur Sache mündlich abgeben (. . .), sofern dies sachdienlich ist; es ist durchaus möglich, den Angeklagten zunächst nur zu bestimmten Punkten der Anklage anzuhören und ihm anschließend Gelegenheit zu geben, im Zusammenhang zu der ihm zur Last gelegten Tat Stellung zu nehmen.« (Gössel (1977), S. 193).

Der Umfang der Darstellungen wird also durch die Toleranzschwelle des Vorsitzenden bestimmt: der Richter als Ko-Autor, aber auch als Zensor und Kommentator.

Alle Formen des Erzählens im Strafverfahren nehmen in irgendeiner Weise Bezug auf die der Anklage zugrundeliegenden Sachverhalte; sie können sie ganz oder teilweise stützen, bestreiten oder um neue Aspekte ergänzen, schließlich auch umgehen. Ob nun das Relevanzsystem des Gerichts getroffen wird oder nicht: in jedem Fall wird ein Wahrheitsanspruch erhoben und seine Verteidigung im Rahmen einer Problematisierungssituation versucht. Das gibt Anlaß, nicht von ›Erzählungen‹ im üblichen Sinn zu sprechen, sondern die Differenz in den Handlungsbedingungen auch terminologisch zum Ausdruck zu bringen. Mein Vorschlag geht dahin, von ›erzählenden‹ bzw. ›berichtenden‹ Darstellungen zu reden; im folgenden werde ich versuchen, die einzelnen Formen – nach Angeklagten und Zeugen getrennt – zu charakterisieren.

2. Erzählformen von Angeklagten

In die Rolle eines Angeklagten wird gezwungen, wer einer Tat »hinreichend verdächtig« ist, die das Gesetz mit Strafe bedroht; dies jedenfalls ist der Stand der Dinge, wenn es zu einer Hauptverhandlung kommt. In der Vernehmung zur Sache geht es dann – wir folgen wieder dem Verfahrensprogramm – vor allem um die Klärung folgender Punkte:

(1) Kann der Angeklagte mit der tatbestandsmäßigen Handlung

BEHAUPTEN (daß s) und wenn s wahr ist, dann

Behauptete Sachverhalte	Strategien
hat A H begangen oder nicht ist A für H verantwortlich oder nicht ...	AUSWEICHEN
hat A H nicht begangen	LEUGNEN
ist H nicht verboten	SICH RECHTFERTIGEN
hat A Gründe für H, die ihn entschuldigen	ENTSCHULDIGUNGSGRÜNDE ANFÜHREN
ist A für H nicht verantwortlich zu machen	SCHULDFÄHIGKEIT BESTREITEN
hat A H nicht absichtlich bzw. mit anderer Intention getan	UMDEUTEN
darf A wegen H nicht bzw. nur milde bestraft werden	STRAFAUSSCHLIESSUNGS-, STRAFEINSCHRÄNKUNGS- GRÜNDE ANFÜHREN
hat A H begangen	GESTEHEN
hat A H begangen, ohne entschuldigende, rechtfertigende oder strafeinschränkende Gründe zu haben	SICH IM SINNE DER ANKLAGE FÜR SCHULDIG ERKLÄREN
steht A persönlich für H bzw. die Folgen von H ein.	WIEDERGUTMACHUNG ANBIETEN

Abb. 1 Zusammenhang zwischen vom Angeklagten behaupteten Sachverhalten (>s<) und damit verfolgten Strategien (>A< steht für den Angeklagten, >H< für die ihm zur Last gelegte Handlung).

so in Verbindung gebracht werden, daß für das Gericht keine
Zweifel bestehen?

(2) Liegen Rechtfertigungs- oder Entschuldigungsgründe vor, die
möglicherweise Strafausschluß oder Strafmilderung zur
Folge haben?

(3) Kann die Schuld des Angeklagten ausgeschlossen werden?

(4) Welche innere Einstellung zur Tat läßt der Angeklagte erkennen?

Die unter (2) und (3) genannten Punkte kommen nur dann ins
Spiel, wenn ein entsprechendes Plädoyer vorliegt. Es ergibt sich
in jedem Fall zwischen Vorsitzendem und Angeklagtem ein
Austausch, der eine deutliche Verbindung zu alltäglichen Vor-
wurf-Entschuldigungs/Rechtfertigungs-Interaktionen[1] erkennen
läßt. Aus der Relation zwischen dem Anklagesachverhalt und der
Sachverhaltsdarstellung des Angeklagten ergibt sich der für den
Typ des Folgediskurses entscheidende strategische Rahmen.
Wenn der Wahrheitsanspruch des Angeklagten gestützt werden
kann und vor Gericht Zustimmung findet, dann folgt daraus, daß
der Angeklagte für seine Handlung nicht verantwortlich zu machen, zu entlasten, zur Rechenschaft zu ziehen etc. ist. Den
Zusammenhang von behaupteten Sachverhalten und Strategien
des Angeklagten zeigt Abb. 1.

Verteidigungsstrategien erfordern meist alternative Sachverhaltsdarstellungen, die kaum in einem Satz, mit Schwierigkeiten
nur in einem argumentativen Diskurs, der durch die Abfolge von
Einzelbehauptungen konstituiert wird, zu geben sind. Handlungen sind intentional zu beschreiben, zu verknüpfen, zu begründen und in Situationsabläufe einzubetten, mitunter geht es gar um
zentrale Bestandteile von Lebensgeschichten. Die Situation des
Verdachts und der Problematisierung erhöht die Anforderungen
an Folgerichtigkeit, Konsistenz und Plausibilität der Darstellung.
Schließlich sollen in den meisten Fällen die Annahmen des Gerichts erschüttert werden, die zur Eröffnung des Verfahrens
geführt haben; das heißt, es geht nicht nur um die Umstrukturie-
rung von Wissenselementen des Gegenübers in einer asymmetri-
schen Konfliktsituation, auch das Gericht steht unter Rechtferti-
gungszwang mit allen Konsequenzen. Der Angeklagte kann nicht
unterstellen, daß man ihm glaubt; er muß, was man ihm vorwirft,
in Rechnung stellen und eine Darstellung geben, die so plausibel
ist, daß der Wahrheitsanspruch und sein Bezugsbereich allen

Beteiligten deutlich wird und das Gericht seine Version schadlos, d. h. nicht gegen alles Vorwissen, alle Alltagserfahrungen oder alle Zeugenaussagen, übernehmen und rechtlich würdigen kann. Nimmt man hinzu, daß vor der Verhandlung wesentliche Erzählelemente geplant werden können, so bieten erzählende Darstellungen eine gute Ausgangsposition für die Verteidigung, falls nicht – etwa bei mangelhafter Beweislage – eine Aussageverweigerung erfolgversprechender ist. Andererseits kann eine schlechte oder fehlende Planung dazu führen, daß der Aussagende zuviel von sich preisgibt oder sich noch tiefer verstrickt; im übrigen haben wir mit unterschiedlichen Ausprägungen der Darstellungskompetenz zu rechnen, so daß es nicht unbedingt eine Benachteiligung bedeutet, wenn der Vorsitzende rasch zu Vernehmungsfragen übergeht.

Erzählende Darstellungen von Angeklagten finden sich fast immer am Anfang der Phase ›Vernehmung zur Sache‹; ihnen geht typischerweise eine Einleitungssequenz voraus, deren Struktur im folgenden Beispiel deutlich wird:[2]

»Kommunikation vor Gericht«
1978/Strafverfahren/Schöffengericht
Uher CR 210/1:60/Hoffmann/Sept. 78
Beispiel (1) F. 18.5 24 – 18.6 24
(A = Angeklagter, R = Richter)

```
 1  R: Herr M., Sie wissen, Sie brauchen sich zu dem gegen
 2  R: Sie erhobenen Vorwurf hier nicht zu äußern. Wenn Sie
 3 ⌈R: sich aber äußern wollen, dann sagn Se uns bitte die
 4 ⌊A:                    Ja.
 5 ⌈R: Wahrheit. Sie wollen sich äußern? Ihnen wird also
 6 ⌊A:        Ja.              Ja.
 7  R: vorgeworfen, am n. März 76 hier bei . . L. – L.-Werke . .
 8  R: eine goldene Uhr aus einem Schubfach . . ä Schublade
 9  R: weggenommen zu haben . . Ä warn Sie befanden Sie sich
10 ⌈R: zu der Zeit damals in Strafhaft? Und waren im
11 ⌊A:                        Ja.
12 ⌈R: Außentrupp und hier nebenan bei L. oder?
13 ⌊A:                              Ich war bei
14 ⌈A: L., bei de Waschmaschinen.
15 ⌊R:                  . . . Was ist das denn nu?
16  A: Wir waren Waschmaschinen am Zusammenbauen und zwei
17  A: Tage vorher, . . da sacht nun einer zu mir: »Da is ne
18  A: goldene Uhr drin, nimm se!« Da hab ich gesacht: »Nein,
19  A: das kommt gar nich in Frage.« Ich sach: »Ich hab
```

```
20  A: selbst zwei Uhren«, und da is der hingegangen, derje-
21  A: nige, ich kenn jetzt den Namen nich mehr, der is ä
22  A: drei Tage später is der von einer Außenstelle is er
23  A: ablaufen gegangen, .. da hat der mir die Uhr verkauft
24  A: na ja für zwanzig Mark Tabak, .. und die hab ich
25  A: dann Herrn D. gegeben, er möchte mir doch n paar
26  A: Bilder dafür machen. Und da hatte mir der D. mir
27  A: paar Bilder gemacht, und die hab ich im Urlaub mit
28  A: nach Haus genommen, und da sollt ich n D. Bastelma-
29  A: terial mitnehmen ä mitbringen, und da hab ich ge-
30  A: sacht: »Das geht nicht«, da hab ich ihm Sachen von
31  A: mir gegeben, und da sollte ich noch Geld schicken.
32  A: Ja Mann, ich war so in knapper Not, ich konnte ihm
33  A: kein Geld schicken, und das Geld is ja heute
34  A: noch offen, so ungefähr hundertzwanzig oder hundert-
35  A: dreißig Mark. Aber die Uhr hab ich nich aus die
36  A: Schublade rausgenommen, ich hatte selbst zwei Uhren
37 ⌈A: da.
38 ⌊R:    .. Ja, Sie sagen also praktisch, Sie hätten sie
39  R: dann ä war das dieselbe Uhr, hatten Sie die Uhr ge-
40 ⌈R: sehn?
41 ⌊A:       Ich hatt se ein einziges Mal gesehn.
```

Obligatorische Bestandteile der Einleitung sind:
1. Belehrung über das Recht, die Aussage zu verweigern;
2. Feststellen der Äußerungsbereitschaft des Angeklagten.

   Das Verfahrensprogramm sieht explizit die Belehrung über das Aussageverweigerungsrecht vor; im Zusammenhang damit ist die Feststellung der Äußerungsbereitschaft verständlich auf dem Hintergrund eines optimalen Entscheidungsprogramms. Wird die Aussage verweigert, leitet der Vorsitzende häufig eine Interaktion ein mit dem Ziel, den Angeklagten zur Zurücknahme seiner Entscheidung zu veranlassen.

   An die Einleitungssequenz schließt sich die Aufforderung zur Aussage an. Wir finden ›turn-Zuweisungen‹ wie

(5) Jetzt sind Sie dran!
(6) Dann beginnen Sie bitte auch gleich!

und ›Textmuster-Zuweisungen‹:

(7) Wenn Sie nochmal kurz zusammenfassend hier darstelln können, warum Sie den Einspruch eingelegt haben!
(8) Dann erzähln Sie mal, wie sehn Sie das denn?

   Im ersten Fall wird vorausgesetzt, daß dem Betroffenen die

Wahlmöglichkeiten (singuläre Behauptung, argumentative Rede, erzählende Darstellung) klar sind, während die Muster-Zuweisung bereits eine formale Vorstrukturierung leistet. Nicht selten wird auch das Thema explizit vorgegeben, also eine Zuspitzung der institutionellen Relevanzsetzung vorgenommen:

(9) Ja bitte! Zunächst die W.-Straße mit der Waschmaschine, wie war das da?

Soll die Erzählform ausgeschlossen werden, erscheint eine entsprechend restriktive Formulierungsweise:

(10) Könn Sie uns mal sagen, seit wann Sie für die Firma A. gearbeitet haben, wann Sie da eingetreten sind?

Der Versuch, eine Wahrheitsmaxime einzuführen (Z. 2 ff.), wie sie für Zeugen gilt, war im Untersuchungsbereich typisch für einen bestimmten Richter. Im Rahmen der kompetitiven Kommunikation vor Gericht gehören zum Kalkül des Angeklagten auch Formen der Lüge; seine Handlungsplanung soll also entsprechend beeinflußt werden. Im übrigen kann das Gericht aus der Art, wie der Angeklagte seine Verteidigungsstrategie verfolgt, weitreichende Schlüsse auch zu seinem Nachteil ziehen; dazu hat das Reichsgericht u. a. folgendes festgestellt:

»Zur Verhandlung gehört auch das Auftreten des Angeklagten, namentlich die Art seiner Verteidigung. Eindrücke, die das Gericht hieraus empfängt, dürfen nicht unbeachtet bleiben, wenn es die Aufklärung des Sachverhalts gilt. Das trifft auf die Klarstellung innerer Vorgänge beim Angeklagten nicht minder zu als auf die Ermittlung der oft erst durch sie verständlichen äußeren Umstände (. . .) So ist vornehmlich die Bewertung eines Geständnisses und seines Widerrufs in hohem Maße von der Einfühlung in seelische Zustände und Regungen abhängig. Genauso aber verhält es sich umgekehrt mit der Bewertung eines hartnäckigen Leugnens, zumal da, wo dieses nicht in einfachem Bestreiten besteht, sondern mit einer erkennbaren Verdrehung klar hervorgetretener Tatsachen verbunden ist.« (Zit. n. Kroschel & Doerner (1972), S. 128)

Hier wird das Risiko deutlich, das der Angeklagte mit seiner erzählenden Darstellung eingeht.

Weiterhin fällt an der Äußerungsform des Richters die konditionale Einbettung auf, durch die die Aufforderung, die Wahrheit zu sagen, an die Aussagebereitschaft des Angeklagten gebunden wird, die ohnehin in der überwiegenden Mehrzahl aller Fälle gegeben ist. Es besteht die Gefahr, daß der Angeklagte den

Appell als institutionelle Handlung – etwa als Belehrung –, die mit dem Verfahrensprogramm kongruent ist, mißversteht. Niemand muß, nach unserem Recht, als Zeuge in eigener Sache auftreten; was aber gesagt wird und wie es gesagt wird, kann gegen den Angeklagten verwendet werden. Sanktionen drohen nicht nur für Straftaten, sondern auch für den Beitrag des Angeklagten zum Kommunikationsmodus in der Verhandlung. An diesem Punkt wird ausschnitthaft klar, nach welchen Bedingungen das Muster der Vernehmung abläuft; offizielle Verfahrensprogramme setzen Rahmenbedingungen und schaffen Berufungsmöglichkeiten für professionelle Akteure, sie erklären nicht, was wirklich passiert.

Die Wiederholung der Anklage (Z. 5 ff.) legt fest, was für den nachfolgenden Diskurs relevant ist; man könnte von einer ›thematischen Vorgabe‹ sprechen. Sie zielt auf das, was ich für Erzählformen dieses Typs ›Relevanzpunkt‹ nennen möchte; gemeint ist derjenige Wirklichkeitsausschnitt, dessen Repräsentation Zweck der Darstellung ist. Vor Gericht wird erwartet, daß der der Anklage zugrundegelegte Sachverhalt den Relevanzpunkt bildet bzw. mit ihm in einer allgemein einsichtigen Weise verbunden ist. Anders ausgedrückt: es muß deutlich werden, was aus der narrativen Darstellung und der damit verbundenen Einschätzung für den hypothetischen Anklagesachverhalt folgt. Eine Verletzung dieser Erwartung oder Verstehensschwierigkeiten an diesem Punkt führen unweigerlich dazu, daß der Vorsitzende nachfragt, um eine Positionsklärung zu erreichen.

Erzählformen, zumal wenn sie Anspruch auf Faktizität erheben, benötigen eine zeitliche, räumliche, personelle und die Vorgeschichte spezifizierende »Orientierung« (Vgl. Labov (1973), S. 111 ff.); der ›lebensgeschichtliche Punkt‹ muß im gegenseitigen Verständnis gesichert sein. Die Institution besteht auf der Orientierung besonders, da sie zur Etablierung einer gemeinsamen thematischen Basis des Verfahrens beiträgt. Der Vorsitzende achtet darauf, daß etwaige Leerstellen in der Orientierung aufgefüllt werden.

Im Beispiel (1) nimmt der Richter die Temporalisierung vor: in der Wiederholung der Anklage findet sich eine Datierung (Z. 7), eine globalere Situierung wird in einer Bestätigungsfrage (Z. 9 f.) realisiert. Zur Orientierung zählt auch die historische Kategorisierung des Angeklagten: zur Tatzeit war er Strafgefangener (Z.

9 f.) und zum Außendienst abkommandiert (Z. 10 ff.), ferner die Lokalisierung (Z. 7, 12). Der Angeklagte bestätigt die Vorhaben und spezifiziert die Lokalisierung (Z. 13 f.). Die anschließende Frage des Vorsitzenden (»Was ist das denn nu?« (Z. 15)) scheint zunächst auf weitere Spezifizierung aus zu sein, der Einstieg des Angeklagten in eine erzählende Darstellung wird dann aber toleriert. Der Angeklagte beginnt mit einer einführenden, die Hintergrundsituation charakterisierenden Tätigkeitsbeschreibung (Z. 16) und bringt den ersten Relevanzpunkt (Z. 17 ff.), der – bezogen auf den Anklagesachverhalt – zur Vorgeschichte gehört und mit ihm durch die Zeitangabe »zwei Tage vorher« verbunden ist.

Im Erzählkern wird ein Dialog repräsentiert: Jemand hat den Angeklagten aufgefordert, eine goldene Uhr an sich zu nehmen. Zur Lokalisierung werden Proformen (»da . . . drin«) verwendet; der Unterbringungsort der Uhr war bereits in der Anklageschrift und der Vorgabe des Richters erwähnt worden, so daß eine entsprechende Wissenspräsupposition gemacht werden kann. Die Darstellung des Dialogs in direkter Rede indiziert die ihm zugemessene Relevanz. Die referierte Zurückweisung der Aufforderung dient der Selbstkategorisierung, soll folglich dazu führen, daß der Hörer Sätze wie

(11) Der Angeklagte lehnt Diebstahl grundsätzlich ab.

als wahr unterstellt. Ferner wird eine Begründung hinzugefügt – auch sie in der Form der wörtlichen Rede –, die situationsbezogen ist und der angestrebten Kategorisierung widerspricht; man könnte nämlich folgern, daß der Angeklagte von der Geltung eines Satzes wie

(12) Diebstahl kommt nur dann nicht in Frage, wenn man ein Exemplar der betreffenden Objektkategorie bereits besitzt.

ausgeht. Der hier aufgezeigte Widerspruch zwischen einer kategorischen und einer situationsabhängigen Maxime wird allerdings im folgenden Diskurs nicht weiter thematisiert. Der Vorsitzende konzentriert sich darauf, (11) anzugreifen, während der Angeklagte sich um die Verteidigung der damit behaupteten inneren Einstellung bemüht. Der Relevanzpunkt des Angeklagten wird also in das Relevanzsystem des Gerichts übernommen und zu einem Diskursthema gemacht. Das Ziel der Darstellung des Angeklagten in diesem Abschnitt ist somit erreicht, es ist deutlich geworden, worauf sein Wahrheitsanspruch sich bezieht.

Die Charakterisierung des Gesprächspartners bleibt vage (Z. 17, 21 ff.), auch der Hinweis auf die Flucht hilft kaum weiter, da dergleichen bei Arbeitseinsätzen an Außenstellen häufig vorkommt. Der Hintergrund des Einschubs »ich kenn jetzt den Namen nich mehr« (Z. 21) läßt sich mit der von Sacks & Schegloff (1978), S. 152 f., beschriebenen Maxime für die personale Referenz

(13) »Wenn möglich, bevorzuge erkennbare Referenzformen!«

angeben. Im vorliegenden Kontext denkt man bei Erwähnung von an relevanten Ereignissen beteiligten Personen sofort daran, daß sie als Zeugen geladen werden könnten. Es könnte also auch ein Interesse daran bestehen, eine Identifizierung nicht zu ermöglichen, um die eigene Darstellung nicht zu gefährden. Aussagen dieser Art sind von mäßigem Beweiswert, da sie unverfängliches Lügen erlauben. In einem »Gefährlichkeitskalkül« des Lügens vor Gericht – und nicht nur da – lassen sich nach Bahrs (1977), S. 42, Ereignisse folgenden Typs favorisieren:
(a) Verdecktes, nichtöffentliches Geschehen;
(b) Geschehnisse, die allein der Aussagende bezeugen kann;
(c) Zeitlich weit zurückliegende Geschehnisse;
(d) Geschehnisse, die keine oder nur wenig materielle Spuren hinterlassen (z. B. Gespräche);
(e) Geschehnisse, die in ihren Bedingungen schwer durchschaubar sind (z. B. komplexe technische Vorgänge, Ereignisse in fremden Kulturkreisen).

Die Punkte (a) bis (d) sind im vorliegenden Fall erfüllt; ein Gegenbeweis kann kaum geführt werden, andererseits sinkt damit auch der Beweiswert. Interessanterweise geht nun der Richter im folgenden Diskurs auf das Problem der Identifizierung des Zeugen nicht weiter ein. Er unterstellt in diesem Punkt dem Angeklagten Befolgung der Konversationsmaximen[3] – Behauptungen über Erinnerungslücken sind ohnehin kaum zu hinterfragen – und geht davon aus, daß dieser Teil der Darstellung der Wahrheit entspricht.

In einem zweiten Relevanzpunkt (Z. 23 f.) geht es um den Ankauf der Uhr durch den Angeklagten. Dieser Vorgang wird auf einen Satz reduziert; eine lokale Orientierung wird gegeben, nicht aber die viel wichtigere zeitliche, die den Bezug zum

Anklagesachverhalt herstellen könnte. Vielmehr wird stillschweigend vorausgesetzt

(14) Der Angeklagte hat die Uhr nach dem Diebstahl gekauft.

Daraus soll gefolgert werden

(15) Der Angeklagte hat die Uhr nicht gestohlen.

Offen gelassen wird ferner ein zentraler Punkt, den der Richter im anschließenden Diskurs (vgl. auch Z. 38 ff.) sogleich thematisiert:

(16) Hat der Angeklagte beim Ankauf gewußt, daß es sich um die gestohlene Uhr handelte?

Eine positive Antwort würde eine Anklage wegen Hehlerei rechtfertigen. Ein erstes Argument in dieser Richtung hat der Angeklagte mit dem ersten Relevanzpunkt selbst bereits geliefert, so daß er sich unter diesem Aspekt als strategisch wenig geschickt erweist. Der Angeklagte wird tatsächlich später wegen Hehlerei verurteilt, nachdem er die ursprüngliche Behauptung, nicht um die Identität der Uhr gewußt zu haben, weitgehend aufgegeben hatte.

Interessant ist auch die Angabe des Kaufpreises (Z. 23 f.), die – eingeleitet durch die Formel »na ja« – Begründungscharakter zu haben scheint: Die Uhr wurde gekauft, weil sie so günstig zu bekommen war (und in der Strafhaft ein ausgezeichnetes Tauschobjekt abzugeben versprach). Auch dieser Punkt hätte – im Blick auf (16) – später weiter zum Nachteil des Angeklagten erörtert werden können.

Der auffällig kurzen Darstellung dieses Punkts folgt ein ausführlicher Teil, der von der Inzahlungnahme der Uhr durch D. handelt (Z. 24-35); was hier ausgesagt wird, ist überprüfbar, da D. als Zeuge geladen ist. Vielleicht sind es gerade die guten Konsenschancen, die den Angeklagten dazu veranlassen, hier einen Relevanzpunkt zu setzen und seinen generellen Wahrheitsanspruch zu legitimieren. Für das Relevanzsystem des Gerichts ist, was hier erzählt wird, nur insoweit von Interesse, als die Kette auf den Angeklagten als Vorbesitzer zurückweist, der nunmehr die Beweislast für einen legalen Erwerb der Uhr hat.

Als Einleitung findet sich ein »abstract« (Z. 24-26), der dann durch die Spezifizierung der zeitlichen Sukzession im folgenden korrigiert wird: erst als der Gegenwert in Geld und Bastelmaterial nicht entrichtet werden kann, wird die Uhr übergeben; der

Auftrag geht der Bezahlung voraus, so daß die temporale Abfolge der Teilsätze im abstract vertauscht werden muß. Der Angeklagte topikalisiert im abstract den relevanten Teil und kann dann den die Geschichte adäquat repräsentierenden Anschluß nicht mehr herstellen. Im Erzählkern wird auch hier wörtliche Rede wiedergegeben. Die Einschätzung des Angeklagten wird deutlich in seiner eingeschobenen Kommentierung (»Ja Mann, ich war so in knapper Not, ...« (Z. 32)): seine finanziellen Probleme haben ihn dazu gebracht, einen Teil der Schulden in Sachwerten abzutragen. An die Kommentierung schließt sich ein »coda«-Element an, das den Bezug zur Sprecher/Hörer-Gegenwart wieder herstellt (vgl. Labov (1973), S. 122 f.) (Z. 33-35).

Die Problematik einer nur impliziten Stellungnahme zum Vorwurf der Anklage scheint dem Angeklagten klar zu sein; jedenfalls verdeutlicht er im Anschluß an die Erzählsequenzen seine Intention. Er beteuert, die Uhr nicht gestohlen zu haben (Z. 35 ff.), und wiederholt die Begründung, die er dem Mitgefangenen, der ihn zum Diebstahl verführen wollte, gegeben haben will. Dies ist die zentrale Aussage des Angeklagten; auf diese Verbindung von Sachverhalt und Einschätzung erstreckt sich sein Wahrheitsanspruch, den er im folgenden Diskurs zu verteidigen sucht. Ziel und Zweck von Erzählformen werden besonders in jenen Elementen deutlich, die Labov (1972), S. 366 ff., der »Evaluation« zurechnet; unter handlungstheoretischem Aspekt scheint mir die Redeweise von sprachlichen Handlungen des KOMMENTIERENS sinnvoll. Gemeint sind die Handlungen, die losgelöst von den Funktionen des ORIENTIERENS, des die zeitliche Struktur erzeugenden PROZESSIERENS (FORTFÜHREN, ANTIZIPIEREN, RAFFEN, RETROZIPIEREN etc.) und des ABSCHLIESSENS dem Hörer signalisieren sollen, wie der Erzähler seinen Text verstanden haben will, welche propositionalen Einstellungen mit dem Erzählten zu verbinden sind und welche nontemporalen Beziehungen zwischen den Textelementen ausgedrückt werden sollen. Kommentierungen dieser Art, also Bewertungen, Folgerungen, Begründungen, Vermutungen etc., finden sich an verschiedenen Stellen von Erzähltexten, nicht bloß im Anschluß an die »complicating action« (Labov (1973), S. 112 ff.).

Im vorliegenden Text ist die abschließende Kommentierung, mit der der Angeklagte seine Unschuld beteuert, deutlich von den Erzählsequenzen abgehoben (Anschluß mit »aber«) und in ihrer übergreifenden Relevanz markiert. Sie lenkt den Blick zurück auf die zentralen Punkte und dient bereits als Exposition für den zu erwartenden Diskurs mit dem Vorsitzenden. Der Rahmen, in den die Darstellung des Angeklagten einzuordnen ist, läßt sich als Strategie des LEUGNENS bezeichnen. Bestritten werden die wesentlichen Elemente des von der Anklage unterstellten Sachverhalts, so daß damit die thematische Basis für die folgenden Verfahrensabschnitte gegeben ist. Der Angeklagte kann zu Präzisierungen, zusätzlichen Erklärungen oder weiterem ERZÄHLEN veranlaßt werden, wenn das Gericht den Ablauf der repräsentierten Ereignisse kognitiv nicht rekonstruieren kann, Abweichungen von seinen Alltagserfahrungen entdeckt oder gar Widersprüchlichkeiten feststellt. In solchen Fällen muß nicht der gesamte Zusammenhang aufgerollt werden; der Fortgang des Verfahrens läßt sich als selektive Zuspitzung auf bestimmte, entscheidungsrelevante Themenbereiche beschreiben.

Erzählende Darstellungen vor Gericht müssen nicht so explizit kommentiert sein, wie das hier der Fall ist. Normalerweise genügt auch die Wiedergabe eines Ereignisablaufs, aus der Schuld oder Unschuld, strafmildernde oder rechtfertigende Umstände etc. ohne weiteres zu folgern sind. Typisch für diese Erzählform ist, daß alle Elemente des narrativen Kerns zu Prämissen oder Konklusionen für verfahrensrelevante Schlüsse werden können. Oft sind bestimmte Prämissen, Zwischenschritte oder Schlußregeln ausgelassen – manchmal aus strategischen Gründen, um sie nicht explizit behaupten oder verteidigen zu müssen –, so daß man von ›enthymemisch-argumentativen Erzählstrukturen‹ reden könnte. Charakteristisch für diese Erzählform ist jedenfalls die Erstreckung des Wahrheitsanspruchs auf die erzählten Sachverhalte und die in einer Kommentierung gegebene oder zu folgernde Einschätzung durch den Betroffenen. Diese Einschätzung ist natürlich nicht als juristische Würdigung zu verstehen, eher als Stellungnahme aus einer alltagsweltlichen Rechtsperspektive heraus. Aus dem Spannungsfeld zwischen institutionellem Zweck und individueller Strategie heraus ist die erzählende Darstellung zu verstehen. Verfehlt wird der institutionelle Zweck, wenn die Relevanzpunkte so gesetzt sind, daß keine Rückschlüsse auf den Anklagesachverhalt und die Einschätzung durch den Betroffenen möglich sind. In diesem Fall wird eine Strategie des AUSWEICHENS gewählt; sie soll am folgenden Beispiel verdeutlicht werden:

Beispiel (2) F. 13.14 25-13.15 16

1 A: (. . .) ich bin dann dazugelaufen und hab gefracht,
2 A: was denn geschehen wäre, und man gab mir zur Ant-
3 A: wort, daß ich mich da rauszuhalten hätte. Ich sachte,
4 A: das wär mein Mann, und ob ich nicht doch vielleicht
5 A: n Anrecht darauf haben könnte, daß daß man mir sa-
6 A: gen würde, was vorgefallen wäre. Und ich wurd dann
7 A: nochmals aufgefordert, ich soll ich sollte mich da
8 A: raushalten und verschwinden, . . und ich weiß nicht,
9 A: wie das dann alles genau geschah, jedenfalls wurde
10 A: mein Mann dann zum Auto gezerrt, und ich ging hin-
11 A: terher, und er wurd geprügelt, und jemand hob dann
12 A: den Schlagstock, und mein Mann schrie dann, ich
13 A: wäre schwanger, und man sollte mich in Ruhe lassen,
14 A: und darauf legte der Beamte, i glaub ich, den
15 A: Schlagstock vorne auf den Autositz, und er sagte
16 A: dann, er würde auch freiwillig in das Auto ein-
17 A: steigen, und dann wurde wurde aber an ihm, ne,
18 A: trotzdem noch weiter gezerrt und geschlagen, und
19 A: ich hab dann gesacht: »Sie ham doch gehört, daß er
20 A: freiwillig einsteigen möchte, lassen Sie ihn doch
21 A: dann los und einsteigen.« .. Und . . irgendwann saß
22 A: mein Mann dann im Auto . . .

Der Angeklagten wird vorgeworfen, die Beamten beleidigt und sich am Widerstand ihres Mannes beteiligt zu haben. Darauf geht sie nicht ein und stellt ganz andere Punkte in den Vordergrund, die sich unter der Kategorie des GEGENVORWURFS fassen lassen. Unter dem Aspekt des laufenden Verfahrens werden damit zwar nicht unwichtige, wohl aber sekundäre Aspekte angesprochen. Eine zentrale Rolle könnten sie in dem noch anhängigen Verfahren gegen die Polizeibeamten wegen »gefährlicher Körperverletzung« spielen, dann aber im Rahmen einer Zeugenaussage. Andererseits ist für das künftige Verfahren von äußerster Wichtigkeit, was im laufenden Verfahren festgestellt wird und in ein rechtskräftiges Urteil eingeht.

Daß die Angeklagte weiß, was in dieser Situation von ihr erwartet wird, zeigt ihr PARTIELLES ZURÜCKWEISEN AUFGRUND MANGELNDEN WISSENS (Z. 8 ff.), das nur als eine NACHFRAGE antizipierend verstanden werden kann. Auf eine Strategie des AUSWEICHENS verweist auch die INDEFINIT-BEHAUPTUNG in Z. 21 f., mit der ebenfalls über die relevanten Elemente der Ereigniskette hinweggegangen wird. Charakteristisch für Darstellungen vor Gericht ist die Verwendung von Operatoren, mit denen der Wahrheitsanspruch von Behauptungen qualifiziert werden kann.[4] Sie beziehen sich vor allem auf

A. Fehlendes oder mangelhaftes Wissen;
B. Unzulänglichkeiten des Erinnerungsvermögens;
C. Unzureichende Wahrnehmungen;
D. Beschränkungen aufgrund der eigenen sprachlichen Kompetenz.

Typische Formen sind beispielsweise:

(17) ⎧ . . . meines Wissens . . .
⎪ . . ., soweit ich mich erinnern kann.
⎨ . . ., aber das ist schon ziemlich lange her.
⎪ Das ist alles so schnell passiert, . . .
⎩ Ich kann das nicht so gut ausdrücken, jedenfalls . .

Das Gericht bewertet solche Operatoren ganz unterschiedlich: bei glaubhaften Zeugen werden sie als zusätzliches, aber weiterhin zu vernachlässigendes Indiz für ihre Gewissenhaftigkeit genommen; unglaubhafte Zeugen oder Angeklagte geraten meist unter den Verdacht, eine verdeckte Strategie zu verfolgen, und es wird versucht, sie doch noch zu einer Positionsfestlegung zu veranlassen.

Manchmal ist der Hinweis auf Inkompetenz eingebunden in eine Strategie des VERANTWORTLICHKEIT/SCHULDFÄHIGKEIT-BE-STREITENS (z. B. aufgrund eines Vollrausches, Drogengenusses etc.):

Beispiel (3) F. 2.6 16-19

1 R: (Da) müssen Sie, wenn Sie wollen, schon alles mal
2 R: wiederholen hier, wann, wie das passiert ist, und
3 ⎡R: was gewesen (is)?
4 ⎣A: Ja, so genau weiß ich das jetzt
5 A: im Moment auch nich ä ich hatte damals ä reichlich
6 ⎡A: getrunken und   Ja ä mit Herrn B. und
7 ⎣R: Mit wem und wo?
8 ⎡R: W.R.?
9 ⎣A: W.R., ja, . . .

Das Alltagswissen über einen Vollrausch impliziert bestimmte Merkmale, z. B. daß der Betreffende sich nicht mehr an das erinnern kann, was er in dieser Zeitspanne getan hat. Soll das Merkmal erfüllt sein, darf über diese Phase nichts Konkretes erzählt werden. Die Strategie des Vorsitzenden läuft im allgemeinen so, daß er sich durch Fragen – zunächst zur Orientierung – an den Zeitraum des behaupteten Vollrausches heranzutasten versucht. Gelingt es ihm, sich auf Einzelheiten einlassende Erzählversatzstücke zu elizitieren, so bricht die Strategie des Angeklagten zusammen. Oft kommt noch hinzu, daß Angeklagte Handlungen beschreiben, die eine komplexe Planung, nicht ganz einfache Ausführungsbedingungen etc. implizieren, so daß sich auch von daher Gegenzüge auf der Basis des Alltagswissens anbieten:

Beispiel (4) F. 2.14 15-27

```
1 [R: Sie ham s doch gemacht!
2 [A:                        Ja, weil ich total besoffen
3 [A: war.
4 [R:     Naanee, das kann kann man nich als Volltrunke-
5  R: ner. (. . .) Sie wußten genau, was Sie taten. Sie sind
6  R: nämlich von der G. aus zu Fuß oder irgendwie zur
7  R: N.-Straße, was wollten Sie denn da? Doch klauen! Al-
8  R: so hatten Se n Plan!
```

Es dürfte deutlich geworden sein, in welchem Zusammenhang Erzählstrukturen und strategisches Handeln des Angeklagten stehen, auch wenn die Untersuchung nur exemplarisch sein konnte und die Einbettung in den Kontext des Verfahrens nur andeutungsweise vorzunehmen war.

3. Erzählformen von Zeugen

Wenn Zeugen vor Gericht aussagen, steht die Rekonstruktion des Anklagesachverhalts im Mittelpunkt. Die rechtliche Einschätzung behält sich das Gericht vor und greift häufig ein, wenn sich Unberufene in dieser Richtung äußern oder von Anwälten entsprechend befragt werden. Nun sind Sachverhalte nicht geradlinig auf wahrheitsfähige Aussagen abzubilden; typische Brechungsfaktoren sind die Art und Stufe der Handlungsbeschreibungen, die Verwendung von Einschränkungsoperatoren und Modalitäten, die Präzision bzw. Vagheit der Referenzmittel etc. Im übrigen müssen Zeugen anknüpfen an Alltagsplausibilitäten, richterliches Vorstellungsvermögen und nachvollziehbare Schlußfolgerungsmöglichkeiten, um nicht in ihrer Aussage blockiert oder in Zweifel gezogen zu werden. Nun sagt mancher aus, ohne große Sympathie für die Bemühungen des Gerichts um die ›Wahrheitsfindung‹ zu empfinden; die im Hintergrund stehende Wahrheitsmaxime, gestützt auf erhebliche Sanktionsandrohung, zwingt aber zur Festlegung auf bestimmte Punkte, zur Erhebung eines Wahrheitsanspruchs, der nur durch die bereits behandelten sprachlichen Mittel eingeschränkt werden kann, wenn nicht das Gericht selbst bei der Problematisierung zwischen vermeidbaren und unvermeidbaren Irrtümern, zentralen und weniger zentralen Aspekten unterscheidet. – Auf der anderen Seite muß man sich vom Idealbild des interesse- und parteilosen Zeugen befreien. Da gibt es Zeugen, deren belastende Aussagen im Vorverfahren den Prozeß überhaupt erst ausgelöst haben; ihnen kann zumindest die Intention unterstellt werden, ihre Handlungsweise qua Aussage zu rechtfertigen; auch die Situation eines Polizeibeamten, der eine Anzeige gemacht hat, kann so gesehen werden. Ferner können wir mit Entlastungszeugen rechnen – nicht selten Freunde oder Verwandte des Beschuldigten –, die sogar riskante Aussagen nicht scheuen, um die Verteidigung zu unterstützen, und auch bei Geschädigten in der Zeugenrolle ist die Interessenlage oft sehr deutlich. Daher kann das Gericht auch bei Verletzten oder Angehörigen von der Vereidigung absehen (§ 61 StPO). Ganz selten ist der offensichtlich parteilose Zeuge, der nichts als die Wahrheitsmaxime vor Augen hat. Von ihm wäre am ehesten zu erwarten, daß er sich auf seine erinnerten Wahrnehmungen beschränkt, Lücken nicht fabulierend – auch nicht auf Nachfrage hin – schließt, Schlußfolgerungen kennzeichnet, keine komplexen Intentionen zuschreibt, sich also eher an ›Basishandlungen‹ orientiert und sich von der Situation nicht beeindrucken läßt. Dem entspricht als textuelles Muster die Form des ›Berichts‹. Wie Sachverhalte professionell in die Form des Berichts transformiert werden, läßt sich gut an Polizeiberichten untersuchen, die zur Absicherung bei problematischer Beweislage häufig unhinterfragbare Wahrnehmungsbehauptungen enthalten:

(18) Dann konnte ich sehen, wie . . .
Ferner konnte ich feststellen, daß . . .
Herr B. hat sich mir gegenüber dahingehend geäußert, daß . . .
⋮

Wir finden also oft Operatoren, die die Faktizität dessen ausdrücken, was im Operanden verbalisiert wird. Grundtyp ist der

›Augenzeugenbericht‹. Wird von den Operatoren abstrahiert und eine kondensierte Handlungsbeschreibung vorgenommen, kann man von einem ›Verlaufsbericht‹ sprechen. – Die Distanz zum wiedergegebenen Sachverhalt kann also unterschiedlich groß sein; die Perspektive ist in jedem Fall nicht die eines in das repräsentierte Geschehen involvierten Agenten. Berichte sind typisch für Situationen, in denen eine institutionelle Wahrheitsmaxime gilt; ihrem Zweck entspricht die Behauptung der Faktizität von Ereignisketten. Abweichend vom Muster sind Kommentierungen, die eine Einschätzung des gesamten Sachverhaltkomplexes geben. Die Perspektive des Berichtenden muß austauschbar sein und ablösbar von der jeweiligen Person; das Gericht muß sich auf den Standpunkt stellen können, es hätte selbst die zugrundeliegenden Beobachtungen anstellen können, wenn sich Gelegenheit geboten hätte (›Substituierbarkeitsbedingung‹). Was über ›Protokollaussagen‹ hinaus formuliert wird, sollte zumindest dem Alltagswissen und den Alltagsplausibilitäten nicht widersprechen; allerdings gehen Gerichte in diesem Punkt – auch was Schlußfolgerungen anlangt – bei manchen Zeugenaussagen sehr weit (vgl. Döhring (1964)). Im folgenden soll ein Beispiel für eine professionelle Orientierung am Muster des Berichts diskutiert werden:

Beispiel (5) F. 2.26 28-2.28 15
(Z = Zeuge)

```
 1  R: Herr G., was können Sie uns über die beiden den
 2  R: Einbruch bei W. sagen? Ham Sie die Ermittlungen
 3  R: geführt oder?
 4  Z:          Ja, ich hab die Ermittlungen in dem
 5  Z: Fall geführt. Ah zunächst, als der Sachverhalt
 6  Z: aufgenommen wurde, wurde von Herrn W. ein
 7  Z: möglicher Tatverdacht genannt gegen Mitarbei-
 8  Z: ter, da die Ortskenntnisse wohl am Tatort ä-
 9  Z: es muß davon ausgegangen werden, daß die Täter
10  Z: Ortskenntnisse hatten ä. Hinzukam, daß Herr W.
11  Z: dann wohl in der Tagespresse veröffentlichte,
12  Z: daß ä für Hinweise auf eine Täterschaft eine
13  Z: Belohnung ausgesetzt war ä, ich weiß also
14  Z: nicht, wieviel Tage nach der Tat es gewesen
15  Z: ist, als Herr W. die Dienststelle darüber infor-
16  Z: mierte, daß er einen Anruf erhalten habe, wo Herr
17  Z: B. als Täter des Einbruchs benannt worden ist und
```

18   Z: ä, glaub ich, einen Tag später, (muß ich n andern

19   Z: fragen), daß ä ein Gerät aus dieser Straftat,

20   Z: nämlich eine Schreibmaschine, an die Schwester

21   Z: des Herrn B. veräußert worden sei, und ä weitere

22   Z: Gegenstände in einem Gebüsch lagern würden. Darauf-

23   Z: hin ist dann die Wohnung von Herrn B. durch-

24   Z: sucht worden, und der Mutter des Herrn B., und ä

25   Z: bei unserer Vorstellung gab Fräulein B. uns sofort

26   Z: eine Schreibmaschine und ä eine Rechenmaschine und

27   Z: führte uns zu einem Ort, wo wir dann weitere Gegen-

28   Z: stände aus dem Einbruch finden konnten, in der

29   [Z: Nähe des G.-Gymnasiums.   Ja.

30   [R: G.?   An der Straße ja, er-

31   [R: zähln Sie mal weiter.

32   [Z: Ja, aber das ä war also sehr

33   Z: schwer zu finden ä von vom G.-Gymnasium selbst war

34   Z: ein Feld vorgelagert, und ä zu der Jahreszeit stand

35   Z: also Getreide ä, dann konnte man von einer anderen

36   Z: Straßenseite kommen, nich also ich weiß nicht, ob

37   Z: das die E.-Straße is (oben) ä da is noch ein ä

38   Z: Hauszufahrtswech und ein Feldwech, der dann be-

39   Z: grenzt is, und dort geht ä niemals ein Fußgänger-

40   Z: wech, man kann also nur sagen, so, wie das üblich

41   Z: ist, um ein Feld also eine kleine Lücke, die an

42   Z: ein anderes Grundstück angrenzte, was also ziem-

43   Z: lich verwildert war, und dort im Gebüsch lagen

44   Z: versteckt dann die Bohrmaschine und was im einzel-

45   [Z: nen (noch so lag)

46   [R: Ö das war ja schon wenige Tage

47   [R: nach dem Einbruch?

48   [Z: Ja, das das is auch mir ich weiß

49   Z: das nich mehr genau, wann das gewesen is ä, das is

50   Z: aber doch fixiert, welches Datum das gewesen is.

51   Z: Ich meine, wär also (einige Tage nach dem Einbruch)

52   R: . . . Sechzehnten, siebzehnten, acht . . und Einbruch

53   R: war Nacht zum dreizehnten, und vier, fünf Tage

54   [R: später schon.

55   [Z: Ja, ja.

Die Vorgabe des Richters (Z. 1 ff.) gibt zunächst das Thema (›Einbruch bei W.‹) vor, spezifiziert dann aber auf den Ablauf der polizeilichen Ermittlungen hin. Der Zeuge wählt als Einsatzpunkt die Aufnahme des Tatsachverhalts bei W. und dessen Tatverdacht (Z. 5-10); daran schließt sich die Erhärtung des

Verdachts aufgrund eigener Aktivitäten des Geschädigten an (Z. 10-22). Der Verdacht bestätigte sich für die Polizei dann, als die gestohlenen Gegenstände unter Mithilfe der Schwester des Herrn B. wieder aufgefunden werden konnten (Z. 22-45).

Auffällig ist das Fehlen der obligatorischen temporalen Orientierung. Sie wird durch Anschlußfragen des Vorsitzenden (Z. 46 f.) eingeleitet, der dann – angesichts der Erinnerungsschwierigkeiten des Polizeibeamten – selbst die Fixierung auf der Basis der ihm vorliegenden Akten vornehmen muß (Z. 52 ff.).

Im ersten Abschnitt sind folgende Behauptungen zentral:

(19) Der Tatsachverhalt wurde von der Polizei aufgenommen.
(20) Herr W. nannte einen möglichen Tatverdacht.
(21) Herr W. informierte die Dienststelle über einen telefonischen Hinweis auf Herrn B. als Täter.

Eine – dem Zeugen als notwendig erscheinende – Schlußfolgerung ist als solche gekennzeichnet (»es muß davon ausgegangen werden, daß . . .« (Z. 9)), nachdem sie zunächst als hypothetisch dargestellt worden war (»wohl« (Z. 8)). Als hypothetisch gekennzeichnet sind darüber hinaus alle Angaben des Geschädigten, Herrn Ws., die nicht unmittelbar überprüft werden konnten: die Richtung des Verdachts (Z. 7), die Zeitungsanzeige (Z. 10 ff.) und der an die Presseveröffentlichung anknüpfende anonyme Anruf (Z. 15 ff.). Mit diesem Zusammenspiel von Feststellungen, gekennzeichneten Schlußfolgerungen und Wiedergaben von Äußerungen Dritter wird dem Muster des Berichts entsprochen und zugleich dem Relevanzsystem des Gerichts gefolgt, ohne daß solche Relevanzpunkte gesetzt würden, die nur individuelle Bedeutung hätten. Die folgenden Abschnitte bringen die Anschlußaktivitäten der Dienststelle; deutlich wird der Übergang zur Darstellung von Faktizität. Charakteristisch ist, wie die lokale Orientierung (Z. 27 f.) durch die Bestätigungsfrage (Z. 30) des Vorsitzenden festgehalten und in den ›institutionellen Wissensspeicher‹ überführt wird. Das offenkundige Interesse des Vorsitzenden an einer genauen Ortsbeschreibung – das auch in anderen Prozessen deutlich wurde und dem Zeugen bekannt gewesen sein könnte – veranlaßt den Polizeibeamten zu einer ausführlichen, gleichwohl ohne Ortsbesichtigung nicht nachvollziehbaren Beschreibung. Allerdings wird später im Prozeß klar, daß der Vorsitzende schon über gewisse Kenntnisse der Gegend verfügt und die Angabe der Fixpunkte (Straße, Getreidefeld, Feldweg, verwildertes Grundstück) ihm eine Identifizierung durchaus ermöglichen kann, auch wenn der Zeuge den Namen der Straße nicht präsent hat und die Umschreibung des Begriffes ›Feldrain‹ etwas umständlich erscheint (Z. 38 ff.). Sehr unvollständig ist schließlich die Aufzählung des aufgefundenen Diebesguts (Z. 44 f.); auch hier verläßt sich der Zeuge darauf, daß der Richter die vollständigen Informationen seinen Akten entnehmen kann und die Nennung der wertvollsten Objekte ausreicht. Der folgende Diskurs zeigt, daß diese Annahme nicht gerechtfertigt ist; es ist ein Verfahrensprinzip, alle relevanten Sachverhalte mündlich in die Verhandlung einzubringen und somit allen Beteiligten zugänglich zu machen.

Charakteristisch für Texte des hier interpretierten Typs ist der lineare Verlauf, aus dem sich keine Höhepunkte, keine »complicating actions« herauslösen lassen; im Rahmen der zugrundeliegenden institutionellen Zweckbestimmung muß alles relevant sein. Eine solche Beschränkung ermöglicht es dem Gericht, die rechtliche Einschätzung allein vorzunehmen. Der Verdacht gegen Herrn B. läßt sich stützen durch

(22) Der Täter hatte vermutlich Ortskenntnis.
(23) Mitarbeiter von Herrn W. gehörten zum Kreis derer, die über solche Ortskenntnis verfügten.
(24) Herr B. war Mitarbeiter von Herrn W.
(25) Die Durchsuchung der Wohnung des Herrn B. führte – unter Mithilfe von Fräulein B. – zur Auffindung des Diebesguts.

Zwingend ist diese Kette natürlich nicht; letztlich ist immer noch wichtig, was Herr B. selbst aussagt. Der Bericht hat hier also die Funktion, die vorliegenden Beweismittel überhaupt erst in die Verhandlung einzuführen und deutlich zu machen, wieso es zu dem Verdacht gegen Herrn B. gekommen ist. Die Wahrheitsmaxime für Zeugen kann das Gericht nutzen, um bis zum Beweis des Gegenteils ihre Aussage in gesichertes Wissen zu transformieren. Eine spätere Erschütterung entsprechender Annahmen zwingt dazu, den Verfahrensablauf zurückzuverfolgen und alle wichtigen Punkte, an denen eine Selektion von Möglichkeiten stattfindet, zu überprüfen.

Anhand des folgenden Beispiels sollen die für Zeugen typischeren Mischformen in ihrer Struktur verdeutlicht werden:

Beispiel (6) F. 13.67 29-13.70 19

1 R: Herr G., was könn Sie zur Sache selbst erzählen?
2 Z: Brauchen Sie eine Schilderung, was ich gesehen
3 [Z: habe?   Es war am ä n.n., ich
4 [R: Ja. Ich bitte darum.
5 Z: ging über den ä A.M. zum Schuhgeschäft S., wollte
6 Z: mir n Paar Schuhe kaufen, sah auf dem Hinwech
7 Z: dieses auf diese aufgebaute, nachgemachte Zelle,
8 Z: habe sie nur kurz angeguckt, bin dann weiterge-
9 Z: gangen ins Schuhgeschäft. Auf dem Rückwech ä
10 Z: nach dem Schuhkauf sah ich, wie ein Wagen des
11 Z: städtischen Fuhrparks die Zelle gerade abgeräumt
12 Z: hatte, die letzten Reste auf den Wagen draufsetz-
13 Z: te, und ein Polizeiwagen ö dahinterstand. Ä ich hab
14 Z: dann auch irgendwie gehört denn auch mit mehreren
15 Z: mir das noch angeguckt, wie die die letzten Reste
16 Z: zusammenpackten da und so weiter und bin dann so
17 Z: langsam ä wechgegangen oder wollte langsam wechge-
18 Z: hen. Der LKW hatte den M. ja schon verlassen, die
19 Z: beiden Polizeibeamten stiegen in den Wagen rein,
20 Z: bis dahin war also waren kaum Leute, alles guckte
21 Z: und ging so quer durcheinander, es war überhaupt
22 Z: kein, nur daß sich die Leute unterhielten weiter
23 Z: darüber, und da auf einmal sah ich, wie der Herr A.
24 Z: sich auf den Wagen draufschwang, auf den Polizeiwa-
25 Z: gen und sich da ungefähr fünf bis zehn Meter mit-
26 Z: schleifen ließ, und da war ich sehr erstaunt drüber,
27 Z: denn meiner Meinung hätt er sich sehr gefährden kön-
28 Z: nen, denn er hätte ja runterfallen und hätte dadurch
29 Z: sich überrollen lassen können, und dann hab ich mir
30 Z: das angesehn. Sofort auf einmal waren natürlich alle
31 Z: Leute da. Die beiden Poli.zisten sprangen aus dem
32 Z: Wagen raus, Herr A. lief wech, soweit ich dann ä
33 Z: verfolgen konnte, ich bin stehen geblieben, und ä
34 Z: sie haben ihn dann auch festgehalten und haben ihn
35 Z: zum Polizeiwagen mitgenommen. Bis dahin stand ich
36 Z: aber immer noch so ungefähr zehn Meter entfernt von
37 Z: dem Wagen, und ä natürlich die Menschentraube wurde
38 Z: immer größer, und da bin ich auch hingegangen zu
39 Z: diesem Polizeiwagen, und dann sah ich, wie die bei-
40 Z: den Polizeibeamten ä versuchten, Herrn A. in den
41 Z: Wagen reinzuziehen oder beziehungsweise reinzube-
42 Z: kommen. Wie ich auch gehört habe ö am Anfang, wie
43 Z: ich da stand, hörte, wollten sie die Personalien

```
44 ⎡Z: der beiden. Frau A. schrie                    Bitte?
45 ⎣R:                        Das ham Sie gehört?
46 ⎡R: Das. das ham Sie gehört?
47 ⎣Z:                        Hab ich gehört.so.ich mei-
48  Z: ne so: »Ja, Eure Personalien, nein«, und so weiter,
49  Z: sie kamen gar nich so irgendwie mit ihnen ins Ge-
50  Z: spräch. Und Frau A. sie schrie sehr, ich weiß nich
51  Z: warum ä sicher vielleicht aus Angst um ihren Mann,
52  Z: obwohl ich soweit ich, das kann ich fest hier be-
53  Z: haupten, gesehen habe, ihrem Mann nichts getan
54  Z: wurde . . Es war eben noch die Rangelei, um Herrn
55  Z: A. in den Wagen reinzubekommen, er war wollte
56  Z: nich und dann zoch man ihm die hinteren Hände
57  Z: wech von den ä oben, er hielt sich oben
58  Z: am Wagen da fest und so weiter, und da in dem
59  Z: Moment gingen kamen dann zwei, drei andere
60  Z: jüngere ä Leute, einer auch neben mir,
61  Z: und sachte: »Das is Polizeiwillkür, das könn sie
62  Z: nur: schlagen«, wahrscheinlich sind warn die n
63  Z: bißchen aufgeregt oder nervös, weil Frau A. so am
64  Z: Schreien ich darf das mal sagen Entschuldigung
65  Z: Kreischen war, und ä der Polizist sachte: »Ich hab
66  Z: ihm doch gar nichts getan ä, ich hab n doch noch gar
67  Z: nich angerührt«, und das ging dann weiter und ä
68  Z: jetzt ä neben mir sachte einer: »Das könn sie nur:
69  Z: schlagen, und es wird auch ne andere Zeit kommen«,
70  Z: und da hab ich zu den Polizisten gesacht: »Hier ha-
71  Z: ben Sie meine Adresse, meine Anschrift, ich bin je-
72  Z: derzeit Zeuge, soweit was ich hier gesehn habe und
73  Z: das weiter verfolgt habe, haben Sie in keinem Fall
74  Z: geschlagen, sondern Sie ham lediglich mit den Hän-
75  Z: den versucht, ihn seine Finger runter zu und den
76  Z: in den Wagen reinzubekommen.« Ich glaub, das war al-
77  Z: les . . . Ich meine, mir gings nur darum, entgegen
78  Z: der Meinung der jungen Leute, die da sich da rundum
79  Z: sammelten, daß ä die Polizei geschlagen hätte, das
80  Z: stimmt nach meiner Meinung in keinem Fall. Soweit
81  Z: ichs verfolgen konnte, ist nicht geschlagen worden.
82  Z: Herr A. ist nicht mitm Gummiknüppel oder sonstwie
83  Z: irgendwie angegangen worden. . . .
```

Interessant ist schon die dem Erzähltext vorangehende Sequenz, in der der Zeuge sich über das zu wählende Textmuster vergewissert (Z. 2 ff.). Die Orientierung ist ungewöhnlich lang (Z. 3-23), entspricht also eher einer erzählenden Darstellung. Das jedenfalls ist die Interpretation des Beobachters (und wohl auch des Gerichts, obwohl es ihn ausreden ließ), während aus der Sicht des Zeugen die Vorgeschichte (Wahrnehmung der symbolischen ›Isolierzelle‹ und des Abbaus) vermutlich schon einen relevanten Punkt darstellte. An solchen Stellen wird deutlich, daß vor Gericht unterschiedliche ›Deutungsschemata‹ aufeinandertreffen, die für eine Analyse sprachlicher Interaktionen einen zentralen Untersuchungsaspekt bilden.[5] Im Rahmen der Strategien des Gerichts soll die politische Gesichtspunkte enthaltende Vorgeschichte ausgeblendet werden.

Die Vielzahl der vom Zeugen verwendeten Wahrnehmungsoperatoren (Z. 6, 8, 10, 14 f. usw.) verweist darauf, daß der Zeuge am Muster des Berichts orientiert ist und sich bemüht, die eigene Perspektive auszudrücken. Der Übergang zum institutionellen Muster bereitet ihm dennoch Schwierigkeiten. Die Geschichte vom Schuhkauf etwa hat unter institutionellem Aspekt keine Funktion; vom Zeugen her gesehen, könnte sich darin ein Versuch manifestieren, sich von allem, was mit der ›Isolierzelle‹ zu tun hat, zu distanzieren. Deutlich auf andere Zwecke weist das erzählerische Mittel des Kontrastierens (». . . und bin dann so langsam ä wechgegangen . . . da auf einmal sehe ich, wie . . .« (Z. 16 f.; 23)).

Mit der Darstellung der Konfrontation zwischen Herrn A. und der Polizei (Z. 23 ff.) wird ein Relevanzpunkt gesetzt, der auch für das Gericht zentrale Bedeutung hat. Es geht im Prozeß u. a. um die Frage, ob Herr A. aktiven Widerstand geleistet hat, indem er sich auf den Polizeiwagen schwang – der Zeuge unterstützt hier die Version der Anklage –, oder ob Herr A. von der Polizei angefahren wurde und so auf die Motorhaube gelangte. Durchaus eine Rolle kann die Alltagserfahrung spielen, daß kaum jemand freiwillig auf ein fahrendes Auto springt; dazu nimmt der Zeuge unmittelbar im Anschluß an die »Komplikation« kommentierend Stellung (Z. 26 ff.). Dieses – für das Erzählen von Alltagsgeschichten typische – Zusammenspiel von Ereignisdarstellung und Einschätzung wird dadurch ›objektivierend‹ an das Muster des Berichts angepaßt, daß die Einstellung des Zeugen in die wiedergegebene Situation zurückverlegt und die Begründung einem die Subjektivität indizierenden Operator (»nach meiner Meinung« (Z. 27)) untergeordnet wird. Der Zeuge versucht also, seine

Realitätsdarstellung abzusichern und vor Gericht durchzusetzen.
Nicht wiedergegeben wird, wie denn nun Herr A. von der
Motorhaube zurück auf die Straße gelangte; es fehlt das – im Falle
von Erzählungen obligatorische – Resultat. Auch dies wäre ein
wichtiger Punkt gewesen, da den Polizisten vorgeworfen wurde,
den Wagen beschleunigt und den Angeklagten durch abruptes
Bremsen in hohem Bogen auf das Pflaster befördert zu haben.
Entweder hat – so läßt sich folgern – der Zeuge diesen Vorgang
nicht beobachten können, oder er wollte die Polizisten nicht
belasten. Auf Nachfrage des Vorsitzenden gibt der Zeuge dann
folgende Version:

Beispiel (7) F. 13.71 01-06
1 Z: Ich stand ungefähr fünf Meter da, drei, vier, drei
2 Z: bis fünf Meter vom Polizeiauto, nich, der machte
3 Z: so ne ((zeigt)) Kurve rum und kam so seitwärts
4 Z: zu mir rum. Da saß Herr A. oben drauf und ä der
5 Z: Polizeibeamte stoppte, und soweit ich das sehe,
6 Z: dann . .f f flog oder rutschte er da runter.

Hier wird der Vorgang so dargestellt, daß die Polizisten möglichst nicht belastet werden; ein deutliches Indiz ist die Selbstkorrektur in Z. 6. Zugleich ist aber nicht mehr ganz klar, inwieweit
der Zeuge verfolgen konnte, wie der Angeklagte auf die Motorhaube gelangte. Auch zu diesem Punkt wird später nachgefragt:

Beispiel (8) F. 13.71 30-13.72 06
1 R: Jetzt ham Sie gerade gesacht, Sie haben ihn zum
2 R: ersten Mal gesehn, als er schon oben drauf saß.
3 Z: Ja gut, also ä das ging so schnell, ich meine,
4 Z: daß ich das irgendwie kurz mitverfolgt hab, wie
5 Z: er sich draufgesetzt hat, und wie er dann so fünf
6 Z: bis zehn Meter mit ä fuhr.

Der Zeuge nimmt in dem Moment, wo es ernst wird, seine
frühere Aussage nicht zurück, schwächt sie aber soweit ab, daß er
nicht mehr darauf festgelegt werden kann. Andererseits kann das
Gericht – und das hat es auch getan – sich für das Urteil auf diese
Aussage (gerade noch) stützen.
Auch in den folgenden Passagen von Beispiel (6) finden wir eine
(nicht untypische) Mischung aus Elementen des ›Augenzeugen-
berichts‹, Kommentierungen und nur strategisch zu verstehenden
Formulierungsweisen. Einige wesentlich erscheinende Punkte
sollen noch herausgegriffen werden. In Z. 38 f. wird die Verlage-

rung des Beobachterstandortes näher zum Geschehen hin damit begründet, daß sich eine größere Menschenmenge ansammelte und sicher Relevantes zu sehen war. Die Art der Formulierung soll eine Distanzierung ausdrücken.

Schließlich war der Zeuge dann auch dabei, als die Personalien erfragt wurden. Ob der gesetzlichen Vorschrift Genüge getan wurde, war im Prozeß umstritten; verständlich also, daß der Richter nachfragt, um sich zu vergewissern. Daraufhin hat der Zeuge – im Bewußtsein, einen für das Gericht relevanten Punkt getroffen zu haben, sogar eine Wiedergabe in wörtlicher Rede anzubieten (Z. 48), wenn auch die Exaktheit durch einen Subjektivitätsoperator (Z. 47 f.) eingeschränkt wird. Die folgende Kommentierung (»sie kamen gar nich so irgendwie mit ihnen ins Gespräch« (Z. 49 f.)) besagt nichts anderes, als daß die Angeklagten – Frau A. kommt hier sozusagen unter der Hand erstmals ins Spiel – sich nicht kooperativ verhalten hätten, womit die folgenden Handgreiflichkeiten schon eine (vorgreifende) Erklärung erhalten. – Mit Z. 50 ff. kommen wir zu einem weiteren Relevanzpunkt; zugleich stoßen wir auf eine Technik, die uns bei diesem Zeugen nicht neu ist. Das Schreien – oder wie er sich später verbessert: Kreischen – der Frau A. wird als kaum erklärlich hingestellt, denn ihrem Ehemann sei ja nichts getan worden. Wenn jemand schreit, hat er – so die Alltagserfahrung – dazu einen Anlaß. Daß ein ernstzunehmender Anlaß gefehlt hat, dafür verbürgt sich der Zeuge, allerdings – ohne absichernde Einschränkung geht es denn doch nicht – nur, soweit er es gesehen hat. Was zwischen Polizeibeamten und Angeklagtem ablief, kann dann anschließend (Z. 54) als »Rangelei« abgetan werden. Und als die »jüngeren Leute« von »Polizeiwillkür« sprechen (Z. 60 ff.), liegt das an ihrer Nervosität, an der wiederum die hysterische Reaktion von Frau A. die Schuld trägt (Z. 63 ff.). Dem kann dann die Äußerung eines Polizisten entgegengestellt werden (Z. 65 ff.), wiewohl deren zynischer Unterton dem Darstellungskontext etwas widerspricht. Als die »jüngeren Leute« dann weiterhin Falsches behaupten und sogar drohen (Z. 67 ff.), entschließt sich der Zeuge, den Polizeibeamten auch aktiv, nämlich in einem Gerichtsverfahren, beizustehen. Hier werden also die Intentionen des Zeugen deutlich: es geht ihm nicht darum, die Fakten neutral so zu reproduzieren, daß sich das Gericht ein Bild machen kann, primär will er die Polizeibeamten entlasten. Er schränkt zwar auch an dieser zentralen Stelle wieder ein (Z. 72 f.), ist aber subjektiv schon von der Legitimität seines Anliegens überzeugt. Nachdem der Text formal durch eine »coda« geschlossen ist (Z. 76 f.), nimmt der Zeuge nochmals kommentierend Stellung und verdeutlicht seine Intentionen. Dabei kommt er zu einer problematischen Konkretisierung, denn bereits vor seiner Aussage hatte ein Polizeibeamter schon zugegeben, einmal den Schlagstock benutzt zu haben. Die Einschränkungen des Zeugen sind also durchaus berechtigt und ernstzunehmen.

Die dem Zeugen so wichtige Entlastungsintention zielt allerdings weitgehend ins Leere, da nicht die Polizeibeamten die Angeklagten sind. Für das Gericht sind andere Punkte von größerem Interesse.

Erzählformen dieser Art, die also am Muster des Berichts orientiert sind, aber zugleich explizite Kommentierungen enthalten und auf das Verfahren bezogene strategische Funktionen verfolgen, sollen ›berichtende Darstellungen‹ genannt werden. Damit kann die Zwischenposition zwischen erzählender Darstellung und Formen des Berichts (Augenzeugenbericht, Verlaufsbericht) zum Ausdruck gebracht werden.

Manchmal finden wir auch bei Zeugen die Form der erzählenden Darstellung. Dies ist regelmäßig dann der Fall, wenn sich der Zeuge – aufgrund der Art seiner Beteiligung am Tatgeschehen – zu einer Verteidigung der eigenen Handlungsweise genötigt sieht. Gegen die in den Beispielen (2) und (6) erwähnten Polizeibeamten war gleichzeitig ein Verfahren wegen gefährlicher Körperverletzung anhängig. Vom Ausgang des laufenden Verfahrens, vor allem von der rechtlichen Würdigung durch das Gericht, hing also für das künftige Verfahren viel ab.

Beispiel (9) F. 13.19 09 - 13.21 11
(S = Staatsanwalt)
1 Z: Ja, wir hatten mit mehreren Fahrzeugen den Ein-
2 Z: satz, beziehungsweise s war n Großeinsatz ä . .
3 Z: dort . . eine Bude, die mit Decken bespannt war,
4 Z: glaub ich, und n paar Lappen und so abzureißen.
5 Z: Feuerwehr kam, LKW, die ham die Sachen abjerissen . .
6 Z: auf den LKW verladen . . wir warn das letzte Fahr-
7 Z: zeuch, was n A. M. verließ, die andern Fahrzeuge
8 Z: warn schon wech, mit einmal seh ich von rechts ei-
9 Z: ne Person direkt auf ich weiß, ich hatt n Strei-

10 Z: fenwagen gestartet, auf einmal seh ich von rechts
11' Z: eine Person auf direkt auf den Streifenwagen zulau-
12 Z: fen, und springt mir vorne auf e Haube. . . Ich hab
13 Z: daraufhin abgebremst, ausjestiegen und habe den
14 Z: Mann festgehalten und habe gesacht: »Einsteigen in
15 Z: den Streifenwagen, Sie sind vorläufig festgenommen!«
16 Z: .. Ja, und dann ging es zur Sache, .. die Person
17 Z: wehrte sich also sehr erheblich, . . . ä in den Strei-
18 Z: fenwagen einzusteigen, .. so daß Unterstützung an-
19 Z: gefordert wurde. Die andern Fahrzeuge warn noch
20 Z: nich weit wech, kamen also kurz zum Einsatzort zu-
21 Z: rück. . . . n ä hinterher war Hin und Her, ä . . ich muß
22 Z: bemerken, daß weder der der Schlachstock, sondern
23 Z: nur einfache körperliche Gewalt angewendet wurde,
24 Z: Schlachstock hatt ich zwar rausgenommen, einmal
25 Z: hatte er, Herr H., ich weiß den Namen jetzt au
26 ⌈Z: nich mehr . . Herr A. Ich habe einen auf die Fin-
27 ⌊S: A.
28 Z: ger geschlagen, dann hab ich n Schlachstock aufn
29 Z: Beifahrersitz gelecht und hab mit körperlicher / hab
30 Z: mit körperlicher Gewalt weitergemacht. Wir ham
31 Z: dann Herrn A. in n Streifenwagen mit Mühe und Not
32 Z: hineinbekommen . . . ä, .. jetzt muß ich also, .. wenn
33 Z: man da auch nich mehr weiß ä, ich glaube, plötz-
34 Z: lich saß seine Gattin im Streifenwagen, und da es
35 Z: laut Dienstvorschrift nicht erlaubt is, zwo Per-
36 Z: sonen .. ä im Streifenwagen zur Wache zu bringen,
37 Z: wurde ä der Herr A. aufgefordert, den Streifenwagen
38 Z: zu verlassen, in einem anderen Streifenwagen Platz
39 Z: zu nehmen, .. und es wurde ihr auch zugesagt von
40 Z: dem Einsatzleiter Kommissar S., daß sie ordnungs-
41 Z: gemäß auch zum Polizeipräsidium nach I. gebracht
42 Z: würde. Sie verneinte das und blieb im Streifenwa-
43 Z: gen sitzen, wir konnten leider keine körperliche
44 Z: Gewalt anwenden, Frau A. war sichtlich in Umstän-
45 Z: den, .. so daß wir nur gegen den Ehemann nun auch
46 Z: noch weiter eingreifen konnten. Es ging jetzt im-
47 Z: mer hin und her, Katz-und-Maus-Spiel, der eine
48 Z: rein in den Wagen, der andere raus aus dem Wagen,
49 Z: hatten wer Herrn A. im Wagen, peng, saß seine Ehe-
50 Z: frau auch daneben. Hatten wer seine Ehefrau raus,
51 Z: saß Herr A. daneben, so daß wir uns quasi lächer-
52 Z: lich machten. . . . Ä Passanten regten sich auch
53 Z: schon auf, daß wir nich härter einschritten, .. wir

54 Z: wurden ferner während der gesamten Zeit von dem
55 Z: auch jetzt geladenen Zeugen, den Namen weiß ich
56 Z: nich, er sitzt draußen, auch weiterhin beleidigt,
57 Z: und wir ham uns dadran gestört, wir ham aber auf-
58 Z: grund des Theaters, das wer sowieso schon da hat-
59 Z: ten, von der Festnahme dann abgesehen. . . . Das al-
60 Z: so im Groben, Ganzen wie gesacht, nachher ä, als
61 Z: wieder Gewalt angewendet wurde, klappte es denn,
62 Z: Herrn A. zum Polizeipräsidium zu bringen, seine
63 Z: Ehefrau ebenfalls, . . und da wurde dann se dabehal-
64 Z: ten, ein bißchen. . .

Es fällt zunächst auf, daß in Beispiel (9) eine zeitliche Orientierung fehlt, die vor Gericht auch dann obligatorisch ist, wenn die
entsprechenden Informationen bereits zum gemeinsamen Wissen
aller Beteiligten gehören. Wahrscheinlich hat die Verhandlungs-
technik des hier agierenden Vorsitzenden, der Angeklagte und
Zeugen zunächst einmal ohne Unterbrechung reden läßt, dazu
geführt, daß dieser Punkt letztlich vergessen wurde.

Die Vorgeschichte allerdings wird – wenn auch relativ abstrakt,
also Vorwissen voraussetzend – skizziert (Z. 1-8). Gespräche mit
den professionellen Akteuren am Rande dieses Verfahrens – im
übrigen eine wichtige Informationsquelle für die teilnehmende
Beobachtung – ergaben, daß die Vorgeschichte zwar zu einer
politischen Sicht der späteren Ereignisse geführt hatte, ein ›politi-
scher Prozeß‹ aber gerade vermieden werden sollte. Deutlich
wird, daß der Polizeibeamte das eigentlich politische Thema der
Vorgeschichte ausspart, was natürlich auch Schlußfolgerungen
über institutionelle Hintergründe zuläßt.

Der Übergang zum Relevanzpunkt verwendet dasselbe sprachliche Mittel der Kontrastierung wie Beispiel (6) (vgl. Z. 8 ff. mit
Z. 23 aus Beispiel (6)); im Zentrum steht eine WAHRNEHMUNGSBE-
HAUPTUNG, mit der Unbezweifelbares festgehalten werden soll.
Die Konfrontation des Angeklagten mit dem Polizeiwagen wird
durch eine zeitlich gestreckte Einleitungssequenz geschickt vorbereitet (Z. 9 ff.): demnach müßte ein komplexer Handlungsplan
beim Angeklagten zugrunde gelegen haben. So ließe sich das
Verhalten des Angeklagten in geeigneter Weise als Widerstands-
handlung qualifizieren. Diese Version findet sich sonst nur bei
dem zweiten beteiligten Polizeibeamten, nicht bei den übrigen
sechs Zeugen. Die Phase der Autofahrt wird zeitlich so stark

gerafft, daß nur noch der Bremsvorgang bleibt (Z. 12 f.) Mit Ausnahme wiederum des zweiten Polizeibeamten, der aber noch das Auslenken des Fahrzeugs in einer Linkskurve schildert, haben die anderen Zeugen (und der Angeklagte) ausgesagt, daß der Polizeiwagen mit dem Angeklagten auf der Haube noch einige Meter gefahren sei, bis dieser dann schließlich abgeworfen worden sei. Einige Zeugen berichten auch, der Polizeiwagen habe während dieser Fahr noch kurz beschleunigt. Damit sind Punkte genannt, die den Zeugen belasten könnten und sicher auch so antizipiert worden sind; schließlich gibt es da noch das Folgeverfahren wegen gefährlicher Körperverletzung. Es gehört zu den institutionellen Prinzipien, daß niemand sich selbst belasten muß, und daran hält sich der Polizeibeamte, wenn er bestimmte Details ausspart – ohne übrigens die Leerstellen durch eine INDEFINIT-BEHAUPTUNG (Vgl. Beispiel (2)) zu markieren. In diesem Zusammenhang ist auch zu sehen, daß nicht erwähnt wird, ob der Angeklagte nach seinen Personalien befragt wurde; die Unmöglichkeit, die Personalien festzustellen, gehört zu den Gründen, die eine vorläufige Festnahme legitimieren (Vgl. § 127 StPO). Die Darstellung der Festnahme selbst setzt ein mit einem formelhaften abstract (»und dann ging es zur Sache« (Z. 16)), der die Art des Eingreifens der Aktanten noch nicht deutlich macht; es wird dann aber eine entsprechende, auch rechtsrelevante Spezifizierung angeschlossen (Z. 16 ff.). Dennoch bleibt die Situation unklar (»hinterher war Hin und Her« (Z. 21)), und eine genaue Verlaufsbeschreibung scheint – so wird vom Zeugen insinuiert – unmöglich. Angegeben ist der Modus polizeilicher Gewaltanwendung, der für das Gericht und natürlich auch für das folgende Verfahren eine wichtige Rolle spielt (Z. 21 ff.).

In der gesamten Passage wird deutlich, daß die Frage nicht in erster Linie ist, wie sich der Angeklagte verhalten hat – dies ist für das Gericht von primärem Interesse –, sondern daß es dem Zeugen entgegen der institutionellen Zwecksetzung vor allem darum geht, sich gegen mögliche Vorwürfe zu verteidigen. Als Amtsträger muß er sich unter Berufung auf die für ihn in solchen Situationen geltende Norm verteidigen. Er versucht das, indem er wesentliche Situationsmerkmale in institutionellen Termini wiedergibt in der Hoffnung, daß diese Beschreibung vom Gericht übernommen wird. Die eingeschlagene Verteidigungsstrategie ist so bestimmend, daß wichtige Punkte gar nicht angesprochen werden, z. B. das Verhalten der Ehefrau des Angeklagten, das zu einer Anzeige wegen Beleidigung geführt hatte, und ein Fluchtversuch des Angeklagten. Ein solches Plädoyer in eigener Sache verlängert nicht nur den folgenden Diskurs, in dem der Richter dann nachfragen muß, es wirft auch kein günstiges Licht auf den Zeugen. Da sich außerdem für den Verteidiger günstige Angriffs- und Ablenkungspunkte eröffnen, könnte man das Verhalten des Zeugen als strategisch wenig geschickt einschätzen. Auch im folgenden Textteil versucht der Angeklagte, sich durch Berufung auf Vorschriften zu rechtfertigen. Das – wie er es nennt – »Katz-und-Maus-Spiel« (Z. 47) kann nur entstehen, weil die Dienstvorschrift festlegt, daß nur eine Person im Streifenwagen befördert werden darf. Die entsprechende Aufforderung an den Angeklagten wird – im Rahmen einer Selbstkorrektur (Z. 37 ff.) – als höflich und korrekt dargestellt.

Das weitere Vorgehen der Polizeibeamten ist dadurch bestimmt, daß die Ehefrau des Angeklagten aufgrund ihrer Schwangerschaft nicht behelligt werden darf und die Angeklagten sich gegen eine Trennung zur Wehr setzten. Die sich daraus ergebenden Schwierigkeiten werden als Niederlage erlebt; es ergibt sich ein Widerspruch zu dem polizeilichen Rollenbild, demzufolge Situationen dieser Art mit Entschlossenheit und notfalls Gewalt aufzulösen seien. Daher bringt der Zeuge sein Bedauern darüber zum Ausdruck, daß die Angeklagte nicht behelligt werden durfte (Z. 43 ff.), und leistet einer Deutung Vorschub, die etwa so umschrieben werden kann:

(26) Der Zeuge bedauert, gegen Schwangere keine körperliche Gewalt anwenden zu dürfen.

Dies wird die Verteidigung selbstverständlich nutzen, und es trägt letztlich auch bei zur Eskalation des Konflikts zwischen Verteidigung und Anklagevertreter. Das Ziel des Zeugen hingegen in dieser Textpassage ist es, die Unterreaktion der Polizei zu verdeutlichen, um möglichen Vorwürfen schon im Vorfeld zu begegnen. Das Geschehen wird als Komödie dargestellt, in der die eigentlichen Akteure die Angeklagten, die Polizeibeamten aber die Gefoppten sind. Und schlimmer noch: die Passanten sind mit dem ›laschen‹ Auftreten der Polizei nicht einverstanden, ihre Rolle als Ordnungsmacht wird in Zweifel gezogen. Es werden also Zeugen herangezogen für die Verteidigung der eigenen Handlungsweise. Zum Abschluß wird dann auf den erschwerenden Umstand hingewiesen, daß ein Zuschauer die Partei der Angeklagten ergriff und die Beamten beleidigte (Z. 56); die Konkretisierung gegen einen der anwesenden Zeugen ließ sich im weiteren Verlauf des Verfahrens aber nicht bestätigen. Interessanterweise legte der Beamte – anders natürlich als das Gericht – bei der ›Gegenüberstellung‹ keinen erkennbaren Wert darauf, daß der andere Zeuge als derjenige identifiziert wurde, der damals die Beleidigungen ausgesprochen hatte. Diese Geschichte hatte nur im textuellen Rahmen eine Funktion; im Zusammenhang der Verteidigungsstrategie des Zeugen sollte dokumentiert werden, daß die Polizei korrekt, vielleicht sogar etwas nachsichtig vorgegangen war, denn es wurde in diesem Fall aufgrund der besonderen Umstände der polizeilichen Pflicht zur Erforschung von Straftaten einmal nicht Genüge getan.

Wie es dann tatsächlich gelang, den Angeklagten zum Präsidium zu bringen – die Ehefrau fuhr entgegen der Darstellung nicht mit –, wird nur sehr abstrakt dargestellt (Z. 60 ff.), fungiert gewissermaßen als Nachtrag, denn zuvor schon findet sich eine Coda (Z. 59 f.). Der Schwerpunkt der Aussage liegt auf der Faktizität, und von Gewaltanwendung ist nur in allgemeiner Form die Rede, so daß auch hier die relevanten Einzelheiten vom Vorsitzenden erst noch zu erfragen sind.

Der Aufenthalt des Angeklagten auf dem Präsidium wird als Routineerledigung hingestellt (Z. 63 f.). Das Gericht schließt sich dieser Sicht – die Darstellung des Angeklagten legt anderes nahe – an und thematisiert diesen Punkt im Verfahren nicht mehr, der ja ohnehin in einem weiteren Verfahren noch Gegenstand ist.

Es dürfte deutlich geworden sein, daß der Zeuge sich nur oberflächlich am Relevanzsystem des Gerichts orientiert; seine Relevanzpunkte und Kommentierungen sind durch das schwebende Verfahren in eigener Sache bestimmt. Eine distanziertere Perspektive einzunehmen ist ihm nicht möglich, seine strategischen Ziele sind ganz offenkundig.

Abschließend bleibt festzustellen, daß in diesem Beitrag nur exemplarisch die institutionelle und interaktive Einbettung von Erzählformen aufgewiesen werden konnte. Eine genauere Analyse erfordert auf der einen Seite eine durchgängige Klärung des Zusammenhangs und Zusammenspiels von institutionellen und alltäglichen Deutungsschemata, Strategien und Handlungsmustern, zum anderen die Erfassung und Beschreibung mikrostruktureller Textkonstituenten.[6] Als Folie schließlich fungiert der Verfahrensdiskurs in seinem Gesamtablauf, in dem Erzählformen einen thematisch expositorischen Punkt setzen, an den sich verschiedenartige Klärungs- und Problematisierungssequenzen anschließen können. Im Folgediskurs steht dem Vorsitzenden eine Vielzahl von Strukturierungsmöglichkeiten zur Verfügung, und seine Strategien richten sich darauf, entstandene Lücken aufzufüllen, die Glaubwürdigkeit des Erzählers zu überprüfen oder ihn gar zu einer Revision des Erzählten zu bewegen. Der Erzähler wird zunächst stets versuchen, das Gesagte zu verteidigen, nichts hinzuzufügen, was damit unverträglich ist und – manchmal auch – über bestimmte Punkte gar nicht oder nur in einer sehr unbestimmten Weise zu reden. Die sich aus dieser interessanten Konstellation ergebenden Diskurse sollen an anderer Stelle behandelt werden.

Anmerkungen

1 Interaktionen dieses Typs werden – zumeist auf den Bereich des Alltags begrenzt – behandelt von Rehbein (1972), Fritz & Hundsnurscher (1975), Frankenberg (1976), Scott Lyman (1976).
2 Das Korpus, dem die Beispiele entstammen, liegt umfänglicheren Untersuchungen zur Kommunikation in Straf- und Bußgeldverfahren zugrunde, deren Konzeption dargestellt ist in Hoffmann (1980a).
3 Die von Grice eingeführten Konversationsmaximen (vgl. Grice (1975)) sind unter institutionellem Aspekt sicher teilweise zu revidieren, aber auch zu ergänzen. Das wird an verschiedenen Punkten der vorliegenden Untersuchung deutlich, kann hier aber nicht eigens thematisiert werden.
4 Der mikrostrukturelle Bereich, zu dem etwa eine Typologie der Behauptungen sowie eine Klassifikation der Sprechaktgruppe der »Repräsentative« gehören, wird eingehend behandelt in Hoffmann (1980b).
5 Um den Kontext des Begriffes ›Deutungsschema‹ anzudeuten, sei nur pauschal auf die Arbeiten von Alfred Schütz bzw. von (so unterschiedlichen) Vertretern der Ethnomethodologie wie Cicourel, Garfinkel und Goffman verwiesen.
6 Die geforderte genauere Analyse wird versucht in Hoffmann (1980b).

Literaturverzeichnis

Bahrs, A. (1977), Die Vulgärlüge in der gerichtlichen Praxis. Berlin: Duncker & Humblot

Döhring, E. (1964), Die Erforschung des Sachverhalts im Prozeß. Berlin: Duncker & Humblot

Frankenberg, H. (1976), Vorwerfen und Rechtfertigen als verbale Teilstrategien der innerfamilialen Interaktion. Düsseldorf: Masch. Diss.

Fritz, G. & Hundsnurscher, F. (1975), Sprechaktsequenzen. Überlegungen zur Vorwurf/Rechtfertigungs-Interaktion. In: Der Deutschunterricht 27, S. 81–103

Goffman, E. (1977), Rahmen-Analyse. Frankfurt: Suhrkamp

Gössel, K. (1977), Strafverfahrensrecht. Stuttgart: Kohlhammer

Grice, P. (1975), Logic and Conversation. In: P. Cole & J. Morgan (Hgg.), Syntax and Semantics. Vol. 3: Speech Acts. New York: Academic Press, S. 41–48

Heringer, H. J. (1974), Praktische Semantik, Stuttgart: Klett

Hoffmann, L. (1980a), Sprechen vor Gericht. Ein Versuch zur Beschreibung von Kode-Merkmalen. In: Th. M. Seibert (Hg.), Der Kode – Geheimsprache einer Institution. Zeitschrift für Semiotik 2, H. 3

Hoffmann, L. (1980b), Kommunikation vor Gericht (i. V.)

Kallmeyer, W. & Schütze, F. (1977), Zur Konstitution von Kommunikationsschemata der Sachverhaltsdarstellung. In: D. Wegner (Hg.), Gesprächsanalysen. Hamburg: Buske, S. 159-273

Kraft, E., Nikolaus, K., Quasthoff, U. (1977), Die Konstitution der konversationellen Erzählung. In: Folia Linguistica XI 3/4, S. 287-337

Kroschel N. & Doerner, K. (1972²²), Die Abfassung der Urteile in Strafsachen, München: Vahlen

Labov, W. (1972), The Transformation of Experience in Narrative Syntax. In: W. Labov, Language in the Inner City, Philadelphia: University of Pennsylvania Press

Labov, W. & Waletzky, J. (1973), Erzählanalyse. Mündliche Versionen persönlicher Erfahrung. In: J. Ihwe (Hg.), Literaturwissenschaft und Linguistik Bd. 2. Frankfurt: Fischer Athenäum, S. 78-126

Rehbein, J. (1972), Entschuldigungen und Rechtfertigungen. In: D. Wunderlich (Hg.), L|nguistische Pragmatik. Frankfurt: Athenäum, S. 288-318

Rehbein, J. (1977), Komplexes Handeln. Stuttgart: Metzler

Sacks, H. & Schegloff, E. (1978), Zwei Präferenzen in der Organisation personaler Referenz in der Konversation und ihre Wechselwirkung. In: U. Quasthoff (Hg.), Sprachstruktur – Sozialstruktur. Königstein: Scriptor, S. 150-157

Scott, M. B. & Lyman, S. M. (1976), Praktische Erklärungen. In: M. Auwärter, E. Kirsch, M. Schröter (Hgg.), Seminar: Kommunikation, Interaktion, Identität. Frankfurt: Suhrkamp, S. 73-114

Schütz, A. (1971), Das Problem der Relevanz, Frankfurt: Suhrkamp

Seibert, Th. M. (1978), Gerechtigkeit als Sprachzugang. In: K. Lüderssen & Th. M. Seibert (Hgg.), Autor und Täter. Frankfurt: Suhrkamp, S. 53-97

Jochen Rehbein
Sequentielles Erzählen

Erzählstrukturen von Immigranten
bei Sozialberatungen
in England

Der Arbeit liegen Fälle zugrunde, in denen farbige Immigranten der
ersten und zweiten Generation eine Sozialberatung im Ostteil Londons
aufgesucht haben. – Zunächst wird das Verhältnis von realer Geschichte
zu erzählter Geschichte untersucht; dabei erweist sich der Typ der
»Leidensgeschichte« als wichtig für den weiteren Zusammenhang (§ 1).
Das Erzählen als komplexes sprachliches Muster umfaßt eine Reihe
charakteristischer Handlungen, die in § 2 herausgearbeitet werden. Der
Diskursart des Erzählens wird eine strukturell ähnliche Form, das Berichten, konfrontiert (§ 3). Auf dieser Folie wird die Veränderung deutlich,
die die Form der Erzählung in der Institution der Beratung erfährt (§ 4).
Die Analysekategorien werden anschließend auf zwei ausgewählte Fälle
aus dem Gesamtmaterial bezogen; dadurch werden besondere, typische
Bearbeitungsverfahren von Institution und Individuum sichtbar, die als
Szenisches Belegen (§ 5.1) und als Repetitives Erzählen (§ 5.2) charakterisiert werden. Mit einer These wird geschlossen (§ 6).

o. Vorbemerkung

Die vorliegende Arbeit entstand im Zusammenhang mit der Absicht, Erfahrungsberichte von Angehörigen verschiedener gesellschaftlicher Gruppen aus Produktion und Reproduktion im Großbritannien dieser Jahre zu sammeln. Angeregt wurde sie von dem Unternehmen von Studs Terkel, der über 130 Personen in den USA über ihre Tätigkeiten befragt und die Gesprächsdokumente redigiert hat (Terkel (1972)).

Im Verlauf der Untersuchung erwies es sich jedoch oft als wünschenswert, Tonbandaufnahmen nicht in typischen Interview-Situationen zu machen, sondern in Situationen, in denen die Beteiligten spezifische Interessen von sich aus verbalisieren. Eine solche ist die Beratungssituation, der das folgende Material entstammt; die Feldbedingungen wurden entsprechend nur wenig verändert, das Feld selbst wurde erschlossen mit der Bitte, Dokumentationen von Alltagsproblemen des britischen Lebens zu erhalten, um deutschen Studenten den Unterschied zu dem in den Lehrbüchern für Englisch dargestellten Leben zu verdeutlichen.

Es ergeben sich methodologische Blindheiten gegenüber dem praktischen Wissen, das latent im kommunikativen Handeln von Aktanten anderer Gesellschaften am Werk ist; dieses ist nicht allein phonologisch-morphologisch-syntaktisch-lexikalischer usw. Art und läßt sich aus der linguistischen Oberfläche nicht unmittelbar ablesen. Vielmehr geht es um das diskursanalytisch konstituierte Wissen. Durch ein Verständnis des linguistischen Teils (im eingeschränkten obigen Sinn) der Texte lassen sich nicht immer die spezifischen Differenzen wirklich erfassen; vielmehr sehen wir uns häufig gezwungen, mit »verdeckten Differenzen« zu arbeiten, d. h. mit zunächst scheinbar Verstandenem, das sich erst sukzessive in seiner Differenz, also in seinem Nicht-Verstandenem, erschließt.

Solche verdeckten Differenzen lassen sich durch kulturvergleichende *Experimente* (etwa Tannen (1978), die dieselbe Filmaufzeichnung von Amerikanern und Griechen hat wiedererzählen lassen und unterschiedliche Erzählprozeduren entdeckt hat) zum Teil erfassen. Der *Interpretation dokumentarischen Materials* steht dieser Weg nicht offen.

Ich möchte von den verdeckten analytischen Schwierigkeiten zwei benennen:

(a) der propositionale Gehalt der einzelnen Äußerungen läßt sich vergleichsweise einfach paraphrastisch erfassen, ohne daß die zugrundeliegende Wissenskonstitution dennoch deutlich wird; die Paraphrase bezieht sich dann auf die jeweilige *einzelne* Textstelle;

(b) die illokutiven Elemente lassen sich durch deutsche Bezeichnungen beschreiben; dennoch liegen den Bezeichnungen im Deutschen und Englischen häufig verschiedene sachliche Strukturen zugrunde, oder – was noch schwieriger ist – es gibt Überlappungen (diese Schwierigkeit wird etwa bei Labov & Fanshel (1977) deutlich). Hier ergibt sich eine *feldbedingte* Problematik der illokutiven Analysekategorien.

Bei der Betrachtung der vorliegenden Dokumente wird die jeweilige Determination der einzelnen Handlung durch die Gesamtform, in der sie stattfindet, greifbar. Die einzelne Äußerung wird unter die Diskursart, diese wiederum unter die Institution, in der sie verwendet wird, subsumiert. Einer solchen Subsumtion sind auch die Immigranten, um deren Diskurse es im folgenden geht, unterworfen. –

1. Die Geschichte und ihre Erzählung

Mündliche Erzählungen sind interaktionale Darstellungen vergangener Wirklichkeit, die der Erzähler im Gegensatz zu seinem Zuhörer selbst erfahren hat. Die Wirklichkeit, die in der Erzählung erscheint, ist etwas anderes als die Wirklichkeit, in der und von der die Erfahrung gemacht wurde. Wir müssen unterscheiden zwischen der Geschichte, die erzählt wird, und der Geschichte, die erfahren wird; erstere ist die ›*erzählte Geschichte*‹, letztere die ›*reale Geschichte*‹ (diese Unterschiede sind schon früh in der Erzählforschung gesehen worden; z. B. Lämmert (1955)).

Die reale Geschichte ist Geschichte im eigentlichen Sinn des Wortes: Vorfälle, die sich zu einer bestimmten Zeit an einem bestimmten Ort abgespielt haben (im vorliegenden Fall: in den Jahren 1976/77/78 in London) und in die konkrete Personen verwickelt sind (in unserem Fall: farbige Einwanderer aus Indien/ Pakistan bzw. von den westindischen Inseln, z. T. der zweiten Generation).

Da wir selbst nicht bei den Vorfällen anwesend waren, können wir die reale Geschichte aus den Dokumenten nur erschließen; sie wird durch die erzählte Geschichte vermittelt, tritt also als Rekonstruktion vor uns, ist wiedergefundene Wirklichkeit.

Es gibt unterschiedliche Typen von Geschichten, die erzählt werden; sie sind bedingt durch die unterschiedlichen Verhältnisse, die die Erzähler als Aktanten zu der realen Geschichte eingenommen haben; so etwa:

(1) Der Sprecher erzählt von einem Kampf, Streit, Auseinandersetzungen, in denen er einen Sieg errungen hat, erfolgreich war oder einfach Glück gehabt hat. In solchen Typen erzählt der Sprecher die Geschichte, um ein positives Selbstbild als Sieger gegen eine Übermacht beim Hörer aufzurichten und das Bild

seines Gegners zu destruieren, oder um als Glücklicher im Zufallsspiel zu erscheinen. Geschichten dieses Typus haben Labov/ Waletzky (1968), Labov (1972) (1976) untersucht (*Glücksgeschichte/Siegesgeschichte*).

(2) Es werden Geschichten von Zufällen, Begebenheiten, Ereignissen usw. erzählt, die für einen Hörer von Interesse sind, die der Erzähler selbst aber nicht durchschaut hat; der Erzähler erscheint als Berichterstatter nie gesehener, ihm rätselhaft bleibender Vorgänge. Dieser Typ wird häufig in Zeugenaussagen vor Gericht verwendet und ist auch ein Ideal historistischer Geschichtsschreibung. In solchen Erzählungen erscheint die reale Geschichte als verrätselt, traditional vermittelt oder positivistisch verobjektiviert (*Erzählung merkwürdiger Begebenheiten*).

(3) Ein weiterer Typ ist die Erzählung von Niederlagen, Schädigungen oder Fehlgriffen durch andere, die dem Erzähler selbst zugestoßen sind. In diesem Fall erscheint der Sprecher in der realen Geschichte als zu Recht Verfolgter; ihm wird etwas vorgeworfen, so daß er im »normalen Verlauf der Ereignisse« ohne eine explizite sprachliche Stellungnahme auch vor sich selbst als zu Recht Geschädigter dastehen würde. Die Erzmhlung der Geschichte dient dazuq seine Einschätzung als ein zu Recht Verfolgter umzuwerten in das Bild eines *»unschuldigen Opfers«*. Eine Geschichte dieses Typs nenne ich ›*Leidensgeschichte*‹. Sie zeichnet sich gegenüber Glücksgeschichten dadurch aus, daß sie entweder abgeschlossen ist und somit die Resignation des Erzählers dokumentiert oder nicht abgeschlossen, d. h., daß der Erzähler eine Revision des Ergebnisses der Geschichte anstrebt. »Nicht abgeschlossen« heißt genauer: Die Erzählung ist ihrerseits in einen Handlungsprozeß des Protestes, der Beschwerde, des Appellierens usw. eingebunden. Mit *»offenen Leidensgeschichten«* werden wir im folgenden zu tun haben. Der Erzähler liefert, global gesprochen, in seiner Erzählung eine *Folie* für das Verstehen der realen Geschichte – eine Folie, die im Fall der Leidensgeschichte eine Struktur hat.

Bevor wir das Erzählen von Leidensgeschichten in der Institution der Sozialberatung untersuchen, wollen wir die Struktur solcher Leidensgeschichten in ihren Elementen herausfinden. Leidensgeschichten kommen ja auch in sogenannten Alltagsgesprächen vor, im homileïschen Diskurs (Ehlich & Rehbein (1980)), in dem sie scheinbar dysfunktional auftreten. Gleichwohl wählen wir die Geschichten aus dem vorliegenden Material als Bezugspunkt. Betrachten wir die realen Geschichten: Die Vorfälle haben den Charakter der individuellen Verstrickung:

»eine Frau wird von ihrem Mann geschlagen«, »einer Frau wird vorgeworfen, sie habe ihre Rechnung für ein Bett nicht bezahlt«, »ein Mann hat einen Arbeitsunfall und bezieht keine Entschädigung«, »eine Familie wird wegen Aufkauf eines Hauses ausquartiert, ohne eine entsprechende Wohnung zu erhalten«, »eine Frau bekommt von der Polizei zu Unrecht ein Strafmandat« – Vorfälle, die die individuelle Erfahrung geprägt haben, aber gleichzeitig Elemente der konkreten britischen Gesamt-Historie sind.

Der individuelle Aktant (der auch der Erzähler ist) hat sich nach bestem Wissen und Gewissen nach den gesellschaftlichen »Regeln«, »Normen« verhalten, der Aktant ist jemand, der weder Schlechtes tut noch Schlechtes erwartet. Die Leidensgeschichte *beginnt* nun meist damit, daß gerade durch ein ganz normales Verhalten eine gegengerichtete Handlung heraufbeschworen wird: Dieser Beginn ist eine Verstrickung; in ihr zeigt sich zugleich die *Grundkonstellation* der Geschichte, deren *Opfer* der individuelle Aktant ist.

Die gegengerichtete Handlung hat zumeist einen Aktanten, der in einer spezifischen Rolle verstanden wird, nämlich als Aggressor; wir wollen ihn als ›*Offender*‹ bezeichnen, sein Handeln als ›*Offensivhandlung*‹.

Gegen den Offender werden vom Opfer Verteidigungsmaßnahmen ergriffen: Dies erzeugt aber eine um so größere Verstrickung. Dies liegt an der Grundkonstellation, daß es nämlich gesellschaftlich überhaupt möglich ist, daß jemand, der sich gesellschaftlich adäquat verhält, beschädigt oder verletzt werden kann. Die Grundkonstellation erfährt der Erzähler als das eigentliche *Skandalon der gesellschaftlichen Wirklichkeit:* Aufgrund seiner »normalen Handlungsweise« ist er Opfer von Offensivhandlungen geworden. Nach einer Zeit, während der das Skandalon weiter andauert, wird dem Aktanten seine Hilflosigkeit *bewußt* und die Situation wird ihm »*unerträglich*«. Dies ist dann zumeist der Grund, weshalb er sich an einen kooperativen Zuhörer wendet und ihm die Geschichte erzählt.

Fassen wir die *Struktur der Leidensgeschichte* zusammen, so ergibt sich:

(1) Der Aktant (späterer Erzähler) verhält sich »normal«;
(2) durch die Normalität seines Handelns wird er Gegenstand einer Offensivhandlung mit einem gegnerischen Aktanten, dem Offender, er selbst wird Opfer (Konstellation);
(3) der Aktant ergreift Gegenmittel;
(4) durch (3) verstrickt er sich um so tiefer;
(5) dem Aktanten wird klar, daß er aufgrund einer Konstellation Opfer geworden ist (= »Skandalon«);
(6) das Andauern der Konstellation erzeugt Hilflosigkeit beim Aktanten;
(7) der Aktant sucht Hilfe bei einem Kooperanten.

Diese Struktur dient als Interpretationsmuster der zu erzählenden Wirklichkeit. Und als reale Geschichte ist der jeweilige partikuläre Verlauf gleichzeitig eine Instanz einer tieferliegenden historischen Situation. Diese hat ihre eigene Systematik, die sich aus den Bewegungsgesetzen der Gesellschaft ergibt und sich repetitiv in dem Oberflächensubstrat ausdrückt, in dem sich die historischen Ereignisse vollziehen. Die tieferliegende Systematik erzeugt Widersprüche, Konfrontationen, in die sich die einzelnen Handelnden hineinbegeben, ohne es zu wissen, sie sind, je nach ihrer klassenmäßigen Verfaßtheit, ihnen mehr oder weniger unterworfen.

Die tieferliegende Systematik wird vom einzelnen also nur perspektivistisch und an der Oberfläche erfahren, nämlich in ihrer Konstitution als »Konjunktur« (Poulantzas (1975)), als undurchschaubares Hin und Her. Das Erzählen von Leidensgeschichten ist ein Verfahren, dieser Art der »Konjunktur« eine gewisse Struktur aufzuprägen.

Das Erzählen stellt damit einen Prozeß der Bewußtwerdung dar. Beim Erzählen zeigt sich, wie die Historie zu begreifen, wie sie vielleicht zu beeinflussen, wie sie entsprechend tieferliegenden Strukturen zu verändern ist.

Die tieferliegende Systematik ist allerdings in den meisten Fällen eine andere als eine juristische: vielmehr eine, die die Klassensituation des betreffenden Individuums spiegelt und die konkreten Erfahrungen, die in dieser Klassensituation gemacht werden. Das juristische Wissen zieht seinerseits eine eigene (klassenspezifische) Typisierung darüber (vgl. unten § 4). Vom Erzähler aus gesehen ist der Vorgang in der Wirklichkeit eine spezifische Erfahrung; so wie er hat sie kein anderer, weil kein anderer so wie er daran beteiligt war. Daher ist die Erfahrung, die er gemacht hat, in der Form eines *partikulären Erlebniswissens* gespeichert (Ehlich & Rehbein (1977) § 2.2.).

Der Sprecher setzt sein partikuläres Erlebniswissen gezielt derart in eine Erzählung um, daß sich formulieren läßt: Erzählen heißt Interpretieren der realen Geschichte als Leidensgeschichte.

2. Struktur des Erzählens

Das Erzählen einer Leidensgeschichte ist ein *komplexes sprachliches Muster*, das einen bestimmten Vorgang in der Wirklichkeit zum Ausgangs- und zum Bezugspunkt hat.

Bevor wir die Funktion des Erzählens diskutieren, wollen wir versuchen, seine Form in ihren Grundelementen zu bestimmen. Offensichtlich ist es möglich, aus einem Umfang dokumentarischen Materials so etwas wie eine Erzählung auszugrenzen; diese Großform des Sprechens hat sichtlich eine Reproduktionsfähigkeit in verschiedenen Handlungskontexten. Wie universell sie ist, sei dahingestellt, die einzelnen Elemente der Form sind aus dem vorliegenden Material abstrahiert, d. h. aus einem Handlungskontext, in dem die Erzählungen schon für bestimmte Handlungszwecke eingesetzt werden. – In der Analyse wollen wir aber *zunächst* von dem institutionsspezifischen Handlungskontext absehen, wollen nur solche Positionen des Musters hereinnehmen, die zunächst nicht als durchgehend institutionsspezifisch determiniert erscheinen. (Dieses widersprüchliche Verfahren wird in der Interpretation konkret aufgelöst).

Die Komplexität des Musters bringt Schwierigkeiten der Analyse und ihrer Darstellung mit sich. Komplexität heißt, daß in der Großform des Sprechens, dem Erzählen, zahlreiche sprachlich-interaktionale und mentale Handlungen verschiedenen Typs angewendet werden können. Es wird eine gewisse Ablaufstruktur deutlich, die wir als *Phasen des Musterablaufs* (I-VI) darstellen wollen. Wir verwenden zur Illustration die Form des Diagramms (dem Diagramm kommt dabei kein analytischer Stellenwert zu: Alle Beziehungen, die im Diagramm symbolisiert sind, können auch verbal beschrieben werden) (vgl. zur analytischen Kategorie des »Musters« Rehbein (1977), Ehlich & Rehbein (1979)). Die Komplexität des Musters zwingt in diesem Fall zu einer mehr deduktiven Entwicklung der Grundelemente. Weitere Interpretationen, in denen die gegebene Analyse die Dokumente zum Sprechen bringen soll, werden in zwei Fallanalysen unternommen (s. u. § 5).

2.1. Ein Beispiel

Eine etwa 20jährige westindische Immigrantin hat sich in einem Kaufhaus ein Bett ausgesucht, mit fünf Pfund angezahlt und zugesagt, das restliche Geld bald zu zahlen. Der Verkäufer will ihr gleich die volle Quittung ausschreiben, was sie aber ablehnt mit der Bitte, er solle die Quittung ihrer Schwester geben, wenn sie komme; trotzdem hat er der Immigrantin die Quittung ausgehändigt. Die Schwester zahlt dann im Laufe des Tages die restliche Summe und überbringt die Anfrage des Geschäfts, wann denn die Lieferung stattfinden könne. Die Ratsuchende wollte jedoch das Bett von ihrem Mann abholen lassen, weil sie selbst für einige Wochen verreisen wollte. Die Schwester ihrerseits sollte diesen Sachverhalt dem Geschäft mitteilen. Nach einigen Wochen erhält dann die Ratsuchende eine Vorladung vor Gericht, weil sie das Bett nicht bezahlt und außerdem auf Mahnungen nicht geantwortet habe; es wurde ihr mitgeteilt, sie habe lediglich fünf Pfund bezahlt.

(B 1) »Lady with a Problem about Payment of a Bed«. Das Beispiel wird in der Form einer Segmentierung gegeben; die Schreibweise dient der besseren Lesbarkeit; die Transkription ist bereits »gereinigt«. Die Ziffer links vor den Segmenten mit einem eingeklammerten ›s‹ davor gibt die jeweilige Segmentnummer an; die Numerierung wird jeweils in der Transkription an einer Stelle willkürlich begonnen; A: Ratsuchende, C: Berater.

(s0)	C: Uhm, now!	C: Äh, also!
(s1)	A: Well, what happened was	A: Ja, was geschah war, ich hab
(s2)	I said to the guy, I said »well, I'll leave these five pounds with you now . . .	dem Kerl gesagt, ich sagte: »Gut, ich zahle diese fünf Pfund bei Ihnen jetzt an . . .
(s3)	C: Yeah	C: Ja
(s4)	A: and I'll be coming back later to pay the rest of the money«.	A: und ich komme später zurück, um den Rest des Geldes zu zahlen«.
(s5)	So he said, »Well, in that case I'll write you out your full receipt.«	Daraufhin sagte er: »Gut, in diesem Fall werde ich Ihnen Ihre gesamte Quittung schreiben.«
(s6)	So I said, »No, don't do that. Give my sister the receipt when she comes«.	Daraufhin sagte ich: »Nein, tun Sie das nicht. Geben Sie meiner Schwester die Quittung, wenn sie kommt.«
(s7)	Well, I didn't notice that	Also, ich bemerkte nicht,

	he'd done that, 'cause I said to my sister/	daß er es (trotzdem) getan hat, weil ich zu meiner Schwester sagte/
(s8)	When she came back, she said »I paid the money on the bed, and they wanted to know when there'd be a delivery (now)«	Als sie zurückkam, sagte sie: »Ich hab das Geld für das Bett bezahlt, und man wollte wissen, wann (jetzt) die Anlieferung sein sollte.«
(s9)	So said I, »I don't want them to. I want (Donald) to pick it up,«	Daraufhin sagte ich: »Ich möchte nicht, daß die das machen. Ich möchte, daß (Donald) es holt«,
(s10)	which is my husband	was mein Mann ist,
(s11)	but (I only thought) pick it up until about eight or . . . nine weeks because I was going away.	aber (ich dachte nur) erst etwa acht oder . . . neun Wochen holen, weil ich wegfahren wollte.
(s12)	C: Yeah	C: Ja
(s13)	A: So she said »well«.	A: Daraufhin sagte sie: »Gut.«
(s14)	She was going out that way	Sie wollte diesen Weg erledigen
(s15)	(and she'd go back) and she'd tell him this	(und sie wollte zurückgehen) und sie wollte ihm dies sagen
(s16)	and she did so.	und das tat sie auch.
(s17)	And then 'bout four or . . . eight weeks later I received these letters!	Und dann, etwa vier oder . . . acht Wochen später bekam ich diese Briefe!
(s18)	C: Hm . . .	C: Hm.
(s19)	So in fact what they're saying is that that amount was entered there by mistake, and the/the amount that should have been entered there was five pounds which is the only amount they received.	Also, was sie faktisch sagen, ist, daß jener Betrag dort irrtümlicherweise eingetragen wurde und daß der/der Betrag, der dort hätte eingetragen werden sollen, fünf Pfund war, was der einzige Betrag ist, den sie erhalten haben.
(s20)	A: Well, I don't care they/	A: Schön, es ist mir egal, daß sie/
(s21)	C: Yeah	C: Ja
(s22)	A: You know, the point is I did pay the money.	A: Also, die Sache ist die, ich habe das Geld bezahlt.

Bevor wir das Beispiel im einzelnen interpretieren (s. unten § 2.8), analysieren wir die Elemente des Musters des Erzählens. Für die folgende Diskussion orientiere man sich mit Hilfe des Diagramms I (S. 74).

2.2. Die Phase des Beginns

Bevor eine Geschichte erzählt wird, erfährt der Erzähler die reale Geschichte, in unserem Fall eine Leidensgeschichte. Diese hat die oben in groben Zügen entwickelte Grundstruktur (§ 1). Wir fassen die reale Geschichte als ein Teil der Wirklichkeit (die wir mit ›P‹ bezeichnen), ohne sie jetzt im weiteren zu analysieren: Es ist die mit (0) markierte Position im Muster. Die reale Geschichte ist im Wissen des Sprechers in Form eines partikulären Erlebniswissens gespeichert (Position 7). Der eigentliche interaktionale Beginn ist jedoch erst mit 1 gegeben, wenn ein Hörer anwesend ist.

Erzählungen *im Alltag* allgemein werden von den Erlebnisträgern selbst begonnen. Dafür gibt es die Möglichkeit, ein Interesse (in der Form des Wissenwollens) beim Hörer zu unterstellen und anzufangen oder das Interesse erst mit einer Vorankündigung (»ich habe etwas Furchtbares erlebt« usw.), auf die Bewertung abhebend, abzuchecken, also eine Präsequenz vorzuschalten (3, 4, 5) (Phase I). Daraufhin kann der Sprecher mit der eigentlichen Erzählung anfangen, indem er sein Erlebniswissen (:Π) (7) befragt. Der weitere Weg:

(a) Der Sprecher kann direkt sein Erlebniswissen verbalisieren und ohne viel Vorbemerkungen in die Wiedergabe des Geschehens (13) auf dem Weg (7, 8, 10, 13) eintreten;

(b) Der Sprecher kann einen kurzen Kommentar vorausschicken (11) (Position 7, 8, 9, 20 zu 11).

Zu Ankündigungen beim Erzählen in Konversationen vgl. Sacks (1972), Kallmeyer (1978); zu Präsequenzen Rehbein (1976), Vorankündigungen und vorausgeschickten Kommentaren: Rehbein (1980). Vgl. außerdem Edmondson (1979).

Letzteres, ein häufig auftretendes Element, ist eine Art Vorwegzusammenfassung der ganzen Geschichte, in der ihr wesentlicher Aspekt, also das für den Erzähler entscheidende Bewertungsresultat, vorwegnehmend dargestellt wird. Nehmen wir ein Beispiel aus der Erzählung 2 (s. weiter § 5.1.):

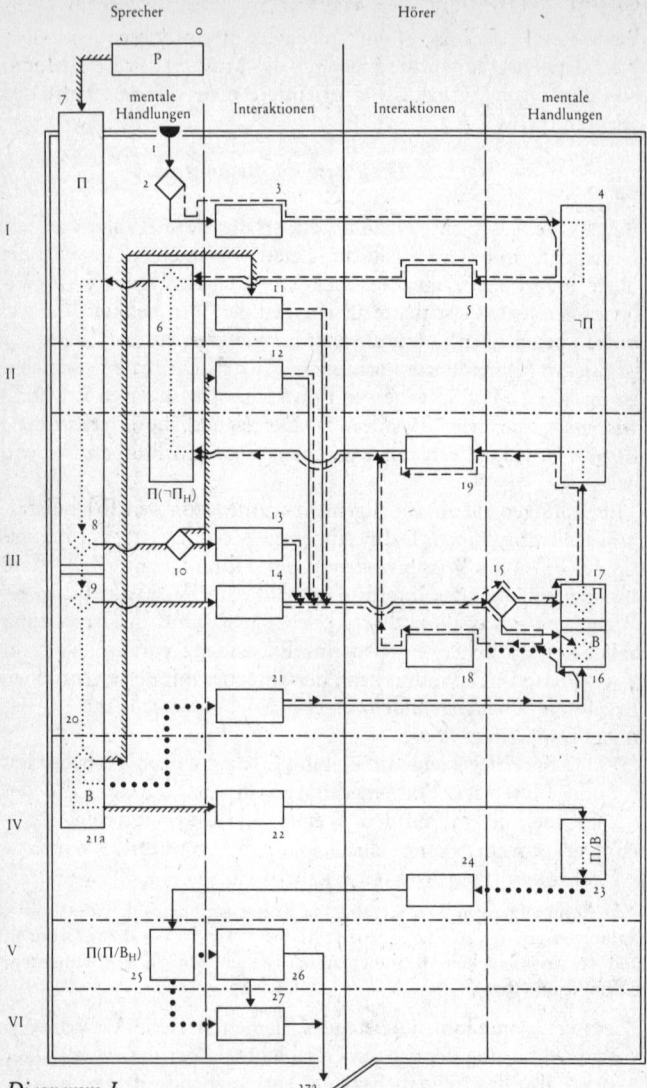

Diagramm I
Erzählen (einer »Leidensgeschichte«). Die römischen Ziffern an der linken Seite geben die Phasen I-VI des Erzählmusters an.

Einige Zeichen:

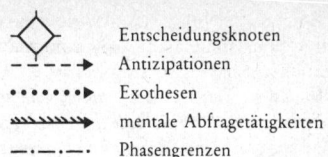

▬▬▬▬▬	Mustergrenze
B	Bewerten
Π	Wissen
⸪⸫ }	mentale Prozesse

◇	Entscheidungsknoten
– – –▸	Antizipationen
•••••••▸	Exothesen
⸾⸾⸾⸾⸾⸾▸	mentale Abfragetätigkeiten
–·–·–·–	Phasengrenzen
▼	Startpositionen (beim Muster)

Erklärungen zu Diagramm I

Bezeichnung der Musterpositionen nach den einzelnen Ziffern im Diagramm:

(o) reale Geschichte (:P)

(1) Beginn

(2) Entscheidung zwischen mentaler Antizipation und Vorankündigung

(3) Vorankündigung

(4) Nichtwissen/Wissenwollen von H (:$\overline{}\Pi_H$)

(5) Aufforderung zum Erzählen durch H

(6) S weiß, daß H den propositionalen Gehalt p der Erzählung nicht kennt (:$\Pi(\overline{}\Pi_H)s$)

(7) Wissen der realen Geschichte durch S (partikuläres Erlebniswissen) (:Π)

(8) Entscheidung im Wissen von S

(9) Entscheidung im Bewerten von S

(10) Entscheidung zwischen (12) und (13)

(11) Vorausgeschickter Kommentar

(12) Etablierung (von Raum, Zeit, Personen, Tätigkeiten)

(13) unmittelbare (einfache) Wiedergabe

(14) bewertete Wiedergabe

(15) hörerseitiger Entscheidungsknoten

(16) Mitbewertung des Hörers

(17) Diskurswissen des Hörers

(18) Ausrufe des Hörers

(19) Bitte um Fortfahren durch H

(20) Entscheiden im Bewerten von S

(21) Einschätzungen (Bewertungsexothesen) von S

(21a) mentale Bewertung/Bewertungsresultat (:B)

(22) Konstatierung des Skandalons

(23) Wissen/Bewertungsübernahme durch H in Phase IV (:$(\Pi/B)_H$)

(24) Kundgabe der Anteilnahme des Hörers

(25) S weiß, daß H das Skandalon kennt und die Bewertung übernommen hat (:$\Pi(\Pi/B_H)s$)

(26) Empörungskundgaben des Sprechers

(27) Exothese der Hilflosigkeit durch S

(27a) Öffnung für Anschlußhandlungen (Ende)

(B 2) Uhm, tell me, I don't know how to start this but I seem to be getting constant playing ball from the police. I can't move . . . an inch without 'em having to stop me an' . . . saying somethin' or the other.

(Äh, sagen Sie, ich weiß nicht, wie ich damit anfangen soll, aber ich scheine dauernder Spielball der Polizei zu sein. Ich kann mich . . . keinen Zoll bewegen, ohne daß sie mich anhalten und . . . dies oder das sagen.)

Das Eigentümliche bei vorausgeschickten Kommentaren ist, daß sie im Kern das gesamte Skandalon enthalten; der Sprecher hat also mental die vierte Phase, in der das Skandalon gebracht wird, bereits durchlaufen, ohne die Geschichte schon erzählt zu haben. Formen der genannten Art sind diskursartspezifisch an Anfängen von Erzählungen lokalisiert.

In *Alltagsdiskursen* werden Erzählungen zumeist unaufgefordert präsentiert; dort werden besondere Taktiken angewendet, um überhaupt den Raum für eine solche Erzählung zu bekommen (dazu im einzelnen Polanyi (1976), (1978)). In *Interviews* dagegen sieht der Sachverhalt anders aus, denn dort werden Erzählungen *angefordert,* und der Erzähler kontrolliert permanent, ob seine Erzählung den Wünschen des Interviewers entspricht (vgl. Cuff & Francis (1978)). Gleichsam eine Mischform zwischen *angeforderter Erzählung* und *präsequentiell vorangekündigter Erzählung* stellen die Anfänge von Erzählungen im institutionellen Zusammenhang der *Beratung* dar: Eine explizite Anforderung durch den Berater (Position 5) stellt auf jeden Fall bereits eine präsumptive Verschiebung des Musterdurchlaufs zur Sequentialisierung hin dar.

2.3. Wiedergabe und Etablierung

Es ist nun zu fragen, welcher Typ von Handlungsfolge beim Erzählen eigentlich vorliegt und wie er im Muster erfaßt werden kann. Bei einer Erzählung handelt es sich um eine Aufeinanderfolge einer Reihe von sprachlichen Handlungen desselben Typs, nämlich Assertionen. Die Assertionen haben allerdings *unterschiedliche Aufgaben* und sind daher unterschiedlich spezifiziert. Es ist zu unterscheiden:

(a) unmittelbare (einfache) Wiedergabe (8, 10, 13);
(b) bewertete Wiedergabe (8, 9, 14);
(c) Etablierung (8, 10, 12).

Zunächst durchläuft der Sprecher in (a), (b) oder (c) in repetiti-

ver Weise immer diesen selben kommunikativen Prozeß; das
führt an der Oberfläche der Kommunikation zu einer *Verkettung*
von sprachlichen Handlungen desselben Typs (dazu Ehlich
& Rehbein (1975²), Ehlich (1979), Ehlich & Rehbein (1979),
Rehbein (1977)) und erzeugt so eine komplexe Diskursart. Verkettung heißt also: Die entscheidenden Positionen des Musters
(10a, 13, 14, 21, 22) sind sprecherseitig allein ausführbar.

Dieser Zusammenhang stellt sich im Diagramm I dar wie folgt:
Der Sprecher S weiß (aufgrund des Anfangs), daß der Hörer
H die Geschichte noch nicht kennt und sie wahrscheinlich interessant findet, sie also hören will (in seinen Π-Bereich (Π_H)
aufnehmen will) (Position 4; $\lrcorner\Pi$ = Nichtwissen). Danach befragt S sein eigenes Wissen (Π) (7) und entscheidet sich, ob er eine
einfache Wiedergabe des Geschehens machen will (8, 10, 13)
oder eine Wiedergabe, die erst durch die Position 9, also durch
eine *Bewertungsoperation* (21a), gelaufen ist: Jedenfalls beginnt er
mit einer Wiedergabe (13 oder 14). Während der Wiedergabe
(also der Assertionsverkettung) *antizipiert* der Sprecher den Wissensstand von H bezüglich des Vorfalls in der Wirklichkeit; er
macht also eine Wissensprozedur durch (15, 16, 17, 19 und 6) und
vervollständigt auf diese Weise die Information von H über die
wiederzugebende Geschichte (diese antizipierende Prozedur ist
im Diagramm durch eine unterbrochene Linie entlang interaktional ausgeprägter Wege wiedergegeben).

Ein Subtyp der Wiedergabe ist die Rekonstruktion von *Raum,
Zeit, Personnage und Tätigkeiten* der Geschichte: der *Aufbau*
einer Szene. Über sie muß der Hörer Bescheid wissen, ohne sie
kann er die Geschichte nicht verstehen. Wir nennen diesen Subtyp ›*Etablierung*‹, weil mit einer solchen sprachlichen Prozedur
(von einer voll ausgeprägten Sprechhandlung kann man nicht
reden, weil sie auf und mit der Wiedergabe operiert) die Informationen über die genannten Elemente *eingeführt* werden (Position
12). Die Etablierung gehört einer Vorphase der Erzählung insofern an, als erst ein Vorwissen erforderlich ist, um den Verlauf der
Gesamthandlung zu verstehen – und dieses Vorwissen wird
durch die Etablierung in Phase II bereitgestellt. Auch der beim
Aufbau einer *neuen* Szene innerhalb einer Erzählung wiederholt
stattfindende Durchlauf durch die Etablierung durchbricht nicht
den systematischen Kreislauf der Assertionsverkettung beim Erzählen.

Im Unterschied zu an Labov (1972) (1978) orientierten Konzeptionen dient hier nicht die Verknüpfung von *temporalen Teilphasen* als Basis der Analyse, sondern die Verkettung sprachlicher Handlungen, nämlich von Assertionen. Daß Assertionen nicht die einzigen im Muster des Erzählens auftretenden sprachlichen Handlungen sind, wird die weitere Analyse deutlich machen. Die temporale Struktur des Erzählens erscheint in diesem Zusammenhang durch mentale Tätigkeiten konstituiert, nicht – wie bei Labov – syntaktisch.

2.4. Bewerten und Einschätzen

Wir kommen nun zu dem für die Diskursart der Erzählung entscheidenden Prozeß. Besinnen wir uns kurz auf das Beispiel (B 1):

Die Erzählung scheint auf die Schlußäußerung abzuzielenG »And then 'bout four or . . . eight weeks later I received *these letters*«, in der sich die Empörung über die hinterlistige Behandlung ausdrückt. Auf den Versuch der Rechtsanwältin, das Handeln des Gegners zu erläutern (zu begründen), heißt es dann »Well, I don't care what they/ . . . you know, the point is I *did* pay the money«. In dieser Äußerung folgt eine Kategorisierung des Handelns sowohl des Sprechers wie des Gegners, und damit die Zurückweisung einer ungerechtfertigten Beschuldigung.

Die Geschichte hatte ihre Erzählmotivation in einer klarstellenden Kategorisierung des Geschehens. Sie zielte von Anfang an darauf ab. In der Klarstellung drückt sich ein Bewertungsvorgang der Historie aus, der die ganze Zeit über, in der die Geschichte wiedergegeben wird, die Verkettung der Assertionen *steuert* – »Steuerung« zu verstehen als Art und Weise des Erzählens, der Auswahl aus der Realität, der Wiedergabe der eigenen Gefühle und Einschätzungen usw.

Es ergeben sich folgende *Charakteristika* der *Bewertungsprozedur:*

(1) Die Bewertung steuert die Assertionsverkettung von Anfang bis Ende in der Form eines Erzählfokus des Sprechers (Ziel der Verkettungsprozesse) und ist das treibende Moment.

(2) Die Bewertung liefert sukzessive die Kategorien, nach denen sich der Sprecher das Geschehen bewußt macht, über das er dem anderen gegenüber Rechenschaft ablegt.

(3) Das Bewerten liefert sukzessive Einschätzungen des Geschehens. Diese Funktion ist wichtig, um die Einschätzungshandlungen, die laufend vom Erzähler in die Geschichte eingeschoben

werden, in ihrem Stellenwert (also von dem Erzählziel her) zu beurteilen.

(4) Das Bewerten tendiert nach *Verallgemeinerung* der Leidenskategorien. Es werden häufig Allgemeinplätze (Sentenzen, Bilder usw.) aus dem gesellschaftlichen Wissen eingestreut, wahrscheinlich um so mehr, je weniger Protestpotential gegen das Geschehen beim Sprecher vorhanden ist (Position 21).

(5) Die weitere Funktion des Bewertens ist, die Erzählung in die entscheidende Phase (IV) vorzutreiben: Die Erzählung hat einen Punkt, einen Grund, weshalb sie erzählt wird, und auf diesen Punkt steuert sie zu. Solange dieser Punkt nicht erreicht ist, solange bewegt sich die Erzählung in den ersten Phasen I + II + III mit einer gewissen Repetition. Erst mit der Äußerung des endgültigen Bewertungsresultats gelangt die Geschichte zu dem Punkt, an dem der Hörer sehen kann, weshalb sie erzählt wird: Daß nämlich der Sprecher mit dem Ergebnis der Historie nicht einverstanden ist und deshalb eine Umwertung und eine Umkehrung der Ereignisse, oder zumindest des Resultats, das sie haben, fordert. Ich nenne diese Äußerung des Bewertungsresultats, durch das die ungerechtfertigte Erniedrigung offenkundig wird, die Konstatierung des Skandalons. Die Konstatierung des Skandalons ist eine neue Position in dem Muster der »Leidensgeschichte«, nämlich die Position 22, die einen *Phasenfortschritt* impliziert (Phase IV). Die *Offender/Opfer-Kategorisierung* ist vom Sprecher gemacht, wenn die Erzählung diesen Punkt erreicht.

(6) Das Skandalon selbst kann sowohl während der Wiedergabe wie auch in der vorausgeschickten Kommentierung wie auch in verschiedenen Kommentaren und Einschätzungen usw. vorweggenommen werden, wahrscheinlich besonders dann, wenn der Leidensdruck zu stark ist: Durch das Bewerten wird damit die sukzessive Darstellung der Abfolge der Ereignisse immer wieder verschoben und durcheinandergebracht. Die Handlung erscheint verwickelt, unlogisch, der *Aufbau* undurchsichtig.

(7) Wichtig ist nun, daß sich in der laufenden Bewertungsarbeit des Sprechers ein tieferliegender Prozeß manifestiert, nämlich die diskursive *Verarbeitung* des Leidens, das in dem partikulären Erlebnis der Historie enthalten ist. Der Hörer nimmt an dieser Verarbeitung teil, kommentiert es und hebt damit die gemachte Erfahrung in einen Zustand der Verallgemeinerung (der *gemein-*

samen Mitgliedschaft). Das »Drama« wird entsprechend als ein für den Hörer wichtiges Ereignis konstruiert. Hier manifestiert sich ein sprecherseitiger *Zweck* der ganzen Diskursart Erzählen in der Funktion der *Verarbeitung* als diskursartunterscheidendes Kriterium (s. u. § 3). –

Es muß auf einige Grenzen der Analyse hingewiesen werden. Insbesondere die sprachlichen Handlungen der Einschätzung (Position 21) sind beim Erzählen vielfältig realisiert. Der Sprecher bezieht sich mit ihnen einerseits auf die erzählte Geschichte, andererseits auf den in der Sprechsituation anwesenden Hörer. Da sie also auf den Handlungen der Wiedergabe und den mentalen Prozessen des Hörers operieren, haben Einschätzungen einen *metanarrativen Charakter* (vgl. zu bestimmten Erscheinungen der Metanarration Babcock (1977)). Metanarrative Prozeduren sind kaum direkt darstellbar. – Zu verschiedenen Ausdrucksmöglichkeiten (sprechlichen Realisierungen) des Bewertens in fiktionalen Texten s. Sandig (1979); zum Bewerten vgl. auch Schütze (1975).

2.5. Die Handlungen des Hörers

Die Handlungen des Hörers sind phasenspezifisch und abhängig von dem, was der Sprecher macht, ohne die Verkettung des Sprechers zu zerschneiden.

Zunächst (in Position 4) liegt bei H ein Interesse, ein Wissenwollen, das er in einer Aufforderung-zum-Erzählen ausdrücken *kann,* vor.

Während des Erzählens wird sein Wissen erweitert: Ich nenne dieses sukzessive aufgebaute Wissen ›*Diskurswissen*‹ (17) (:Π_H). Es wird laufend ergänzt, das bedeutet, daß der Hörer zurück zum (diskursiven) Nichtwissen geht (4) und eine Bitte-um-Fortfahren äußern kann (in 19). Dieser Weg kann vom Sprecher auch *unterstellt* werden; S geht dann selbst weiter zurück zu (6, 15, 17, 4, 19, 6, 7) usw. (vgl. die Prozedur des Antizipierens o. § 2.3).

Ein anderer Typ von Hörerhandlung bezieht sich direkt auf die Bewertungsexothesen des Sprechers. Der Hörer, wenn er *kooperativ* ist, wird die Bewertung des Sprechers teilen und diese Teilnahme in Ausrufen der Überraschung, des Erstaunens (»that's impossible« [46] in »Trouble with the Police« (§ 5.1. unten); »oh, no« usw.), des Abscheus und Ekels usw. exothetisieren (Position 18). Auch die Ausrufe sind hörerseitige Aufforderungen des Fortfahrens, so daß *der Sprecher in seinem turn nicht wirklich unterbrochen wird.*

Der dritte Typ von Hörerhandlung liegt vor, wenn der Hörer den Bewertungsprozeß des Sprechers mitvollzogen und sich ihn selbst zu eigen gemacht hat: Wenn er für den Sprecher Partei nimmt und diese Parteinahme in einer Exothese der Anteilnahme zum Ausdruck bringt (er geht dann von 22 über 23 zu 24). Generell gilt für Alltagserzählungen: In Phase III handelt es sich nicht um echte sequentielle Elemente, sondern um ausgesprochene Hörertätigkeiten.

2.6. Der Schluß

Auch die Anteilnahme des Hörers (24) macht sich der Sprecher meist noch in einer Empörung Luft (Empörungskundgaben; 26); oder er sagt: »So ist das« oder »I can't stand it«: Dies sind Signale dafür, daß er seine Geschichte als ganze erzählt, das Resultat mental exothetisiert hat, das zu paraphrasieren ist mit ›ich weiß nicht mehr ein noch aus‹ (Exothese der Hilflosigkeit)‹ (Position 27).

Damit ist die Erzählung diskursiv am Ende (Position 27a). In *Alltagserzählungen* wird es zumeist vom Erzähler selbst gesetzt. In durch *Interviews* angeforderten Erzählungen wird das Ende erst erreicht, wenn der Hörer offensichtliche Signale einer Zufriedenheit gibt, womit er zeigt, daß ihm die Erzählung ausreicht (›completion-signals‹ vgl. Cuff & Francis (1978)).

2.7. Erzählprozeduren

Ein beim Erzählen wichtiger Typ diskursiver Handlungen sind Prozeduren, durch die der Sprecher die Darstellung der Geschichte, also der Wirklichkeit P, in seiner Sprechhandlungsverkettung laufend in unterschiedlicher Weise beeinflußt. Solche Prozeduren sind in dem Diagramm I in der vorliegenden Form nicht dargestellt. Wir werden auch in der Folge nicht *systematisch* auf sie eingehen. Es handelt sich z. B. um *Reliefierungen* (kontrastierendes Darstellen von szenisch Relevantem), um *Fatalitätseinblicke* (Formeln, durch die die Unerbittlichkeit des Handlungsverlaufs herausgearbeitet wird), um *Revelatoren* (Mittel, durch die in einer Szene jeweils das Skandalträchtige aufgezeigt wird) (vgl. dazu die Beispiele im einzelnen in der Besprechung von Beispiel 2 in § 5.1.).

Kehren wir noch einmal zum Beispiel (B1) zurück (s. § 2.1.) und
interpretieren es mit den in Diagramm I dargestellten Kategorien:
In Segment (s0) fordert die Beraterin die Erzählung an (sie nimmt
also Position 5 ein). Die Ratsuchende beginnt nun sofort mit der
Wiedergabe des Geschehens (Position 13) in den Segmenten (s2)
(s4) (s5) (s6), unterbrochen nur von dem Segment (s3), durch das
die Hörerhandlung (Position 19) realisiert wird. Charakteristischerweise fehlen die Etablierungen (Position 11) – dies deshalb,
weil bereits eine kurze Vorinformation vorausgegangen ist, die
nicht im Material dokumentiert ist. Interessant ist Segment (s1)
»Well, what happened was«, womit die Ratsuchende ihre Erzählung in ihrer Gesamtheit als Handlungsverkettung ankündigt; die
Ankündigung ist unmittelbar *vorgeschaltet* und nicht zu verwechseln mit der Vorankündigung in Position 3. Die vorgeschal-
tete Ankündigung ist keine selbständige sprachliche Handlung,
sondern gehört zur thematischen Organisation des propositionalen Gehalts (vgl. Rehbein (1980), § 4.1.). – Gehen wir weiter: In
(s7) realisiert die Ratsuchende Position 21 mit einer Einschätzung, und zwar verwendet sie eine Erzählprozedur, die formelhaften Charakter hat »I didn't notice that...«, wodurch die
Handlung als der entscheidende Fehler indiziert wird. (s8) und
(s9) sind Wiedergaben (Position 13), (s10) eine eingeschobene
Etablierung eines weiteren Aktanten, (s11) eine Einschätzung
(genauer: Rechtfertigung). Segment (s12) realisiert Position 19,
(s13) bis (s16) sind z. T. bewertete Wiedergaben, weil sie die
Korrektheit der Handlungsweisen betonen. Dann kommt sehr
überraschend die eigentliche Skandalonkonstatierung (Position
22) mit Segment (s17); sie wird noch einmal wiederholt mit (s22),
nachdem ein Ansatz mit Segment (s20) zur Realisierung einer
Empörungskundgabe (Position 26) gestartet wurde.

3. Erzählen vs. Berichten

Bevor wir die spezifischen Veränderungen diskutieren, die in der
Institution der Beratung mit dem soeben entwickelten Muster der
Diskursart Erzählen geschehen, müssen wir uns konfrontativ
Merkmale einer Diskursart erarbeiten, mittels derer ebenfalls

vergangene Handlungen beschrieben werden können: das Berichten. Es wird für die Analyse der Vorgänge, die sich bei der Sequentialisierung des Erzählmusters abspielen, relevant.

Eine Analyse der interaktional-mentalen Vorgänge bei Handlungsbeschreibungen, die in beiden Diskursarten verwendet werden s. im einzelnen Rehbein (1977), § 2.2'. Zur Unterscheidung von Bericht und Erzählung weiter: Ludwig & Wolf (1978), Klein (1979), Quasthoff (1979a) und besonders Ludwig (1979).

Die folgende Diskussion bezieht sich auf die Unterscheidung von Diskursarten der mündlichen Rede; sie knüpft dabei an die in den Alltagsbegriffen ›Erzählen‹ und ›Berichten‹ niedergelegten Unterscheidungen an, die in einigen ihrer Elemente explizit gemacht werden sollen. (Zur Methode der Analyse von Alltagsbegriffen s. näher Ehlich & Rehbein (1975²), Rehbein (1977), S. 1 ff.). Es handelt sich damit nicht um das Bemühen, die traditionelle Textsortenklassifizierung, wie sie sich etwa in Schulbüchern niederschlägt (»Erlebnisbericht«, »Erzählung« usw.), zu legitimieren.

Im Berichten liegt keineswegs eine einfache, unbewertete Wiedergabe eines Ereignisses, Vorfalls usw. vor. Im Gegenteil. Bei einem Bericht ist der Sprecher mental mit dem zu berichtenden Sachverhalt »fertig«: Er hat ihn kategorisiert und damit eine feste Stellung zu dem Vorfall bezogen, ist also nicht mehr in ihn direkt involviert.

In seiner pointierten Kritik an Labov kommt Ludwig (1979) zu folgender Charakterisierung des Berichts: »Wir sprechen also immer dann von Berichten, wenn Geschichten von einem Resultat her organisiert sind« (S. 11). Die Distanz zum Geschehen drückt sich auch in der Begrifflichkeit des Berichtens aus: Die Geschehnisse sind kategorisiert, entweder in alltäglichen Beschreibungsbegriffen oder mit fachspezifischen Kategorien oder Termini (z. B. juristischen).

Kommen wir zur Darstellung der realen Geschichte in beiden Diskursarten. Beim Berichten trifft der Sprecher eine »sinnvolle Auswahl« der Geschehnisse; diese drückt sich darin aus, daß er in *logischer* Reihenfolge berichtet, daß er bestimmte Ereignisse zusammenfaßt; bringt er direkte Rede, so nur, wenn er die Wiedergabe einer Äußerung für *besonders informativ hält*. Demgegenüber ist die Reihenfolge der erzählten Handlungsfolge durch den Bezug der Geschehnisse zum Skandalon organisiert; das Skandalon bestimmt die Relevanz, also den Wiedergabewert eines Geschehnisses der realen Geschichte.

Hierzu gehört, daß die Information im Bericht *vollständig* gegeben wird, also die Fragen des Wer, Wann, Wo, Warum, Was, Wie usw. beantwortet werden, andernfalls sie vom Hörer angefordert werden. Demgegenüber verfährt das Erzählen charakterisierend, kontrastierend usw., je nach Maßgabe des Bezugs der Information zu dem zugrundeliegenden Skandalon.

Allgemein gesprochen: Die Kette von propositionalen Gehalten, mit der man es beim Berichten zu tun hat und in der das komplexe Geschehen der Wirklichkeit sprachliche Form erhält, steht im Dienst einer *Darstellung der Wirklichkeit als Sachverhalt*. Demgegenüber ist beim Erzählen der Sprecher noch in den wiederzugebenden Sachverhalt *involviert*. Beim Erzählen kommt damit der *Verbalisierung selbst eine besondere Handlungsqualität* zu, und zwar eine Handlungsqualität, die in einer spezifischen prozessualen Verknüpfung von mentalem Prozeß und Äußern besteht. Im Erzählen wird der Vorfall sozusagen noch einmal »nachgestellt«, und zwar nicht nur propositional, sondern auch illokutiv.

Im Erzählen wird eine bestimmte Seite aus der Potentialität des Gesamtverlaufs, nämlich die, in die der Aktant verstrickt war und ist, *verbal noch einmal* repräsentiert: Beide Kriterien, das der Verbalisierung und das des Nocheinmal-Durchlaufens, fassen wir als ›*Reproduktion des Vorfalls*‹ beim Erzählen zusammen.

In unseren Texten (insbesondere Beispiel 1 und 2) haben wir häufig einen Wechsel von Past-Tense-Gebrauch und direkter Rede. Nach Wolfson (1977) gibt das einfache Past-Tense eine Art Kommentar oder aside ab; dem steht das Historische Präsens gegenüber (das allerdings nur an wenigen Stellen anzutreffen ist). Ich möchte als Entsprechung zum Historischen Präsens den Gebrauch der direkten Rede stellen: An der Wiedergabe der Interaktion en détail wird das Involviertsein und damit die reproduktive Qualität der zitierten Rede deutlich. (Vgl. auch Wolfson (1979)).

Gleichzeitig ist der Gebrauch von Proformen des *Sagens* und *Tuns* (»he said«, »he did«) ein charakteristisches *Switch-Element*, durch das von einer distanzierten Sprechweise (in der für die Äußerung bzw. die Handlung bereits übergreifende charakterisierende Kategorien zur Verfügung stehen) zu einer involvierten Sprechweise der unmittelbaren Wiedergabe übergegangen wird.

Eine sprechhandlungsanalytische Diskussion von direkter und indirekter Rede gibt Ehlich (1979) § 4.4

Entscheidend für die Differenz zwischen Berichten und Erzählen ist der ›Vorstellungsraum‹. Beim Erzählen ist die Reproduktion der Geschichte an die Konstruktion eines *gemeinsamen Vorstellungsraums* gebunden: er ist vorwiegend *szenischer Vorstellungsraum*.

Der Zusammenhang, daß durch die Rede Räume etabliert werden, in denen deiktische Prozeduren gemacht werden können, wurde von Ehlich (1979) ausführlich entwickelt. – Zur Unterscheidung »szenisch«-»sachlich« entsprechend »Erzählung«-»Bericht« s. Quasthoff (1979b).

Demgegenüber errichtet der Sprecher beim Berichten keinen eigenständigen Vorstellungsraum, sondern macht von dem durch den normalen Handlungsraum mitbedingten Vorstellungsraum Gebrauch: dies ist der *alltagsmäßige Vorstellungsraum*.

Fassen wir die unterscheidenden Charakteristika von Berichten und Erzählen in einer Tabelle zusammen (S. 86).

4. Sequentialisierung

4.1. Einbettung in ein anderes Muster

Wir haben bislang das Muster der Erzählung einer Leidensgeschichte unabhängig von seiner Einbettung entwickelt. Nun ist zu fragen: Was geschieht mit dem Muster, wenn es im Rahmen der Sozialberatung erfolgt? Wir wollen dies zunächst anhand einer Erweiterung des Diagramms I hypothetisch entwickeln (s. Diagramm II).

Die Rechtsberatung im Hackney-Community-Center (= »Centerprise«), aus dem die Aufzeichnungen stammen, erfolgt freiwillig und ohne Entgelt. Sie ist nicht mit der »Legal Aid« zu verwechseln, die zwar für den Betroffenen unentgeltlich ist, aber nur aufgrund eines gesetzlichen Anspruchs, etwa bei einem drohenden Prozeß. In einem solchen Rechtsstadium befinden sich die meisten der hier zugrundeliegenden Fälle nicht. – Das Zentrum wird zwar von der Gemeinde unterstützt, versteht sich selbst aber ausgesprochen als Gegeninstitution.

Für die Einbettung des Musters ist zunächst charakteristisch, daß der Berater (in den Transkriptionen mit ›C‹ (: counsel) bezeichnet, meist ein professioneller Anwalt) Nachfragen hat, und zwar geschieht dies meist anschließend an die Erzählung.

Organisations-elemente	Berichten	Erzählen (einer »Leidensge-schichte«)
Darstellungs-perspektive	Vom Resultat her, Handlung abge-schlossen	Sprecher erscheint als ins Geschehen involviert
Darstellung des Ge-schehensverlaufs	logische Abfolge; Wirklichkeit als zielgerichteter Pro-zeß dargestellt	Gesamtaufbau vom Skandalon her orga-nisiert
Erscheinungsweise der Wirklichkeit im Diskurs	Sachverhaltswieder-gabe in Ketten pro-positionaler Gehalte + Kategorisierung	Reproduktion des Vorfalls (illokutiv und propositional) + Erzählproze-duren
Informationsbe-handlung	Vollständigkeit (in den Wiedergaben)	charakterisierend, kontrastierend usw.
Vorstellungsraum	alltagsmäßig gegebe-ner Vorstellungs-raum	szenischer Vorstel-lungsraum, diskur-siv etabliert
Motivation des Sprechers	gezielte Mitteilung	Verarbeitung: Bild-erarbeitung partiku-lären Erlebniswis-sens

Einige Organisationselemente der Diskursarten Berichten und Erzäh-len im Kontrast.

Hinter einer Nachfrage steckt allerdings schon ein ganz bestimm-tes Ziel mit einem bestimmten, im Muster selbst ausgezeichneten Weg.

Wenn der Sprecher (= Ratsuchender) mit Position 20 die Endphase seiner Geschichte erreicht hat, dann ist sie zugleich systematisch verbunden mit einer Bitte-um-Rat (häufig in der Form »I don't know what to do«, als Konstatierung-der-Rat-losigkeit). Von hier geht es zum Hörer, der normalerweise dieBewertungsübernahme explizit kundgeben müßte (23 und 24). Charakteristischerweise tut dies aber der Berater nicht, son-

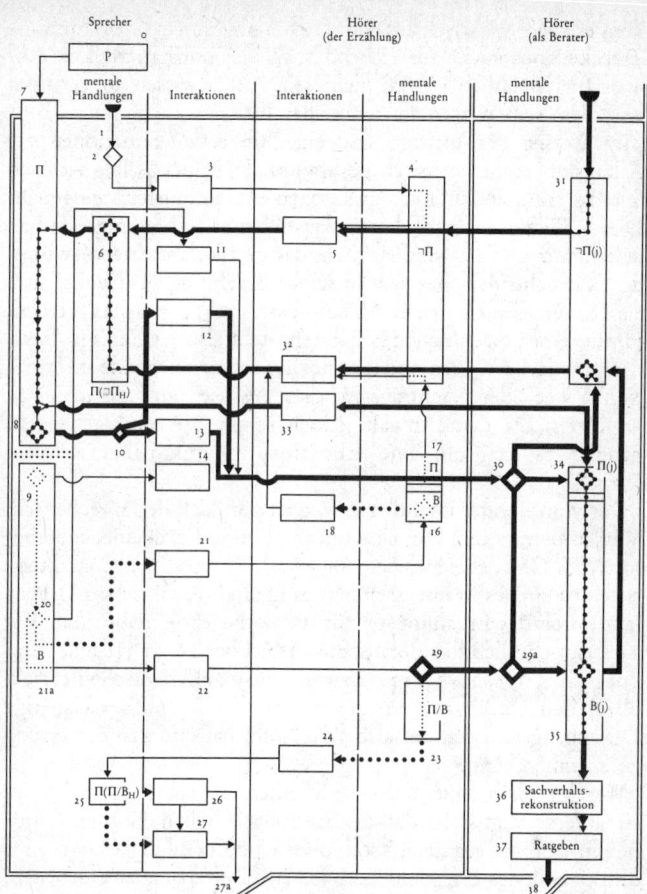

Diagramm II

Sequentielles Erzählen in der Beratung.

Fett ausgezogene Linie: Diskursiver Weg der Sachverhaltsrekonstruktion in der Beratung. ›(j)‹: juristisch. ›:::::::‹: Institutionsspezifischer Riegel zwischen Position 8 und 9. Die genauere Darstellung des Erzählens ist in Diagramm I (§ 2.2., S. 74 f.) wiedergegeben (s. dort auch Erklärung der anderen Abkürzungen).

dern er steigt praktisch aus dem Muster aus, indem er ein für seine Zwecke noch nicht ausreichendes Wissen konstatiert. Der Anwalt fragt nämlich mental nicht sein Alltagswissen ab, sondern vor allem sein Wissen als beratender Jurist.

Im Wissen des Juristen sind eine Reihe von Situationen des Alltags als rechtsnotorisch kodifiziert. D. h. der Alltag ist nach Standardsituationen mit juristischen Ablaufmustern eingeteilt. Dieses Wissen muß auf den vorliegenden und vorgetragenen Fall lediglich appliziert werden. D. h. das partikuläre Erlebniswissen des Ratsuchenden, das sich in seiner Erzählung ausdrückt, muß als Fall eines juristischen Ablaufmusters rekategorisiert werden. Hinter einer Nachfrage des Beraters steht also die Passage durch das juristische Wissen und eine noch nicht ausreichende Information. Zweck der Nachfrage ist, dieses Wissen *und nur dieses zu ergänzen*. Da dem Anwalt jedoch schon Wissen gegeben ist, handelt es sich um eine Elizitierung (vgl. näher Rehbein (1979)).

Der vom Berater intendierte Weg ist nun, daß der *Sprecher* sein Wissen befragt und ihm eine Information in Form einer nichtbewerteten Geschehenswiedergabe liefert (Position 13). Charakteristisch ist ein bestimmter, seitens des Beraters erwünschter Durchlauf durch das Erzählmuster für die vorliegende Institution: *Vor* 23 steigt nämlich der Berater aus, geht über 29 zu 31; und dann über 32, 6, 7, 8, 10, 13, 10, 12 zurück zu 30. Hier entscheidet sich, ob er den Durchgang erneut wiederholt oder ob der bisherige Durchgang ausreicht, er also 34 erreicht hat und zur Bewertung 35 kommen kann.

Was geschieht nun auf der Klientenseite, also der Seite des Erzählers? Man sieht, daß der Sprecher lediglich die Informationen in 13 bzw. 10a liefern soll, ohne eine Erzählung. Damit wird die Spezifik des Erzählens, nämlich eine Bewertung zu erarbeiten, suspendiert. Denn die Bewertung nimmt der Berater selbst vor. Die Verrasterung der Information in juristischen Normen (in 34/35) kommt damit einer Transposition der Bewertungsarbeit aus dem Bereich des Erzählers in den Bereich des Beraters gleich. Auf diese Weise zwingt er den Ratsuchenden, seinen eigenen Bewertungsprozeß abzubrechen bzw. ihn erst gar nicht zu beginnen. Am Diagramm II läßt sich das verdeutlichen: Der Berater bringt den Klienten dazu, tendenziell den Schritt von Position 8 zu Position 9 zu unterlassen; vielmehr errichtet er interaktional zwischen beiden Positionen einen *Riegel*. Dieser Riegel wird durch den Prozeß der Sequentialisierung realisiert, durch den der Berater immer wieder interveniert und den Weg von (8) nach (9) abblockt. Hierin drückt sich die *Institutionsspezifik der Erzähl-situation in der Beratung* aus.

Durch eine Reihe von Tätigkeiten wird das komplexe Muster des Erzählens, dessen wesentliche Charakteristik in der *Verkettung* sprachlicher Handlungen besteht, in eine *Sequenz* umgeformt. Man kann auch von einer *Sequentialisierung des Musters* reden.

4.2. Der Zweck der Erzählung in der Beratung

Es ist deutlich geworden, daß der Ratsuchende nicht eine Leidensgeschichte reproduzieren soll; vielmehr soll er Informationen liefern, die eine Sachverhaltsrekonstruktion durch den Berater ermöglichen. Die reale Geschichte wird also nicht nach einer individuellen Bewertung rekonstruiert, sondern nach einer juristischen. In der Beratung wird damit das Muster des Erzählens zum Zweck der Sachverhaltsrekonstruktion *funktionalisiert*. Und diese Funktionalisierung drückt sich im Sequentialisierungsvorgang aus. Die Umbewertung der *erzählten* Geschichte ist der Prozeß, dem die Erzählung in der Institution unterworfen wird. Hier steht übrigens die Beratung als Institution nicht allein. Auch das Krankenhaus verfährt nach diesem Prinzip mit Erzählungen der Patienten (vgl. Bliesener (1980)) das Gericht mit Erzählungen der Angeklagten (vgl. Hoffmann (1980)). Man kann also verallgemeinern: Die Agenten einer Institution wie der Beratung funktionalisieren die Diskursart Erzählung in institutionsadäquater Weise. Diesen Prozeß kann man als ›*institutionsspezifische Diskursverarbeitung*‹ bezeichnen.

4.3. Die Handlungen des Beraters

Bei der institutionsspezifischen Diskursverarbeitung nimmt der Berater selbst *diskursverarbeitende* sprachliche Handlungen vor.

Eine der Haupttätigkeiten des Beraters sind Nachfragen. Diese beziehen sich auf Ort, Zeit, Personen, Handlungen usw., also auf Elemente, die durch die Etablierung eingeführt sind, jedoch dem Berater für seine Zwecke nicht ausreichen: Die

Elemente, die Gegenstand der Etablierung sind, sind gleichzeitig eigentlich die essentiellen Elemente für die Sachverhaltsrekonstruktion, und sie sind typisch für die Diskursart Berichten, die diesem Zweck dient. Durch Nachfragen nach solchen Elementen unterbricht der Berater häufig die Kontinuität der Erzählung (z. B. im Fall § 5.1., [17], S. 93). Er zwingt den Erzähler zur Beantwortung; dadurch sind bereits die ersten Schritte zu einer Sequentialisierung getan, als deren Ergebnis die Übergabe der diskursinitiierenden Tätigkeiten an den Berater geschieht (die Rückantwort muß ihrerseits vom Berater positiv oder negativ eingeschätzt werden). Der szenische Vorstellungsraum wird dadurch zerstört.

Diesen Transpositionsprozeß macht allerdings nicht jeder Klient mit. Vielmehr versteht er häufig die Nachfrage als eine Art Bitte um weitere Information, also als Bitte-um-Fortfahren, denn die Nachfrage hat im Muster des Erzählens ihren Ort an der Position 32. Aufgrund dieser Position wird dann der Sprecher praktisch seine Erzählung nicht nur um Informationen ergänzen, sondern auch den Bewertungsprozeß bzw. Teile der Einschätzungen bis hin zur Skandalon-Konstatierung noch einmal wiederholen. D. h. der Sprecher kann nicht so schnell das Muster wechseln, sondern bewegt sich weiterhin im Rahmen seines partikulären Erlebniswissens.

Über einfache Nachfragen hinaus kann der Berater komplexere Handlungen machen. Sie nehmen allerdings insgesamt eine ähnliche systematische Musterposition ein. Z. B. kann der Berater eine Äußerung des Typs 13 oder 14 des Erzählers noch einmal wiederholen im Sinne eines Rephrasierens (Keller (1978)) oder er kann dem Sprecher selbst einige Ereignisse erklären (auf dessen Äußerungen »I don't understand« usw. hin).

5. Einige Fälle

Das vergleichsweise abstrakt entwickelte Muster des Erzählens von Leidensgeschichten soll durch die Analyse einiger Fälle von Beratungsdiskursen in »Centerprise« konkretisiert und womöglich modifiziert werden. Klarer werden soll, in welcher Weise von dem Erzählmuster durch die Immigranten Gebrauch gemacht wird, wie sie es verwenden, um ihre spezifischen Schwierigkeiten im gesellschaftlichen Handeln zu verdeutlichen und wie weitgehend sie die Form des Erzählens reproduzieren.

Wir beschränken uns bei den folgenden Beispielen in § 5.1. und 5.2. auf den Teil der Beratungsgespräche, in dem die in Frage kommenden Erzählungen auftreten. Wir verwenden dann das Verfahren der Sektionierung, um aus diesen Teilen zusammengehörige größere Abschnitte auszugliedern. Die Sektionen, im folgenden durch große römische Ziffern gekennzeichnet, teilen sich ihrerseits nach Segmenten auf. Aus Platzgründen verzichten wir in § 5.1. auf eine eingehende Segmentierung, im Gegensatz zu Beispiel (B 1) und zum Beispiel § 5.2. In § 5.2. wird die Segmentierung auf der Basis eines gereinigten Transkripts gegeben.

5.1. Szenisches Belegen

In der folgenden Beratung behauptet eine etwa 30jährige Immigrantin (der zweiten Generation), Zielscheibe dauernder Angriffe der Polizei zu sein. Sie führt eine Reihe von Belegen an, die Erzählstruktur haben.

Die im folgenden in den einzelnen Abschnitten I-VII präsentierten Transkriptionsfragmente ergeben zusammen einen kontinuierlichen Ausschnitt aus einem Beratungsgespräch (und zwar zu Beginn). Die einzelnen Flächen, die am linken Rand durch eine »Simultanklammer« (das Partiturzeichen) ›[‹ zusammengefaßt sind, sind jeweils simultan zu lesen: Es sind Simultanflächen. Die einzelnen Simultanflächen sind an ihrer linken Seite fortlaufend durch eine in eckige Klammern gesetzte Zahl numeriert. Auf einzelne Stellen in der Transkription wird durch die Angabe der Simultanfläche mittels der eingeklammerten Zahlen verwiesen. (Die hier verwendeten Konventionen orientieren sich am Verfahren der Halbinterpretativen Arbeitstranskriptionen, das von Ehlich & Rehbein (1976) zur Transkription von Mehrpersonendiskursen ausgearbeitet wurde). – Eine möglichst wörtliche deutsche Übersetzung wird *unter* der Linie des jeweiligen Sprechers *in Interlinearversion* gegeben.

I ([1]-[4])

In diesem ersten Abschnitt gibt die Ratsuchende den Grund ihres Kommens an. Sie tut dies, indem sie eine Gesamteinschätzung ihrer Lage gibt, worin das Skandalon bereits enthalten ist. Damit realisiert sie einen vorausgeschickten Kommentar (also Position 11 des Erzählmusters):

[1]
C How are you?
  Wie gehts?

A   Oh, not too bad, thank you. Uhm tell me, I don't
              Ooch, ganz gut, danke.   Äh sagen Sie, ich weiß

[2] A know how to start this but I seem to be getting constant
    nicht, wie ich damit anfangen soll, aber ich scheine dauernder Spielball

[3] A playing ba' from the police. I can't move .. an inch without
    für die Polizei zu sein.   Ich kann mich .. keinen Zoll bewegen,

[4] A 'em having to stop me an' . . . saying L_1 somethin' or the other$_1$_/
    ohne daß sie mich anhalten und . . . dies oder das sagen . . .

L_1 mit westindischem Akzent

II ([5]–[13])

Der Aufbau dieses Abschnitts ist *szenisch*. Er wird abgetrennt
vom vorhergehenden Abschnitt durch die Etablierung des Zeitbezugs (»about a month ago«):

[5] A Uhm about a month ago, on the twelfth of June, ... I had a L_2
    Ähm ungefähr vor einem Monat, am zwölften Juni   hatte ich eine

[6] A (   ), so I was waiting to go in there (and er), but
                    deshalb wartete ich gerade darauf (reinzukommen),

[7] A suddenly, I got a letter er uhm on Monday to come in on Wed-
    aber plötzlich kriegte ich einen Brief eh ähm am Montag, daß ich am Mitt-

[8] A nesday, the fourteenth to the hospital, you know, and er I
    woch kommen sollte, den vierzehnten, ins Krankenhaus, wissen Sie, und eh ich

[9] C   Hm̃

    A worried alot . . ., like. I said, I have a child that isn't going
    ängstigte mich sehr . . . ., und so. Ich sagte, ich habe ein Kind, das noch nicht

[10] A to school yet, I still worry, so . . . I went to Northwest . . . to
    zur Schule geht, ich ängstige mich noch, deshalb fuhr ich nach Nordwest

[11] A (Islington) to see a cousin of mine and . . L_3 I just got worried,
    (London) nach (Islington), um eine Kusine von mir zu besuchen und . . Ich äng-

[12] A I (thought) I may never wake up from the operation or some-
    stigte mich eben, ich (dachte), ich könnte von der Operation nie wieder auf-

[13] A thing $_3$_/
    wachen oder so.

L_2 wahrscheinlich Name der Krankheit
L_3 sehr schnell

Die Sprecherin etabliert sich als handelnde Person mit einer
Grunddisposition: Sie ist absorbiert von ihren täglichen Sorgen,
insbesondere der Krankheit und ihrem Kind. Die Disposition
faßt sie zusammen mit »I just got worried, I thought I may
never wake up from the operation«. Diese Szene bereitet die
kommende vor.

Da der szenische Vorstellungsraum bereits aufgebaut ist (in II),
kann eine neue Szene mit der etablierten Personnage, Zeit und
Schauplatz arbeiten; dies geschieht nun. Zäsurelement, durch das
die neue Szene gegenüber der alten abgesetzt ist, ist das »and
when . . .« ([14]): Durch derartige sprachliche Elemente (Koordination und punktualisierende Zeitbestimmung) werden Erzählungen in ihrem szenischen Gesamtduktus gegliedert: Sie zeigen
also einen *Szenenwechsel* an:

[14]
A and . . . when I got to Holloway Road / er Camden Road, I knew there
und . . . als ich zur Holloway Road kam / eh Camden Road,   ich wußte, daß

[15]
A was a policeman on the side, on a traffic light, on a bike . . .
da ein Polizist am Straßenrand ist, bei einer Verkehrsampel, auf einem Fahr-

[16]
A and er there were two $\angle_4$ (Limas) motorcycles, in front of me.
rad . . . und eh es waren zwei (Limas) Motorräder vor mir.

[17]
C Can I ask you some . . / uhm How do I write? Camden Road? You/it/
Kann ich Sie etwas fragen . . / ähm Wie soll ich schreiben? Camden Road? Sie/es/

A   Yes. And I said   You, you know
*   Ja. Und ich sagte   Sie, Sie wissen*

[18]
C it's in fact the next head?
Es ist faktisch die nächste Ecke?

A   you/you   No. You know, Caledonian Road there,
*   Sie / Sie   Nein. Sie wissen, Caledonian Road da,*

[19]
C Hm̂   Yes   Yes   Yah

A   Camden Road there and there's   a Sh/great big Shell oil
*   Camden Road da   und da ist eine Sh/ große hohe Shell Tankstelle*

[20]
C   Hm̂ and it's part of this?   Hm̂. It's part of the
*   Hm̂ und sie ist davon ein Teil?   Hm̂. Sie ist Teil der näch-*

A pump there (   )   It is
* dort   (   )   Sie ist*

[21]
C next head?   The other side of the street (   )
sten Ecke?   Die andere Seite der Straße   (   )

A   Yes.   the other side, yes.   These mo-
*   Ja.   Diese Mo-*

[22]
A torcyclist' were turning right going to the (next head) now,
torradfahrer bogen nach rechts in Richtung auf (die nächste Ecke) jetzt,

[23]
A because of the heavy traffic. Then I put my foot down just to
wegen dem dicken Verkehr.   Da drückte ich meinen Fuß runter, um

[24]
C   Hm̂   Hm̂

A overtake them on the left and there was traffic, 'cause this
sie links zu überholen,   und es gab viel Verkehr, weil das

[25] A was half past five in the evening. It's always there a traffic
      halb sechs abends war.   _Es ist immer Verkehr dort_
[26] A er hold-up
      eh Verstopfung.

In dieser Szene wird die normale Tätigkeit des Autofahrens bei
starkem Verkehr wiedergegeben, und zwar unter Angabe des
Ortes und der Zeit. *Pars-pro-toto* werden zwei Motorradfahrer
geschildert; sie werden aus der Gesamtheit des Verkehrstrubels
herausgehoben: dies ist eine Erzählprozedur des Typs *Reliefieren*
(Vordergrund-Hintergrund-Vorstellung) (vgl. oben § 2.8.). Die
szenische Darstellung wird durch die Intervention des Beraters
([17]/[18]) unterbrochen, der durch seine Nachfrage nach dem
exakten Ort die Position 29 (in Diagramm II) vollzieht; dadurch
gefährdet er die Kontinuität des szenischen Vorstellungsraums.
In Fläche [21] gelingt der Sprecherin die Wiederaufnahme durch
eine anadeiktische Prozedur (Ehlich (1979) § 5 f.): »*These* motor-
cyclist'«. Dieses Phänomen tritt beim sequentiellen Erzählen
häufiger in Funktion, um den gestörten gemeinsamen Vorstellungsraum zu reetablieren. – Durch eine weitere Erzählprozedur
wird diese Szene abgeschlossen: »It's always there a traffic, er,
hold-up« ([25]/[26]); ihrer Verwendung nach kann man solche
Prozeduren ›*szenische Gesamtcharakterisierungen*‹ nennen.
Ich möchte weiter auf ein wichtiges erzählerisches Element
hinweisen: In der Folge von Wiedergaben, die diese Szene
beschreiben, tritt die folgende Formulierung auf ([14]/[15]): »*I
knew* there was a policeman on the side, on a traffic light on
a bike«. Mit dieser Formulierung deutet die Sprecherin das sich
anbahnende Unglück an; damit wirft sie bereits ein Licht auf
einen später relevant werdenden Sachverhalt. Formulierungen
dieser Art sind *eingesprengte Erzählprozeduren:* Sie strukturieren
ein Element einer Szene *auf dem Hintergrund des Wissens um
ihren Ausgang,* und zwar so, daß dieses Element notwendig die
Entwicklung der Szene bestimmen wird. Mit ihrer Hilfe eignet
sich der Erzähler selbst eine Aktantenperspektive an. Ich möchte
derartige Erzählprozeduren ›*Fatalitätseinblicke*‹ nennen. (Im
Deutschen sagt man etwa: ›ich wußte genau, was daran faul war‹,
›der/das ist mir schon die ganze Zeit aufgefallen‹. In verschiedenen Sprachen gibt es offenbar diskursartspezifische *Formeln*, mit
denen solche Prozeduren realisiert werden.

In diesem Abschnitt kommt die erste *dramatische Szene* vor, d. h. eine Szene, die eine Veränderung der »erwartbaren Normalität« zeigt:

[27]	A Next thing I saw in my mirror was a hand waving me down. Na- *Das nächste, was ich in meinem Rückspiegel sah, war eine Hand, die mich zum*
[28]	A turally I couldn't park anywhere because o' the traffic. Even- *Halten winkte. Natürlich konnte ich nirgendwo parken wegen dem Verkehr.*
[29]	A tually I found a way (more to the left). He came out, he went *Schließlich fand ich eine Möglichkeit (weiter links). Er kam heraus, er ging*
[30]	A around the car, asked me if it was my car, I said »Yes«. Then *um das Auto, fragte mich, ob es mein Auto sei, ich sagte: »Ja«. Dann ging*
[31]	A he wen' around again. He started to write something. I said, *er wieder drumherum. Er fing an, etwas zu schreiben. Ich sagte:*
[32]	A »What's wrong?«. He said, »You were speeding«. I said, »Speeding?« *»Was ist los?« Er sagte: »Sie sind zu schnell gefahren«. Ich sagte: »Zu*
[33]	A He said, »Yes«. I didn't say anything more than that. So he . ./ *schnell gefahren?« Er sagte: »Ja«. Ich sagte nichts mehr. Daraufhin*
[34]	A he said er, »Is it your car?« I said, »Yes«. He said, »Have you *er . . / Er sagte eh: »Ist das Ihr Auto?« Ich sagte: »Ja«. Er sagte: »Haben Sie*
[35]	A got anything to *prove* it's yours?« I said, »I haven't any par- *etwas, womit Sie beweisen können, daß es Ihnen gehört?« Ich sagte: »Ich ha-*
[36]	A ticulars on me«. And er he asked me whether I could show it (*be keine Papiere bei mir«. Und eh er fragte mich, ob ich es ihm zeigen*
[37]	A ( ). He gave me a/a note. *könnte ( ). Er gab mir eine/eine Anzeige.*

Die Szene geht von der zuhörergerichteten Wiedergabe zur szenischen Darstellung über: dafür wird das historische Präsens verwendet (vgl. Wolfson (1978) (1979)). Charakteristischerweise wird am Ausgang der Szene in der Handlung des Offenders das Skandalon deutlich: »He gave me a note«. Damit dient die ganze Szene als *Beleg* für die bereits zu Beginn ([1]-[4]) vorausgeschickte Skandalon-Behauptung; der Beleg schließt die Folge der Szenen II-IV funktional zusammen.

V und VI ([38]-[42]; [42]-[44])
Die folgenden beiden Szenen sind zwar durch Konjunktion und Zeitadverbiale voneinander abgegliedert (»So, Tuesday« [38]; »And two days«, [42], aber in ihrer Struktur kontrastierend aufeinander bezogen:

[38] A So, Tuesday I took this to the police station. It's only when
     Dann, Dienstag, ging ich mit der auf die Polizei. Erst dort bemerkte

[39] A I got there that I realized $\angle_5$ he had written my number down
     ich, daß er meine Nummer falsch aufgeschrieben hatte.

[40] A wrongly ,_/ He wrote TUC instead of DSC. This officer (going
     Er hatte TUC statt DSC geschrieben. Dieser Beamte (ging) meine

[41] A through) my particulars (up and   ) corrected it. He was nice,
     Papiere (durch)   (und   ) korrigierte das. Er war nett,

[42] A you know. And er two days (ago   ), wait a minute, yeah, I
     wissen Sie. Und vor zwei Tagen eh (   ), Moment,   ja,   ich

[43] A think, it was Tuesday, I got er another statement ... from the
     glaube, es war Dienstag, erhielt ich noch eine Aufforderung ... vom Ge-

[44] A court to appear the fourth of September.
     richt, dort am vierten September zu erscheinen.

Durch die Hintereinanderschaltung beider Szenen wird der
Charakter der Unberechenbarkeit des Offenders Polizei besonders deutlich: Die Polizei bügelt an einem Tag wieder aus, um an
einem anderen um so schlimmer vorzugehen. Hier versteht sich
die Sprecherin als Opfer eines undurchschaubaren Handlungszu-
sammenhangs. Die unmittelbare Hintereinanderschaltung der
Szenen hat damit Skandalon-Belegfunktion.

VII ([45]-[58])

Die folgende Sektion realisiert die fünfte Phase des Erzählmusters
(s. Diagramm I): Sie wird eingeleitet durch »Yes, well, that's
impossible« [46] durch den Berater (Position 24: Kundgabe-
der-Anteilnahme) und wird durch eine Reihe von Empörungskundgaben (Position 26) bestritten; außerdem wird mit
»they keep constantly convicting me for what I haven't done«
([54]/[55]) das Skandalon konstatiert, als Schluß aus den bereits
erzählten Szenen *(Generalisierung):*

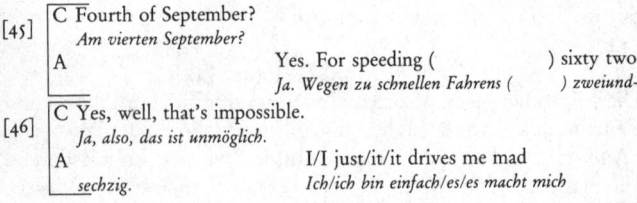

[45] C Fourth of September?
     Am vierten September?
     A   Yes. For speeding (   ) sixty two.
                              Ja. Wegen zu schnellen Fahrens (   ) zweiund-

[46] C Yes, well, that's impossible.
     Ja, also, das ist unmöglich.
     A   I/I just/it/it drives me mad
       sechzig.   *Ich/ich bin einfach/es/es macht mich*

96

[47] C   Hm̃.   Hm̃.

A 'cause I'm an only parent. I tried so much. My little boy used
   wahnsinnig, denn ich bin eine alleinstehende Mutter. Ich habe mich so gequält.

[47] A to go to the common school here, and everyday there was figh-
   Mein kleiner Junge ging früher in die öffentliche Schule hier, und jeden Tag

[49] A ting and violence. I struggled hard. I said I don't want it. I
   gab es Streit und Gewalttätigkeit. Ich habe schwer gearbeitet. Ich sagte, ich

[50] C   Yes. It was about five thirty in
                          Ja. Es war gegen fünf Uhr dreißig nach-
A took him to boarding school.
   möchte das nicht. Ich habe ihn ins Internat geschickt.

[51] C the afternoon?   Hm̃.
   mittags?
A   Five thirty five when he wrote . . the note down.
           Fünf Uhr fünfunddreißig, als er die Anzeige aufschrieb.

[52] A And I just can't st/ if it were possible for me to take my car
   Und ich kann es einfach nicht mehr aus / Falls es mir möglich gewesen wäre,

[53] C   Yah, but you get dis-
                      Ja, aber Sie werden
A to the *toilet*, that policeman would still *stop* me. Now, *tell*
   mein Auto mit auf die Toilette zu nehmen, würde mich dieser Polizist noch

[54] C courageous, yes, you
   mutlos, ja, Sie
A me something. I can't understand it, they keep *constantly con-*
   anhalten. Nun, sagen Sie mir was. Ich kann es nicht verstehen, sie erklären

[55] C   Yah.
                      Ja.
A *victing* me for what I haven't done. It's really driving me mad.
   dauernd für schuldig für etwas, was ich nicht getan habe. Es macht mich wirk-

[56] A I don't know what to do. I really *don't* know what to do.
   lich wahnsinnig. Ich weiß nicht, was ich machen soll. Ich weiß wirklich nicht,

[57] C (   ) have you in fact been?   Yah (
                                    Ja
A   I've been convicted.
   was ich machen soll   *Ich wurde für schuldig erklärt.*

[58] C (   ) thought you were one (   ).

VIII ([59]-[72])

Der folgende Abschnitt ist wieder szenisch aufgebaut; dafür
spricht bereits die Zäsur, die mit der koordinierenden Konjunktion »and« und der punktualisierenden Zeitbestimmung »immediately after that« gelegt wird. Die Szene ist ein erneuter Durchlauf durch das Erzählmuster, indem erneut ein Beleg für das

Skandalon angeführt wird, nämlich die Feststellung des Polizisten, die quasi aus heiterem Himmel kommt: »you're parking (unauthorized)« [66]/[67] und die Konsequenz: »and I got convicted«. Ebenfalls wieder Kundgabe der Anteilnahme (Position 24) und verallgemeinernde Feststellung der Hilflosigkeit (Position 27):

[59] A Yah, that's the first time, yes, and then immediately after
Ja, das war das erste Mal, ja, und dann unmittelbar darauf

[60] C   Yes,
                                                   Ja,

   A that I went to Blackstock Road. (I really didn't know blame
     fuhr ich zur Blackstock Road.   (Ich wußte wirklich nicht tadeln

[61] C that's right, yes, he said that you were parking.
das ist richtig, ja, er sagte, daß Sie geparkt haben.

   A for something wrong   ). Yes, and/and
     für etwas Falsches   ). Ja, und/und

[62] A it was the same police officer. (He helped) my things in the
es war derselbe Polizeibeamte.   (Er half) mir meine Sachen ins

[63] A car. I didn't find my wallet, that I was going to drive off.
Auto. Ich fand meine Brieftasche nicht, als ich losfahren wollte.

[64] A My wallet was on the top of the car, and he/he/he knocked on
Meine Brieftasche war auf dem Dach des Autos, und er/er/er klopfte auf

[65] A the car and said, »don't forget your wallet«, as soon as I re-
das Auto und sagte: »Vergessen Sie Ihre Brieftasche nicht«, sobald ich zu-

[66] A versed. That/ that was it! He said, »you're parking (unautho-
rücksetzte. Das/ das war es! Er sagte: »Sie parken (unbefugt)« und

[67] A rized)« and I got convicted. I said, »I didn't, you just (helped)
ich wurde für schuldig erklärt. Ich sagte: »Nein, Sie haben mir (gerade)

[68] A me. I only moved back to get away from that car«. There was none
geholfen. Ich bin nur zurückgefahren, um von dem Auto da loszukommen«. Ich

[69] A which I could see who could say that this wasn't true and I
konnte keinen sehen, der hätte bestätigen können, daß das nicht wahr war,

[70] C   There's no way they're going to believe this at all!
             Das kann man sich überhaupt nicht vorstellen!

   A got convicted.   So,
   und ich wurde für schuldig erklärt.   Also,

[71] A it's driving me mad. I run away from this. They're making me a
das macht mich wahnsinnig. Ich ergreife die Flucht davor. Die machen aus

[72] A criminal for no reason.
mir grundlos einen Verbrecher.

Eine besondere Formulierung fällt auf: »That was it« ([66]); sie ist als *Formel* zu verstehen. Die Erzählerin bezieht sich damit auf das Skandalon, das sich in der harmlosen Handlungsfolge »He knocked on the car and said: »Don't forget your wallet!«, as soon as I reversed« ([65]/[66]) bereits *ankündigt*. Mit dieser Formel wird wieder eine metanarrative Erzählprozedur ausgeführt. Denn damit wird auf den inneren Zusammenhang eines harmlos erscheinenden Szenenstücks mit dem Skandalon selbst hingewiesen; die Formel hat also Enthüllungsfunktion: Aus diesem Grund möchte ich Formeln, die Erzählprozeduren dieser Art realisieren, ›*Revelatoren*‹ nennen. –

Fassen wir zusammen:

In einer Reihe von Szenen (:Szenario) werden Handlungsfolgen erzählt, die das zu Beginn vorausgeschickte Skandalon belegen. Durch metanarrative Erzählprozeduren wie *Reliefierungen, szenische Gesamtcharakterisierungen* und *Dramatisierung* werden die Szenen thematisch organisiert; durch Erzählprozeduren wie *Fatalitätseinblicke* und *Revelatoren* wird die Szene auf das Skandalon bezogen, zu dessen Beleg sie etabliert wird.

5.2. Repetitives Erzählen

Die Ratsuchende, eine etwa 35jährige Immigrantin aus der Karibik, wohnt in einem Haus, das von einer Wohnungsbaugesellschaft aufgekauft worden ist; die Gesellschaft will das Haus abreißen, hat dann aber die Verpflichtung, den Mietern eine neue Unterkunft zu verschaffen (»rehousing«). Offensichtlich tut die Gesellschaft das aber nicht. Darüber hinaus hält sie das Haus nicht auf dem Standard, sondern läßt es verfallen. Wegen dieser Angelegenheit hatte die Frau schon einmal zwei Jahre zuvor »Centerprise« aufgesucht, dann wieder im Oktober im Jahr vor der Beratung. Erst knapp vier Wochen vor dem Beratungstag kam ein Bauunternehmer (»builder«) und holte sich einen Schlüssel für den Zugang zum Dach (»passage door key« oder »top key«). Statt der Instandsetzung wird aber ein Stück vom Dach abgerissen. Dann geschieht nichts weiter. Die Ratsuchende hat vor zwei Wochen Urlaub bekommen, der am kommenden Montag zu Ende sein wird, so daß der Wartezustand für sie nicht mehr tragbar ist. Sie war am Donnerstag vor dem Beratungstag (der ebenfalls ein Donnerstag ist) dann bei dem Bauunternehmer, der daraufhin sein Kommen für den darauffolgenden Montag zugesagt hat. Da er aber nicht erschienen ist, sucht die Frau die Beratung auf.

Aus der Transkription lassen sich mindestens fünf Sektionen aussondern, in denen auf die eine oder andere Weise diese Geschichte erzählt wird; vier von ihnen sollen kurz interpretiert werden.

(s1)	A: Well, it is about the same thing.	A: Also, es ist dieselbe Sache
(s2)	They haven't done nothing to it.	Sie haben nichts daran gemacht.
(s3)	C: They haven't done anything to ( )?	C: Sie haben nichts daran ge-macht ( )?
(s4)	A: No. I came here five weeks ago.	A: Nein. Ich bin vor fünf Wo-chen hergekommen.
(s5)	This same builder, and in-stead he take off/ something off the top. The water came pouring in.	Eben dieser Bauunterneh-mer, und stattdessen nimmt er weg/ was vom Dach weg. Das Wasser kam reingeflossen.

Die Erzählung wird durch das Segment (s1) eingeleitet (vgl. Rehbein (1980)). Das Segment (s2) ist ein vorausgeschickter Kommentar (der das Skandalon in nuce enthält), der jedoch eine symptomatische sprachliche Form hat: »*They* haven't done no-thing to *it*«. Sowohl »they« wie »it« sind anaphorische Pronomi-na (s. Ehlich (1979) § 9), die sich auf ein Wissen beziehen, das beim Hörer noch nicht thematisiert ist. Dadurch gewinnen diese Formen für den Hörer eine kataphorische Qualität (die sich bereits in der Nachfrage in (s3) zeigt). Die anaphorische Ver-wendung von Pronomina in Ankündigungen deutet bereits auf eine spezifische Form der Wissensaktualisierung: Das Wissen des zu Erzählenden wird wahrscheinlich in Geschehensganzheiten thematisiert, wodurch die *Fähigkeit einer kontrollierten Etablie-rung* gefährdet ist (s. unten Punkt (3)).

Segment (s4) holt die Etablierung eines ersten Zeitbezugs, (s 5) in Extraposition den Bezug zur Gestalt des Offenders (»This same builder«) nach; außerdem liefert (s5) in einer weiteren Vorausschickung eine Etablierung der Tätigkeit, die das Skanda-lon ausmacht, und außerdem die Konsequenz, d. h. die Angabe des Schadens. Als Resultatsangabe haben wir es hier mit einer Wiedergabe in Berichtform zu tun, allerdings unvollständig und fragmentarisch.

II

Das nächste Erzählfragment wird durch die Nachfrage des Bera-ters (s6) initiiert (die lediglich auf eine Vervollständigung ab-zielte):

(s6)	C: When did the builder come?	C: Wann ist der Bauunternehmer gekommen?
(s7)	A: They came about four weeks ago/abo(/) little le/ less than four weeks.	A: Sie sind ungefähr vor vier Wochen/vo(/) bißchen we/weniger als vier Wochen gekommen.
(s8)	I gave them a key.	Ich hab ihnen einen Schlüssel gegeben. Und ich habe zwei Wochen Urlaub.
(s9)	And I'm on two weeks holiday.	
(s10)	And my two weeks is up.	Und meine zwei Wochen sind rum.
(s11)	And they haven't been back.	Und sie sind nicht wiedergekommen.
(s12)	I went over there Thursday.	Ich bin Donnerstag rübergegangen.
(s13)	He said that they would be here/here on Monday.	Er sagte, sie würden hier/ hier sein am Montag.
(s14)	They want a key ( ).	Sie wollen einen Schlüssel ( ).
(s15)	He's telling me he went if the water come in and wet up my/	Er sagt mir, er ginge, wenn das Wasser reinkäme und naßmachte meine/
(s16)	I'm supposed to sign an insurance, have an insurance.	Ich soll vermutlich eine Versicherung abschließen, eine Versicherung haben.

Zunächst erfolgt in (s7) die Beantwortung der Frage, (s7) bis (s15) gibt den Handlungsverlauf wieder, und zwar nicht nur in seinem kausalen Zusammenhang, sondern kontrastierend vor dem Hintergrund des Skandalons: Obwohl die Sprecherin den Schlüssel gegeben hat, Zeit gelassen hat, noch einmal angemahnt hat und er selbst sein Kommen zugesagt hat, ist er nicht gekommen.

III

Auf die Frage nach dem genauen Datum des Kommens des Bauunternehmers wird erneut dieselbe Geschichte in expandierterer Form erzählt:

(s17)	C: Well, this was on the twelfth June?	C: Also, das war am zwölften Juni?
(s18)	A: Yeah, da/d/de builder came.	A: Ja, da/d/der Bauunternehmer ist gekommen.
(s19)	He said/I gave him my (pas-	Er sagte/Ich hab ihm meine

	sage) door key . . .and he . . . he came and saw it.	*Schlüssel zur (Durchgangs-)* *tür gegeben . . . und er . . .* *er ist gekommen und hat es* *gesehen.*
(s20)	The builder came and I gave 'im (my passage door key) to him.	*Der Bauunternehmer ist ge-* *kommen und ich hab ihm* *(meine Schlüssel zur Durch-* *gangstür) gegeben. Vier Wo-*
(s21)	Four weeks/no, pardon me, two weeks holiday and my two weeks is up.	*chen/nein, Entschuldigung,* *zwei Wochen Urlaub und* *meine zwei Wochen sind* *rum.*
(s22)	They haven't been back.	*Sie sind nicht wiederge-* *kommen.*
(s23)	They take off/something off the roof.	*Sie nehmen weg/was vom* *Dach weg.*
(s24)	Now, all the dirt, the water and the dust is coming in.	*Jetzt kommen der ganze* *Schmutz, das Wasser und* *der Staub rein.*
(s25)	And I went to them on/on Thursday.	*Und ich ging zu ihnen* *am/am Donnerstag.*
(s26)	And if they said that they would be here Monday I ha- ven't been out.	*Und falls sie sagten, daß sie* *Montag hier wären – ich war* *nicht weg.*
(s27)	If (I'm going out) there was someone there.	*Wenn (ich weggehe), dann* *war einer da.*
(s28)	And they haven't been there from/	*Und sie waren seitdem nicht* *da von/*
(s29)	And today's Thursday . . .	*Und heute ist Donnerstag . .*
(s30)	I'm going back on Monday and I'm not going to leave the passage door open.	*Ich gehe am Montag zurück,* *und ich werde die Durch-* *gangstür nicht offen lassen.*
(s31)	They have the top key.	*Sie haben den Schlüssel für* *oben.*
(s32)	I'm going to lock the bottom.	*Ich werde unten zu-* *schließen.*
(s33)	For I can't have my place open for four weeks . . .	*Denn ich kann meine Woh-* *nung nicht vier Wochen lang* *offen lassen . . .*
(s34)	They take ( ) and they said they'd be back on Monday.	*Sie nehmen ( ) und sie* *sagten, sie würden Montag* *wiederkommen.*
(s35)	And it's four weeks and they haven't been back.	*Und jetzt sind vier Wochen* *rum und sie sind nicht wie-* *dergekommen.*

(s36)	And I just wanted to find out what can I do about it.	*Und ich wollte nun heraus-kriegen, was ich da machen kann.*
(s37)	I can/I can' come here over and over.	*Ich kann/ich kann nicht dauernd hier rüberkommen.*
(s38)	I have no (almost justice whether they) put them in court or some-thing.	*Ich habe kein (fast Recht, ob man) sie vor Gericht bringt oder sowas.*
(s39)	I can't/I can't stand it. It/it (a'most to my doctor o'e-ven) before it ist getting me a'most mad.	*Ich kann nicht/ich kann es nicht aushalten. Es/es(fast zum Arzt oder sogar) ehe es mich fast verrückt macht.*
(s40)	If you see the condition of that place.	*Wenn Sie den Zustand dieser Wohnung sehen würden.*

Charakteristischerweise werden Handlungsbegründungen bzw. -rechtfertigungen der Sprecherin nachgeschoben: (s30), (s33), außerdem eine Skandalonkonstatierung (s22-24), außerdem Empörungskundgaben in Form von Ausrufen (s40) ff., und Konstatierung der Hilflosigkeit (s39).

Betrachtet man den *Gesamtbefund* der Teilgeschichten dieser Beratung, so lassen sich folgende durchgängige Charakteristika aufstellen:

(1) Die Sprecherin verwendet zur Verknüpfung ihrer Assertionen häufig ein »and« (s5, s9, s10, s11, s19, s25, s26, s28, s29, s30, s35, s36). Die Konjunktion hat in dieser Verwendung nicht allein additive Funktion; vielmehr werden entscheidende Beziehungen zwischen den einzelnen Assertionen *mitgemeint*, ohne sprachlich explizit zu werden. Dadurch entsteht der Eindruck einer Nivellierung der Abhängigkeiten zwischen den Assertionen und einer Beliebigkeit in der Stellung zueinander. Offensichtlich ersetzt die Konjunktion »and« eine Reihe von expliziten Verhältnisangaben (hat also polyvalente Funktionen). Diesem Gebrauch entspricht es, daß die Erzählung an einem beliebigen Fragment der realen Geschichte jeweils begonnen werden kann: Der Erzähler kann einsteigen, wo und womit er will, und reproduziert linear. Hierdurch entsteht der Eindruck einer *Serialität der einzelnen Asser-tionen*.

(2) Dem Charakter der Serialität entspricht die Verwendung von zwei Verfahren, die der Diskursart des Erzählens essentiell

zugehören. Einmal werden Personen und Zeitpunkte abrupt, also ohne Einleitung und Bezug auf die aktuelle Sprechsituation etabliert (vgl. »This same builder« (s5); »two weeks holiday« (s9), »Monday« (s13), »Thursday« (s25) usw.); der Hörer hat Schwierigkeiten, diese Personen und Zeitpunkte in der erzählten Geschichte, also in seinem Vorstellungsraum, zu identifizieren. Außerdem werden die einzelnen Handlungen, die von der Sprecherin (als Aktant der Geschichte) und den Offender-Personen gemacht werden (also Kommen, Schlüsselübergabe, Gang zum Bauunternehmer, Ermahnung, Versprechen zu kommen usw.; Geschichtenbeschreibung), in einer in den einzelnen Erzählungen jeweils verschiedenen Anordnung gegeben.

(3) Daraus ergibt sich eine wichtige Folgerung über die Aktualisierung der erfahrenen Wirklichkeit im diskursiven Wissen der Immigrantin: Das Wissen tritt als *Ganzheit* auf, die ihrerseits nicht zu zerlegen ist; die Immigrantin mobilisiert ihr Wissen insgesamt (sie verbalisiert »chunks of knowledge«, Chafe (1978)) das sie *ungegliedert* verbalisiert.

Diese sprachlichen Eigenschaften flankieren die Zerschlagung, die durch die Sequentialisierung des Erzählens allgemein in dem Institut der Beratung entsteht.

Das wird besonders in einem Fall wie diesem deutlich, in dem die einzelnen Fragmente I-IV immer wieder denselben Plot aufweisen – lediglich in jeweilig anderer Anordnung und mit Erweiterungen. Die einzelnen Teilerzählungen sind also im wesentlichen *repetitiv*: sie wiederholen allesamt, was bereits in dem vorausgeschickten Kommentar in (s2) in nuce enthalten ist. Das derart repetitive Erzählen der identischen Geschichte ist offensichtlich eine typische Ausprägung der Sequentialität der Beratung; denn die Rückfragen des Beraters werden von der Ratsuchenden als Indiz für das Nichtverstehen der gesamten Erzählung aufgefaßt, so daß jeweils ein neuer Gesamtdurchgang initiiert wird. Statt mit einem Bericht *direkt* auf die Fragen zu antworten, setzt sich auf repetitive Weise die Struktur der Diskursart Erzählen stets neu wieder durch. Das repetitive Erzählen gibt Aufschlüsse über die Verarbeitung der Erfahrung: Das Skandalon, das in allen repetierten Stücken auftritt, erscheint als psychisch unhintergehbare Barriere, die nicht in einen »Metadiskurs« über erfahrene Wirklichkeit, wie etwa der Bericht es ist, transformiert werden kann, auf die vielmehr geradezu in einer Art Wiederholungszwang immer wieder rekurriert werden muß; das Skandalon verhindert seine eigene Bearbeitung.

Dennoch erhält durch die elizitierenden Fragen des Beraters der Gesamtablauf der repetierten Teilstücke nachträglich eine Struktur insofern, als jeweils Teilinformationen pro Teilstück neu sind. Es läßt sich nahezu von einer »analytischen Erzählung« sprechen, deren Kern in der Skandalonkonstatierung zu Beginn (in (s2)) gegeben wird, von dem aus dann schrittweise die Geschichte als ganze rekonstruiert werden kann.

Beide Eigenschaften scheinen mir die Behauptung zuzulassen, daß sich im repetitiven Erzählen die Diskursart Erzählen gegenüber dem Institutionstyp zwar durchsetzt, jedoch wesentliche Momente opfern muß.

6. Abschließende These

In seiner Analyse der »interethnischen Kommunikation« zwischen einem pakistanischen Immigranten und einer englischen Kurslehrerin kommt Gumperz (1977) zu dem Ergebnis, daß für eine Verständigung nicht die Beherrschung grammatikalischer Regeln für die Satzbildung entscheidend ist, sondern dieselbe Segmentierung der Rede (S. 11); und die Segmentierung der Rede orientiere sich an kulturspezifischen »Kontextualisierungskonventionen«. Wir sehen in diesen Ergebnissen keinen Widerspruch zu unserer Analyse. Vielmehr müssen wir ergänzen, daß außerdem die Verarbeitung des Wissens in unseren Fällen unterschiedlich ist, wie es sich in den Assertionsverkettungen realisiert hat, daß jedoch die Wissensverarbeitung von der jeweiligen Großform des Sprechens abhängt, in deren Rahmen die Assertionen verkettet werden.

Im Durchgang durch die verschiedenen Fälle zeigten sich die konkreten Handhabungen der Form des Erzählens durch die Immigranten in der Sozialberatung. Die Institution prägte dabei den *interaktiven Realisierungsformen* des Erzählmusters eine eigene Spezifik auf. Daran wird deutlich, daß eine Institution die mögliche kulturelle Fremdheit der Immigranten insgesamt absorbieren *kann*, vor allem wenn die Grundstruktur der Kommunikation kooperativ ist. Die Interpretationen konnten deshalb nicht kulturelle Unterschiede der Aktanten, sondern eine *Gemeinsam-keit des Widerspruchs* in den einzelnen Interaktionsabläufen her-ausarbeiten, was damit zu tun haben scheint, daß auch Immigran-ten primär Klienten der Institutionen im fremden Land sind und sich ihrer zur Verfolgung ihrer eigenen Zwecke bedienen müssen.

Literaturverzeichnis

Babcock, B. A. (1977) The Story in the Story: Metanarration in Folk Narrative. In: Bauman, R. (Hg.) Verbal Art as Performance. Rowley: Newbury House, S. 61–79

Bliesener, T. (1980) Erzählen unerwünscht. Erzählversuche von Patienten in der Visite. (In diesem Band)

Chafe, W. L. (1977) Creativity in Verbalization and Its Implications for the Nature of Stored Knowledge. In: Freedle (Hg.) Discourse Produc-tion and Comprehension. Norwood: Ablex Publishing, S. 41-55

Cuff, E. C. & Francis, D. W. (1978) Some Features of ›Invited Stories‹ About Marriage Breakdown. In: Int. J. Soc. Lang. (1978), S. 111-133

Dittmar, N. & Thielicke, E. (1979) Der Niederschlag von Erfahrungen ausländischer Arbeiter mit dem institutionellen Kontext des Arbeits-platzes in Erzählungen. In: Soeffner, H.-G. (Hg.) (1979) Interpretative Verfahren in den Sozial- und Textwissenschaften. Stuttgart: Metzler, S. 65-103

Edmondson, W. (1979) A Model for the Analysis of Spoken Discourse. London: Longman (im Druck)

Ehlich, K. (1979) Verwendungen der Deixis beim sprachlichen Handeln. Frankfurt usw.: Lang

Ehlich, K & Rehbein, J. (1972), Einige Interrelationen von Modalverben. In: Wunderlich (Hg.) (1972) Linguistische Pragmatik. Frankfurt: Athenäum, S. 318-340

Ehlich, K & Rehbein, J. (1975²) Begründen. (Arbeitspapier I des Projekts »KidS«) Düsseldorf: Seminar für Allgemeine Sprachwissenschaft (mimeo)

Ehlich, K & Rehbein, J. (1976) Halbinterpretative Arbeitstranskriptionen (HIAT). In: Linguistische Berichte 46/1976, S. 21-41

Ehlich, K. & Rehbein, J. (1977) Wissen, kommunikatives Handeln und die Schule. In: Goeppert (Hg.) Sprachverhalten im Unterricht. Mün-chen: Fink, S. 36-114

Ehlich, K. & Rehbein, J. (1979) Sprachliche Handlungsmuster. In: Soeffner (Hg.) Interpretative Verfahren in den Sozial- und Textwissenschaften. Stuttgart: Metzler, S. 243-274

Ehlich, K. & Rehbein, J. (1980) Sprache in Institutionen. In: Lexikon für Germanistische Linguistik, Artikel 30. Tübingen: Niemeyer, S. 338-345

Gumperz, J. J. (1977) The Conversational Analysis of Interethnic Communication. In: Ross (Hg.) Interethnic Communication. Georgia: University Press

Hoffmann, L. (1980) Zur Pragmatik von Erzählformen vor Gericht. (In diesem Band)

Kallmeyer, W. (1978) Fokuswechsel und Fokussierungen als Aktivitäten der Gesprächskonstitution. In: Meyer-Hermann (Hg.) (1978) Sprechen-Handeln-Interaktion. Tübingen: Niemeyer, S. 191-241

Keller, H.-J. (1978) Rephrasieren im Schulunterricht. Düsseldorf: Seminar für Allgemeine Sprachwissenschaft (MA-Arbeit)

Klein, Kl.-P. (1979) Handlungstheoretische Aspekte des ›Erzählens‹ und ›Berichtens‹. In: van de Velde & Vandewegher (Hgg.) (1979) Bedeutung, Sprechakte und Texte. Akten des 13. Ling. Kolloq., Bd. 2. Tübingen: Niemeyer

Labov, W & Waletzky, J. (1972) Erzählanalyse: Mündliche Versionen persönlicher Erfahrung. In: Ihwe (Hg.) Literaturwissenschaft und Linguistik Bd. 2. Frankfurt: Fischer Athenäum, S. 78-126

Labov, W. (1978) Der Niederschlag von Erfahrungen in der Syntax von Erzählungen. Ders. (1978) Sprache im sozialen Kontext Bd. 2 (Hg. von Dittmar & Rieck). Kronberg/Ts.: Scriptor, S. 58-99

Labov, W. & Fanshel, D. (1977) Therapeutic Discourse. Psychotherapy as Conversation. New York usw.: Academic Press

Lämmert, E. (1955, 1972⁵) Bauformen des Erzählens. Stuttgart: Metzler

Ludwig, O. (1979) Berichten und Erzählen – Variationen eines Musters. Hannover: Technische Universität, Lehrstuhl für Deutsche Sprache (mimeo)

Ludwig, O. & Wolff, G. (1978) Berichten im Alltag – Berichten in der Schule. In: Praxis Deutsch 1978/28, S. 16-24

Polanyi-Bowditch, L. (1976) Why the Whats are When: Mutually Contextualizing Realms of Narrative. In: Proc. 2nd Ann. Meeting Berkeley Linguistics Soc. Berkeley: Linguistics Soc., S. 59-77

Polanyi, L. (1978) False Starts Can Be True. In: Proc. 4th Ann. Meeting Berkeley Linguistics Soc. Berkeley: Linguistics Soc., S. 628-639

Poulantzas, N. (1975) Klassen im Kapitalismus – heute. Berlin (West): VSA

Quasthoff, U. (1979a) Verzögerungsphänomene, Verknüpfungs- und Gliederungssignale in Alltagsargumentationen und Alltagserzählungen. In: Weydt (Hg.) (1979) Die Partikeln der deutschen Sprache. Berlin: de Gruyter, S. 39-57

Quasthoff, U. (1979b) Eine intakte Funktion von Erzählungen. In: Soeffner, H.-G. (Hg.) (1979) Interpretative Verfahren in den Sozial- und Textwissenschaften. Stuttgart: Metzler, S. 104-126

Rehbein, J. (1976) Planen II. L. A. U. T.: Universität Trier

Rehbein, J. (1977) Komplexes Handeln. Elemente zur Handlungstheorie der Sprache. Stuttgart: Metzler

Rehbein, J. (1979) Frage-Sequenzen. Elizitieren im Fremdsprachenunterricht. Bochum: Seminar für Sprachlehrforschung (mimeo)

Rehbein, J. (1980) Announcing. On Formulating Plans. In: Coulmas, F. (Hg.) Conversational Routine. Den Haag: Mouton

Sacks, H. (1971) Das Erzählen von Geschichten innerhalb von Unterhaltungen. In: Kjolseth & Sack (Hgg.) (1971) Zur Soziologie der Sprache. Kölner Zt. f. Soziologie und Sozialpsychologie, Hft. 15, S. 307-314

Sandig, B. (1979) Ausdrucksmöglichkeiten des Bewertens. Ein Beschreibungsrahmen im Zusammenhang eines fiktionalen Textes. In: Deutsche Sprache 2/1979, S. 137-159

Schütze, F. (1975) Zur soziologischen und linguistischen Analyse von Erzählungen. In: Internationales Jahrbuch für Wissens- und Religionssoziologie 10, S. 7-41

Tannen, D. (1978) A Cross-Cultural Study of Oral Narrative Style. In: Proc. 4th Ann. Meeting Berkeley Linguistics Soc. Berkeley: Linguistics Society., S. 640-650

Terkel, S. (1972) Working. New York: Avon Books

Wolfson, N. (1978) A feature of performed narrative: the conversational historical present. In: Language in Society 7, S. 215-237

Wolfson, N. (1979) The Conversational Historical Present Alternation. In: Language 55/1979, S. 168-182

Uta M. Quasthoff
Gemeinsames Erzählen als Form und Mittel im sozialen Konflikt oder Ein Ehepaar erzählt eine Geschichte*

Der Beitrag beschäftigt sich mit solchen Erzählungen in Gesprächen, die von (mindestens) zwei Sprechern gemeinsam realisiert werden. Beide Sprecher sind Beteiligte an dem Geschehen, das der Erzählung zugrunde liegt. Es werden zwei Realisierungsformen für derartige gemeinsame Erzählungen unterschieden: kooperatives und antagonistisches Erzählen. Beide Formen werden in Beziehung gesetzt zu den Rollen, die die Erzähler im Geschehen eingenommen haben, und zu der Sprecherrollenverteilung beim Erzählen. Die Strukturen des antagonistischen gemeinsamen Erzählens werden außerdem in Zusammenhang mit kommunikativen und interaktiven Funktionen dieser Form des sprachlichen Handelns beschrieben.

0. Einleitung: Das gemeinsame Erzählen und die Erzählforschung

Die typischen Gesprächsstrukturen und die typischen Interaktionsbeziehungen, die entstehen, wenn zwei Leute den gleichen

Witz erzählen, können i. a. der alltäglichen, nichtwissenschaftlichen Aufmerksamkeit sicher sein. Dies gilt spätestens seit Tucholskys brillanter Literarisierung entsprechender Beobachtungen, auf die im Titel meines Beitrags angespielt wird. Um so erstaunlicher ist es, daß das gemeinsame Erzählen derselben *Geschichte* weder im Alltag noch in der Forschung ähnliche Prominenz gewonnen hat, obwohl Parallelen zwischen dem Witze- und dem Geschichten-Erzählen sonst durchaus gezogen werden.

Dem Alltagsbewußtsein sind wohl deshalb lediglich die Witze und nicht die Erzählungen so besonders aufgefallen, weil das gemeinsame Erzählen eines Witzes – wegen der besonderen Struktur dieser Diskurseinheit – fast immer eine Störung in der Realisierung der Diskurseinheit bedeutet. Damit liegt eine Art Betrug am Zuhörer vor. Das gemeinsame Erzählen einer gemeinsam erlebten Geschichte hat jedoch durchaus nicht immer den Charakter einer Störung, so daß der Grad der alltäglichen Aufmerksamkeit entsprechend dem höheren Grad der »Normalität« geringer ist.

Für die Tatsache, daß auch gerade der auf die Regelmäßigkeit der Normalität abhebenden Erzählforschung das Phänomen des gemeinsamen Erzählens bisher durch das Netz des Interesses geschlüpft ist, sind Gegenstandskonstitution und Methoden dieser Forschungen verantwortlich. Sie beschäftigen sich einerseits mit literarischen oder semi-literarischen (Volkserzählungen, Mythen) Erzählungen. Dies gilt für die Literaturwissenschaft und die Narrationsforschung in anthropologischer Tradition. Auch linguistische Untersuchungen von Erzmhlungen, die ihrem Anspruch nach ihr Untersuchungsfeld auf mündliche Alltagserzählungen persönlicher Erfahrung ausdehnen, verraten durch die ausschließliche Heranziehung literarischer Daten recht häufig, wie stark sie sich an literarischen Erzählungen orientiert haben (vgl. etwa van Dijk (1975) und Gülich/Raible (1974)). Daß das gemeinsame Erzählen einer gemeinsam erlebten Geschichte mit jeweils identifizierbar wechselnden Sprecherrollen bei der literarischen Produktion nicht zum Gegenstand werden kann, liegt auf der Hand.

Andererseits haben auch Ansätze in der Erzählforschung, die sich ganz dezidiert mit mündlichen Erzählungen persönlicher Erfahrung beschäftigen – wie der von Labov/Waletzky (1973) und Labov (1972) – dem gemeinsamen Erzählen bisher keine Beachtung geschenkt. Hier ist es weniger das explizite oder implizite theoretische Verständnis von ›Erzählung‹, sondern die Art der empirischen Erhebung von Erzählungen, die verantwortlich war für die Nicht-Beachtung des gemeinsamen Erzählens. Labovs Erzähldaten wurden i. a. in Gesprächssituationen erhoben, die zwar relativ unstrukturiert waren, aber doch deutlich Interviewcharakter hatten und ihr Zustandekommen dem linguistischen Wunsch nach Elizitierung von Erzählungen verdankten. (Vgl. auch Labov (1976). Zum Unterschied zwischen in Interviews elizitierten und spontan in nicht-artifizieller Interaktion entstandenen Erzähldaten vgl. Wolfson (1976)). Häufig handelte es sich dabei um Einzelinterviews, so daß gemeinsames Erzählen in den Daten gar nicht auftauchen konnte.

Ein Ansatz zur Beschreibung von Erzählungen, der – wie der hier zugrundeliegende – semantische und sprachlich-formale Strukturen des Erzählens integriert mit den konversationellen Funktionen der Erzählung erfassen will, kann sich aus naheliegenden Gründen nicht ausschließlich auf elizitierte Daten stützen. Verläßt man jedoch das Treibhaus der Interviewsituation mit seinen erzählfreundlichen Bedingungen – das aus heuristischen Gründen zu studieren durchaus sinnvoll ist – und wendet man sich den zerzausten Exemplaren desselben Untersuchungsgegenstands in der kommunikativen »freien Natur« zu, so wird man alsbald auf die Interaktionsform des gemeinsamen Erzählens eines gemeinsam erlebten Ereignisses stoßen. Gerade an diesem »schwierigeren« Grenzfall der konversationellen Erzählung, der aber nicht zuletzt deswegen Wesentliches des Erzählens schlechthin offenlegen kann, hat sich ein theoretischer Beschreibungsentwurf für *Alltags*erzählungen zu bewähren.

1. Gegenstandsbestimmung und Hypothesen

1.1. Bestimmung des Gegenstands

Den Gegenstand meiner Untersuchungen zu Erzählungen habe ich bereits in früheren Arbeiten (vgl. z. B. Quasthoff 1980) in der folgenden Weise eingegrenzt und bestimmt:
Erzählung im Gespräch oder *konversationelle Erzählung* ist

eine grundsätzlich mündlich konstituierte Diskurseinheit (vgl. Wald (1978)) die sich spontan in Gesprächen realisiert. Sie ist eine Form der sprachlich-kommunikativen Bildung und Bewältigung von Erfahrung, die den folgenden inhaltlichen und formalen Beschränkungen unterliegt:

Inhaltliche Charakteristik
– Der Text referiert auf eine zeitlich zurückliegende Handlungs-/ Ereignisfolge in der Realität. Dieser Referent des Textes wird im folgenden (mit Gülich (1976)) ›Geschichte‹ genannt.
– Die Geschichte des Erzähltextes ist ein singuläres Erlebnis, ist also zeitlich und lokal eindeutig identifizierbar.
– Die Geschichte erfüllt gewisse Minimalbedingungen von Ungewöhnlichkeit. ›Ungewöhnlichkeit‹ wird dabei relativ zu den Erwartungen des in der Geschichte Beteiligten und/oder den an allgemeinen Normen orientierten Erwartungen verstanden.
– Der Sprecher ist identisch mit einem der Aktanten (Agent, Opfer, Beobachter . . .), die in die erzählte Geschichte verwikkelt sind.

Formale Charakteristik
Im Unterschied zu anderen Formen der Ereignisrepräsentation ist die konversationelle *Erzählung* eher eine szenisch vorführende, weniger eine sachlich darstellende Repräsentation vergangener Handlungen/Ereignisse. Aufgrund dieser Form sind die folgenden Ausdrucksmittel typisch für die konversationelle Erzählung:
– Evaluative und expressive Sprachformen.
– Direkte Rede, in der in Stimmführung und Formulierung eine Nachahmung der redenden Figuren (oder auch auftauchender Geräusche) versucht wird.
– Ein hoher Detailliertheitsgrad in der Repräsentation der Geschichte, ›Atomisierung‹ des Ereigniskontinuums zumindest in einigen Phasen.
– Die Verwendung des historischen Präsens zumindest in den atomisierten Passagen der Erzählung.

Das gemeinsame Erzählen in Gesprächen ist ein Sonderfall der eben bestimmten konversationellen Erzählung allgemein. Beim gemeinsamen Erzählen, so wie ich es im folgenden untersuche, wirken mindestens drei Beteiligte am Interaktionsgeschehen in der Erzählsituation mit:
1. (mindestens) ein *Zuhörer*, der die Geschichte nicht erlebt hat

und sich an der Erzählung lediglich in der Rezipientenrolle beteiligt (durch Nachfragen, Bestätigen, evaluativ markierte Elemente Verstärken etc., vgl. auch die Sequenzierungsregeln für Erzählungen bei Labov/Fanshel (1977), S. 109 f. und Quasthoff, demn.),

2. ein *Erzähler*, der das Geschehen miterlebt hat und der die narrative Diskurseinheit initiiert bzw. – bei fremdinitiierten Erzählungen – einleitet,

3. (mindestens) ein *Koerzähler*, der wie der Erzähler das erzählte Geschehen miterlebt hat und der sich in der Erzählsituation an der verbalen Repräsentation des Geschehens beteiligt.

Die Ausdrücke ›Zuhörer‹, ›Erzähler‹ und ›Koerzähler‹ beziehen sich auf *Interaktionsrollen*, die für den Vollzug der narrativen Diskurseinheit fest verteilt sind. Sie verweisen also nicht auf die ständig wechselnden Sprecherrollen. Gemäß einer Sprecherrollen-Einteilung wäre der Zuhörer natürlich Sprecher, während er gerade eine Frage zur Erzählung stellt. Der Koerzähler wäre Zuhörer, wenn immer der Erzähler redet und umgekehrt. Erzähler und Koerzähler unterscheiden sich in ihrer Zuhörerrolle (Sprecherrolle) vom Zuhörer (Interaktionsrolle) allerdings insofern, als die Kenntnis des erzählten Geschehens bei ihnen immer vorausgesetzt werden muß. Zur Untersuchung der interaktiv realisierten Struktur von gemeinsamen Erzählungen wird es notwendig sein, die Struktur der Beziehungen zwischen diesen drei Interaktionsrollen einerseits und dem System der Sprecherrollen: Sprecher, Adressat, Zuhörer, andererseits zu beleuchten (s. u. § 3).

Zur Vereinfachung der Darstellung und wegen der Art des mir vorliegenden Datenmaterials werde ich mich in der Diskussion auf Fälle beschränken, in denen jede der oben unterschiedenen Rollen nur von jeweils einer Person besetzt ist. Es geht also im folgenden immer nur um drei Interaktanten in einer Erzählsituation: zwei kennen das Geschehen, einer nicht.

1.2. Beziehungen zwischen Geschichte und gemeinsamer Erzählung

Mit der Tatsache, daß die beiden Erzähler einer gemeinsamen *Erzählung* auch an dem der Erzählung zugrundeliegenden *Geschehen* gemeinsam beteiligt sein müssen, stellt sich die naheliegende Frage, ob es eine systematische Beziehung gibt zwischen der *Handlungsrollenverteilung* im *Geschehen* sowie der *Interaktionsrollen-* und der *Sprecherrollenverteilung* beim *Erzählen*. Trafen die Erzähler im Geschehen z. B. als Protagonist und Antagonist aufeinander, so wird zwischen Erzähler und Koerzähler dieses Geschehens eine andere Sprecherrollenverteilung zu erwarten sein als für den Fall, in dem die beiden Erzähler im Geschehen als Agent und Beobachter oder als kooperierende Agenten fungierten.

Vor dem Hintergrund des bereits an anderer Stelle (vgl. z. B. Kraft, Nikolaus & Quasthoff (1977) und Quasthoff (1980)) gemachten Unterschiedes zwischen Geschehen und Geschichte, zwischen dem objektiv dokumentierbaren Vorgang und dem subjektiven Erleben dieses Vorgangs also, stellt sich die weitere, grundlegendere Frage, ob die beiden Erzähler einer gemeinsamen Erzählung dieselbe *Geschichte* oder nur dasselbe *Geschehen* erzählen.

Um mit der grundlegenderen letzten Frage zu beginnen: Unseren Überlegungen zum gemeinsamen Erzählen liegt ein Beschreibungsansatz für Diskurseinheiten zugrunde, der das Erzählen eben nicht auf die Erzählung, auf abstrakte (oder auch konkrete) komplexe Form-Bedeutungspaare reduziert, die statisch wären. Pragmatischen Grundüberzeugungen folgend, wird das Erzählen tatsächlich als eine intentional gebundene Einheit sprachlichen Handelns angesehen, die gemäß den Zielsetzungen des Sprechers eingesetzt und die gemäß ihrer Konventionalität und den Rezipierungsdispositionen des/der Hörer(s) wirksam wird. – Wenn man derart mit dem Konzept des Sprechens als Handeln ernst macht, dann muß man mit der mental fundierten Intentionalität des Handelns folgerichtig auch die kognitiven Prozesse bei der verbalen Interaktion in die Analyse einbegreifen. Selbst wenn die kognitiven Aspekte der Bedeutungskonstitution bei einer linguistischen Modellierung des Konstitutionsprozesses von Diskurseinheiten weitgehend Leerstellen bleiben müssen, so darf doch die Markierung dieser Leerstellen und damit die kognitive Fundierung des symbolischen Handelns nicht unterbleiben.

Für das Beispiel des Erzählens bedeutet dies, daß prinzipiell der gesamte Prozeß des Wahrnehmens, Speicherns, Verarbeitens, Abrufens, Verbalisierens von der Geschichte bis zur realisierten Erzählung in eine vollständige Beschreibung des Erzählens eingehen muß. In früheren Arbeiten (vgl. Kraft, Nikolaus & Quasthoff (1977) und Quasthoff (1980)) haben wir erste Ansätze zu einer solchen Beschreibung realisiert. Ohne experimentell oder zumindest kontrolliert hervorgebrachte Daten, deren Erhebung erst für die Zukunft geplant ist, müssen im Bereich der kognitiven Planung vorläufig noch ausgedehnte weiße Flächen auf der Landkarte des Verarbeitens von Erlebtem bis zur sprachlichen Realisierung von Textbedeutungen akzeptiert werden. Dennoch ist aus allgemein wahrnehmungs- und gedächtnispsychologischen Ergebnissen (vgl. etwa Ferdinand (1959)) die folgende These abzuleiten: Es sind grundsätzlich *verschiedene* Geschichten, die sich die Beteiligten verarbeitend zum selben Geschehen machen. Ob es auch *konfligierende* Geschichten sind, hängt einerseits von der Art der jeweiligen Beteiligung an dem Geschehen, andererseits von der Art der jeweiligen Zielsetzung beim Erzählen ab.

1.2.1. Kooperatives und antagonistisches gemeinsames Erzählen

Mit einiger Plausibilität läßt sich die Annahme formulieren, daß antagonistische *Handlungsrollenbeziehungen* im Geschehen zu konfligierenden *Geschichten* der jeweiligen Rollenträger führen. Mit der gleichen Plausibilität läßt sich die weitere Annahme vertreten, daß konfligierende Geschichten zu einer antagonistischen Rollenbeziehung zwischen Erzähler und Koerzähler hinsichtlich der zu realisierenden *Textbedeutung* führen. Eine dritte Annahme, die ihren möglicherweise geringeren Grad an Plausibilität durch entsprechende empirische Fundierung wird wettmachen müssen, bezieht sich auf das Verhältnis zwischen *Interaktionsrollenbeziehungen* und *Sprecherrollenbeziehungen:* Ein antagonistisches Verhältnis zwischen Erzähler und Koerzähler führt tendenziell zu einer antagonistischen Form des turn-taking-Verhaltens bzw. des gesamten interaktiven Verhaltens bei der verbalen Realisierung des Erzähltextes. Wenn die Beziehung zwischen den Erzählern durch die Situation oder durch die Dominanz eines Beteiligten stark strukturiert ist, kann es zwar sein, daß dieser interaktive Antagonismus nicht zum Ausbruch kommt; bei Tucholskys Ehepaar jedenfalls kam er zum Ausbruch!

Ich mache die Klassifizierung einer gemeinsamen Erzählung *als antagonistische Erzählung* von der entsprechenden Beziehung zwischen Erzähler und Koerzähler abhängig, die sich in konfligierenden Inhalten der jeweiligen Geschichtsrepräsentation zeigt. Diese Festlegung ist methodisch unvermeidbar: Die tatsächlichen *Handlungs*rollen sind dem Analysator, der keinen Zugang zum faktischen Geschehen hat, nicht zugänglich. Das antagonistische Verhältnis zwischen den *Sprecher*rollen in Zusammenhang mit dem antagonistischen Verhältnis zwischen den *Interaktions*rollen ist erst noch empirisch zu begründen. Lediglich der Antagonismus in der inhaltlichen Repräsentation der Geschichten ist mit der Möglichkeit, die Bedeutung des Textes zu rekonstruieren, i. a. gegeben.

Die oben formulierten Annahmen zum Zusammenhang zwischen den verschiedenen Rollensystemen beim antagonistischen Erzählen stellen allenfalls einen Teil der Wahrheit dar. Nicht berücksichtigt ist z. B. die Tatsache, daß es antagonistisches Erzählen und antagonistische Sprecherrollenbeziehungen ohne eine antagonistische Handlungsrollenbeziehung im Geschehen gibt. Nicht berücksichtigt ist außerdem, daß es kooperatives Erzählen gibt.

Konfligierende Geschichten zum selben Geschehen müssen nicht notwendigerweise auf konfligierende Handlungsrollen im Geschehen zurückzuführen sein. Konfligierende kommunikative und interaktive Zielsetzungen in der Erzählsituation können ebenso zu konfligierenden Geschichten oder zumindest zu konfligierenden Inhalten der Erzählung führen. Die Frage, ob es sich jeweils tatsächlich um unterschiedliche kognitive Geschichten (vgl. Kraft, Nikolaus & Quasthoff (1977) und Quasthoff (1980)) – also um unterschiedliche Erinnerungen an das Geschehen – oder lediglich um unterschiedliche Bedeutungen der Erzählung handelt, ob der jeweilige Erzähler also subjektiv aufrichtig oder unaufrichtig ist, kann von einem linguistischen Standpunkt aus wiederum nicht beantwortet werden.

Denkbar ist z. B. ein Geschehen, an dem zwei Personen in ähnlicher Handlungsrolle durchaus kooperativ beteiligt waren, wie zwei Schüler etwa, die ihrem Lehrer einen Streich gespielt haben. Ihre Erzählungen – einmal dem Lehrer gegenüber und einmal den bewundernden Klassenkameraden gegenüber – können dabei durchaus antagonistisch geraten, und zwar in situationsspezifisch verschiedener Weise: Dem Lehrer gegenüber wird jeder seine Beteiligung herunterzuspielen versuchen, den Mitschülern gegenüber dürfte das Gegenteil der Fall sein. – Ähnlich wie kooperatives Handeln im Geschehen schließlich in antagonistisches Erzählen münden kann, ist auch der umgekehrte Fall denkbar. Nachdem ein Streitpunkt zwischen den beiden Beteiligten im Geschehen z. B. dadurch ausgeräumt worden ist, daß sich der Streitanlag als Mißverständnis herausgestellt hat, ist es gut möglich, daß die beiden Antagonisten des geschehenen Streits durchaus kooperativ darüber erzählen und möglicherweise gemeinsam darüber lachen.

Es ist also an dieser Stelle das folgende als Zwischenbilanz festzuhalten:

(0) Die Bestimmung einer gemeinsamen Erzählung als antagonistisch oder kooperativ richtet sich danach, ob die inhaltlichen Repräsentationen der Geschichten in den Bedeutungen der Erzählungen entweder konfligierend oder komplementär bzw. übereinstimmend sind.

(1) Hypothetisch wird angenommen, daß eine Korrespondenz zwischen der Handlungsrollenbeziehung im Geschehen und der Interaktionsrollenbeziehung im Erzählen erwartbar ist, sofern die Interaktionsrollenbeziehung nicht dominierenden Einflüssen aus der gemeinsamen Interaktionsgeschichte der Beteiligten, der Erzählsituation oder den jeweiligen kommunikativen und interaktiven Zielsetzungen beim Erzählen unterliegt. Verkürzt ausgedrückt: Antagonistisches Erleben führt zu antagonistischem Erzählen, wenn nicht das Erleben in der späteren Lebensgeschichte eine andere Sinngebung erfährt bzw. wenn nicht die Erzähler beim Erzählen übergeordneten Bedingungen unterliegen.

(2) Hypothetisch wird angenommen, daß die Art der Interaktionsrollenbeziehung die Art der Sprecherrollenbeziehung beeinflußt, daß also das Interesse an der kommunikativen Durchsetzung jeweils verschiedener Inhalte etwa bestimmte – als antagonistisch zu bezeichnende – Formen des turn-taking-Verhaltens zur Folge hat. Konkretisiert heißt das auch, daß beim antagonistischen Erzählen die Realisierung verschiedener Elemente der relationalen semantischen Struktur der Erzählung (vgl. Kraft, Nikolaus & Quasthoff (1977) und Quasthoff (1980)) in anderer Weise auf Erzähler und Koerzähler verteilt ist als beim kooperativen Erzählen. In den theoretischen Kategorien unseres Beschreibungsansatzes ausgedrückt: Konfligierende inhaltliche Informationsstrukturen bei beiden Erzählern führen dazu, daß die Realisierung der erzähltexttypischen semantischen Relationsstruktur(en) anders auf die beiden Erzähler verteilt ist als bei prinzipiell gleichen Informationsstrukturen. (Zu den Details der semantischen Beschreibung vgl. Quasthoff (1980)).

Diese Annahmen enthalten eine Vielzahl von einzelnen Gesichtspunkten, die der empirischen Überprüfung bedürftig und wert wären. Ich greife die folgenden drei Probleme für die Behandlung in den nächsten Abschnitten heraus:

a) Die Verteilung einzelner Elemente der mikrosemantischen Struktur der Erzählung auf verschiedene Sprecher aus dem Zusammenhang der zweiten Hypothese (§ 2.1.).

b) Die Regularitäten der Sprecherrollenübernahme auf makrostruktureller Ebene, ebenfalls aus dem Zusammenhang der zweiten Hypothese (§ 2.2.).

Beide Gesichtspunkte haben mit Strukturen von gemeinsamen Erzählungen zu tun. Wenn man jedoch davon ausgeht, daß die Bildung von Strukturen zur Erfüllung von Funktionen geschieht und die Erfüllung von Funktionen durch die Möglichkeiten der Strukturen begrenzt wird, muß man Strukturen und Funktionen auch in der theoretischen Beschreibung integriert erfassen (vgl. Quasthoff (demn.)). Als drittes zu behandelndes Problem steht also an:

c) Kommunikative und interaktive Funktionen und ihr Einfluß auf die Strukturen des gemeinsamen Erzählens aus dem Zusammenhang der ersten Hypothese (§ 3.).

2. Strukturen und Realisierungsformen

Die beiden folgenden Teile meiner Überlegungen sind die empirie-orientierten. Sie beziehen ihre Anregungen aus aufgezeichneten Daten verbaler Interaktion, und sie werden ihre Ergebnisse exemplarisch an solchen Daten[1] diskutieren und konkretisieren.

2.1. Semantische Struktur und gemeinsame Realisierung: mikrostrukturell

Ich werde im folgenden einzelne Vorkommen der Beteiligung eines Koerzählers an der Realisierung einer konversationellen Erzählung in exemplarischer Form vorstellen. Dabei wird es zunächst um die lokalen – mikrostrukturell geregelten – Einbrüche des Koerzählers in das Erzählen des Erzählers gehen. Danach werden in § 2.2. Formen und Restriktionen der längeren – makrostrukturell geregelten – Übernahme der Sprecherrolle durch den Koerzähler bzw. den Erzähler diskutiert. Meine Beobachtungen werden sich dabei zunächst ausschließlich auf das kooperative Erzählen beziehen, so daß in einem weiteren Schritt vor dem Hintergrund des »Normalen« die Spezifik des Austragens sozialer Konflikte mit Hilfe des Erzählens thematisiert werden kann.

Eine fremdinitiierte und deswegen vergleichsweise uninteressante Form der Beteiligung des Koerzählers an der Repräsentation der Geschichte durch den Erzähler ist sein *Reagieren auf ein Hilfeersuchen* des Erzählers (E = Erzähler(in), KE = Koerzähler(in), B = Beraterin):

(1) E und ham sich da so'n Viereck abgesteckt . . .
 ⌈ E mit . . mit ehm . . was war'n das
 ⌊ KE   das war'n so Seile
            (OS/1)

Das selbstinitiierte Pendant zu dem Reagieren auf ein Hilfeersuchen des Erzählers ist das unaufgeforderte Einspringen des Koerzählers bei Formulierungs- oder Benennungsschwierigkeiten des Erzählers:

(2) E er meldet sich und sacht .
 E ja was isn los . ürgendwelche bes –
 ⌈ E öh . Vor_ . öh
 ⌊ KE besonderen Vorkommnisse
 E besonderen Vorkommnisse . nein keine.
            (OS/4 (Sch))

Während die eben vorgestellten Fälle den Charakter einer ausnahmsweise vom Koerzähler übernommenen repair (Schegloff, Jefferson & Sacks (1977)) haben, sind die im folgenden vorzustellenden Fälle Beispiele echter Ergänzungen der Repräsentation der Geschichte, hinzugefügt durch den Koerzähler. Unter den funktionell geordneten Bedeutungskomplexen der Erzählung fügt der Koerzähler häufig die *Details aus dem Geschehen* hinzu, *die seine Handlungsrolle im Geschehen besonders betreffen:*

(3) 69 E da hat er gesacht=eh. e_öh. zum Heim hata
 E   angerufen daß die Frau. M. berechtigt ist
 ⌈ E   beide Kinder zu sehen.
 ⌊ B   [. . .]
 KE (und die) Verwandten auch
 E und die Verwandten auch.
            (SA/H 3)

Die Koerzählerin ist die Schwester der Frau M., der Erzählerin. Die Erwähnung der Verwandten ist also für die Handlungsrolle der Koerzählerin besonders relevant.

Andere Details in der Informationsgebung zur Repräsentation der Geschichte, die beim kooperativen Erzählen häufig vom Koerzähler hinzugefügt werden, sind *Einzelheiten, die für die zu erfüllende kommunikative Funktion* (§ 3.1.) *der Erzählung als wichtig erachtet werden:*

```
(4) 381  E   is mein Bruder jetzt mein Bruder fährt
       ⌈E        jetzt des öfteren hin
       ⌊?              (    )
       ⌈E   und dann holn se'n áb. fürn paar Tage
       ⌊KE                                Goggo hat
        KE     er geschenkt dem Tino
                  (Sa/H 3)
```

Die Erzählung über die Umstände eines Besuchs im Kinderheim, die den Kern eines Gesprächs im Jugendamt ausmacht, hat eine deutliche persuasive Funktion. Es geht u. a. darum, die Beraterin von der Solidität der Klientinnen zu überzeugen, so daß die Beraterin sich für die Rückführung der Kinder aus dem Heim in den mütterlichen Haushalt entscheiden kann. Der Hinweis der Mutter (E), daß ihr Bruder sich auch um die im Heim lebenden Kinder kümmert, unterstützt bereits diesen Eindruck von Familienzusammenhalt und Engagement für die Kinder, den die Erzählerin gerne erzeugen möchte. Das von der Koerzählerin eingeschobene Detail, daß der Bruder einem der Kinder (etwas so Teures wie?) einen »Goggo« geschenkt hat, ist deutlich funktionsrelevant, insofern es das anvisierte Bild einer respektablen Familie verstärkt.

Häufig werden *funktions-* oder besonders *informationsrelevante Teile* der Erzähl-Bedeutung durch den Koerzähler nicht hinzugefügt, sondern nur *verstärkt:*

```
(5) 245 ⌈KE Un da hat er gesacht »Ja wenn Sie das durchn
        ⌊B  Hm
         KE       Gericht machen dann sind wir geschiedene
         KE       Leute« . – sacht der Herr X obm
         E   »dann dürfn Se nicht mehr komm' hier obm
         E       und=eh irgendwie .
         E   dann kriegn Se von mir keine Einwilligung
         E       Ihre Kinder zu sehen.
```

        E   /Wenn ich es nicht *will*« – [imitierend: be-
                       stimmt endgültig]/
        KE Ja –/»wenn ich nich will da könn Se Ihre Kinder
                überháupt nicht mehr sehn« sacht er »so«.
                     ((imitierend: triumphierend))/
                                (SA/H 3)

Es ist an dieser Stelle bereits die Erwartung zu formulieren, daß
beim antagonistischen Erzählen, mit Hilfe dessen zwei Erzähler
i. a. zwei konkurrierende kommunikative Funktionen verfolgen,
derartige Ergänzungen und Verstärkungen informations- bzw.
funktionsrelevanter Details nicht vorkommen dürften. Dasselbe
gilt auch für die *Verstärkung evaluativer Elemente* durch den
Koerzähler, die eine der typischen Eigenheiten des kooperativen
gemeinsamen Erzählens ist:

(6) 61 E   und da hat er den Jungen gleich gepackt
         ⌈E   und hat' n wieder abgeführt . ne?
         ⌊KE   (abjef   )
             KE wie'n kleiner Verbrecher . .
                                (SA/H 3)

Die Erzählerin hat die Behandlungsweise ihres Kindes im Heim
durch die Wörter *gepackt* und *abgeführt* bereits stark evaluativ
markiert. Die Schwester der Erzählerin verstärkt nun diese evaluativen Momente in ihrer Koerzählerrolle noch durch die Formulierung *wie ein Verbrecher.*

Orientierende Informationen, die ja gemäß unserer relational,
nicht linear geordneten Bedeutungsstruktur durchaus nicht nur
am Anfang der Erzählung vorkommen, werden auch häufig vom
Koerzähler eingefügt. (7) ist ein Beispiel für eine erklärende
Orientierung bzw. erklärende Expansion (vgl. Quasthoff (1979b)
beim kooperativen Erzählen, die von der Koerzählerin gegeben
wird:

(7) 279 ⌈E   ham Bescheid gesagt daß ich da bin
        ⌊KE   ` er wußte ja dat
            KE die Mami da war der Michael
                                (SA/H 3)

Die Koerzählerin in diesem Beispiel (7) orientiert deutlich auf
das Informationsbedürfnis des Hörers hin. Sie unterstützt also in
kooperativer Weise die Erzählerin in ihrer Zielsetzung, bestimmte Inhalte in einer solchen Weise verbal zu repräsentieren, daß sie

einem Hörer mit einem bestimmten Informationsstand hinreichend kohärent erscheinen. Auf der Basis dieses prinzipiell kooperativen Interaktionsverhaltens ist die Vermutung zu formulieren, daß zumindest derartige Orientierungen beim antagonistischen Erzählen vom Koerzähler nicht ergänzt werden. Es wird sich herausstellen, daß es neben den – hier behandelten – »hörerbezogenen« Orientierungen so etwas wie »sprecherbezogene« Orientierungen gibt, die Hintergrundinformationen nur aus dem Interesse heraus liefern, eine *aus der Perspektive des Sprechers* angemessene Darstellung des Sachverhalts zu geben. Derartige Orientierungen setzen keine interaktive Kooperativität zwischen Erzähler und Koerzähler voraus, so daß damit zu rechnen ist, daß sprecherbezogene Orientierungen auch beim antagonistischen Erzählen vom Koerzähler eingeschoben werden. – Eine weitere Form, in der der Koerzähler beim gemeinsamen Erzählen tätig werden kann, ohne daß der Verdacht entsteht, er habe eigentlich längst die Erzählerrolle übernommen, ist das *Korrigieren* von Informationen.

(Ein Schüler gibt in direkter Rede imitierend seinen Lehrer wieder:)

```
(8)  19 E    jetzt ma ganz ährlich.
     ┌ E    wer hat hier mehr als ein Bier getrunken . ja –
     └ KE                                                nee
       KE   wer hat zwei Bier getrunken [übertönt E]
       E    (    ) und schon. na wie der das gesagt hat ja .
       E    da hat sich natürlich kein . kein Schwein
       E         hat sich da gemeldet . ne
                 (OS/3 (Sch))
```

In diesem Fall hält der Erzähler die Korrektur durch den Koerzähler offenbar für so marginal, daß er überhaupt nicht darauf eingeht. Geht der Erzähler jedoch darauf ein und übernimmt er die Korrektur des Koerzählers nicht, so ist damit zwangsläufig eine Phase innerhalb des Erzählens eingeleitet, in der Erzähler und Koerzähler in Konflikt geraten über das, was wirklich geschehen ist bzw. über den Wahrheitsgehalt der jeweils gegebenen Informationen. Ich nenne diese Phasen mit Jefferson (1972) *side-sequences* bzw. *Nebensequenzen*.

```
(9)  1 ┌ B    (              ) und das kann nur der öh S. machen
     2 └ E    Ja un das kann ér nur alleine machen sacht er .
     3   E    er . .
```

```
 4  E    ja un er wartet ja aufn Bericht von Ihn
 5  E      daß Sie ihn sch_ anschreiben und=eh öh
 6  E    Sie solltn ihn anschreiben
 7  E      daß hier alles in Órdnung wär öh
 8  E      daß ich in Arbeit steh
 9 ⌈E      und daß ich auch öh ne öh Wóhnung habe
10 ⌊B                                      Hm
11  E    und Betten habe für meine Kinder .
12 ⌈E    dann würd ich meine Kinder wiederbekomm . .
13 ⌊KE                                     Das hat er ge-
14 ⌈E     so
15 ⌊KE  sacht
16  B    Aber er hat gesagt er wollte mich anschreiben?
17 ⌈KE  Er hat gesagt bis Ende Februar r_ Januar möcht er
18 ⌊E      Ja er
19  KE    Sie anschreibm
20  KE    wenn alles geklappt hat
21  KE  Wenn nich . müßtn Sie ihn anschreibm
22  E    Nein . er hat öh
23 ⌈E    wir hattn ihm erzählt daß Sie wéch sind.
24 ⌊B                              Hm    hmhm
25  E    bis zum (elften)        un da hat er gesacht
26  KE      (zum zwölf_)
27  B           ja bis zum fünften Januar
27  E      »dann wartn wir aufn Bescheid«.
28  KE? Ja . .
29  E    Hat er soo gesagt . Heidi
30  E    Überléch mal
31  E    er sagt »dann wartn wir aufn Bescheid«
32  B    Hat er das gesagt . Moment . also wir .
33 ⌈B    wir warn so verbliebm daß sie mir gesagt habm . .
34 ⌊E                                        am fünften
35  B    der schréibt
36 ⌈E      Januar sind Sie
37 ⌊KE        .          Ja ja
38 ⌈E    un das hat er auch gesacht . Heidi
39 ⌊B    ich bin so lange weg . .
40 ⌈B    und er schreibt dánn hier Jugendamt Berlin án .
41 ⌊KE                              hier án hm
42  B          und bittet um'en Bericht oder irgendsowas oder ne?
43 ⌈B    Also er schreibt uns án
44 ⌊KE  (   er hat so gesacht)
45 ⌈B    und wir warn so verblieben
46 ⌊KE  er hat gesacht . weil sie
```

```
47 ⌈B      daß ich dann warte
48 ⌊KE     in Urlaub war bis zum fünften Januar
49  E    Já . des ha_ ham wa geságt .
50 ⌈E   un da hat er gesacht dann wartet
51 ⌊KE                      dann wartet er ab bis zum fünften
52  E     un wartet dann öh .
53  E    am fünften »bis zum fünften kann ich dann warten«
54  E      sacht er
55  E    »da wart ich aufn Bescheid von . von Berlin«.
56  KE  Nee . er wollte aba ers sie anschreibm M_ Martina
57 ⌈KE     (   ) weil die Papiere doch (eigentlich)
58 │B       Na ja s egal
59 ⌊E                       Ja wahrscheinlich hat er
                                      [Tel.klingeln]
60 ⌈E     jetz nich mehr gewußt wem er schreibm sollte
   ⌊            [Stuhlrücken]
61 ⌈KE  Ja . .
   ⌊   [Geräusch wie Schließen einer Schranktür]
62  E   (sehr wahrscheinlich)
63  E   hat er bestimmt nich gewußt an we_
64  E      wem er schreibm sollte . .
65 ⌈KE   Ja weil wir doch gesagt ham
66 ⌊E      des s
67 ⌈KE    »Frau X [Beraterin] die kommt ersmal am
68 ⌊E     des kann möchlich sein
69 ⌈KE     fümften Januar wieder
70 ⌊B                    Hm
71 ⌈E   Aber wo er hinschreibm wollte . Heidi . .
72 ⌊B         Na ja                  öh
73 ⌈E    die die . Adresse oder was . .
74 ⌊B                    Frau M .
75 ⌈E   er hát do die Akten alles
76 ⌊B   soo                soo tragisch is nich
         (SA/H3)
```

In der Nebensequenz des Beispiels (9), die durch die Nachfrage der Beraterin in Zeile 16 ausgelöst wurde, werden konfligierende Darstellungen der Geschichten ausgehandelt und schließlich harmonisiert (Zeile 59 ff.). Wenn man davon ausgeht, daß zwei verschiedene Personen immer zwei verschiedene Geschichten desselben Geschehens haben (wie oben in § 1.2.), so muß man auch annehmen, daß solche konfliktaustragenden Nebensequenzen beim gemeinsamen Erzählen etwas durchaus Normales sind. Vor dem Hintergrund der Tatsache, daß konfliktaustragende

Nebensequenzen auch in so stark kooperativen Erzählungen wie der Kinderheimerzählung vorkommen, läßt sich sogar eine Vermutung formulieren hinsichtlich der Erzählungen, in denen Korrigierungen und konfliktaustragende Nebensequenzen *nicht* manifest werden: Hier ist nämlich damit zu rechnen, daß Einflußfaktoren aus der Situation und/oder der Beziehungsstruktur zwischen Erzähler und Koerzähler so stark dominieren, daß sie diese latent vorhandenen Unstimmigkeiten unterdrücken.

Eine konfliktaustragende Nebensequenz – ausgelöst von dem Untergebenen – wird z. B. i. a. nicht vorkommen, wenn auf einem Betriebsfest Chef und Untergebener gemeinsam eine Geschichte erzählen. Denkbar sind außerdem neurotische Partnerbeziehungen, in denen der Zwang zur Harmonisierung so stark ist, daß Konflikte auch beim Erzählen nicht ausgetragen werden können.

Es bleibt also an dieser Stelle festzuhalten, daß konfliktaustragende Nebensequenzen durchaus nicht nur dem antagonistischen Erzählen vorbehalten sind.

Zusammenfassend und systematisierend läßt sich zu den bis hierher vorgestellten unterstützenden, ergänzenden und verstärkenden Formen der Beteiligung des Koerzählers festhalten: Es gibt Aktivitäten des Koerzählers innerhalb der semantisch motivierten Strukturteile (vgl. Quasthoff (1980)) des Bedeutungsgefüges der Erzählung, d. h. also im wesentlichen innerhalb der sprachlichen Repräsentation der reinen Geschichtsabläufe. Dazu gehören: Das *Reagieren auf ein Hilfeersuchen* des Erzählers, das *Aushelfen bei Formulierungs- oder Benennungsschwierigkeiten* des Erzählers, das *Ergänzen von Informationen, die die Handlungsrolle des Koerzählers im Geschehen betreffen* und das *Korrigieren* des Erzählers durch eine konfligierende Geschichtsdarstellung.

Das Reagieren auf ein Hilfeersuchen und das Korrigieren sind Teile einer Nebensequenz bzw. lösen eine Nebensequenz aus. Das Aushelfen bei Formulierungsschwierigkeiten hat repair-Charakter. Das Ergänzen von Informationen, die den Koerzähler speziell betreffen, ist durch eine besondere Zuständigkeit (s. u.) geprägt.

Das Eingreifen des Koerzählers innerhalb der semantisch motivierten Bereiche der Bedeutungskonstitution ist also entweder notwendiges »Krisenmanagement« zur Sicherung der adäquaten

Durchführung der Geschichtsrepräsentation auch in der Perspektive des Koerzählers, oder es setzt diese narrative Diskurseinheit temporär außer Kraft. Daraus läßt sich zunächst einmal hypothetisch ableiten, daß die semantisch motivierte Repräsentation der Geschichte im wesentlichen Sache *eines* Sprechers ist. Ein zweiter Sprecher kann einspringen, wenn die Geschichtsrepräsentation vorübergehend außer Kraft gesetzt ist, wenn sie reparaturbedürftig ist, oder wenn eine besondere Zuständigkeit die Beteiligung des zweiten Sprechers erfordert.

Das *Ergänzen und Verstärken von Evaluationen,* das *Ergänzen von Orientierungen und funktionsrelevanten Informationen* durch den Koerzähler gehört bedeutungsstrukturell in den Bereich der pragmatisch motivierten Strukturelemente (vgl. Quasthoff (1980)), d. h. zu den Teilen der realisierten Bedeutung eines Erzähltextes, die dem Hörer Hilfestellung für die adäquate Einordnung der gesamten Geschichte oder einzelner ihrer Vorgänge geben.

Nicht nur aufgrund quantitativer Beobachtungen scheinen die Beteiligungen des Koerzählers innerhalb der pragmatisch motivierten Strukturteile der kooperativen Erzählung in höherem Maße erwartbar zu sein als innerhalb der semantisch motivierten Teile. Eine Beteiligung an der Realisierung pragmatisch motivierter Bedeutungen setzt eine stärkere Kooperativität auf der Ebene der interaktiven Realisierung einer Erzählung voraus, als es die bloße Verbalisierung eines Handlungs-/Ereignisablaufs notwendig macht. Wenn die oben (§ 1.2.1.) formulierte These stimmt, daß die Kooperativitätsbeziehung zwischen Erzähler und Koerzähler hinsichtlich ihrer Geschichten zu einer Kooperativität hinsichtlich ihres Interaktionsverhaltens führt, dann ist der Befund, daß Koerzähler sich beim kooperativen Erzählen verstärkt im pragmatisch motivierten – d. h. interaktionsrelevanten – Teil der Erzählung engagieren, nicht sehr überraschend.

2.2. *Sprecherwechsel zwischen Erzähler und Koerzähler: makrostrukturell*

Die bisher behandelten Formen der Beteiligung des Koerzählers an der Realisierung der Erzählung beinhalten natürlich auch jeweils einen Sprecherwechsel zwischen Erzähler und Koerzähler. Aus dem Charakter dieser Beteiligungen als Ergänzungen oder Verstärkungen geht jedoch hervor, daß es sich nur um relativ kurze Einschübe des Koerzählers innerhalb der dominierenden verbalen Aktivität des Erzählers handelt. In diesem Abschnitt wird es demgegenüber um solche Formen des Sprecherwechsels zwischen Erzähler und Koerzähler gehen, die zumindest eine etappenweise Übernahme der Repräsentation der Geschichte durch den Koerzähler zur Folge haben, also makrostrukturell relevant sind. Damit ist gleichzeitig die Frage angesprochen, ob die Rolle des »primären Sprechers« (Wald (1978)) beim gemeinsamen Erzählen noch in derselben Weise etabliert ist wie bei der Durchführung einer narrativen Diskurseinheit durch nur einen Sprecher. Das Prinzip des »primären Sprechers« besagt, kurz gesagt, daß der Initiator einer Diskurseinheit das Rederecht für die Dauer des Vollzugs dieser Diskurseinheit prinzipiell immer beibehält. Redebeiträge von anderen sind zwar möglich, nach einem solchen Sprecherwechsel fällt das Rederecht aber automatisch wieder an den Initiator der Diskurseinheit zurück.

Im Unterschied zu traditionellen Strukturbeschreibungen von Erzähltexten (vgl. Labov & Waletzky (1973), Labov (1972), van Dijk (1979)) gehen wir im Sinne unseres integriert strukturell-funktionellen Beschreibungsansatzes davon aus, daß die Elemente der Struktur eines Erzähltextes, also etwa die Orientierung, die Komplikation, die Auflösung (Labov & Waletzky) nicht kategorial, sondern relational aufgefaßt werden müssen. Die Orientierung orientiert relativ zu bestimmten Informationen aus der Geschichte und relativ zu dem vermuteten Informationsstand des Hörers. Die komplikativen Informationen aus der Geschichte sind komplikativ relativ zu dem erwarteten oder erwartbaren »normalen Gang der Ereignisse« etc.

Bei einer relationalen, d. h. eben auch funktionalen, Auffassung der semantischen Struktur einer narrativen Diskurseinheit gewinnt die Frage nach der typischen Verteilung der Elemente dieser Struktur auf die beiden Interaktionsrollen zusätzlichen Sinn: Wenn die Informationen, die Ausdruck der jeweiligen abstrakten Grobstrukturelemente sind, einen funktional bestimmbaren Stellenwert besitzen, so ist die Annahme sehr plausibel, daß die Erfüllung der jeweiligen Funktion mit einer jeweils speziellen Rolle im Interaktionsgeschehen einhergeht.

Bei der Durchsicht der Daten im Bereich des kooperativen Erzählens hinsichtlich der längeren Übernahmen der Sprecherrolle durch den Koerzähler fällt auch sofort auf, daß es wiederum bedeutungsstrukturelle Zäsuren sind, die einen solchen Sprecherwechsel vordringlich zu ermöglichen scheinen. Es sind nämlich i. a. die Übergänge von einer Episode in eine andere beim Geschichtenerzählen, die der Koerzähler – oder auch der Erzähler, wenn die vorherige Episode durch den Koerzähler realisiert wurde – benutzt, um die Sprecherrolle für einen längeren Zeitraum zu übernehmen.

Es ist einsichtig, daß dieses Verfahren nur bei komplexeren Geschichten mit mehreren Episoden funktioniert. Man kann aber sowohl beim kooperativen als auch beim antagonistischen Erzählen beobachten, daß Koerzähler z. T. die Repräsentation von solchen Episoden der Geschichte initiieren, die durchaus nicht zum notwendig zu erzählenden Kern des erlebten Geschehens gehören. Offensichtlich können wir davon ausgehen, daß das Einführen zusätzlicher Episoden in die Repräsentation der Geschichte auch ein Mittel der Koerzähler ist, die Sprecherrolle für einen längeren Zeitraum zu übernehmen und sich in einer aktiveren Form an der Realisierung der Erzählung zu beteiligen, als es die im letzten Abschnitt diskutierten mehr oder weniger unterstützenden Beiträge zulassen.

Häufig ist die erzählende Realisierung verschiedener Episoden durch verschiedene Erzähler in Zusammenhang mit der jeweils besonderen Zuständigkeit zu sehen, die oben bereits anläßlich der entsprechend hinzugefügten Detailinformationen durch den zuständigen Koerzähler erwähnt wurde.

(10) 1 KE *Drei*mal warn wir da . .
      2 KE Das erstemal als wir das einjereicht ham .
      3 KE un das ssweitemal als er uns die Erláubnis. gab
      4 KE un dat drittemal als die uns da unten die . Kinder
      5 KE   nich vorgeführt hattn .. nicht gezeicht hattn
      6 ⎡B   Hm
      7 ⎣E   Hm
      8 E Ja un dann öh sind wa da nächstn Tach wieda hin .
      9 E n 'a öh wurdn wa dann h_ öh da sa_ öh ne
     10 E   n Tach vorher da sagt Herr X
     11 E   »Ja wenn Se dann morgn komm .
     12 E   dann dürfn Se alléine mit den Kindern redn.« –
     13 E Jetz war's aber so –
     14 E Kriechtn wa so'n Zimmer zugewiesn.
     15 E n und obm in ein öh in ein etáge ne? éine Etage ne?

```
16  E    und dann durft ich da rein
17  E    er blieb aber dabei sitzn.
18  E    Ich konnte mich mit mein Kindern nich ungestört
19  E       unterhaltn
            (Sa/H 3 108-124).
```

Die Zuständigkeit der Erzählerin für gerade diese Episode wird markiert durch den Wechsel vom Personalpronomen der 1. Person Plural zu dem der 1. Person Singular: in Zeile 16 ist von *ich* und nicht mehr von *wir* die Rede. Auch die Information aus Zeile 18 macht deutlich, daß es sich hier um eine Angelegenheit zwischen Mutter (E) und Kindern handelte, für die die Tante/Schwester (KE) »nicht zuständig« ist. – Das *Prinzip der Zuständigkeit* besagt also kurz schafft: *Handlungsrolle Sprecherrolle*. Informationen, die aus der Perspektive einer Nebenrolle im Handlungsgefüge des Geschehens wichtig sind, dürfen oder müssen sogar vom Träger dieser Nebenrolle beim Erzählen ergänzt werden. Die Protagonistenrolle im Handlungsgefüge ermöglicht die Übernahme der Sprecherrolle beim Erzählen.

Es dürfte sogar das Prinzip der Zuständigkeit sein, daß die Rollenverteilung zwischen Erzähler und Koerzähler regelt: Wenn die Erzählung nicht fremdinitiiert ist, ist es im allgemeinen der protagonistische Handlungsträger im Geschehen, der als der zuständige Erzähler in Aktion tritt. Wenn aber das Prinzip der Zuständigkeit die Initiierung und Einleitung von gemeinsamen konversationellen Erzählungen und damit die Rollenverteilung zwischen Erzähler und Koerzähler steuert, so ist einsichtig, daß sich das Dominanzverhältnis zwischen Erzähler und Koerzähler umkehren muß, wenn eine Veränderung in der »Konstellation der Handlungsträger« (Gülich) eintritt.

Dieses Prinzip der Zuständigkeit ist so stark, daß es auch unabhängig von einem Episodenwechsel in der semantischen Struktur der Erzählung – sogar mitten in der Komplikation – zu Sprecherwechsel führen kann:

```
(11)  1  E    dann kriegn Se von mir keine Einwilligung
      2  E       Ihre Kinder zu séhn.
      3  E    /Wenn ich es nicht will . [imitierend: bestimmt, endgültig]/
      4  KE   Ja . »Wenn ich nich will
      5  KE      da könn Se Ihre Kinder überháupt nicht mehr sehn«
      6  KE   sacht er »so« [imitierend: triumphierend]
      7  E    Hm
```

```
 8  KE  Un da hab ich gesacht
 9  KE  »Dat wolln wa ja mal sehn
10  KE  dann rufn wa die Polizei
11  KE        weil wa gerichtlich .
12  KE  vom Richter S. ham wa gekriecht
13  KE        daß wir die Kinder sehn dürfn«.
14  KE  un da sind wa draußn jegang
              (SA/H 3 251-265)
```

Die Koerzählerin hat hier die Sprecherrolle zunächst über das Mittel der Verstärkung einer informations- und funktionsrelevanten Information (s. o. § 2.1.) übernommen (Zeile 4 ff.). Dabei hätte es im Prinzip bleiben können: Die Erzählerin hätte nach dem verstärkenden Einschub in der Darstellung ihrer Geschichte fortfahren können. Die Koerzählerin läßt ihr dazu sogar einen »slot« (Zeile 7). Die Möglichkeit der Sprecherrollen-Übernahme bzw. -Rücknahme nimmt die Erzählerin aber nicht wahr. Sie besiegelt vielmehr ihren Verzicht mit einem lakonischen *Hm* anstelle der Sprecherrollen-Übernahme. Der Grund dafür dürfte sein, daß in den Geschichten übereinstimmend bzw. mindestens in der Geschichte der Erzählerin eine Veränderung der Konstellation der Handlungsträger derart eingetreten ist, daß die Erzählerin, die als die Mutter der Kinder qua Zuständigkeit Protagonistin war, an dieser Stelle des Geschehens die Handlungsinitiative offensichtlich ihrer Schwester überlassen hatte. Die wiederum kann daraus die Zuständigkeit ableiten, den entsprechenden Teil der Geschichte auch selbst zu erzählen.

Es stellt sich also heraus, daß es beim gemeinsamen Erzählen keinen primären Sprecher (Wald 1978) gibt, sondern einen zuständigen Sprecher. Der Sprecherwechsel-Mechanismus beim gemeinsamen Erzählen ist nicht durch die Einheitlichkeit der Diskurseinheit geregelt, die ihrem Initiator eine automatische Verfügungsgewalt über die Sprecherrolle auch nach Unterbrechungen verleiht. Vielmehr ist es die jeweils besondere Zuständigkeit hinsichtlich der zu konstituierenden Bedeutungen, die regelt, wer die jeweiligen Bedeutungen verbal realisieren darf bzw. muß.

Unter diesem Gesichtspunkt ist sogar davon auszugehen, daß das Prinzip des primären Sprechers bei konversationellen Erzählungen *eines* Erzählers nichts weiter als ein Spezialfall des Zuständigkeitsprinzips ist: Wenn nur einer in der Erzählsituation anwesend ist, der die Geschichte erlebt hat, so ist automatisch auch nur dieser eine zuständig dafür, die Einheit durchzuführen und zu schließen. – Die Steuerungsfunktion des Zuständigkeitsprinzips ist natürlich im gleichen Maße anfällig, in dem die Struktur der Handlungsträger in den Geschichten uneindeutig ist. Wenn immer also die Geschichten der beiden Erzähler in der Einschätzung darüber differieren, wer in der jeweiligen Phase der Geschichte die Protagonistenrolle innehatte, ist damit zu rechnen, daß dieses Differieren in den Geschichten zu einem Konkurrieren um die Sprecherrolle in der Erzählung führt. Dann kommt es dazu, daß auch eine Episode und – wie in dem Fall des folgenden Beispiels – sogar die Pointe einer Episode gemeinsam von beiden Erzählern realisiert wird.

```
(12)  1 ⌈ E   wir hatten gedacht daß wir (dann komm trotz_)
      2 ⌊ KE  Hattn (wa denn) ne Rute reigetan . ne?
      3 ⌈ KE  Un da sacht er da . drauf »die (        )
      4 ⌊ E                        dann kommt den X . Xs
      5   E   un da sacht er drauf .
      6   E   »ja dann kann ich mansche Erzieher mit« . .
      7 ⌈ E   wollt er sagn »verháun« ne? .
      8 ⌊ KE              Da hat der X ihm angeguckt . nich .
      9   E   un da hat er gleich gestoppt. (Dat Kind)
     10 ⌈ KE  Wurd er gleich unterbrochen mit dem seim
     11 ⌊ B               (                        )
```

(SA/H 3, 290-301)

2.3. Strukturen beim antagonistischen Erzählen

Die Besonderheiten des Erzählens in Situationen des sozialen Konflikts sind nur vor dem Hintergrund der oben beschriebenen Regularitäten beim kooperativen Erzählen angemessen zu verstehen. Die Aussagen über die Strukturen des gemeinsamen antagonistischen Erzählens werden allerdings sehr viel tentativer bleiben müssen als im Fall des kooperativen Erzählens, weil die Materialbasis sich hier lediglich auf ein ausgedehntes Gespräch und zwei – allerdings sehr ausgearbeitete – Vorkommen von gemeinsamen antagonistischen Erzählungen erstreckt. Es handelt sich dabei um das Ehetherapiegespräch[1]. Wenn die dort gemachten Beobachtungen auch durch die eigenen kommunikativen Erfahrungen ergänzt und validiert werden können, so ist doch nicht zu verkennen, daß die Art, in der die Eheleute in der Therapiesituation miteinander umgehen, einer stärkeren Kontrolle durch die Therapeutin unterworfen ist, als dies z. B. in der Sozialamtssituation oder in den anderen verwendeten Gesprächssituationen der Fall ist. So ist das Material im strikten Sinne nicht vergleichbar, und beobachtete Unterschiede lassen sich möglicherweise nicht ausschließlich auf den Unterschied zwischen kooperativem und antagonistischem Erzählen zurückführen. Wenn man diese Probleme jedoch im Auge behält und methodisch entsprechend vorsichtig vorgeht, so läßt auch dieses Material eine ganze Reihe von tragfähigen Beobachtungen zu.

Die auffälligste strukturelle Eigenheit der antagonistischen Erzählrealisierung im Ehetherapiegespräch ist die Tatsache, daß die divergierenden Geschichten von den beiden Erzählern auch in jeweils relativ geschlossenen Einzelerzählungen präsentiert werden. Antagonistisches Erzählen bedeutet also – zumindest in diesem Fall – eher zwei Versionen desselben Geschehens als eine integrierte Erzählung von zwei Geschichten zum selben Geschehen. Der Antagonismus von Erzähler und Koerzähler zeigt sich dann spätestens nach dem Ende der Präsentation einer Geschichtsversion. (M = Ehefrau, V = Ehemann, T = Therapeutin):

(13) 359 M is ja gar nich wahr.
     360 V Gell. Doch, haste gemacht.
     361 M Das is ja gar nich wahr.
     362 V Du hast dich sofort aus dem Zimmer . . .
     363 M Erstens warn wir beide im Bett.
     364 V Nein das stimmt gar net.
            (ET)

Derartige Phasen des antagonistischen Aushandelns einer Geschichte nach einer Erzählung führen typischerweise – wie auch in diesem Fall – zur Präsentation der konkurrierenden Version desselben Geschehens.

Es gibt solche »Gegenerzählungen« aber durchaus nicht nur nach Abschluß einer jeweiligen Geschehensversion. Im folgenden Beispiel (14) hat der Ehemann gerade mit der Realisierung seiner erzählenden Version des Geschehens begonnen, als er von seiner Frau unterbrochen wird, so daß es zu einer längeren konfliktaustragenden Nebensequenz kommt:

(14) 051 V Bin da gestern abend heimgekommen.
            Wa anfürsich ganz guter Stimmung . . .

```
052 M  Hab ich ...
053 V  Und
054 M  ... gar nix von gemerkt.
055 V  ... na ja.
056 M  Sachst kaum guten Abend.
       Macht die Tür ...
057 V  ((lacht))
058 M  ... klingelt, er hat eigentlich 'n Schlüssel.
       Aber jedesmal klingelt oder klopft er.
059 V  Ja. Ich klingel nicht ...
060 M  Sacht kaum Abend ...
061 V  Ich hab geklopft.
062 M  ... oder irgendwas ...
063 V  ich hab geklopft ...
064 M  ... wenn du heimkommst.
065 V  ... weil, weil du dich schon mal beschwert
       hast, wenn ich abends klingele, daß da die
       Kinder wieder aufwachen ...
066 M  Ja, aber.
067 V  ... un hab ich halt geklopft. Und bin dann reinge-
       kommen ...
068 M  Da hab ich nichts von guter Laune gemerkt.
069 V  Und ...
070 M  Da hätt er sich ja ma 'n bißchen anders äußern können,
       wenn er gute Laune hätte.
071 V  Na ja, ich mein.
072 M  Hast doch kaum guten Abend gesagt. Wenn ich nicht, ich
       glaub ich hab sogar angefangen, guten Abend zu sagen, ne.
       Ich mein, das is ja auch egal.
       Aber. – Erzähl ruhig weiter.
                    (ET)
```

Wie beim kooperativen Erzählen sind auch hier die konfliktaustragenden Nebensequenzen markiert: An den verwendeten Personalpronomina wird deutlich, daß die Auseinanderstzung sich
lediglich zwischen den beiden Erzählern abspielt. Adressat dieser
Äußerungen ist also nicht mehr – wie bei den erzählenden
Äußerungen der narrativen Diskurseinheit – die Zuhörerin.

Wenn man sich das Ausmaß der – im vorliegenden Transkript
nur ungenügend wiedergegebenen – Unterbrechungen und Überlappungen in diesen konfliktaustragenden Nebensequenzen vor
Augen hält, dann wird einsichtig, daß die oben vermerkte strukturelle Eigenheit des antagonistischen Erzählens, das Repräsen-

tieren der Geschichten in zwei Blöcken, sicher nicht eine Zufälligkeit des vorliegenden Materials ist. Da beim antagonistischen Erzählen d e Geschichten per definitionem konfligieren und da Harmonisierungsbestrebungen – in der Art unseres Beispiels (9) für das kooperative Erzählen – kaum vorauszusetzen sind, müßten *integrierte* Beteiligungen des Koerzählers an der Erzählung des Erzählers fast zwangsläufig zur Aufgabe der narrativen Diskurseinheit führen. Bereits eine Nebensequenz wie die im Beispiel (14) ist ja ein derartiges temporäres Außerkraftsetzen der narrativen Aktivität.

Eine integrierte gemeinsame Erzählung ist generell sehr viel störanfälliger als eine solche, die in zwei Blöcken erfolgt. Dies gilt natürlich in besonderem Maße für antagonist sche gemeinsame Erzählungen, die geradezu zwangsläufig zu konfliktaustragenden Nebensequenzen führen. Bereits das Zurückfinden zur Erzählung nach der konfliktaustragenden Nebensequenz im Beispiel (14) verläuft ja nicht mehr mit der Selbstverständlichkeit der funktionierenden Maschinerie, sondern muß explizit herbeigeführt werden: M beendet die Nebensequenz, indem sie V offen die Gelegenheit gibt, seine Geschehensversion zu Ende zu führen: *Erzähl ruhig weiter.* Obwohl also das Erzählen in zwei Blöcken die typische Struktur des antagonistischen Erzählens ist, ist die Redeweise von *einer gemeinsamen* Erzählung insofern gerechtfertigt, als die Erzähler sich erzählend auf *ein* Geschehen beziehen und von daher auch davon ausgehen, daß sie eigentlich *eine* Geschichte erzählen.

Die Einsicht, daß integrierte Beteiligungen des Koerzählers bei antagonistischen Erzählungen zur Gefährdung der gesamten narrativen Aktivität führen, wird auch dadurch plausibel, daß die vielfältigen unterstützenden Formen der Beteiligung durch den Koerzähler, die im Fall des kooperativen Erzählens beobachtet und systematisiert wurden, beim antagonistischen Erzählen nicht zu finden sind. Beteiligung durch den Koerzähler heißt hier eben in jedem Fall konkurrierende Beteiligung. Konkurrierende Beteiligung heißt aber Konflikt. Das Austragen von Konflikten aber führt zur Suspendierung der narrativen Diskurseinheit.

Tucholsky hat offenbar genau das erkannt, als er sein witzerzählendes Ehepaar karikierte: Die Diskurseinheit wird nicht geschlossen, die Szene endet mit der verzweifelten Bemerkung des Zuhörers: »Jetzt sitze ich da mit dem halben Witz. Was hat der

Mann zu der jungen Bauersfrau gesagt?« Was Tucholsky aber in seinem legitimen Interesse an einer übersteigerten Darstellungsweise nicht berücksichtigt hat, ist die Tatsache, daß die Interaktanten in natürlichen Gesprächssituationen sich offenbar i. a. so verhalten, daß sie die jeweils am wenigsten störanfällige kommunikative Handlungsform benutzen, um einen totalen Zusammenbruch der Kooperativität auch auf der Ebene des regelhaften Ineinandergreifens verbaler Aktivitäten zu verhindern. Das gilt zumindest für die Situationen, in denen ein Zuhörer, ein »Außenstehender«, anwesend ist.

– Die Beobachtung, daß unterstützende Beteiligungen des Koerzählers beim antagonistischen Erzählen fehlen, bedeutet – in den Kategorien der semantischen Strukturbeschreibung von Erzählungen ausgedrückt –, daß es z. B. keine vom Koerzähler hinzugefügten oder verstärkten Evaluationen gibt. Es heißt aber nicht, daß der Koerzähler beim antagonistischen Erzählen keine orientierenden Einschübe geben würde. Im Unterschied jedoch zu den am Informationsbedürfnis des Zuhörers orientierten Expansionen (vgl. Quasthoff (1979b)), die typisch sind für das kooperative Erzählen (s. o. § 2.1.), bringt der Koerzähler in einer antagonistischen Interaktionsrollenbeziehung sprecherbezogene Orientierungen, die sein Handeln in Konkurrenz zum Handeln des Erzählers in der Geschehenssituation einsichtig machen oder als unvermeidbar darstellen sollen. Vom Koerzähler hinzugefügte Orientierungen haben also beim antagonistischen Erzählen im wesentlichen vorwerfenden oder rechtfertigenden Charakter.

(15) 077 V . . . ja ich hab's en bißchen lauter gemacht.
              Gell, weil ichs so schlecht verstanden hab.
              Es war'n bißchen leise gewesen alles.
     078 M Ja, weil er sich meistens beschwert, bei den Schwiegereltern,
              wenn das so furchtbar laut ist, da beschwert er sich.
                                    (ET)

Beim antagonistischen Erzählen fügt der Koerzähler also nicht Orientierungen hinzu, um den kommunikativen Erfolg der gemeinsamen konversationellen Erzählung beim Zuhörer zu sichern, sondern um die eigene kommunikative Intention gegen die des Erzählers zu realisieren.

Mit dem Stichwort der kommunikativen Intention sind wir auf die funktionellen Gesichtspunkte des Erzählens verwiesen.

3. Funktionen

3.1. Kommunikative Funktionen beim antagonistischen gemeinsamen Erzählen

Ich unterscheide zwischen kommunikativen und interaktiven Funktionen von narrativen Diskurseinheiten. Die Benennung ist dabei Ausdruck der Notwendigkeit, zwischen zwei Grundfunktionen von sprachlichem Handeln terminologisch zu unterscheiden. Sie gründet nicht etwa auf der Annahme, Kommunikation sei nicht auch eine Art von Interaktion. Verkürzt ausgedrückt bezeichne ich mit ›kommunikative Funktion‹ solche beabsichtigten und tatsächlich eingetretenen Wirkungen sprachlicher Äußerungen, die über die erzählende Realisierung bestimmter *Inhalte* erreicht werden. ›Interaktive Funktionen‹ sind demgegenüber alle die beabsichtigten und eingetretenen Wirkungen von Äußerungen, die über die *Form* der Äußerung, in unserem Fall das Erzählen, realisiert werden. (Zu einer ausführlicheren Darstellung und Begründung dieser Unterscheidung vgl. Quasthoff (1977) und (demn.)).

Ich habe die kommunikativen Funktionen an anderer Stelle (vgl. Quasthoff (1979a) und Quasthoff (1980)) unterschieden in primär sprecherorientierte Funktionen (Selbstdarstellung, psychische/kommunikative Entlastung), primär hörerorientierte Funktionen (Information, Unterhaltung bzw. Belustigung) und primär kontextorientierte Funktionen, die ausschließlich im Rahmen einer übergeordneten Diskurseinheit realisiert werden, indem Erzählungen z. B. exemplifizierend oder konkretisierend eine Behauptung, einen Vorwurf, eine Rechtfertigung oder auch eine zukünftige Handlung des Zuhörers unterstützen bzw. auslösen sollen.

Angesichts dieser Unterteilung ist zunächst festzustellen, daß prinzipiell jede der genannten Funktionen sowohl über das kooperative als auch über das antagonistische Erzählen realisiert werden kann. Aufgrund der unterschiedlichen Ausrichtung dieser Funktionen, die auch aus der vorgeschlagenen Klassifikation hervorgeht, ist jedoch damit zu rechnen, daß es bestimmte systematisierende Tendenzen gibt. Es erscheint mir z. B. zwingend, daß hörerorientierte kommunikative Funktionen in einem sehr viel geringeren Grade mit antagonistischem Erzählen vereinbar sind als etwa sprecherorientierte Funktionen. Die Orientierung am Zuhörer müßte dann schon eine gemeinsame sein, und diese Gemeinsamkeit ist ja gerade das, was beim antagonistischen Erzählen nicht vorhanden ist.

Bei den häufig argumentationsgebundenen, kontextorientierten Funktionen richtet sich die Verteilung auf kooperatives und antagonistisches Erzählen nach der Art der Sprecherrollenbeziehung: Ist der *Adressat* einer rechtfertigenden Behauptung etwa, die durch eine gemeinsame Erzählung belegt wird, der Zuhörer, so ist kooperatives Erzählen sehr viel eher erwartbar, als in dem Fall, in dem der eigentliche Adressat der jeweils andere Erzähler ist.

Diese Struktur der Adressatenbeziehungen ist z. T. ablesbar an den verwendeten Personalpronomina und anderen Anredeformen, aus denen hervorgeht, daß sich die beiden Erzähler innerhalb von konfliktaustragenden Nebensequenzen zumindest partiell gegenseitig ansprechen. Ein solcher Befund spricht dafür, daß es sich bei diesen Sequenzen tatsächlich um *Neben*sequenzen, d. h. um ein temporäres Außerkraftsetzen der narrativen Diskurseinheit, und nicht etwa um Expansionen (vgl. Quasthoff (1979b)) handelt. Wenn dann der Adressat innerhalb solcher konfliktaustragender Phasen nicht mehr der Koerzähler, sondern wieder der Zuhörer der Erzählung ist, so ist dies im allgemeinen ein Zeichen dafür, daß der Sprecher versucht, nach einer Nebensequenz die narrative Diskurseinheit zu reetablieren. Zumindest versucht er den Anschein zu erwecken, als handle es sich wieder um eine gemeinsame Erzählung, die da abläuft. – In argumentativen Kontexten, in denen eine Erzählung zum Beleg je einer von zwei antagonistischen Aussagen (Behauptung – Gegenbehauptung, Vorwurf – Rechtfertigung) eingesetzt wird, richtet sich die Beteiligung eines Erzählers zumindest *auch* immer an den jeweils anderen Erzähler.

Auf der Grundlage dieser Tatsache wird klar, daß das antagonistische gemeinsame Erzählen *kommunikativ* eine Form des Austragens von Konflikten *zwischen den Erzählern* ist, von Konflikten, die inhaltlich gebunden sind, die zurückgehen auf zwei verschiedene Geschichten zum selben Geschehen.

Wie die Erzählung selbst sich auf Konkretes und Singuläres bezieht, so sind auch die über das antagonistische Erzählen zu bearbeitenden Konflikte konkret und singulär. Konflikte werden ausgetragen, aber das Konfliktfeld wird eng begrenzt. Es ist nun

137

natürlich auch möglich, daß der Antagonismus zwischen den beiden Erzählern nicht nur in ihren Rollen als Erzähler und Koerzähler, also in unterschiedlichen Auffassungen zu einem bestimmten Geschehensablauf liegt. Der Konflikt zwischen zwei Menschen kann auch in ihren langfristigen Beziehungen zueinander zu suchen sein. Für diesen Fall dürfte das gemeinsame antagonistische Erzählen keine erfolgverschprechende Strategie zur Lösung oder auch nur zur Bearbeitung dieser Konflikte sein. Durch das Erzählen werden eben die Konflikte im Bereich des Singulären »eingezäunt«, so daß die andersartigen, nicht singulär inhaltlichen, sondern allgemein beziehungsmotivierten sozialen Konflikte gar nicht thematisiert werden. In dem Maße also, in dem Interaktanten ein Interesse daran haben, soziale Konflikte »einzuzäunen« und das Schlachtfeld auf das konkret Inhaltliche zu begrenzen, ist das Erzählen eine geeignete Form, um genau das zu tun. Mit anderen Worten, zur *Bearbeitung* von (begrenzten) Konflikten ist das gemeinsame antagonistische Erzählen eine *kommunikative* Strategie; zur *Vermeidung der Bearbeitung* von Konflikten ist das gemeinsame (antagonistische) Erzählen eine *interaktive* Strategie.

3.2. Eine interaktive Funktion beim antagonistischen gemeinsamen Erzählen

Bei genauerer Analyse des verbalen Verhaltens der beiden Partner im Ehetherapiegespräch fällt auf, daß die antagonistischen Erzähler sich im Durchsetzen der interaktiven Strategie durchaus gleich verhalten. Immer wenn nämlich einer der beiden Erzähler den Grund legt für ein mögliches Verlassen der konkretistisch-singulären Ebene des Erzählens, indem er oder sie universalisierende Aussagen macht, die prinzipiell auf eine Thematisierung der allgemeineren Probleme hinauslaufen könnten, zieht der jeweils andere Partner sich in seiner nächsten Sequenz schleunigst wieder auf das vergleichsweise sichere Terrain der Auseinandersetzung um Singuläres zurück:

(16) 389 M (. . .)
Ich hab gedacht, es kann so nicht weitergehen
und abends hab ich probiert mit dir mal zu reden.
Auf einmal sachste bist müde.

Das ist nämlich, immer biste müde, wenn
irgendwas ist.
390 V   Ja aber du sachst selbst es war elf Uhr.
(ET) (Hervorhebung von mir)

Hier ist es der Ehemann, der den universalisierenden Aus-
bruchsversuch seiner Frau aus dem abgesteckten Bereich der
Ereignisse »an dem Sonntag« zunichte macht. Aber auch die
Ehefrau reagiert in entsprechender Situation nicht anders:

(17) 404 V   Warum machsten das nicht mittags?
            Gu ma, wenn, wenn, wenn — . . . immer, hab
            schon oftmals gefracht,
            leg dich doch ruhig mal n Moment hin.
            Aber dann sachst du, du kannst net.
            Das heißt aber du willst net.
            Auf der anderen Seite wirfst du mir dann vor,
            daß du, daß du die Gelegenheit net hast.
405 M   Aber wenn man furchtbar erkältet ist.
            Ich war sehr erkältet . . .
406 V   Ja grade deshalb . . .
407 M   . . . ich hatte Kopfweh und Kopf . . .
            (ET) (Hervorhebung von mir)

Der Antagonismus im Erzählen verhindert also nicht eine Allianz
der beiden Kontrahenten gegen den Zuhörer, in diesem Fall
gegen die Therapeutin, die sich natürlich darum bemüht, die
»Umzäunung« des Konfliktbereichs aufzubrechen. Beide sind
offenbar nur dann bereit, sich aus dem Bereich des Singulären
herauszuwagen, wenn es ausschließlich die Fehler und Probleme
des anderen sind, die auf diesem neuen Terrain bearbeitet werden.
Derartige Zielsetzungen neutralisieren sich gegenseitig, so daß die
antagonistischen Erzähler – zumindest was den Effekt ihres
Verhaltens betrifft – bei dem Einsatz des Erzählens als interaktive
Strategie paradoxerweise durchaus kooperieren.

Damit, daß die Strukturen hinter derartigen Verhaltensformen
von Klienten – und Interaktanten generell – in erster Näherung
offengelegt werden, ist gleichzeitig ein Ausblick eröffnet auf die
mögliche therapeutische Nutzung entsprechender Einsichten.

Anmerkungen

* Ich danke den Teilnehmern meines Oberseminars aus dem WS 77/78 und dem SS 78. Den Diskussionen mit ihnen verdanke ich die Fokussierung meiner Aufmerksamkeit auf das gemeinsame Erzählen. Zu besonderem Dank bin ich Wilma Jung, Frank Ostermann und Lukas Westenschlag verpflichtet, deren Seminararbeit zum gleichen Thema der vorliegenden Arbeit in vielfacher Hinsicht Anregungen und Beobachtungen geliefert hat. Außerdem gilt mein Dank den Teilnehmern der Arbeitsgruppe »Erzählstrukturen«, deren Diskussionen in Tübingen und Bochum stimulierend und klärend gewirkt haben.

1 Die Daten, die den Beobachtungen und Systematisierungen zugrundeliegen, stammen aus vier verschiedenen Gesprächscorpora:

   1) Beratungsgespräche in Berliner Sozial- bzw. Jugendämtern, erhoben von dem psychologischen Forschungsprojekt »Bürgernahes Verhalten in der Sozialhilfe«, Technische Universität Berlin, Leitung: Rainer K. Silbereisen, transkribiert von mir (SA).

   2) Ein Ehetherapiegespräch, erhoben von dem Forschungsprojekt »Elternhaus und Schule«, Max-Planck-Institut für Bildungsforschung, Leitung: Ulrich Oevermann. Das Gespräch ist abgedruckt in Frankenberg (1976), die Form der Transkription mußte notgedrungen auch von dort übernommen werden (ET).

   3) Gruppengespräche zwischen Schülern und einem Lehrer über eine zurückliegende Klassenfahrt, erhoben und transkribiert innerhalb meines Seminars »Erzählungen in Gesprächen: Texttyp und Interaktionstyp« von Martin Linz und Werner Gerber. (OS/Sch).

   4) Private Gespräche im häuslichen Bereich zwischen Verwandten und Bekannten, erhoben und transkribiert innerhalb des unter (3) genannten Seminars von Thomas Göthe, Kerstin Miersch, Josephine Schröder und Petra Rentschler. (OS).

Literaturverzeichnis

van Dijk, T. A. (1979) Recalling and Summarizing Complex Discours. In: W. Burghardt & K. Hölker (Hg.) Text Processing. Papers in Text Analysis and Text Description. Textverarbeitung. Beiträge zu Textanalyse und Textbeschreibung. Berlin: de Gruyter, S. 49-118

Ferdinand, W. (1959) Experimentelle Untersuchungen über den Einfluß der persönlichen Wichtigkeit des Materials auf das Behalten. In: Psychologische Forschungen 25, S. 455-517

Frankenberg, H. (1976) Vorwerfen und Rechtfertigen als verbale Teilstrategien der innerfamilialen Interaktion. Diss. Universität Düsseldorf

Gülich, E. (1976) Ansätze zu einer kommunikationsorientierten Erzähl-

textanalyse (am Beispiel mündlicher und schriftlicher Erzähltexte). In:
W. Haubrichs (Hg) Erzählforschung 1, Theorien, Modelle und Metho-
den der Narrativik. Göttingen: Vandenhoeck & Ruprecht, S. 224-256
Gülich, E. & Raible, W. (1974) Überlegungen zu einer makrostrukturel-
len Textanalyse: J. Thurber. The Lover and his Lass. In: E. Gülich, K.
Heger & W. Raible, Linguistische Textanalyse. Hamburg: Buske, S.
73-126
Jefferson, G. (1972) »Side Sequences«. In: D. Sudnow (Hg.) Studies in
Social Interaction. New York, London: The Free Press, Collier-Mac-
millan Ltd., S. 294-338
Kraft, E., Nikolaus, K. & Quasthoff, U. (1977) Die Konstitution der
konversationellen Erzählung. In: Folia Linguistica XI, 3/4, S. 93-141
Labov, W. (1972) The Transformation of Experience in Narrative Syntax.
In: W. Labov, Language in the Inner City. Studies in the Black English
Vernacular. Philadelphia: Univ. of Pennsylvania Press, S. 354-396
Labov, W. (1976) »Die Isolierung von Kontextstilen«, in: W. Labov,
Sprache im sozialen Kontext. Bd. 1, hg. v. Norbert Dittmar & B.-O.
Rieck. Kronberg/Ts.: Scriptor, S. 29-66
Labov, W. & Fanshel, D. (1977) Therapeutic Discourse. Psychotherapy as
Conversation. New York, San Francisco, London: Academic Press
Labov, W. & Waletzky, J. (1973) Erzählanalyse: mündliche Versionen
persönlicher Erfahrung. In: J. Ihwe (Hg.) Literaturwissenschaft und
Linguistik. Bd. 2. Frankfurt/M., S. 78-126. – Engl.: Narrative Analysis;
Oral Versions of Personal Experience. In: J. Helm (Hg.) Essays on the
verbal and visual arts. Seattle, London (1967)
Quasthoff, U. (1979a) Eine interaktive Funktion von Erzählungen. In:
H.-G. Soeffner (Hg.) Interpretative Verfahren in den Sozial- und
Textwissenschaften. Stuttgart: Metzler, S. 104-126
Quasthoff, U. (1979b) »Gliederungs- und Verknüpfungssignale als Kon-
textualisierungshinweise. Ihre Formen und Verwendungsweisen zur
Markierung von Expansionen in deutschen und amerikanischen kon-
versationellen Erzählungen.« Trier (L.A.U.T., Series A, Paper No 62)
Quasthoff, U. M. (1980) Erzählen in Gesprächen: Linguistische Untersu-
chungen zu Strukturen und Funktionen am Beispiel einer Kommuni-
kationsform des Alltags. Tübingen: Narr
Quasthoff, U. M. (demn.) Zuhöreraktivitäten beim konversationellen
Erzählen. In: Institut für Deutsche Sprache (Hg.) Dialogstrukturen
(Jahrbuch 1980). Demn. Düsseldorf: Schwann
Schegloff, E. A., Jefferson, G. & Sacks, H. (1977) »The preference for
self-correction in the organization of repair in conversation.« Lg. 53, 2
Wald, B. (1978) Zur Einheitlichkeit und Einleitung von Diskurseinheiten.
In: U. Quasthoff (Hg.) Sprachstruktur – Sozialstruktur. Zur linguisti-
schen Theorienbildung. Königstein/Ts.: Sciptor, 128-149
Wolfson, N. (1976) Speech events and natural speech: some implications
for sociolinguistic methodology. In: Language in Society 5, 189-209

III

Thomas Bliesener
Erzählen unerwünscht.
Erzählversuche von Patienten in der Visite

Gewöhnlich tragen Patienten im Interesse ihrer eigenen Behandlung dazu bei, daß in der Visite das Programm des Personals gelingt. Manchmal versuchen sie aber auch, gleichzeitig ihrem konkurrierenden Redebedürfnis nachzugeben und sich Platz für eigene Erzählungen zu ertrotzen. Um sich gegen die zielstrebige Gesprächsführung des Personals durchsetzen zu können, müssen sie aber sprachliche Mittel einsetzen, die selber einen zusammenhängenden Erzählfluß unmöglich machen. An einem Visitenausschnitt wird herausgearbeitet, wie die Erzählversuche einer Patientin systematisch scheitern. Es wird diskutiert, daß solche entmutigenden und belastenden Erfahrungen ihre Wurzeln in der Organisation klinischen Handelns haben.

1. Einleitung: Das Gespräch in der Visite

Eine Reihe von Untersuchungen der Medizinsoziologie, Medizinpsychologie und Psychosomatik bestätigt die Vermutung, daß die Genesung von Kranken durch psychische und soziale Bedingungen entscheidend beeinflußt wird. Überragende Bedeutung wird dabei den Kontakten zwischen Arzt und Patient beigemessen. Da sich diese Kontakte bei stationär behandelten Patienten fast ausschließlich auf die tägliche Visite beschränken, rückt das

Gespräch in der Visite in den Mittelpunkt. Neben den individuellen und institutionellen Randbedingungen des Gesprächs (wie Desorientierung und Regression des Patienten bzw. Arbeitsteilung und Zeitknappheit im Krankenhaus) interessieren nunmehr vor allem die kommunikativen Mechanismen in der Visite.

Die Problemstellung lautet allgemein: Wie kann der Patient das Gespräch in der Visite nach seinen Bedürfnissen mitgestalten?

Vorangegangene Gesprächsanalysen, die sich auf Tonbandaufnahmen von rund 180 Visiten stützten, brachten folgende Ergebnisse:

Das Gros der Visiten zerfällt in deutlich voneinander unterscheidbare Abschnitte mit unterschiedlicher Beteiligung des Patienten:

1) Abschnitte, in denen nur das Personal (Ärzte, Medizinalassistent, Schwestern) untereinander redet, während der Patient nicht beteiligt ist.

Es wurde eine Reihe von Parametern ermittelt, die erklären können, warum diese Phasen für Initiativen von Patienten schwer zugänglich sind. Dazu gehören unter anderem: Flüstern oder Übertönen, gegenseitiges Ins-Wort-Fallen, verkürzte Ausdrucksweise, Andeutungen, medizinische Fachsprache, unanschauliche Themenbehandlung, Anschneiden neuer Programmpunkte vor Erledigung der alten usw.

2) Abschnitte, die der Patient initiiert und aufrechtzuerhalten sucht.

Auf der einen Seite wurde untersucht, wie Patienten zu Wort zu kommen versuchen. Dabei zeigte sich, daß sie über eine passive und eine aktive Methode der Initiierung verfügen: Die Plazierung von Initiativen passend zur vorausgehenden Thematik und Teilnehmerschaft und die Lancierung mit Hilfe vorbereitender Wendungen und Signale (Bliesener (1980)).

Auf der anderen Seite wurde beschrieben, wie das Personal Initiativen abweisen kann, zum Beispiel durch Überhören, Abgleiten, Hinhalten, Problematisieren, Filibustern usw., oder wie es Beharrungsversuche behindert, etwa durch Behauptung der Inkompetenz, Einbildung oder gar Unzurechnungsfähigkeit des Patienten (Bliesener (1978), (1979)).

3) Abschnitte, zu denen der Patient vom Personal hinzugezogen wird.

Hier kommt es verschiedentlich zu Konflikten um die Gesprächsform. Trotz dirigistischen Belehrungs- oder Befragungsversuchen des Arztes unternehmen Patienten selbständige Erzählversuche.

Gesprächsabschnitte der letztgenannten Art sind von besonderem Interesse, weil in ihnen praktisch alle Verwicklungen zwischen Arzt und Patient zusammenkommen, die in der Visite sonst nur verstreut auftauchen.

Der Arzt spricht verschiedene Sachverhalte bloß punktuell an, der Patient strebt danach, sie zusammenhängend zu entfalten. Der Arzt verbindet die Sachverhalte unter sachlichen Gesichtspunkten der Fachwissenschaft, dem Patienten geht es um ihre zeitliche und ursächliche Verbindung in der Sicht seiner persönlichen Lebensgeschichte.

Der Arzt verlangt vom Patienten Reaktionen und verwehrt ihm zugleich Aktionen, der Patient kämpft dagegen an, daß seine Kräfte gebunden werden, und versucht, sich auf eigene Vorhaben zu konzentrieren.

Der Arzt handelt aus professioneller Zuständigkeit, der Patient in existentieller Betroffenheit.

Die Aufzählung ließe sich fortsetzen mit Paaren wie Fall – Person, routiniert – improvisiert und noch manchen anderen. Zugespitzt könnte man sagen, daß die fraglichen Gesprächsabschnitte wegen dieser Ballung wichtiger Grundzüge der Visite einen Mikrokosmos bilden.

Der Part aber, den der Patient darin spielen kann, äußert sich in allen seinen Facetten in der Schlüsselaktivität des Patienten, in seinen Erzählungen. Grenzen und Möglichkeiten des Patienten zeigen sich in den Erfolgen oder Fehlschlägen seiner Erzählversuche. Die Analyse der Erzählversuche von Patienten mache ich deswegen zum Thema.

Ich werde versuchen, an einem Visitenausschnitt mittlerer Länge einige der von mir bisher bloß behaupteten Komplikationen zwischen Arzt und Patient beispielhaft aufzuzeigen.

2. Das Material

Der Visitentext, um den es hier hauptsächlich gehen wird, und die Texte, die zu Belegzwecken herangezogen werden, stammen aus demselben Korpus, auf das sich schon die eingangs referierten Gesprächsanalysen bezogen.

Ursprünglich war dieses Material im Forschungsprojekt »Medizinsoziologische Strukturforschung im Krankenhausbereich«, Leitung Professor Enke, erhoben worden. Im Rahmen dieses Projekts waren 1973 Stationsarzt-Visiten auf internistischen und chirurgischen Stationen mittelgroßer Krankenhäuser in Süddeutschland untersucht worden. Ergebnisse dieser soziologischen Untersuchung sind in Siegrist u. a. (1974) dargestellt[1]. Dort finden sich auch genauere Angaben über Qualität und Erhebung des Materials, Stichprobe, soziologische Kontextvariablen usw., die allerdings für die vorliegende Gesprächsanalyse entbehrlich erscheinen.

Ein Sachverhalt jedoch muß hier unbedingt erwähnt werden, damit die nachfolgende Beschreibung eines Einzelfalls nicht zu falschen Rückschlüssen auf die Gesamtheit der Visiten verleitet.
Wenn man das Material auf Gesprächsstellen hin untersucht, an denen Patienten von sich aus das Wort ergreifen, stößt man auf eine bezeichnende Erscheinung. Zwar sind weit über ein Drittel aller Initiativen kommentierend, hinweisend, beschreibend oder erzählend, aber wiederholte Anläufe von Patienten, zu zusammenhängenden Darstellungen zu kommen, sind äußerst rar. Beharrliche Erzählversuche oder gar ganze Erzählungen machen – hoch gegriffen – nur sieben bis acht Prozent aller Initiativen aus.
Sind Erzählversuche in Visiten also nur eine unbedeutende Randerscheinung? Oder bedarf vielmehr gerade ihre Seltenheit einer eigenen Erklärung? Wenn wir bedenken, wieviel Erzählbares Patienten bewegt und wieviel sie bei allen möglichen Gelegenheiten – außer der Visite – auch tatsächlich erzählen, dann ist sicher die zweite Frage mit »ja« zu beantworten.
Wir kennen natürlich nicht alle Gründe, aus denen Patienten es unterlassen, Erzählungen zu Ende zu führen. Einen Hauptgrund bilden aber mit Sicherheit die Erfahrungen, die Patienten früher mit eigenen oder miterlebten Erzählversuchen machten. Wenn wir nun wissen, vor welchen Hindernissen Erzählversuche in der Visite kapitulieren müssen, verstehen wir auch, welche Erwartungen einen Patienten von erneuten eigenen Versuchen abschrecken können.
Die vorliegende Studie hat deswegen ihren Sinn nicht so sehr darin, die wenigen vorhandenen Erzählversuche zu erhellen, als vielmehr, das häufige Fehlen solcher Versuche zu erklären.

Der zu untersuchende Gesprächsausschnitt hat eine Dauer von zwei Minuten und bildet den Abschluß einer Visite von insgesamt vier Minuten fünfundvierzig Sekunden, d. h. leicht überdurchschnittlicher Dauer.

Im ersten Teil der Visite fand eine Besprechung zwischen Ärztin, Medizinalassistent und Schwester darüber statt, welche Infusionen für den nächsten Tag vorzusehen sind und welche Untersuchung kurz vor der Entlassung vorgenommen werden soll. Hierzu knüpfte die Patientin von sich aus eine kurze Darstellung über ihre bisherigen Erfahrungen mit derselben Art von Untersuchung an. Danach befragte die Ärztin die Patientin über ihr allgemeines Befinden und ihre Schlafstörungen. Daran schließt sich der zu untersuchende Abschnitt an.

Über die Patientin sei mitgeteilt, daß es sich um eine verheiratete Frau Mitte dreißig handelt, die auf Leberzirrhose behandelt wird. Im Vergleich mit den anderen Patienten derselben Stichprobe zählt sie, wenn man nach Anzahl und Ausdauer ihrer Initiativen geht, zu den sprachlich aktivsten.

3. Die Analyseeinheiten

In vielen Gesprächen treten die Mechanismen, die im vorliegenden Material interessanterweise zusammenkommen, nur getrennt auf. Wohl deswegen hat man sie bisher meist isoliert untersucht. So gibt es auch noch kein zuverlässiges Begriffssystem für ihre einheitliche Behandlung. Um dennoch eine Analyse der Visiten betreiben zu können, habe ich einige Gesichtspunkte zusammengestellt, nach denen man in beliebigen Gesprächen vergleichbare Einheiten ermitteln kann.

Zunächst halte ich es für ratsam, zwischen solchen Gesprächseinheiten zu unterscheiden, die nur den Redefluß eines einzelnen Sprechers gliedern, und solchen, die auf ein Ensemble von Äußerungen mehrerer Teilnehmer angewendet werden. Diese Trennung zwischen individuellen und transindividuellen Einheiten klingt trivial, ist aber dann nicht selbstverständlich, wenn beide Aspekte dicht ineinander verwoben sind. Beispielsweise Erzählung, Witz und Wegbeschreibung lassen sich einerseits als Produktion einer Informationseinheit durch einen einzelnen Sprecher verstehen, andererseits aber auch als Koproduktion eines Interaktionsabschnitts durch mehrere Beteiligte. Nach der ersten Auffassung handelt es sich um die individuelle »Diskurseinheit« (Wald (1978)), nach der zweiten um das transindividuelle »Kommunikationsschema« (Schütze (1978))[2]. Beide haben ihre Berechtigung, aber man muß sich darüber im klaren sein, daß ihre Verwendung zu unterschiedlichen Befunden führen kann.

Welche Einheiten bei der vorliegenden Analyse ins Spiel kommen, skizziere ich im folgenden.

Sie lassen sich mit mindestens drei verschiedenen Einteilungsge-
sichtspunkten gewinnen, einem formalen, einem funktionalen
und einem kausalen.

Ein formaler Gesichtspunkt ist der sprechzeitliche Zusammenhang von Äußerungen. Wenn man festlegt, bis zu welcher Länge
Pausen als Binnenerscheinungen vernachlässigt werden können,
läßt sich jedes fortlaufende Redestück ohne Rücksicht auf gleichzeitige Äußerungen anderer Teilnehmer formal als *Beitrag* auffassen. Außer acht bleiben dabei Aspekte des kommunikativen
Sinns, etwa daß Äußerungen meist schrittweise geplant werden,
daß das knappe Rederecht rationiert ist und daß inhaltliche
Beziehungen zu simultanen Äußerungen bestehen können.
Solche formalen Einheiten werden solange nicht als künstlich
erscheinen, wie empirisch mit ihnen andere, etwa syntaktische
oder pragmatische Merkmale einhergehen. Unsicher machen aber
Fälle wie die folgenden:

Patientin: Sehn Sie, hier hab ich's auch,
Ärztin: Ich versprech mir zwar keinen großen Erfolg, aber wir können's
  vielleicht doch noch mal mit Ultralan-Creme versuchen, wenn wir's da
  haben.
Patientin: aber sonst nirgends.

(Küchengespräch)
G: Em, du könnt'st ma jetz was machen.
T: So?
G: Ja, du könnt'st schon mal n Salat kleinrupfen und waschen, ne?

Im ersten Beispiel hat man den Eindruck, der eine Beitrag der
Patientin wäre eine Abrundung des anderen, im zweiten sieht der
eine Beitrag von G wie eine Vorbereitung des anderen aus. In
beiden Fällen scheinen also die Äußerungen trotz ihrer Verteilung auf zwei Beiträge zusammenzugehören. Das bedeutet, daß
hier das formale Einteilungskriterium durch ein anderes, ein
funktionales, verdrängt wird.

Der funktionale Gesichtspunkt ist die Zielorientierung von
Äußerungen. Man kann alle benachbarten Äußerungen eines
Sprechers, die er zu demselben kommunikativen Zweck bzw. für
vorbereitende oder unterstützende Hilfsfunktionen einsetzt, zu
einer Einheit zusammenfassen. Diese funktionale Einheit nenne
ich *Zug*[3].

Es kommt vor, daß ein Zug in einem Beitrag verwirklicht wird. Es können aber auch mehrere Züge zusammen in einem einzigen Beitrag untergebracht sein, oder ein einzelner Zug kann sich über mehrere Beiträge erstrecken. Die funktionale Gliederung in Züge ist also unabhängig von der formalen Einteilung in Beiträge.

In Zügen findet man Bestandteile, die sich als illokutive Akte identifizieren lassen. Diese Bestimmung läßt aber offen, ob es sich um tragende Bestandteile oder um untergeordnete Hilfselemente handelt. Außerdem findet man immer wieder Äußerungen, die sich den gängigen Sprechaktkategorien überhaupt entziehen, etwa spontane Ausrufe wie »Ach äh, ((unterdrücktes Lachen))«, die oft dem Erzählen plötzlich erinnerter Begebenheiten vorangehen. Beide Umstände verbieten es, Züge mit »Sprechhandlungssequenzen« gleichzusetzen.

Für die Bestandteile von Zügen gilt folgendes:

Als vorbereitende Elemente findet man oft
- Vorankündigung (»Dazu hab ich gleich noch was zu sagen«)
- Vorreiter (»Gestern hätte ich ja bald einen Herzschlag gekriegt«)
- Vorschau (»Ich wollt noch zwei Sachen von Ihnen, einmal was das Essen betrifft, und das andre was Organisatorisches«)
- Einleitung (»Das wollt ich noch fragen: Am Magen . . .«)
- Einstimmung (»Die Nächte waren so schrecklich. Ich konnte ja . . .«)
- Auftakt (»Das ist jetzt genau ein Jahr her, am 13. Juni wird es ein Jahr, daß mich der Herr Doktor X da punktiert hat. Und dann . . .«)

Diese Elemente bilden zusammen das Vorfeld.

Als unterstützende Elemente werden häufig Wiederholungen, Beispiele, Begründungen, Zusammenfassungen usw. verwendet. Sie sind in das Mittelfeld eingeschoben oder bilden ein eigenes Nachfeld.

Der Zusammenhang zwischen den einzelnen Äußerungen kann von zwei verschiedenen Prinzipien gestiftet werden.

Im einen Fall trifft der Sprecher auf besondere Bedingungen, die verhindern, daß er sein Ziel unmittelbar erreichen kann. Zum Ausgleich versucht er, mit einer Reihe einzelner Äußerungen die verschiedenen Hindernisse schrittweise zu überwinden. Dabei kann die Situation so kompliziert sein, daß er nur durch lokale, relativ unabhängige Einzelentscheidungen vorankommt. Vor allem die Hilfsakte und flankierenden Maßnahmen im Vor- und im Nachfeld entstehen durch solches Improvisieren; hier sind die Bestandteile des Zuges meistens weder nach einem Gesamtplan arrangiert, noch durch Übergangsregeln mit den Nachbaräußerungen verbunden. Allgemein sage ich von Zügen, in denen eine schrittweise Adaptation stattfindet, sie hätten die Bauform einer *Serie*.

Ein eindrucksvolles Beispiel hierfür analysiert Stubbs ((1973) S. 15 ff.): Bei einer industriellen Verhandlung wurden der Frage »Do you agree with the unanimous view of the rest of us?« noch zwei Kommentare, eine Beteuerung, eine Erläuterung, zwei Bestätigungen und eine Zusicherung hinzugefügt, bis endlich die definitive Antwort »Yeah all right, okay« erfolgte.

Im anderen Fall braucht der Sprecher unabhängig von den variablen Umständen der Kommunikation gewisse, von vornherein feststehende Bestandteile und einen Gesamtplan des Zuges, um seinen Gedankengang ausdrücken zu können. Die Komponenten sind aufeinander abgestimmt und inhaltlich durch bestimmte, etwa zeitliche, räumliche oder ursächliche Beziehungen miteinander verbunden. Zum Teil erfordern sie sogar eine bestimmte Plazierung im Gang der Darstellung. Für solche Gebilde wurden neuerdings Sammelbegriffe wie »Diskurs-Einheit« (Wald (1978)) oder »Textem« (Zimmermann (1978)) vorgeschlagen. Von Zügen mit diesem Aufbau werde ich sagen, sie hätten die Bauform des *Komplexes*.

Ein Beispiel für einen solchen Zug kann man hören, wenn man sich etwa vom Kundendienst erklären läßt, wie man einen Durchlauferhitzer installiert, oder wenn man sich eine Anekdote erzählen läßt.

Die Bauformen Serie und Komplex kommen manchmal in demselben Zug vor. Dementsprechend sind in allen bekannten Bauplänen für Komplexe zugleich Anschlußstellen für Serien vorgesehen, etwa Rekursionen der Stützung (backings) im Argumentationsschema nach Toulmin oder Expansionen der narrativen Normalform nach Labov und Waletzky.

Ein kausaler Einteilungsgesichtspunkt schließlich ist die Veranlassung von Äußerungen. Wenn ich »kausal« sage, rede ich damit keiner bestimmten Theorie über sozialen Einfluß das Wort und beziehe auch nicht Stellung im Streit darum, in welchem Sinne Handlungen Ursachen haben können. Es sei dahingestellt, durch welche Vermittlung Gesprächsteilnehmer einander steuern, ob durch Obligation, Suggestion, konditionale Relevanz oder was immer. Wonach man Züge aber einteilen kann, das sind die Ergebnisse von Beeinflussungen.

Ein Zug, dessen Ziel unmittelbar dem eigenen Motivationsgeschehen des Sprechers entspringt, also ein autonomer Zug, ist eine *Initiative*.

Ein Zug, dessen Ziel der Sprecher auf Veranlassung von anderen Teilnehmern übernahm und sich zu eigen machte, also ein heteronomer Zug, ist eine *Antwort* (Parisi & Castelfranchi (1976)). Hier soll der kompliziertere Fall außer acht bleiben, daß Reaktionen auch dann als Antwort gelten können, wenn sie eine Verzögerung bewirken, Voraussetzungen beanstanden oder am Inhalt der veranlassenden Initiative »vorbeigehen«.

An dritter und vierter Stelle in einer Folge von Zügen, die mit Zieleinführung und -übernahme begann, können schließlich Züge mit dem eher technischen Teilziel der Verständigungssicherung stehen, *Rückmeldung* und *Gegenzeichnung*.

3.2. Transindividuelle Gesprächseinheiten

Manchmal bietet es sich an, mehrere Äußerungen verschiedener Teilnehmer zu einer größeren, überindividuellen Einheit zusammenzufassen.

Zum Beispiel kann man in einer Diskussion alle Bemerkungen, die zu einem bestimmten Thema beigesteuert wurden, zusammen als Episode auffassen. Oder bei einer gruppendynamischen Koalition kann man die Äußerungen der Koalitionspartner als arbeitsteilige Ausführung eines kollektiven Plans begreifen. Bei einer dritten, besonders wichtigen Gruppierung geht man nach den kausalen Verhältnissen zwischen Zügen vor. Züge verschiedener Teilnehmer bilden zusammen eine Einheit, wenn sie folgende Kriterien erfüllen:

– Die Züge sind Initiative, Antwort und (möglicherweise) Rückmeldung und Gegenzeichnung.
– Sie erfolgen in dieser Reihenfolge dicht aufeinander, vorzugsweise unmittelbar nacheinander.
– Der Abschnitt ist gesprächsorganisatorisch und thematisch homogen und gegenüber dem Rest des Gesprächs relativ selbständig.

Wenn diese Bedingungen erfüllt sind, handelt es sich um ein Interaktionsmuster, oder kürzer: ein *Muster*.

Die gebotene Erläuterung und Rechtfertigung der genannten Kriterien muß leider aus Platzgründen unterbleiben. Ich beschränke mich darauf, zwei für die nachfolgende Untersuchung bedeutsame Arten transindividueller Muster einzuführen.

Wenn alle Züge des transindividuellen Musters die Bauform der Serie haben, spreche ich in Verallgemeinerung von Kategorien wie »exchange«, »paragraph«, »sequence«, »responsive cycle« oder »interchange« vom Muster *Austausch*.

Der minimale Austausch besteht aus zwei einfachen Zügen, d. h. aus zwei Zügen, die jeweils nur einen Beitrag (im definierten formalen Sinne) beanspruchen; er ist als »adjacency pair« hinlänglich bekannt. Meistens erstrecken sich Züge aber über mehrere Beiträge, so daß es zu einer Verzahnung zwischen dem Nachfeld des früheren und dem Vorfeld des späteren Zuges kommt, einer Erscheinung, die manchmal in anderer Perspektive als »insertierte Sequenz« isoliert wird.

Anschauliche Beispiele für Gespräche, die nach dem Austauschmuster organisiert sind, findet man etwa in Interviews, Verhandlungen oder Unterrichtsdialogen.

Wenn mindestens ein Zug des transindividuellen Musters die Bauform des Komplexes hat, liegt ein »narrative cycle« oder, allgemeiner, ein »Kommunikationsschema der Sachverhaltsdarstellung« (Version Schütze (1978), S. 57 f.) vor. Je nachdem, was für einen komplexen Zug es enthält, spreche ich abkürzend vom Argumentations-, Beschreibungs- oder *Erzählschema*.

Beispiele:

Ein Fall mit komplexer Initiative und einfacher Antwort sind viele Erzählungen, die im Anschluß an Sacks untersucht wurden (vgl. Jefferson (1978)).

Ein Fall mit einfacher Initiative und komplexer Antwort sind bestimmte Zeugenvernehmungen, die Schmitz (1978) behandelt.

Ein Fall mit komplexer Initiative und komplexer Antwort sind die Ketten von Geschichten, die Ryave (1978) betrachtet. –

Zumindest im Erzählschema sind die aufeinanderfolgenden Züge der verschiedenen Teilnehmer noch stärker ineinander verzahnt als beim Austauschmuster, denn gewöhnlich ist schon das Mittelfeld des komplexen Zuges, die Erzählung im engeren Sinn, den Vorfeldelementen des nächsten Zuges, den sogenannten Höreräußerungen, ausgesetzt.

Viele Aspekte mußten bei diesem Parforceritt durch die Landschaft der Gesprächsanalyse liegenbleiben, und manche Fragen werden dabei erst aufgekommen sein. Für eine ausführlichere Behandlung dieser Problematik sei deswegen auf Bliesener (1978) verwiesen.

4. Analyse eines Visitenausschnitts

Der Gesprächsausschnitt, um den es gehen wird[4], läßt sich nach dem ersten Eindruck folgendermaßen kurz beschreiben. Gemeinsames Thema aller Beteiligten ist eine Hauterkrankung der Patientin, das periorale Exanthem. Uneinheitlich ist aber die Entwicklung des Themas. Es sieht so aus, als ob die Ärztin dauernd neue Aspekte der Sache ins Spiel bringt und dadurch das Gespräch vorantreibt, die Patientin dagegen diese Gesichtspunkte aufgreift und bei ihnen stehenbleibt. Oder etwas anders gesagt: Die Ärztin scheint rasch auf etwas hinauszuwollen, während die Patientin ins Erzählen kommt.

Was an diesem Eindruck richtig ist und wie er sich rechtfertigen läßt, soll die Analyse ergeben.

Zuerst ist die praktische Entscheidung zu treffen, nach welchem Prinzip die Untersuchung voranschreiten soll. Man kann sich den Blickwinkel der Gesprächsteilnehmer zu eigen machen und einfach chronologisch vorgehen, d. h. in Bandlaufrichtung die verschiedenen Äußerungen der Reihe nach betrachten, momentane Wirkungen und Wechselwirkungen ermitteln und gegebenenfalls aus der behandelten Folge von Bemerkungen Sequenzen von Einheiten formulieren.

Man kann aber auch den Standpunkt des Archivars einnehmen und rückblickend das fertige Gespräch unter systematischen Gesichtspunkten behandeln, also nach einem vorher festgelegten Kriterium bestimmte Teile oder Phänomene aus dem Ganzen heraussuchen, wie etwa die Episodengliederung, bestimmte Rednerkonstellationen oder Strategien einzelner beteiligter Individuen.

Da beide Methoden der Abwicklung einer Analyse jeweils ihre Vorzüge haben, muß die Zielsetzung den Ausschlag geben. Im vorliegenden Fall wird die Entscheidung nicht schwer: Die im ersten Eindruck gefundenen Divergenzen zwischen Ärztin und Patientin in der Behandlung und Entwicklung des Themas sind besonders interessant. Deswegen soll der systematische Gesichtspunkt »individuelle Strategien« das Vorgehen leiten. – Die Äußerungen der Ärztin und die der Patientin werden also gesondert untersucht. Weil nun die Ärztin, wiederum nach dem ersten Eindruck, die Entwicklung zu forcieren scheint, werden ihre Äußerungen zuerst besprochen.

4.1. Die Äußerungen der Ärztin

In diesem Abschnitt werden die initiativen Äußerungen der Ärztin behandelt, es wird gezeigt, daß sie durch einen gemeinsamen Zweck zu einem Zug verbunden sind, und es wird nachgewiesen, daß dieser Zweck in einer Serie von Einzelschritten angesteuert wird.

Wenn man eine Analyse auf der formalen Ebene von zeitlich zusammenhängenden Äußerungsstücken der Kürze halber überspringt, kommt man auf der funktionalen Ebene rasch auf eine Reihe recht gut abgegrenzter Einheiten, die im großen und ganzen als illokutive Akte zu verstehen sind:

Frage: in Zeile 1, 13-14, 18, 21, 54-55
Mitteilung: in Zeile 2-6, 23-29, 29-42
Verordnung: in Zeile 60-62, 64-68, 71-73, 76-79.

Geht man nach dem kausalen Gesichtspunkt, handelt es sich dabei durchweg um Akte initiativer Natur.

Daneben kommen allerdings auch einige Hörersignale wie »hm« und »ja« in den Zeilen 13, 17, 46, 50, 53, und 59 vor, die als reaktive Äußerungen zu verbuchen sind. Ihre Behandlung werde ich aber zunächst zurückstellen und erst im Abschnitt 3.2. bei der Untersuchung von Patienten-Initiativen nachholen.

Um einen besseren Überblick über die initiativen Äußerungen der Ärztin zu ermöglichen, gebe ich sie in Tabelle 1 (siehe S. 158) stichwortartig vereinfacht wieder.

	Ärztin	Patientin	weiteres Personal
	Haben Sie des öfter mal wieder?		
	Immer	Es	
	wenn's Ihnen schlech-		
	ter geht	Jä, jä	
5	dann tritt es		
	auf	Dann	
		kommt es arg erus. Also ganz weg	
		war's noch nie. Schweschter M.	
		des hab ich's letzte Mal auch	
10		g'het,	
		nit?	
		Ganz weg geht's nie.	
	Hm. Wie isch des früher		
	behandelt worde?		
15		Also die Frau Doktor het mir im-	
		mer so Tube gen von sich mit Salb.	
	Hm.		
	Und daraufhin ist's weg?	Also die het sie mir nit ver-	
		schriebe. Die het 's immer von	
20	Daraufhin ist's weg?	sich gen ((= gegeben)).	((S1)) Mhm
	'ch mein, d'isch des des peri-	Nein, auch nicht.	
	orale Exanthem. Des werd doch		

Ärztin	Patientin	weiteres Personal
		((MA)) Hm
25 jetzt in der Hautklinik mit ( )ein- Salbe, bloß isch auch noch die andre Frage jetzt-e mit der Leber. Wissen Se,	Also sie, sie het's nicht verschrieben Sie het's mir aus ihrer Praxis rausgebe.	
30		
man hat jetzt mit nem, mit nem starken Antibiotikum	Het sie's a noch mol mit was anderem ver- sucht, aber es het nix	
35 großen Erfolg damit gehabt, aber damit würd man wahrschein- lich Ihrer Leber zu sehr schaden.	Hm Hm Hm hm	
40 Und's hängt ja mit Sicherheit auch mit ihrer Leber zu- sammen, gell?	Ja natierlich hängt des mit dem z'samme. Sie het mich auch mal zum Hautarzt runterge- schickt,	
45 Hm	und dann het der zu mir gsagt: »Frau B., des isch ein Ex-zem, da kann ich nix mache dran.«	

50 Hm̃

Het mich wieder heimgeschickt.

Hm̃

Haben Sie jetzt im Moment
55 ne Salbe?

'ch hab's au' do vorne
an der Bruscht

Ja
60 Ich mein, wir könn-
ten ihr ja auch
mal

Nein, mitbrocht hab ich sie nit,
wie des alles so schnell gange
isch am
Freitagmittag.

Ich versprech mir zwar keinen

Sehn Sie
hier hab ((zeigt Hals und Brust))
ich's auch,

65 großen Erfolg, aber wir können's
vielleicht doch noch mal mit
Ultralan-Creme versuchen, wenn
wir's da haben.

((MA gedehnt)) Mm̃m

70

aber sonst nirgends.

((S2)) Ja

Wir versuchen's halt mal noch,
aber ich
weiß nicht, ob das viel nutzt.

Also sonst hab ich's nirgends
wie bloß
im Gsicht und do.

((S2)) Ja

75 Ultralan-Creme, wenn's geht.

((S1)) Ultralan-Salb?

157

Tabelle 1
Übersicht über die initiativen Äußerungen der Ärztin

Zeile	Einheit	Thematik
1	Frage 1	Allgemeiner Krankheitsverlauf
13-14	Frage 2	Frühere Behandlungsmethode
21	Frage 3	Früherer Behandlungserfolg
23-29	Mitteilung (an MA)	Mögliches Heilmittel
29-42	Mitteilung	Mögliches Heilmittel
54-55	Frage 4	Bisheriges Heilmittel
60-76	Verordnung	Neues Heilmittel

Man erkennt nun, daß die Ärztin ihre Äußerungen zwar nicht gerade zwingend auswählte und anordnete, aber auch nicht einfach willkürlich. Es stellt sich die Frage, ob zwischen ihnen ein funktionaler Zusammenhang besteht, der sie zur größeren Ganzheit eines Zuges zusammenschließt.

Ein funktionaler Zusammenhalt könnte dadurch gegeben sein, daß die einzelnen Akte einem gemeinsamen übergeordneten Gesamtzweck in untergeordneten Hilfsfunktionen dienen. Wenn man nun das Transkript auf Äußerungen hin durchmustert, die einen solchen Leitzweck der Phase verraten, so stößt man auf die Anordnung der Ärztin an das Pflegepersonal, die Hauterkrankung der Patientin mit dem Präparat Ultralan-Creme zu behandeln (Zeile 63 ff.).

Diese Äußerung ist deswegen besonders auffällig, weil sie als einzige über den Rahmen der ablaufenden Visite hinausweist. Sie stellt nämlich auf einen außerkommunikativen Zweck ab, der in der übergeordneten Organisation des praktischen klinischen Handelns seinen Platz hat.

Nun werden Visiten unter anderem gerade zu dem Zweck durchgeführt, Angelegenheiten der medizinischen Versorgung zu regeln. Von daher liegt die Vermutung nicht fern, daß die Ärztin die betrachtete Gesprächsphase insgesamt nach Gesichtspunkten der medizinischen Betreuung strukturiert.

Um diese Vermutung prüfen zu können, gehe ich kurz auf die Organisation klinischen Handelns ein. Soweit das ärztliche Handeln nach Gesichtspunkten der Fachwissenschaft wie auch des Dienstleistungsbetriebes Krankenhaus rational organisiert ist, folgt es in aller Regel vollständig oder weitgehend dem folgenden

Konzept. Da die Bedeutung von Diagrammen oft überschätzt wird, sei vorbeugend betont, daß das nachfolgende Diagramm nicht den institutionellen Hintergrund der Klinik abbildet, sondern nur ein Organisationsprinzip klinischen Handelns, das bis in den Aufbau von Gesprächen hineinwirken kann.

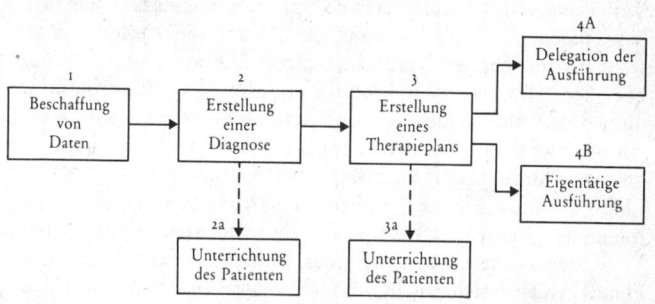

Dabei ist zu bedenken, daß Handlungsabschnitte mit kleinerer Nummer im Diagramm Voraussetzung für Abschnitte mit größerer Nummer sind. Das schließt allerdings nicht aus, daß in konkreten Situationen schon vor endgültigem Abschluß eines Abschnitts einzelne, vorgezogene Schritte des nächsten Abschnitts begonnen werden können. Rückgriffe, Vorgriffe und Wiederholungen im Handlungsprozeß sind sogar eher als Normalfall zu betrachten.

Des weiteren ist zu beachten, daß die Abschnitte 4A und 4B Alternativen darstellen, während 2a und 3a fakultative Zusätze sind.

Wenn man die Äußerungen der Ärztin im Lichte des vorgestellten klinischen Handlungskonzepts betrachtet, fällt eine Zuordnung der einzelnen Einheiten zu bestimmten Handlungsabschnitten nicht schwer.

Die vier Fragen lassen sich als Mittel zur Erreichung von Abschnitt 1 (Daten) auffassen, die Mitteilung an den Medizinalassistenten als Ausführung von Abschnitt 2 und 3 (Diagnose und Therapieplanung), die nachfolgende Mitteilung an den Patienten als Realisierung von Abschnitt 2a und 3a (Unterrichtung des Patienten) und die Verordnung am Ende der Phase als gleichzeitige Erfüllung von Abschnitt 3a (Unterrichtung des Patienten) und 4A (Delegation der Ausführung).

Man kann also feststellen, daß die initiativen Äußerungen der Ärztin ausnahmslos nach der Richtschnur des klinischen Handlungskonzepts organisiert sind, d. h. einheitlich dem Zweck einer medizinischen Behandlung dienen.

Diese Feststellung kann aber für die Analyse der interaktiven Verhältnisse des betrachteten Gesprächsausschnitts noch nicht befriedigen. Wie alle nachträglichen Funktionszuschreibungen steht sie zunächst im Verdacht, nur ein Methoden-Artefakt darzustellen. Um zu erfahren, ob die ermittelte Zweckbestimmtheit ihrer Äußerungen auch von der Ärztin beabsichtigt wurde und – noch wichtiger – auch von der angesprochenen Patientin immer erkannt wurde, bedarf es zusätzlicher Erwägungen.

Man könnte die in Rede stehende Zielstrebigkeit der Ärztin mit folgender Überlegung bezweifeln: Zwar vollzieht die Ärztin am Ende der Phase einen erkennbar sinnvollen Schritt kurativen Handelns, aber sie braucht ihn nicht deswegen schon von Anfang an als Ziel anvisiert zu haben. Sie könnte ja von der unmittelbaren Beobachtung des Symptoms (das als periorales Exanthem diagnostiziert wurde) auf ihre erste Frage und dann auf alle anderen durch »Assoziationen« gekommen sein, wobei sich erst allmählich als Endzweck dieser Phase die Behandlung herauskristallisiert hätte.

Gegen diese Deutung sprechen allerdings die eingefahrenen Verhältnisse in Krankenhaus-Visiten. Phasen der besprochenen Art treten häufig auf. Es wäre ein merkwürdiger Zufall, wenn Ärzte immer wieder durch die Zufälle der Assoziationen dazu gelangten, in mustergültiger Weise ausgerechnet dem anerkannten klinischen Handlungskonzept zu folgen und dadurch einen erklärten Zweck der Visite (nämlich im Rahmen des Möglichen das zur Gesundung des Patienten Nötige zu veranlassen) unbeabsichtigt zu erreichen.

Man darf deswegen annehmen, daß sich die Ärztin von vornherein vorgenommen hat, therapeutische Maßnahmen in die Wege zu leiten, und daß sie ihr sprachliches Verhalten von Anfang an diesem Zweck unterordnet. Die initiativen Äußerungen der Ärztin bilden also wirklich einen – freilich ausgedehnten – Zug.

Damit ist jedoch noch nicht geklärt, ob es zu dem gesetzten Zweck einen fertigen Plan gibt oder nicht, also ob die Initiative als Komplex oder als Serie aufgebaut ist.

Tatsächlich läßt sich im vorliegenden Fall nicht behaupten, daß die Ärztin einen vollständigen Redeplan hätte, den sie nur noch wie bei einem standardisierten Interview stur auszuführen brauchte. Einer solchen übertriebenen Auffassung widersprechen vor allem die wiederholt zu beobachtenden Phänomene der Improvisation.

1) Zwischenabfertigung fremder Äußerungen

In ihren laut vorgetragenen Erwägungen über Therapiemöglichkeiten (Zeile 23-29 und Zeile 29-42) hat die Ärztin eine bestimmte Handlungsmöglichkeit ausgeschlossen (das Antibiotikum), aber noch keine gangbare Alternative vorgeschlagen. Ihre Überlegungen hierzu sind deswegen aller Wahrscheinlichkeit nach so lange in Gang, bis sie in Zeile 60 das Ergebnis ihres Nachdenkens bekanntgibt.

Während dieser Bedenkzeit toleriert sie die unvorhergesehene Darstellung der Patientin (Zeile 42-52) durch angemessene Einwürfe von Hörersignalen »hm«. Ein solches Zugeständnis an einen konkurrierenden fremden Plan ist ein gängiger Umweg, um eigene Pläne im Anschluß ungestört fortsetzen zu können (vgl. Rehbein (1976), S. 38).

2) Erläuterung eigener Äußerungen

Die Bemerkungen der Ärztin über Therapiemöglichkeiten in Zeile 23-29 sind vermutlich an den Medizinalassistenten gerichtet und wegen der vorausgesetzten Fachausdrücke (»periorales Exanthem«) und Fachkenntnisse (»des wird *doch* jetzt in der *Hautklinik . . .*«) für die Patientin unverständlich. Die Patientin zeigt sich sogar, indem sie der Ärztin mit einem anderen Thema ins Wort fällt, desinteressiert. Diesem Abspringen der Patientin wirken die nächsten Äußerungen der Ärztin entgegen (Zeile 29-42). Die Ärztin wendet sich jetzt der Patientin zu (»Wissen Se«) und übersetzt die Gedanken, die sie zuvor dem Medizinalassistenten mitteilte, in patientengerechte Formulierungen – ein bewährtes Mittel zur Bindung von Aufmerksamkeit und Interesse.

3) Wiederholung eigener Äußerungen

Die Ärztin wiederholt und paraphrasiert mehrfach eigene Äußerungen, auf die die Patientin nicht einging: Die Frage aus Zeile 18 kehrt in Zeile 21 wieder, und die Verordnung am Ende der Visite erfolgt in drei Anläufen, nämlich in Zeile 60, 64 und 71. In diesen Fällen handelt es sich um das wohl einfachste und zugleich deutlichste Mittel des Insistierens.

Man kann also zusammenfassen, daß sich die Ärztin einesteils am klinischen Handlungskonzept orientiert, anderenteils unvorhergesehene Hindernisse durch flexibles Improvisieren überwindet. Der Gesamtzweck der Initiative wird also sehr zielstrebig in schrittweiser Adaptation erreicht. Das bedeutet, daß die Initiative als Serie aufgebaut ist.

Dieser Befund läßt eine weitere Aussage zu. Die Zielstrebigkeit der Ärztin ist für die Patientin erkennbar. Dabei wäre das systematische Voranschreiten nach dem klinischen Handlungskonzept, das dem Krankenhauspatienten bereits nach einigen Visiten geläufig ist, schon Indiz genug. Die beschriebenen zielgerichteten Improvisationen jedoch machen der Patientin vollends deutlich, worauf die Ärztin hinauswill.

Bei der nachfolgenden Untersuchung der Äußerungen der Patientin werde ich deswegen davon ausgehen, daß ihr klar war, daß die verschiedentlich von ihr verlangten Antworten dem Endzweck der Verordnung dienen sollten.

4.2. Die Äußerungen der Patientin

Es fragt sich, ob die Patientin den Zweck, den die Ärztin setzte, nicht nur erkennt, sondern auch sich zu eigen macht und mit eigenen Äußerungen zu erreichen hilft.

Wenn man die Beiträge der Patientin daraufhin durchmustert, entdeckt man sehr rasch solche Äußerungen mit übernommenem Zweck, die als präzise Antworten gelten können. Man findet sogar, daß es genau zu jedem Bestandteil der Arzt-Initiative die zugehörige Beantwortung durch die Patientin gibt.

Aber die Äußerungen der Patientin sind damit noch nicht erschöpft. Es zeigt sich nämlich auch sofort, daß die Patientin noch mehr und noch anderes sagt, als von ihr verlangt wird.

Mit anderen Worten: Wenn man die Initiative der Ärztin als Bezugspunkt nimmt, kann man die Äußerungen der Patientin analytisch zerlegen in Antworten, also Äußerungen, die mit dem Zweck der Ärztin konform gehen, und weitere, noch undefinierte Bestandteile mit anderem Zweck.

Im folgenden werde ich zunächst angeben, welchem Muster die verlangten Äußerungen angehören, dann werde ich den Charakter und die Musterzugehörigkeit der unverlangten Äußerungen klären.

Die verlangten Äußerungen der Patientin bilden zusammen die

Antwort auf die Initiative der Ärztin. Sie hängen von den einzelnen Schritten der Initiative ab und bilden selber eine entsprechende Serie. Nimmt man die beiden seriellen Züge, also die Initiative der Ärztin und die Antwort der Patientin, zusammen, so folgt unmittelbar die Feststellung, daß in diesem Gesprächsausschnitt zumindest das transindividuelle Muster des Austauschs komplett realisiert ist.

Wenn man aus dem Gesprächstext sowohl die Höreräußerungen und die erfolglos gebliebenen Initiativfragmente der Ärztin als auch die nichtverlangten Patientenäußerungen fortläßt, wird das Austauschmuster deutlich[5].

Skizze des Musters Austausch

Ärztin	Patientin
Haben Sie des öfter mal wieder?	
	Ja
Immer, wenn's Ihnen schlechter geht, dann tritt es auf.	
	Dann kommt es arg erus.
Wie isch des früher behandelt worde?	
	Mit Salb.
Daraufhin ist's weg?	
	Nein
Wissen Sie, . . ., und 's hängt ja auch mit Sicherheit mit Ihrer Leber zusammen, gell.	
	Ja natierlich hängt des mit dem z'samme.
Haben Sie jetzt im Moment ne Salbe?	
	Nein
Wir können's mal mit Ultralan-Creme versuchen.	

Soweit das Gespräch in der Visite dieses Muster realisiert, gehorcht es dem Prinzip, daß der Arzt das Gespräch lenkt und der Patient willfährig mittut. Das mag übertrieben erscheinen. Tatsächlich jedoch kommen viele Visiten, bedingt durch die äußeren Umstände und die Gewohnheiten der Teilnehmer, dieser Gesprächsform sehr nahe. Der folgende Ausschnitt aus einer Visite, der textlich völlig ungekürzt blieb, gibt ein Beispiel dafür.

Ärztin	Patientin
Ach so, darf ich mal nochmal schnell auf den Bauch fassen bei Ihnen?	
	Ja.
Gut. ((Tastet)) Tut das weh?	
	Nein, es tut nirgends weh.
Haben Sie noch erbrochen?	
	Nein, seit dem Sonntag nicht mehr.
Seit dem Sonntag nicht mehr. Also, Sie sind gekommen, weil Sie in der letzten Zeit immer wieder vermehrt erbrochen haben, weil's Ihnen übel war.	
	Ja, und die Frau Doktor S. hat dann die Gelbsucht festgestellt.
Gut. Tut's tut's weh, wenn ich da draufdrücke?	
	Nein nein, das tut nicht weh. Dankeschön.

Diese Passage ist sogar weit eher repräsentativ als der zu untersuchende Visitenausschnitt. Es ist gerade das Besondere an unserem Fall, daß das Austauschmuster nicht mit einem Blick zu erfassen ist, sondern erst analytisch freigelegt werden mußte, weil es jenseits dieses Musters umfangreiche andere Gesprächsaktivitäten der Patientin gibt.

Den unverlangten Äußerungen der Patientin ist auf einen Blick weder anzusehen, welchem Zweck sie dienen, noch welchem transindividuellen Muster sie angehören.

Die erste Hauptfrage wird daher sein, um was für Äußerungen es sich bei den nichtverlangten Bemerkungen der Patientin handelt. Um es vorwegzunehmen: Ich werde Gründe dafür angeben, daß sich diese Bemerkungen als Erzählversuche auffassen lassen. Zunächst werde ich allgemein erörtern, daß es sich überhaupt um Initiativen handelt, dann spezieller, daß sie als erzählend gelten können.

Sind die fraglichen Äußerungen der Patientin Initiativen?

Man könnte dagegen vorbringen, daß es kaum irgendeine Antwort gibt, die sozusagen unmittelbar auf den isolierten Wortlaut einer auslösenden Initiative hin erfolgt. Vielmehr versucht der Antwortende in der Regel zunächst, den Zweck der Initiative zu erschließen, um ihn dann nach eigenem Wissen und Ermessen erreichen zu helfen. Sogar noch bei Dissens zwischen den Partnern versucht der Antwortende meist, mit seiner Antwort dem nächsthöheren Oberzweck oder einem Teilzweck der Initiative zu dienen (vgl. Parisi & Castelfranchi (1976)). Gesprächsteilnehmer beanspruchen im allgemeinen auch voneinander, daß sie mangelnde Formulierungskraft, Mehrdeutigkeit oder Verkürztheit der benutzten Ausdrücke selbsttätig und produktiv durch hermeneutische Bemühung wettmachen. Erst wenn der Zuhörer partout nicht begreift, worauf eine Initiative hinaussoll, übernimmt der Initiant von sich aus die ursprünglich dem Partner zugemutete Aufklärung der Zwecke.

Nach dieser Argumentation müßte man davon ausgehen, daß die einer Initiative nachfolgenden Äußerungen des Adressaten nach einem Antwortplan erfolgen und daß der Antwortende selber glaubt, mit diesem Plan dem Zweck der Initiative zu genügen. Eine Diskrepanz zwischen Antwort in der Perspektive des Initianten und Antwort in der Perspektive des Antwortenden wäre dann mit Größen zu erklären, die dem Willen des Antwortenden weitgehend entzogen sind, etwa mit mangelndem Verständnis, unterschiedlichen Lebenswelten oder dergleichen.

Die Äußerungen der Patientin müßte man demnach in ihrer Gesamtheit als planmäßige Antworten auffassen; die analytische Aufgliederung in konforme Antworten und nichtkonforme Bestandteile wäre bloß aus der Sicht der Ärztin gültig, würde aber aus der Sicht der Patientin hinfällig.

Gegen diese mögliche Auffassung spricht aber ein bislang übersehenes Moment. Gewöhnlich treten ja nicht einfach zwei Beiträge nacheinander auf, von denen der eine die Initiative bildet und der andere die Antwort, sondern das Gespräch geht weiter. Der Initiant kann erneut das Wort ergreifen, und der Antwortende kann sich wieder anschließen. Nun kann folgender Fall eintreten: Der Initiant gibt deutlich zu erkennen, daß ihm die erhaltene Antwort genügt oder gar schon zuviel ist. Der Antwortende setzt sich aber darüber hinweg und erweitert die Ausführungen seines ersten Beitrags. Solche Zusätze können nicht mehr als Bestandteil der Antwort gelten, da sie nicht den vom Initianten übernommenen Zweck erfüllen. Vielmehr wird man annehmen, daß sie anderen Zwecken dienen, die dem eigenen Motivationsgeschehen des Antwortenden entspringen. Der Antwortende ist hier selber zum Initianten geworden, und seine Äußerungen sind Initiativen.

In dem in Rede stehenden Visitenausschnitt findet sich mehrfach genau dieses Phänomen. Die Patientin gibt zwar unter anderem angemessene Antworten, mißachtet aber im weiteren die deutlichen Bekundungen der Ärztin, daß sie in ihrem Programm fortfahren will.

Sie nimmt sogar in Kauf, mit ihren Äußerungen die Gesprächsorganisation, also Sprecherwechsel und Themenentwicklung, spürbar zu stören.

Sprecherwechsel:
- Gleichzeitiger Beitragsbeginn in Zeile 18
- Einfallen in eine stille Pause (Zeile 30) und in laufende Äußerungen in Zeile 25, 61 und 73

Die Patientin redet also mehrfach simultan mit der Ärztin.

Themenentwicklung:
- Stehenbleiben bei angeschnittenen Punkten in Zeile 18-20, 70 und 73-75
- Wiederaufnahme liegengebliebener Punkte in Zeile 25-28 und 61-63

Die Patientin entwickelt das Thema also asynchron zur Ärztin. Zusammengefaßt ergibt sich also folgendes Bild:

Die Patientin redet gegen den Willen der Ärztin weiter. Sie verletzt die Regel, nacheinander zu sprechen. Sie verstößt systematisch gegen das Gebot, das Thema miteinander zu entwickeln.

Diese Beobachtungen sind Grund genug, die fraglichen Äußerungen der Patientin als Initiativen zu werten. Offen ist allerdings noch, um welche Art von Initiativen es sich handelt.

Sind die Initiativen der Patientin erzählend?

Leider verbieten allein schon Platzgründe, hier eine durchdachte Definition von »erzählend« zu entwickeln, wo doch ein bloßer Überblick über den Stand der Debatte eine eigene Arbeit wert wäre. Für die Zwecke dieser Analyse soll es daher genügen, den Gesprächstext nach solchen Merkmalen zu durchforschen, die unumstritten als symptomatisch für Erzählungen gelten. So gelangt man zu den folgenden Feststellungen:

Die Patientin spricht über *singuläre* Geschehnisse, singulär in dem Sinne, daß es sich um abgeschlossene Ereignisse handelt, die in einem bestimmten Zeitraum für ein einzelnes Individuum besonders bedeutsam waren. Die Ereignisse sind außerdem Teil des Krankheitsgeschehens der Patientin und insofern an sie selbst gebunden. Es handelt sich also um *selbsterlebte* Erfahrungen.

Die Ereignisse werden zwar nicht fortlaufend in der Reihenfolge ihres Geschehens dargestellt, aber sie sind überschaubar gegliedert. Einerseits sind sie durch Pronominalisierung miteinander verbunden, zum Beispiel das durchgängige »sie« für »die Frau Doktor« (Zeile 18-43). Andererseits werden sie durch Zeitmarkierungen wie »'s letzte Mal« (Zeile 9), »noch mol« (Zeile 30) und »auch mal« (Zeile 44) gegeneinander abgegrenzt. Wegen dieser Gliederung kann man sie als *Episoden* oder Etappen in einer Krankheitsgeschichte begreifen. Es lassen sich leicht fünf Etappen unterscheiden:

Zeile 7-12   Wie es das letzte Mal war

    15-28   Was die Frau Doktor zunächst probiert hat

    30-32   Was sie auch einmal probiert hat

    43-51   Was sie noch probiert hat

    53-75   Wie es dieses Mal ist

Vielleicht läßt sich bei der ersten oder bei der letzten Etappe bezweifeln, daß es sich um eine Ereignisdarstellung handelt, und man würde lieber von einer Zustandsbeschreibung reden. Aber auch wenn es Gründe für diese Sichtweise gibt, widerspräche sie doch nicht dem Gesamtergebnis. Keine komplexe Erzählung kommt ohne deskriptive Bestandteile aus; Beschreibung kann durchaus als Vehikel der Erzählung, als ancilla narrationis auftreten (vgl. z. B. Genette (1966)).

Schließlich zeigt sich ein letztes Merkmal von Erzählungen in der zweiten Episode (Zeile 15-28). Die Patientin hebt mit dem Stilmittel der Litotes den angesprochenen Sachverhalt (Mitgabe eines Medikaments) gegen den Normalzustand (Verschreibung eines Medikaments) ab. Diese kontrastive Darstellung drückt aus, daß sie den Sachverhalt als besonders bedeutsam – und vermutlich positiv – *bewertet.*

Damit kann die Frage beantwortet werden, welcher Art die Initiativen sind. Da die Patientin wertend über singuläre, selbsterlebte Episoden aus ihrer Krankengeschichte redet, kann man ohne Bedenken behaupten, daß sie erzählt. Man darf aber nicht so weit gehen, ihre Äußerungen als eine Erzählung aufzufassen. Sie folgen zwar dem roten Faden der Krankengeschichte, aber sie sind nicht nach einem Gesamtplan durchgestaltet, sondern aus vielen Bruchstücken zusammengesetzt. Die Erzählaktivitäten der Patientin sind deswegen am treffendsten als *Erzähl-Versuche* zu bezeichnen.

Dieser Befund gibt Anlaß zu einer weitergehenden Frage, der zweiten Hauptfrage dieses Abschnitts: Läßt sich neben dem zuvor herauspräparierten Muster Austausch nun noch ein zweites transindividuelles Muster ansetzen, nämlich das Erzählschema?

Vergleicht man die tatsächlich erfolgten Äußerungen mit der abstrakten Vollform des Erzählschemas, so fällt der zweifach fragmentarische Charakter auf. Sowohl auf seiten der Patientin als auch auf seiten der Ärztin fehlen gewisse Äußerungen und Strukturen, die sonst als feste Bestandteile des Erzählschemas gelten. Wenn sich aber diese Fehlbestände aus den besonderen Bedingungen der Interaktion erklären ließen, dann spräche nichts mehr gegen die Annahme, daß zum Austauschmuster das Erzählschema hinzutritt. Um in dieser Frage Klarheit zu schaffen, werde ich die erwähnten Lücken im einzelnen durchsprechen.

Lücken bei den Patientenäußerungen

Gegenüber der vollständigen Form der Diskurseinheit, die für den primären Sprecher des Erzählschemas vorgesehen ist, fehlen hier (mit Ausnahme der Stelle 43-51):
– Vorfeldelemente
– Ausleitungen.

Dem Augenschein nach könnte man diese Erzählversuche deshalb bloß für Expansionen oder Anhängsel halten. Es läßt sich aber zeigen, daß es für Patienten gute Gründe gibt, eine Vorbereitung ihrer Erzählversuche zu unterlassen. In Vergleichsfällen, in denen eine Vorbereitung erfolgte, sind die Versuche nämlich gewöhnlich gescheitert, wie folgendes Beispiel veranschaulicht:

Arzt	Patientin
Nur die eine Aufnahme. Wissen Sie, die Lunge kann man so schlecht	
	Was ist es denn überhaupt?
die Lunge kann man so schlecht beurteilen, wenn man liegt, gell?	

Herr Doktor, gestern hätte
ich bald einen Herzschlag gekriegt.

Warum denn, warum haben Sie
denn einen Herzschlag bekommen?

Sie haben mir gerade wol-
len eine Spritze geben.

ICH habe Ihnen eine Spritze gegeben?

Nein, Sie nicht, die Schwester.

Was hat denn die Schwester gesagt?

(   )

Ne Valium?

(Im ganzen Rest des Gesprächs bis zum Ende der Visite kommt keine
weitere Äußerung der Patientin über das von ihr begonnene Thema mehr
vor.)

Ein weiteres Beispiel ist möglicherweise in dem zu untersuchenden Visitenausschnitt der Beitrag, der in Zeile 30 anfängt:

Patientin: Het sie's a noch mol mit was andrem versucht, aber es het nix

Diese Äußerung könnte als Vorbereitung und noch gar nicht als
Kern einer neuen Episode geplant gewesen sein. Dafür spricht
vor allem die indefinite Pro-Form »was andres«, die ja ein
gebräuchliches Mittel für kataphorische Verweisung ist. Es fällt
auch auf, daß unmittelbar nach diesem verräterischen Ausdruck
die Ärztin das Wort wieder ergreift und dadurch den Erzählver-
such verhindert.

Auf jeden Fall kann man allgemein feststellen, daß das Vorfeld
einem Gesprächspartner Handhabe bietet, das geplante kommunikative Vorhaben bereits im Keim zu ersticken. Es steigert
insbesondere die Verwundbarkeit der ohnehin gefährdeten Erzählversuche.[6]

Das Fehlen von Vorfeldelementen in unserem Gesprächstext
kann jetzt erklärt werden. Um sich keine unnötigen Blößen zu
geben, hat die Patientin, sei es berechnend, sei es intuitiv, auf
Erzählvorbereitungen verzichtet.

Das Fehlen von Ausleitungen ist sehr einfach damit erklärbar,
daß die Patientin durch die Gesprächsaktivitäten der Ärztin meist
erst gar nicht bis zum Ende ihrer Erzählversuche kommt.

Als Zwischenergebnis kann man also festhalten, daß die Patien-

tin ihre Erzählversuche aus taktischen Rücksichten oder wegen
hindernder Bedingungen nicht anders als in deformierter Form
anbringen kann.

Lücken bei den Arztäußerungen

Verglichen mit der Vollform des transindividuellen Erzählschemas fehlen bestimmte Reaktionen beim Partner des primären
Sprechers. Zwar treten einfache Höreräußerungen der Ärztin
mehrmals auf (in den Zeilen 13, 17, 46, 50, 52, 59), aber es fehlt
jegliche wertende Stellungnahme, Würdigung oder dergleichen
von ihrer Seite.

Wenn man annehmen dürfte, daß es der Patientin gar nicht so
sehr auf die interaktive Weiterbehandlung ihrer Erzählansätze
ankommt, sondern daß sie eher monologisch und expressiv redet,
dann wäre die Zurückhaltung der Ärztin als völlig angemessen
erklärt. Gegen eine solche Annahme läßt sich aber ins Feld
führen, daß die Patientin in vielfacher Hinsicht »Öffentlichkeits-
arbeit« betreibt.

Gleich zu Beginn des Gesprächsabschnitts zieht sie, nachdem
sie mit einer Korrektur und mit einer Paraphrase der Korrektur
das Wort ergriffen hat, die bis dahin unbeteiligte Krankenschwe-
ster als Zeugin mit ins Gespräch. Sie vergrößert also den Kreis der
Beteiligten.

Im weiteren Verlauf setzt sie einschlägige Mittel ein, die das oft
Ziel von Erzählversuchen, eine Resonanz bei der Zuhörerschaft,
trotz unvermuteter Hindernisse zu erreichen helfen:

– Erneuter Durchgang derselben Erzählkomponente in den Zeilen 18, 25, 61, 70 und 73.
– Vorzeitiger Übergang zu neuen Komponenten in den Zeilen
30, 44 und 53.

(Diese beiden Techniken erzählerischen Beharrens illustriert
Jefferson (1978); sie heißen dort »recycling« und »next compo-
nent«.) Die Patientin versucht also, den Kreis der Beteiligten zu
erhalten.

Gegen Ende schließlich kommt es dazu, daß die Ärztin überhaupt nicht mehr *mit* der Patientin spricht, sondern nur noch
über sie redet (ab Zeile 60). Genau an dieser Stelle äußert die
Patientin die direkte Aufforderung zur Aufmerksamkeit (»Sehn
Sie«), verstärkt sie durch Deixis im unmittelbaren Wahrneh-

mungsfeld (»*hier* hab ich's auch«) und unterstützt sie mit Gesten (zeigt auf Hals und Brust). Sie versucht also intensiv, den Kreis der Beteiligten zurückzugewinnen.

Zu diesen Bemühungen der Patientin, ihren Zuhörerkreis zu vergrößern, zu erhalten bzw. wiederzugewinnen, kommt noch ein weiteres hinzu. Sie verwendet bei ihren Bemühungen nicht alle Mittel, die ihr zu Gebote stünden, sondern wählt nur welche mit ganz bestimmten kommunikativen Eigenschaften aus. – Nur um sich Gehör zu verschaffen und den Unwillen der Ärztin wenigstens zeitweilig zu überwinden, könnte die Patientin beispielsweise auch zu metakommunikativen Äußerungen greifen, die ja als besonders wirksam gelten. Solche Bemerkungen kommen zwar in Visiten seltener vor, kehren aber in besonderen Konstellationen ähnlich der eben in Rede stehenden mit einiger Regelmäßigkeit wieder. Hierzu nur drei Beispiele.

– Bemerkung über den *Adressaten:*

P: Jetzt geht's schon wieder los!
MA: Geht's schon wieder los?
P: Nee, ich wollte sie was fragen. Jetzt gehen Sie schon
    wieder ans andre Bett.

– Bemerkung über den *Sprecher* selbst:

P: Was ich noch sagen wollte: Also mit den Warzen da, das kann
    ich nicht so lange haben . . .

– Bemerkung über die Kommunikations-*Situation:*

P: Wir sind nicht zur Sprache noch gekommen so weit. Weil
    Dr. H. hat mir gesagt, wir sprechen noch einmal und wird mir
    alles zeigen, gell? Und äh natürlich ist doch immer so viel zu tun
    und es ist noch der Moment noch nicht gekommen.

Im betrachteten Fall nutzt die Patientin jedoch keine dieser Möglichkeiten, sondern beschränkt sich auf Wiederholungen, Paraphrasen und Erweiterungen. Die Motive dafür mögen natürlich vielfältig sein. Zum Beispiel kann die Befürchtung, durch allzu entschiedenes Auftreten als Querulant zu erscheinen, genauso mit hineinspielen wie mangelnde Übung im Umgang mit metakommunikativen Mitteln. Ein sicheres Urteil hierüber allein auf der Grundlage des Gesprächstextes dürfte kaum möglich sein. Erkennbar aber ist eine entscheidende kommunikative Qualität der ausgewählten Mittel.

Bekanntlich sind bestimmte kommunikative Unterfangen in

Frage gestellt, wenn sie den bezweckten Erfolg nicht auf Anhieb zeitigen. Ein Witz etwa, dessen Pointe nicht schlagartig, sondern erst durch Wiederholungen oder Erläuterungen allmählich klar wird, verfehlt in aller Regel sein Ziel. Er wird zerredet (am deutlichsten erkennbar am Los vieler fremdsprachiger Witze). Das liegt daran, daß die Maßnahmen, die das zunächst gescheiterte Unternehmen doch noch zum Erfolg führen sollen, Zeit verbrauchen und gerade dadurch die Spannung zerstören, an der die Wirksamkeit des Unternehmens hängt. Allgemein gilt, daß genau diejenigen kommunikativen Vorhaben, die ihre Wirkung nur durch einen festen Zeitplan erreichen, wegen des außerplanmäßigen Zeitverbrauchs der Rettungsversuche sich nur begrenzt oder gar nicht reparieren lassen.

Zu diesen empfindlichen Vorhaben gehören auch die Erzählversuche der Patientin, und diesem Sachverhalt trägt sie auch Rechnung. Bei ihren Bestrebungen, sich durchzusetzen und der Ärztin die versagte Resonanz abzunötigen, greift sie nur zu solchen Mitteln, die den Fluß der Erzählung zugleich am wenigsten beeinträchtigen. Sie versucht also, die Erfordernisse der Situation so gut wie möglich mit den Anforderungen ihrer Pläne auszubalancieren.

Bezeugen schon die Bemühungen der Patientin um ihren Zuhörerkreis, wie ernst ihre kommunikativen Absichten sind, so macht ihr Versuch, zwischen Durchsetzung und Erzählung auszugleichen, der Ärztin vollends deutlich, daß die Patientin das Erzählschema inszeniert. Daß die Ärztin nicht in dem erforderlichen Umfang reagiert, kann deshalb als Unterlassung innerhalb des transindividuellen Erzählschemas gewertet werden.

Die zweite Hauptfrage dieses Abschnitts kann nunmehr positiv beantwortet werden: Für das analysierte Gespräch läßt sich neben dem Austausch das Erzählschema als zweites Interaktionsmuster ansetzen (vergleiche die folgende Skizze).

Skizze des Musters Erzählschema

Ärztin   Patientin
          Also ganz weg war's noch nie. Schweschter M.,
          des hab ich's letzte Mal auch g'het, nit? Ganz
          weg geht's nie.
Hm

Also die Frau Doktor het mir immer so Tube gen
((= gegeben)) von sich mit Salb.

Hm̌

Het sie's a noch mol mit was anderem versucht,
aber es het nix

—

Sie het mich auch mal zum Hautarzt runtergeschickt,

Hm̌

und dann het der zu mir gsagt: »Frau B., des isch
ein Ex-zem, da kann ich nix mache dran.«

Hm̌

Het mich wieder heimgeschickt.

Hm̌

'ch hab's au do vorne an der Bruscht

—

4.3. Zusammenfassung: Strukturen des Gesprächskonflikts

1) Strukturen der Erzählversuche im Gespräch
   - Es fehlen Vorfeldelemente.
   - Es fehlen Ausleitungen.
   - Erzählkomponenten bleiben unvollständig.
   - Es gibt mehrere Durchgänge derselben Komponente.
   - Es gibt vorzeitige Übergänge zu neuen Komponenten.
   - Es gibt flankierende Maßnahmen: Zeugenanrufung, Deixis
     und Gestik.
2) Beziehungen der Erzählversuche zum umgebenden Gespräch
   - Sprecherwechsel: Die Patientin redet teilweise simultan mit
     der Ärztin.
   - Themenbehandlung: Die Patientin entwickelt das Thema
     asynchron zur Ärztin.
3) Strukturen des Gesamtgesprächs
   - Die Ärztin produziert in der Form der Serie eine Initiative.
     Die Patientin übernimmt das Ziel der Initiative und gibt
     entsprechend Antwort. Beide Züge zusammen bilden das
     Muster Austausch.
   - Die Patientin ergreift die Initiative und versucht zu erzäh-
     len. Die Ärztin antwortet mit Minimaläußerungen, unter-
     läßt aber angemessene Kommentare. Beide Zugfragmente
     zusammen bilden ein Fragment des Musters Erzählschema.
   - Die Muster Austausch und Erzählschema entwickeln sich
     gleichzeitig und in Konkurrenz zueinander.

5. Diskussion: Konflikt im Gespräch und Konflikt im Patienten

Die Analyse ergab, daß in dem untersuchten Visitenabschnitt zwei verschiedene Interaktionsmuster nebeneinanderherlaufen, oder genauer gesagt, daß zwei konkurrierende Muster ineinander verwoben sind. Solche strenge Gleichzeitigkeit ist natürlich nicht in allen Fällen gegeben. Die Muster sind manchmal auch zeitlich leicht gegeneinander versetzt. Solange jedoch die Konkurrenz der Muster als Triebkraft der Gesprächsentwicklung wirksam bleibt, nimmt das Gespräch keinen prinzipiell anderen Lauf.[7] Gleich, ob sich die Muster in völligem Gleichlauf oder mit leichter Verschiebung entfalten, die Entwicklung zeichnet sich durch drei Merkmale aus.

Das eine Muster, das als Austausch beschrieben wurde, wird von der Ärztin forciert, das andere, das als Erzählschema erkannt wurde, von der Patientin. In dem einen findet eine rasche Progression des Themas statt, in dem anderen eine retardierende Entwicklung in die Breite. Das eine ist vollständig verwirklicht, das andere bruchstückhaft.

Es handelt sich also um eine Situation, die Lacoste treffend so charakterisiert:

»Dans d'autres consultations, il serait possible de reconstituer une trame narrative profonde, le plus souvent masquée et fragmentée par la dialogique médicale. Quand le malade accède à un discours autonome, celui-ci revèle l'existence d'un récit latent souvent incompatible avec le cadre discursif imposé.« (Lacoste (1977), S. 71).

Demzufolge bestünde eine ursächliche Beziehung zwischen den beiden Interaktionsmustern. Die autonome Erzählung des Patienten würde *durch* den auferlegten Gesprächsrahmen unterdrückt.

Scheint diese Kausalzuschreibung durchaus plausibel, so kann ihre ungenaue Formulierung doch sehr in die Irre führen. Man könnte nämlich schließen, daß sich der Konflikt zwischen den zwei Gesprächsformen geradlinig auf einen Konflikt zwischen Interessen des Arztes und Interessen des Patienten zurückführen ließe. Damit wären die Fronten klar.

So einfach liegen die Verhältnisse aber nicht. Die Patientin im untersuchten Beispiel versucht zwar einerseits, selbständig eine konkurrierende Gesprächsform aufzubauen, bemüht sich aber andererseits auch, durch eigenes Mittun in dem Interaktionsmuster der Ärztin dem von dieser verfolgten medizinischen Zweck zu dienen. Indem sie die beiden konkurrierenden Muster gleichzeitig in Gang hält, kann sie zwei Zielen auf einmal nachgehen, die einander widerstreiten: hie klinische Behandlung, da soziale Verarbeitung thematischen Bewußtseins. Dabei meine ich mit »thematischem Bewußtsein« das auf Lebenserfahrung fußende Lageverständnis der Betroffenen, in dem Kognition, Aktionsorientierung und Wertung integriert sind (im Sinne von Berger (1974)). Offen bleiben muß, worin für die Patientin die »soziale Verarbeitung« liegen sollte, ob in Anregung, Kritik, Selbstbehauptung o. a.

Genau genommen geht es also nicht einfach um einen äußeren Interessenkonflikt zwischen Ärztin und Patientin, sondern um einen inneren Konflikt in der Patientin, um einen Zielkonflikt. Nun wäre allerdings noch zu klären, woher ein solcher Konflikt zwischen dem Ziel der Behandlung und dem Ziel der Besprechung rührt und welche Möglichkeiten der Austragung dem Patienten zur Verfügung stehen.

Die beiden Ziele sind nicht per se miteinander unvereinbar, sondern nur deswegen, weil im Krankenhaus der Zweck der Heilung durch ein Verfahren erreicht werden soll, das vom Patienten eine Selbstzensur gegenüber seinem thematischen Bewußtsein verlangt. Zulässig sind nach diesem Verfahren im Prinzip nur solche Äußerungen des Patienten, die im medizinischen Handlungskonzept verwertbar sind und die er dazu aus der Totalität seines thematischen Bewußtseins herausfiltern muß. Die institutionellen Verhältnisse garantieren also die Verfolgung des einen Ziels gerade durch die Verhinderung des anderen. Von daher kann man sagen, daß der Zielkonflikt des Patienten durch die Institution des Krankenhauses induziert ist.

Angesichts der Kopplung des medizinischen Zwecks mit einem kommunikativ einengenden Verfahren bleiben dem Patienten grundsätzlich zwei Wege offen.

Entweder kann er sich selbst disziplinieren und im Interesse seiner Behandlung in dem ihm auferlegten Verfahren mitspielen, oder er kann versuchen, das Gespräch frei mitzugestalten und sich im Interesse einer Besprechung gegen die vorgesehene Gesprächsform zur Wehr setzen.

Hält der Patient aber im übergeordneten Interesse einer ganzheitlichen Gesundung an beiden Zielen fest, einer Behandlung und einer Besprechung, dann kann er sich nur widersprüchlich verhalten, solange es ihm nicht gelingt, die ihm gegenüberstehende Kopplung von Zweck und Verfahren zu lockern (und solange sich die beteiligten Ärzte vielleicht gar nicht anders verhalten können).

Gegen alle Hoffnung auf Versöhnung seiner Ziele bleibt dem Patienten dann nur die belastende Doppelrolle als Handlanger und Störenfried zugleich.

Anmerkungen

1 Prof. Siegrist möchte ich dafür danken, daß er das Material großzügig für die Gesprächsanalyse freigab. – Für die verwendeten Transkriptionen zeichne ich selbst verantwortlich.

2 Diesen Unterschied übersieht z. B. Streeck (Anmerkung des Übersetzers, in Wald (1978), S. 130).

3 Parisi und Castelfranchi (1976) gehen analog vor, um ein ganzes Gespräch auf eine Zielhierarchie abbilden zu können. Die funktionalen Einheiten heißen bei ihnen »microdiscorsi«.

4 Die Äußerungen jedes Teilnehmers stehen in einer eigenen Spalte, simultane Äußerungen in derselben Zeile. Die Abkürzungen bedeuten: A = Arzt, P = Patient, MA = Medizinalassistent, S = Schwester.

5 Bei ihrer wegweisenden Analyse von Gesprächen aus dem anderen klinischen Teilbereich, der Ambulanz, mußte Lacoste analog verfahren:

»Pour considérer l'ensemble de l'énoncé du malade comme une réponse à la question du médecin, des opérations de reformulation sont nécessaires: il faut extraire et mettre en séquence (. . .). C'est au prix d'une telle reconstruction que l'on peut procéder à une analyse dialogique.« (Lacoste (1976), S. 461).

6 Will aber der Patient nicht bloß eine günstige Redegelegenheit abwarten, sondern die Voraussetzungen für eine »weiche Landung« seiner Initiative selber schaffen, bleibt ihm nichts anderes übrig als die Vorbereitung mit Vorfeldelementen. Am ehesten haben dann solche Initiativen Erfolg, die zugleich hinreichend und kurz vorbereitet wurden. Dazu scheinen sich vor allem unmittelbare Rückfragen wie »Halt, das versteh ich nicht« zu eignen sowie alle Arten von Vorrangsignalen, wie etwa »Was Wichtiges«, »Unbedingt noch das« oder

einfach »Moment«. Verstärkend wirken die mehrfache Wiederholung, also z. B. »Moment, Moment, Moment«, und parasprachliche Qualitäten wie schnelles und lautes Reden. Vgl. Bliesener (1980).

7 Ein anderer Verlauf ist jedoch dann gegeben, wenn Austausch und Erzählschema sich nicht nebeneinander, sondern nacheinander entfalten, nicht konkurrierend, sondern alternierend. Freilich kann auch diese Form der Gesprächsentwicklung zu Lasten des Erzählens gehen. Zum Beispiel schildert Schmitz sehr eindringlich, welche Folgen in polizeilichen Vernehmungen ein dauerndes Pendeln zwischen den beiden Mustern haben kann:

»Es scheint . . . so zu sein, daß die Beamten im Vorgespräch jeweils einige narrative Sätze benötigen, um daran ihr Frage-Antwort-Verfahren inhaltlich aufhängen zu können. Dann lassen sie weitere narrative Sätze zu, um erneut in eine reine Frage-Antwort-Interaktion einsteigen zu können. Auf diese Weise aber ›zertrümmern‹ viele von ihnen die Erzählung in kleinste Einheiten und zerstören damit im Extremfall die durchgehende Orientierung des Erzählers an seinem Erzählplan, was schließlich zur Aufgabe der Erzählbereitschaft führen kann.« (Schmitz (1978), S. 235)

Literaturverzeichnis

Berger, H. (1974) Untersuchungsmethode und soziale Wirklichkeit. Frankfurt/Main

Bliesener, Th. (1978) Strategien der Abweisung von Initiativen. Zur Kommunikation zwischen Krankenhauspersonal und Patient in der Visite. Bonn (unveröff. Diplomarbeit)

Bliesener, Th. (1980) Wie kann man als Patient in der Visite zu Wort kommen? In: Tschauder, G. und Weigand, E. (Hg.) (1980) Pespektive: textextern. Akten des 14. Linguistischen Kolloquiums Bochum 1979, Tübingen, Bd. 2, S. 27–36

Bliesener, Th. (1979) Debattieren am Krankenbett. Beobachtungen an Argumentationen in der Visite. Ms. eines Vortrags bei der 10. Jahrestagung der GAL

Genette, G. (1966) Frontières du récit. In: Communications 8 (1966), S. 152-163

Jefferson, G. (1978) Sequential Aspects of Storytelling in Conversation. In: Schenkein, J. (Hg.) (1978) Studies in the Organization of Conversational Interaction. New York, S. 219-248

Lacoste, M. (1976) Eléments pour une analyse sociolinguistique des consultations médicales hospitalières. Paris (Thèse)

Lacoste, M. (1977) Interrogation – Interrogatoire. In: Travaux du Centre de Recherches Sémiologiques 25. »Discours et structures sociales«. Neuchâtel, S. 51-75

Parisi, D. & Castelfranchi, C. (1976) La conversazione come adozione di scopi. Rom (Ms.)

Rehbein, J. (1976) Planen II: Planbildung in Sprechhandlungssequenzen. Trier (L.A.U.T.)

Ryave, A. (1978) On the achievement of a Series of Stories. In: Schenkein, J. (Hg.) (1978) Studies in the Organization of Conversational Interaction. New York, S. 113-132

Schmitz, H. W. (1978) Tatgeschehen, Zeugen und Polizei. BKA-Forschungsreihe Bd. 9. Wiesbaden

Schütze, F. (1978) Strategische Interaktion im Verwaltungsgericht. In: Hassemer, W. u. a. (1978) Schriften der Vereinigung für Rechtssoziologie Bd. 2. »Interaktion vor Gericht«. Baden-Baden, S. 19-100

Siegrist, J. u. a. (1974) Arbeit und Interaktion im Krankenhaus. Marburg (unveröff. Forschungsbericht)

Stubbs, M. (1973) Some Structural Complexities of Talk in Meetings. Birmingham (Ms.)

Wald, B. (1978) Zur Einheitlichkeit und Einleitung von Diskurseinheiten. In: Quasthoff, U. (Hg.) (1978) Sprachstruktur – Sozialstruktur. Königstein/Ts., S. 128-149

Zimmermann, K. (1978) Erkundungen zur Texttypologie. Tübingen

Ruth Wodak-Leodolter
Problemdarstellungen
in gruppentherapeutischen Situationen

Eine spezifische Textsorte aus der gruppentherapeutischen Sitzung wird
hier vorgestellt und anhand von Textmaterial sowohl qualitativ wie
quantitativ illustriert, nämlich die Problemdarstellung. Diese Textsorte ist
bestimmten Texttypen übergeordnet bzw. als solche realisierbar, und
zwar als szenische Darstellung, als Zustandschilderung und als Erzählung. Die qualitative textlinguistische Analyse wie auch die quantitative
Auswertung von 1134 Texten brachten systematische, statistisch signifikante Korrelationen mit Schicht und Geschlecht der Patienten zutage.
Eine Taxonomie wie auch ein Textmodell werden vorgestellt, um diese
Textsorte zu erfassen, nach der abrißhaften Beschreibung der Untersuchung und gruppentherapeutischen Methode. Konsequenzen für Theorie
und Praxis werden angesprochen.

1. Einleitung

Im Rahmen folgender Ausführungen soll ein Teilaspekt einer
größeren Longitudinalstudie[1] detailliert dargestellt werden; es
wird versucht, typische Problemdarstellungs-Strukturen und -
muster aus gruppentherapeutischer Kommunikation linguistisch

zu erfassen und zu beschreiben, letztlich auch quantitativ zu analysieren. – Bevor ich mich der zu beschreibenden Textsorte zuwende, sei kurz der Kontext umrissen, in dem die zu untersuchenden Texte geäußert werden, da Methoden der Analyse und Beschreibung wie auch Interpretation sonst unverständlich bleiben müßten.[2]

2. Die gruppentherapeutische Situation

Therapeutische Kommunikation unterscheidet sich – wie schon in manchen Arbeiten schlüssig nachgewiesen worden ist – in signifikanter Weise von der Alltagskommunikation[3], und zwar nicht nur im Setting (das schon oft beschrieben worden ist), sondern auch in den Dialogregeln, in der Gruppenstruktur und -dynamik, in den thematisierten Problemen und Gesprächsinhalten, in der Art der Gesprächsführung, wie auch letztlich in der Möglichkeit, die sprachlichen Handlungen auf verschiedenen Ebenen (tiefenpsychologische wie auch reale Dimension) zu interpretieren[4]. Da auch die Textsorte »PD« Problemstellung von all diesen Faktoren betroffen ist, möchte ich mich kurz mit einigen der genannten Punkte auseinandersetzen.

2.1. Das Setting

Das gruppentherapeutische Setting ist – wie jede Form der Psychotherapie – durch die Verbindlichkeit der Zusammenkünfte, deren Dauer, des Ortes, der Anwesenheit des Therapeuten und dessen eher passiver (neutral abstinenter) Rolle, der kontinuierlichen Anwesenheit der Gruppenmitglieder über einen längeren Zeitraum rein äußerlich charakterisiert und damit stark von jeder alltäglichen Gruppensituation, sei sie auch noch so verbindlich und restriktiv, abgehoben.[5]

2.2. Dialogregeln

Jeglichem psychotherapeutischen Gespräch wird die Regel zugrunde gelegt, die im Rahmen der psychoanalytischen Technik den Namen »Grundregel« trägt: Man soll alles sagen, was einem einfällt, kein Thema, keine Emotion sind von dem Gespräch grundsätzlich ausgeschlossen oder tabuisiert.[6]

Bei einer Gruppentherapie hat die Grundregel natürlich einen anderen Stellenwert als in einer Einzeltherapie, wo sie sich auch auf die Vereinbarung der »freien Assoziation«[7] bezieht. Trotzdem unterscheidet sich das gruppentherapeutische Gespräch von einer alltäglichen Situation im Wegfallen ritualisierter Konversation und der Veränderbarkeit eingespielter Mechanismen, Gruppenrollen, -hierarchien usw. Nicht nur besteht die Regel, alles zu sagen, was einem einfällt, sondern auch Probleme, Beziehungen, Konflikte metakommunikativ aufzuarbeiten mit der Hilfe des Therapeuten, der trotz seiner abstinenten Haltung durch seine Deutungen gerade in dieser Hinsicht großen Einfluß besitzt.

2.3. Gruppenstruktur und Gruppendynamik

Gruppentherapeutisches Gespräch unterscheidet sich auf der sprachlichen Ebene sowohl inhaltlich als auch der Form nach von einem »normalen« Gespräch. Nicht nur sind die thematisierten Inhalte andere, auch die verwendeten Sprechstrategien unterscheiden sich in wesentlichen Punkten, werden anders eingesetzt. Außerdem ist jede Äußerung nicht nur auf die thematisierten Inhalte zu untersuchen, sondern – aufgrund der therapeutischen Situation – auf die bewußten und unbewußten Vorgänge in der Gruppe wie auch beim einzelnen hin; d. h., daß zur umgangssprachlichen Bedeutung von Äußerungen weitere Bedeutungsebenen hinzugezogen werden müssen, um den Sinn des Gesagten (manifest wie latent unbewußt) interpretieren zu können, den Sinn, der sich letztlich aus der gruppendynamischen Situation, aus der Übertragung[8] und aus der Lebensgeschichte des einzelnen (aus der Pathogenese) ergibt.

3. Stellenwert der Problemdarstellung in der Therapiesituation

Die Textsorte, die hier vordergründig interessiert, die Problemdarstellung, umfaßt daher ebenfalls mehrere Bedeutungsebenen: nicht nur der manifeste Inhalt ist wesentlich, sondern auch der Kontext (wann, zu welcher Zeit innerhalb der Sitzung wird ein

Problem thematisiert) und schließlich, welche Motive beim einzelnen Patienten dafür verantwortlich sind, daß ein Problem auf gewisse Weise geschildert wird.

Die Problemdarstellung (PD) besitzt zentralen Stellenwert innerhalb der von mir untersuchten Gruppentherapiesitzungen; in der Technik der Krisenintervention ist es zunächst nicht so relevant, Beziehungen und Übertragungen zu hinterfragen und aufzuarbeiten, wie den Menschen in der akuten Krise beizustehen.[9] Deshalb können wir auch die manifeste PD als solche analysieren und fragen, ob sich im Laufe von zwei Jahren (während zweier Jahre wurde diese Gruppe von mir in regelmäßigen Abständen teilnehmend beobachtet) die PD der einzelnen Patienten ändern; in der vorliegenden Untersuchung wird dies einerseits an der sprachlichen Änderung der PD festgemacht, andererseits dienen Interviews mit Patienten und Therapeuten außerhalb der Gruppensituation als weiteres Datenmaterial[10]. Abgesehen vom Thema der PD, das – wie zu zeigen sein wird – entscheidend auf Art und Weise der Erzählung Einfluß nimmt, spielen bei der PD soziologische Faktoren eine wesentliche Rolle, die über die therapeutische Situation hinaus Einfluß besitzen, nämlich soziale Schicht und Geschlecht des Patienten. Unserer Fragestellung gemäß gibt es typische schicht- und geschlechtspezifische Formen der Darstellungsweise beim selben Thema, also unterschiedliche textliche Realisierungen, die derselben Textsorte zugeordnet und von derselben thematischen Texttiefenstruktur abgeleitet werden müssen (da die jeweiligen PD auch dieselbe kommunikative Funktion besitzen), die Konstanz über die jeweilige spezifische Gruppensitzung hinaus besitzen und auch je nach Phase der Therapie Änderungen unterliegen (d. h., daß z. B. stereotype Formen geschlechtspezifischen Verhaltens sich ändern können).

4. Linguistische Analyse der umgangssprachlichen Ebene

Bevor wir uns den Funktionen der PD und der qualitativen und quantitativen Analyse zuwenden, scheint es notwendig, die sprachlichen Äußerungen innerhalb der therapeutischen Situation taxonomisch zu erfassen, um einen konzeptuellen Hintergrund für die Ableitung der Analysekategorien zu explizieren (Schema 1). Dem Ansatz Hallidays[11] folgend, gliedern wir die Äußerungs-

ebene nach dem Kriterium der Funktionalität von Sprachhandlungen; jede Äußerung läßt sich zunächst der Inhalts- oder
Metaebene zuordnen. Kriterium für diese Zuordnung ist der
thematisierte Inhalt, nämlich ob es sich um therapiefremde Probleme oder um Aufarbeitung der Therapie selbst, um Gespräche
auf der Beziehungsebene handelt. Wie schon vorher angedeutet
worden ist, sind Qualität bzw. Quantität der Metakommunikation für die Gruppentherapie sehr typisch sowie charakteristisch
und für den Therapieeffekt von entscheidender Bedeutung: Gerade die Möglichkeit zur Selbstreflexion[12], zur verbalen Aufarbeitung von Konflikten (wozu natürlich auch die emotionelle Verarbeitung gehört[13]), zur Erstellung von Problemlösungsstrategien
ist entscheidend für die Kenntnisnahme alternativer Lebensformen, für Einsicht in bestehende Problematik und mögliche Veränderung. Demgemäß bezeichnen wir Äußerungen, die sich inhaltlich mit Metakommunikation auseinandersetzen, als »reflexive Sprachhandlungen«[14].

Die Inhaltsebene (wir müssen uns natürlich auch bei dieser
taxonomischen Gliederung klar sein, daß solche Zuordnungen
letztlich willkürlich und nie eindeutig sind[15]) teilen wir in eine
formale und eine inhaltliche Textebene – dies dient einerseits der
expliziten Erfassung textkonstitutiver Faktoren, wie der Diskurs-
handlungen und der diskurslogischen Prozesse, andererseits der
Unterscheidung von Handlungsstrategien und kognitiv-emotio-
nellen Handlungen[16]. Schon wird klar, daß jede Äußerung, jeder
Text selbstverständlich Elemente aus all diesen Kategorien enthalten wird, die jeweilige typische Kombination läßt dann spezifische Texttypen entstehen. Deshalb scheint die analytische Trennung sinnvoll, da sonst Abweichungen auf einer der genannten
Ebenen nicht faßbar wären: z. B. unterscheiden sich Unter-
schicht- und Mittelschicht-PD unter anderem gerade auf der
diskursiven Ebene (verschiedene Erzählstrukturen dienen zum
Ausdruck derselben Handlungsstrategie), oder »normale« und
schizophrene Sprache unterscheiden sich vor allem in der Art der
verwendeten diskurslogischen Prozesse. Geschlechtspezifische
Unterschiede liegen z. T. hauptsächlich auf der kognitiv-emotio-
nellen Ebene, und zwar in der Art und Quantität der Verbalisierung des Gefühlszustandes.

Für die qualitative Beschreibung wie auch für die quantitative
Analyse der Textsorte »PD« leiten wir daher aus dieser Taxono-

mie Kategorien und Indikatoren ab, die bei der Überprüfung der Annahmen über schicht- und geschlechtspezifische Formen der PD Verwendung finden. Die vorgestellte Taxonomie ist nicht nur in der oben geschilderten Übereinstimmung mit der »Realität« begründet, sondern auch, in veränderter Form, schon in der Praxis einer linguistischen Untersuchung erprobt[17] sowie auch aus einem Modell über kommunikative Funktion von sprachlichen Handlungen abgeleitet worden. Die Wahl unserer Kategorien und Indikatoren im weiteren ist daher durchaus nachvollziehbar und begründbar, wenn auch letztendlich natürlich vom eigenen Untersuchungsinteresse geleitet[18].

5. Funktionen von PD in Therapiesituationen

Als typische kommunikative Handlung im therapeutischen Kontext bildet die PD eine Sprecherstrategie, die – dem theoretischen Ansatz gemäß – zu einer PD in einer Alltagssituation erhebliche Unterschiede aufzuweisen haben müßte. Entscheidend scheint der Faktor der Offenheit zu sein; es geht in der therapeutischen Situation nicht mehr darum, ein »Image«[19] zu errichten, das sozialen Werten wie Leistung, Stärke, Prestige, Status usw. Genüge tun muß. Es geht vielmehr darum, das jeweils bestehende Image zu zerschlagen, das oft Anlaß zu Leid und Depression gibt, weil es eben nicht gelingt, den gesellschaftlichen Anforderungen und Werten gerecht zu werden[20]. Obwohl die Entblößung und die Offenheit, die als Anspruch in der Therapiesituation bestehen, als peinlich und schamvoll erlebt werden, wirken sie dennoch befreiend: man muß nicht irgendwelchen vorgegebenen Bildern entsprechen, sondern man darf ehrlich zu seinen Schwächen und Problemen stehen und erlebt oft erstmalig, daß man trotzdem, sogar gerade deshalb, geschätzt und geliebt wird, daß die Welt nicht zusammenstürzt. Derart wird der Patient in die Lage versetzt, eigene Ansprüche und Werte zu formulieren und für sich selbst verbindlich zu setzen, die ihm selbst entsprechen, also eine eigene Identität zu finden und sich von vorgegebenen, nicht zu befolgenden Maßstäben zu befreien. Daß solche PD zunächst sehr viel Schwierigkeiten bereiten, ist, vor dem geschilderten Hintergrund betrachtet, recht einleuchtend: die Angst vor Entblößung ist riesig, ist man doch bisher immer den negativen gesellschaftlichen Sanktionen ausgesetzt gewesen, wenn man nicht »stark, fleißig, erfolgreich, leistungsfähig« usw. gewesen ist. Gerade hier sind die traditionellen geschlechtspezifischen Unterschiede anzusiedeln: Männer müssen stark sein, Frauen dürfen schwach sein. Daher gelingt Frauen – zunächst oberflächlich gesehen – der Einstieg in die therapeutische Situation besser[21].

Auf der Ebene des »Hier und Jetzt« in der Gruppe erfüllt die PD für die Gruppe und den einzelnen in der Gruppe noch zusätzliche Funktionen: einerseits erlaubt die Möglichkeit, ein Problem ausführlich zu schildern, dem einzelnen, sich in die Gruppe zu integrieren, andererseits stellt sich das Zusammengehörigkeitsgefühl in der Gruppe gerade auch über die Erfahrung her, daß es allen in ähnlicher Weise schlecht geht. Weiters kann man sich derart profilieren, eine bestimmte Gruppenrolle einnehmen, bzw. die Rolle wird einem von der Gruppe zugeschrieben. Außerdem weist die Art der Darstellung stark auf unbewußte Übertragungen des einzelnen auf die Gruppe hin: will man v. a. Trost und Mitleid, so erlebt sich der Patient noch als »arm, hilflos, kindlich«; sucht man hingegen eher Rat oder die Möglichkeit, verschiedene Problemlösungsstrategien gegeneinander mit Hilfe anderer abzuwägen, auf dem Hintergrund eigener Entscheidung, so deutet dies schon auf einen Emanzipationsprozeß des einzelnen aus der Gruppenfamilie (eine spätere Phase im Bion-'schen Schema[22]) und auf eine teilweise Auflösung der Familien- und Autoritätsübertragung hin.

Letztlich ist sowohl die Qualität wie auch der thematisierte Inhalt der PD von der Lebensgeschichte und den Erwartungen des einzelnen und dessen Statusrollenkombination geprägt. Die spezifische Funktion, die Motive, die den einzelnen Patienten zur Äußerung gerade dieses Problems zu einem bestimmten Zeitpunkt bringen, bleiben uns jedoch verschlossen, wie auch die privaten Symbole und Konnotationen, mit denen jede PD durchsetzt ist[23].

6. Qualitative Beschreibung und Analyse der Textsorte »Problemdarstellung« in der Therapiesituation

Bei der Erstellung der Taxonomie zur Erfassung sprachlicher Äußerungen gemäß ihrer kommunikativen Funktion innerhalb

der Therapiesituation sind v. a. vier Ebenen als relevant hervorge-
stochen, die bei der Beschreibung der PD-Strukturen notwendig
herangezogen werden müssen, und zwar der diskursiven und
logisch-formalen Textebenen und der handlungsstrategischen
und kognitiv-emotionalen inhaltlichen Textebene. Unseren Annahmen gemäß (im Rahmen dieser Ausführungen können die
Konzepte zur schicht- und geschlechtsspezifischen Sozialisation
nicht entwickelt werden[24]) gibt es signifikante Unterschiede in
der Qualität der Darstellung zwischen den Schichten und Geschlechtern. Es wird nun versucht, innerhalb eines »soziolinguistischen« Textmodells unterschiedliche Texttypen von derselben
Texttiefenstruktur abzuleiten und die Unterschiede an bestimmten Indikatoren festzumachen[25].

Zunächst möchte ich vier Textbeispiele vorstellen, je ein Mann
und eine Frau aus Unterschicht und Mittelschicht, die alle ihre
Probleme mit der Arbeit schildern, hierauf sollen typische Unterschiede thesenhaft abgeleitet werden:

Text 1 (Unterschicht-Mann):

F_1: Nicht, daß Sie glauben, daß ich mich gehen lasse, aber ich hab halt
oft das, daß ich seelisch am Tiefpunkt bin.

F_2: Sie glauben, das würde woanders auch sein.

F_1: No sicher, no hundertprozentig.

M: Na, des dinx, i bin ja echt bedient, kann ma sagen, aber i muaß
arbeiten gehen. Oft, da steh i, glaub, i versink in Boden, da siech i,
da siech i nix mehr, bin i total weg ... Ja in der Privatwirtschaft,
glaub ich, daß man bedient ist, weil ich bin ja da irgendwie frei. I bin
ja da unlängst am am am Ringturm g'standn, am 18. Stock, i hab ma
denkt, die ganzen, die ganzen, wie häßt des, wo man si anhalt, na

M_2: Geländer

M: Ja, des G'lander bricht ob, hab i wieder des Wurlerte 'kriegt, wäß i,
des des des – soll i oba springen, aber na, da bin i 'gangn zum
Aufzug, bin obi g'fahrn, hab mi ins Kaffeehaus einigsetzt, hab
krampfhaft versucht zu lesen, bin um den Häuserblock g'rennt, is
ma net g'lungn, aber es is wieder gangn.

F_3: Aber, aber Du kannst kan Chef derartig am Gnack haben wie
Deinen eigenen Vater, des gibts gar nicht ...

Text 2 (Mittelschicht-Mann):

Pause

M: Ich leide jetzt momentan schon unter richtige Schweißausbrüche in
der Früh, wenn i munter wer und bis i aufsteh', des is so unkontrol-

lierbar und ich bin total fertig. Der ganze Brustkorb und des Ganze ist so so angespannt. Ich arbeite als Vertreter wieder, da ist mir, wie gesagt, der Chef schon ungut aufgefallen. Ich hab schon amal a Differenz g'habt, und wann sowas is, das zehrt, das geht dann, vor allem in der Früh is am ärgsten.

T: Wie ist das mit dem Chef?

M: Na ja, gut, das dürfte sich einspielen, aber ich bin noch nach der ersten Auseinandersetzung. Das war vollkommen aus der Luft gegriffen. Ich weiß, mit 50 Jahren, daß man mehr leisten muß, als wenn man jung ist und sagma, jedenfalls ist das Ganze von m r so angespannt, daß ich, ich nicht zur Ruhe komme. Es ist so, am Wochenende, ich fürcht mich am Freitag, daß am Montag wieder losgeht. Daweil, eigentlich, es läuft ja ganz gut, aber ich weiß, es geht ganz gut, aber die Spannungen, diese Angst, oder ich weiß nicht, der ganze Zustand ist furchtbar verheerend für mich. Ich bin in der Früh total erschlagen und fürcht mich dann vor dem Arbeitsbeginn. Ich habe ja nur Deanxit bisher genommen, die auch weniger, höchstens ans, und die helfen nix in dem Zustand, überhaupt nix. I wäß net, vielleicht könnens ma helfen, obs da irgendwas gibt.

T: Ja, aber ich glaube, daß wir darüber hinaus doch das in der Gruppe betrachten sollten.

Text 3 (Unterschicht-Frau):

M: Und kannst Du mit Deinem Mann darüber sprechen?

F: Na also, er sagt, des geht die anderen nix an, des tut ma dann eh gut, wenn er das sagt. I derf jetzt nimmer die Zeitung anschauen, da sagt er, »suchst scho wieder und des is für di nix, arbeiten gehn. Und es geht da besser, wennst zHaus bist – net –«. Da sag i, »Du wüst des gut mänan, aber Du willst mir Deinen Willen aufdrängen, weil Du wüst es ja, weil«, sagma, i bin nachmittag arbeiten 'gangn, und des war mein Mann net recht, und insofern, weil i hab ihm halt dann des Nachtmahl net hab können auf den Tisch stellen, es is eh immer verkocht und wir haben a Warmhaltedings, er braucht sichs nur nehmen. Und da hab i g'sagt, »Du willst mi ja deswegen net gehen lassen, weil i Dir des net servieren kann. Du wüst mir ja Deinen Willen aufzwingen, Du kannst mir ä net helfen, weil, i wäß des selber«, also, wann i wieder a Tätigkeit hab, daß ma dann besser gehen wird.

((Weinen))

Text 4 (Mittelschicht-Frau):

F₁: Eigentlich schon. Ich hab allerdings die ganze Nacht nix g'schlafen, aber jetzt am Nachmittag drei Stunden.

F: Ich hab auch Angstgefühle in der Früh, Angst vorm Versagen im

Büro. Und eine gewisse Sprechangst manchmal vor vielen Leuten
– deshalb fallts mir nicht besonders leicht zu reden (verlegenes
Lachen), aber ich weiß, es sind diese Ängste sehr oft unbegründet,
aber leider, ich hab immer wieder Angst. Ich nehm Temesta, das
hilft mir einigermaßen, das ist manchmal stärker, manchmal leichter; a Zeit hab i g'habt, da war mir regelrecht übel in der Früh, ich
mußte erbrechen, so einen Widerwillen hab i g'habt, so eine Angst,
ein leichtes Unwohlsein bis zu Mittag, das hat sich dann geben, bis
ich dann wieder in der ganzen Hektik drinnen war . . .

F_1: Was befürchten Sie konkret?

F: Na ja, sagma, ich hab, ich müßte sofort einen sehr schweren Text in
die Maschine schreiben, und es sind einige anwesend und ich muß
tippen und hie und da einen Rechtschreibfehler zu machen unter
Publikum, das wäre mir sehr peinlich, net . . .

F_1: Haben Sie früher auch Angst gehabt?

F: Ja, nicht so sehr. Echt ist das eigentlich erst seit 1954, ist das
eigentlich, diese Angst in mir, seit na ja, eh schon lang . . . mit der
Heirat ist das so geworden . . .

F_1: Kann das zusammenhängen mit Ihrem Mann?

6.1. Die Texttiefenstruktur

Die wichtigsten Kriterien, die für die linguistische Beschreibung
herangezogen werden sollen, liegen auf den genannten vier text-
konstitutiven Ebenen:
Diskursive Einheiten (z. B. PD-Struktur, Themenverarbeitung)
Diskurslogische Prozesse (z. B. Erzählzeit, Kohärenzphänomene)
Handlungsstrategien (z. B. Sprecherperspektive[25a])
Kognitiv-emotionelle Ebene (z. B. Gefühlsausdruck, Problemlö-
sungsprozesse; soziophonologische Stile dienen z. B. als Indikator)
Graphisch sei nun ein vorläufiges Textmodell vorgeführt, das
von einem zugrundeliegenden Textthema ausgeht (z. B. »Arbeits-
probleme«); siehe dazu Diagramm 1.
Schicht und Geschlecht der Sprecher wirken nun wie ein ›trig-
gering element‹, um die je spezifische Kombination der Merkmale
für eine PD zu bestimmten Themen zu erreichen. Die meisten
gewählten Indikatoren haben sich schon in anderen Untersuchungen als signifikante und sinnvolle erwiesen. Es besteht bei
unserem vorläufigen Modell keineswegs der Anspruch, diese

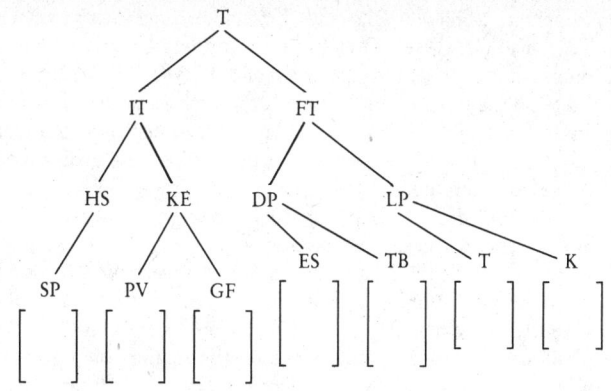

Diagramm 1

T: Textthema	SP: Sprecherperspektive
IT: inhaltliche Textebene	PV: Problemlösungsstrategien
FT: formale Textebene	GF: Gefühlsausdruck
HS: Handlungsstrategien	ES: Erzählstruktur
KE: kognitiv-emotionelle Strategien	TB: Themenverarbeitung
DP: Diskursprozesse	T: Tempus
LP: logische Prozesse	K: Kohärenz

Texttiefenstruktur nun kleinweise mit der Hilfe komplexer Regeln in eine Oberfläche überzuleiten. Einzelne kleine Grammatiken (Modulars)[26] können nun diese Überleitung übernehmen, analog zu Vorstellungen im Bereich der »artificial intelligence«. Für uns von Interesse ist vielmehr vor allem einerseits die Feststellung der Menge textkonstitutiver Faktoren und andererseits die Annahme, man müsse beim gleichen Textthema und gleicher kommunikativer Funktion innerhalb der Sprechsituation dieselbe Tiefenstruktur annehmen, die nun – je nach Kombination soziologischer Parameter – mit bestimmten vorauszusagenden Wahrscheinlichkeiten einen bestimmten Typ von Oberfläche ergibt, im Sinne einer variablen Regel auf Textebene (mit Hilfe des »log-linearen Modells« von Goodman).

Um solche Verallgemeinerungen leisten zu können, ist eine ergänzende quantitative Bearbeitung des Textmaterial notwendig. Daß die qualitative linguistische Beschreibung Vorrang besitzt, braucht wohl nicht argumentiert zu werden; vom Erkenntnisinteresse geleitet, fällt der Blick des Untersuchers jedoch natürlich auf Textbeispiele, die den Idealtypen besonders gut entsprechen, wie auch entwickelt der Forscher anhand der von ihm als typisch erachteten Textstellen die Idealtypen, die auch dem theoretischen Konzept genügen müssen. Das Risiko, solche Thesen qualitativer Art über die gesamte Textmenge zu überprüfen, ist groß; auch objektive Grenzen müssen gesetzt werden: Gerade der therapeutische Rahmen, das je Eigene an jeder Sitzung widerstrebt einer quantifizierenden Verallgemeinerung. Die Menge an möglicherweise intervenierenden Variablen ist dementsprechend groß und unüberschaubar[27], vor allem weil die je individuelle Lebensgeschichte des einzelnen Patienten nicht generalisierbar ist.

Andererseits ist die rein qualitative Analyse einer solch großen Textmenge allein, versucht man nicht statistisch signifikante Generalisierungen zu treffen, nicht zielführend. Es geht ja darum, Texttypen zu finden, Zusammenhänge herzustellen und nicht nur deskriptiv-taxonomisch vorzugehen oder bestenfalls mit Fallstudien zu argumentieren. (Im Anhang ist die qualitative Analyse von Text 3 exemplarisch vorgeführt).

Daher scheint es sinnvoll, nach genau definierten Kategorien die therapeutischen Texte nach PD durchzukämmen, diese zu kodieren (womöglich mit Hilfe anderer Leute)[28] und dann die Annahmen zu überprüfen, die über schicht- und geschlechttypische Ausformungen getroffen werden; derart wird Komplexität sinnvoll reduziert.

6.2. Idealtypische Muster

Unseren Annahmen gemäß muß die abstrakte Texttiefenstruktur in ganz typischer Weise je nach Sprecher abgewandelt werden. Im folgenden sollen vier Abwandlungen gezeigt werden, die den Hypothesen über schicht- und geschlechtspezifisches Verhalten entsprechen. Ich fasse hier nur kurz die Hypothesen in bezug auf die PD-Struktur zusammen, und zwar nur bezogen auf Unterschicht und Mittelschicht (die Ergebnisse scheinen in Schema 3 auf). Die Hypothesen in bezug auf die untere Mittelschicht werden hier vernachlässigt, da sie sowohl was die Theoriekonzeption betrifft als auch in der empirischen Datenauswertung ein sehr komplexes Bild darstellen, welches auszuführen den Rahmen der vorliegenden Arbeit sprengen würde.

1) Unterschicht und Mittelschicht unterscheiden sich signifikant in bezug auf die PD-Struktur beim selben Thema:
Mittelschicht mehr Zustand oder Narration
Unterschicht mehr Szene
2) Männer und Frauen unterscheiden sich signifikant in der Art der PD-Struktur:
Frauen eher Szene oder Narration
Männer eher Zustand
(Diese Unterschiede sind auch schichtspezifisch: der Unterschied liegt vor allem zwischen Mittelschicht-Frauen und Männern).

Auf weitere Unterschiede, wie Gefühlsausdruck, Problemlösung, Kohärenz usw., möchte ich hier nicht eingehen (Wodak 1980). Angemerkt sei dennoch ein wesentlicher Aspekt in bezug auf den Gefühlsausdruck: bei Männern wirkt sich hier der Schichtunterschied mehr aus als bei Frauen, außer bei einigen wenigen Themen (Frauen sind durchweg emotionaler).

Die Schemata sind natürlich idealtypisch, weitere Unterschiede können nur angedeutet werden. Problemlösungsverhalten und

Mittelschicht-Mann:

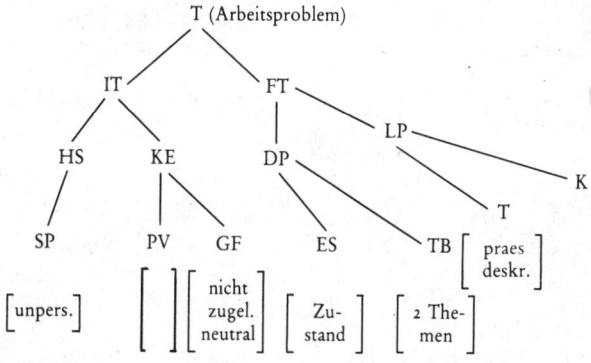

Diagramm 2

Legende:(vgl. Diagramm 1)   praes.   Präsens
pers.   persönlich   perf.   Perfekt
unpers.   unpersönlich   zugel.   zugel.
deskr.   deskriptiv

Gefühlszustände können nicht unabhängig vom einzelnen Patienten und der Therapiephase bestimmt werden, daher lassen wir die Merkmalskombination leer, ebenso würde es zu weit führen, die Kohärenzphänomene im einzelnen anzuführen. Gemeint sind darunter Rekurrenzphänomene und textlogische Zusammenhänge (Kausal-, Finalzusammenhänge, metakommunikative Einbettung, Generalisierungen usw.). Gerade hier sind wesentliche Unterschiede zwischen »Szene« und »Narration« gelagert.

Unterschicht-Mann:

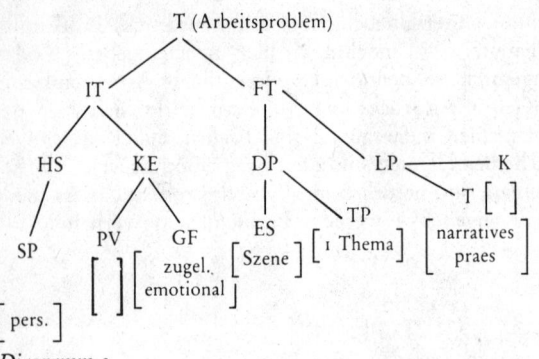

Diagramm 3

Mittelschicht-Frau:

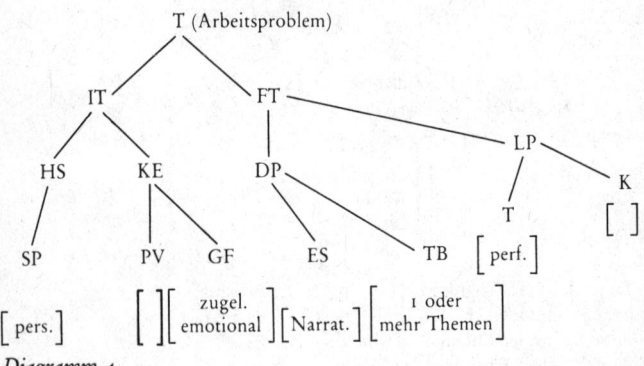

Diagramm 4

Unterschicht-Frau:

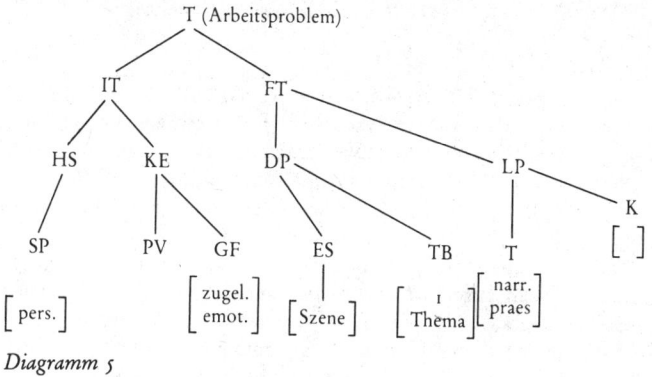

Diagramm 5

6.3. Zu den Kategorien

Das Kategorienschema, das zur Analyse der Texte dient, umfaßt linguistische und psychotherapeutische Kategorien, die z. T. schon in unseren Strukturen aufgeschienen sind. Die einzelnen Kategorien sind entweder auf die vorher vorgestellte Taxonomie oder auf die Strukturen zurückzuführen. Mit Hilfe dieser Kategorien wurde die gesamte Textmenge erfaßt. Im Rahmen der kurzen Darstellung in diesem Zusammenhang kann nicht der gesamte linguistisch-theoretische Hintergrund herangezogen werden, sondern nur so weit es für das Verständnis vonnöten ist. Derart ergänzt diese genaue Erfassung der Erzähltexte (PD) in der gruppentherapeutischen Sitzung die zunächst qualitative Typisierung wie auch Interpretation. Diese Quantifizierungsversuche entheben den Forscher natürlich nicht der Aufgabe zu versuchen, jede einzelne Erzählung auf dem Hintergrund des Therapiekontexts wie der Lebensgeschichte des Patienten[29] (Schema 2) zu verstehen.

Schon aus der Erstellung der Kategorien wird ersichtlich, daß sie verschiedenen Ebenen unserer Taxonomie entsprechen bzw. den Graphen zugeordnet werden können. Der Versuch, linguistische Kategorien mit psychotherapeutischen zu kombinieren, scheint in einem interdisziplinären Ansatz unumgänglich. Wie beispielhaft zu zeigen sein wird, sind auch letztere von theoretischen Konzepten abgeleitet und linguistisch recht genau zu definieren.

a) Textstruktur der Erzählung:

Anders als im Labov/Waletzkyschen Ansatz (der nur eine der von mir behandelten Texttypen bzw. Realisierungen der Textsorte PD erfaßt) meine ich, daß es unterschiedliche Texttypen gibt, die allesamt – von der kommunikativen Funktion und Intention her gesehen – »PD« genannt werden können und müssen. Es wurde dafür auch eine gemeinsame Texttiefenstruktur postuliert, die oberflächenstrukturell, bestimmten Wahrscheinlichkeiten gemäß, typisch ausgeformt wird, je nach Schicht und Geschlecht des Sprechers.

Im Rahmen dieser Untersuchung sind wir mit drei Texttypen konfrontiert, mit einer »Narration« im Sinne Labov/Waletzkys, mit einer »szenischen Darstellung«[30] und einem »Zustandsbild« (Beispiele sind bei Text 1-4 zu finden). Letztere beiden sind keinesfalls als Abweichungen von dem Labov/Waletzkyschen Schema zu verstehen, sondern durchaus gleichberechtigte Realisierungen einer übergeordneten Textsorte.

Differenzieren lassen sich die drei Typen vor allem über die Art der Sprecherperspektive, Tempus usw. (als linguistische Kategorien) und durch die Form der Präsentation des Inhalts: Bei der Narration als Geschichte (mit Orientierung, Komplikation, Evaluation usw.), bei Szene als beispielhafte Schilderung, oft nicht einmal in einen Rahmen eingebettet. Es wird unvermittelt ein Bild gezeichnet, das meist auch ebenso abrupt beendet wird; es wird aber keinen übergeordneten und metakommunikativen Verallgemeinerungen oder Feststellungen zugeordnet.

Bei »Zustand« haben wir es eigentlich mit einer Themenverschiebung (psychoanalytisch würden wir von Verdeckung oder Abwehr sprechen) zu tun bzw. mit einer starken Themenverflechtung. Gleichzeitig mit dem Textthema »Arbeit« wird nicht ein Beispiel (szenische Darstellung oder Lebensgeschichte) gebracht, sondern eher eine Symptombeschreibung, die erst zweitrangig mit »Arbeit« in Zusammenhang gebracht wird.

Wir haben es also mit drei unterschiedlichen Strategien zu tun, die versuchen, dasselbe zu erreichen, nämlich ein Problem darzustellen: entweder in Form einer klassischen Geschichte oder beispielhaft anhand einer wiedererinnerten Szene, oder anhand der Schilderung des dazugehörigen leidvollen Symptoms. Die jeweilige Strategie wird typischerweise von je verschiedenen Patientengruppen gewählt, und zwar unseren Hypothesen und auch ersten Resultaten gemäß, von der Unterschicht die szenische Darstellung, von der Mittelschicht, unteren Mittelschicht die Narration und der Zustand. Geschlechtspezifisch ist noch die Wahl der Männer eher für Zustand, die der Frauen für Narration oder Szene signifikant. Gerade die recht differenzierte Verflechtung von Schicht und Geschlecht in bezug auf die einzelnen Kategorien bildet ein sehr reizvolles Ergebnis, das allen bisherigen, extremen Meinungen zu widersprechen scheint.[31]

Eine erste Chi-Quadratanalyse bestätigt unsere Annahmen über schicht- und geschlechttypische Verteilung bei einem Corpus von 1134 PD in 20 Sitzungen über 2 Jahre mit denselben Patienten (Schema 3).

b) Die nächsten drei Kategorien in unserem Schema dienen der genauen Spezifizierung der Textstruktur wie auch als Indikator für den Therapieeffekt.

Textlänge ist ein wichtiges Maß für die Erzählung: Folgte man der Bernsteinschen Hypothese des Restringierten Codes, so müßten die Darstellungen der Unterschicht signifikant kürzer sein als diejenigen der Mittelschicht.

Themenverarbeitung hängt vor allem mit der kognitiven Planung der Erzählung zusammen: je mehr der Patient vom Kontext und Hintergrund seiner Problematik (Themenandeutung bis -ausführung) berichtet, um so eher wird eine Bearbeitung und Lösung möglich. Dies scheint sich besonders als Indikator für den Therapieeffekt anzubieten, da anzunehmen ist, daß mit Fortdauer der Therapie dem Patienten mehr von seinem Problem bewußt wird und er es eher in einem größeren Zusammenhang berichten kann. Die Problembearbeitung schließlich spricht ebenfalls die kognitive Planung an und ist ebenfalls als Indikator für den Therapieeffekt gedacht. Meßbar sind diese Kategorien vor allem an der inhaltlichen Darstellung eines Problems (den Sprachhandlungen), also nach Alternativen suchend, in Konflikt stehend, Lösungsstrategien formulierend.

c) Die nächste Kategoriengruppe betrifft psychotherapeutische Konzepte, und zwar das Konzept der Abwehrmechanismen und der Gefühle bzw. Gefühlszustände und deren Bearbeitung. In diesem Rahmen bietet sich nicht die Möglichkeit, diese Konzepte ausführlich zu behandeln. Beides, sowohl das Vorhandensein bestimmter Abwehrmechanismen wie auch Unterdrückung bzw. Zulassen von Gefühlen im Zusammenhang mit dem geschilderten Problem, ist Ausdruck von Krankheit, Therapieeffekt oder Phase in der Therapie.

Die hier angesprochenen Abwehrmechanismen sind linguistisch gut auffindbar, an unterschiedlichen Sprechstilen festzumachen, z. B. »Rationalisierung« an abstraktem und intellektualisierendem Jargon, »Regression« hingegen an der Verwendung kindlicher Ausdrücke, »Wendung gegen die eigene Person« am stereotypen Auftreten von Sätzen wie »Ich bin schuld« . . .

Gefühlszustand und Gefühlsausdruck müssen getrennt behandelt werden. Einem spezifischen Thema oder Problem entspricht ein Gefühlszustand, der aber nicht unbedingt explizit ausgedrückt werden muß. Im Gegenteil, gerade die oft zwanghafte Unterdrückung von Gefühlen (Dissoziation) ist charakteristisch für eine neurotische Symptomatik.

Der Gefühlsausdruck meint nun die Qualität des Zulassens und Verdeckens von Gefühlen (auf einer Skala hin zur »Sublimierung«). Meßbar ist dies einerseits am Grad der Abwehr eines Gefühlszustandes, andererseits am soziophonologischen Stil, der in seiner Kategorisierung schon anderswo[32] erprobt worden ist. Die Stärke des Gefühlsausdruckes versucht zumindest einmal innerhalb dieser Auswertung auch den nonverbalen Faktor zu berücksichtigen: es gibt natürlich durchaus Textstellen, wo nur geweint, gelacht usw. wird oder wo sowohl heftig gesprochen wie auch nonverbal gehandelt wird.

Gerade bei letzteren Kategorien ergeben sich sehr interessante Tendenzen schicht- und geschlechtspezifischer Unterschiede. Frauen und Unterschicht-Angehörige drücken eher ihre Gefühle aus als Männer anderer Schichten. Eine Ausnahme bildet die untere Mittelschicht: Frauen der unteren Mittelschicht (in der schon bekannten Neigung zur Hyperkorrektion) verwenden auch im therapeutischen Kontext neutralere und formellere Stile. Gerade das Nichtunterdrücken von Gefühlen und die Koordination von kognitiven und emotionellen Strategien scheinen Indikatoren für den therapeutischen Effekt zu sein.

d) Die letzten Kategorien betreffen die Interventionen von seiten anderer Patienten wie auch des Therapeuten auf die PD und die Reaktion der Erzähler. Auch hier lassen sich typische

Muster eruieren, wie z. B. daß bestimmte PD-Muster typische Interventionen hervorrufen, daß das Geschlecht des Erzählers, aber auch das Thema für das Geschlecht des Intervenierenden verantwortlich ist, nicht jedoch für das Geschlecht des Therapeuten: diese interagieren nicht signifikant häufiger mit gegengeschlechtlichen Patienten, wie möglicherweise zu erwarten gewesen wäre. Es ist sozusagen der »Erfolg« einer PD meßbar an der mehr oder weniger hilfreichen Intervention und an der Art der Reaktion, z. B. ob Trost, Deutung oder Ablehnung erfolgt. Der Maßstab des »Erfolgs« entstammt auch hier den Konzepten der Psychotherapie, und zwar, daß Auseinandersetzung mit Deutungen oder Ratschlägen, mögliche Einsicht oder Erfüllung der intervenierenden Handlung einen ersten Schritt zur Problematisierung und Änderung der eigenen leidvollen Situation bedeuten kann. Linguistisch faßbar sind die letztgenannten Kategorien an dem Typ von Sprechhandlungen, die erfolgen. – Im Rahmen dieser Ausführungen können nicht alle Einzelergebnisse und Tendenzen aus der bisherigen Auswertung aufgelistet werden. Zusammenfassend läßt sich jedoch sagen, daß die Thesen über schicht- und geschlechtspezifische Unterschiede verifiziert und differenziert werden, der Einfluß des Themas, über das gesprochen wird, ist ebenfalls nicht zu unterschätzen, wie auch der Sitzungsverlauf.

Die postulierte Hypothese in der vorliegenden Arbeit, die Unterscheidung von drei PD-Strukturen und deren Zuordnung zu Schicht und Geschlecht, wie auch der Versuch der Ableitung aus einer Texttiefenstruktur scheint durch die Ergebnisse gedeckt.

Abgesehen von den wissenschaftsimmanenten Interessen an diesen Ergebnissen hat diese Untersuchung auch Konsequenzen in der Praxis: für den Therapeuten wird der sonst oft recht »mystifizierte« therapeutische Vorgang explizit gemacht; dies kann für den therapeutischen Stil und die Einschätzung der Gruppe recht wichtig sein.

Daß z. B. Unterschicht-Angehörige die Situation erstaunlich gut (gemessen an den bisherigen Ansichten und Vorurteilen über diesen Bereich) bewältigen, könnte Anlaß zur Veränderung einiger Aspekte psych atrischer Praxis geben.

Über die Relevanz der Ergebnisse für die Textlinguistik und Erzähltheorie hinaus jedoch wie auch der psychiatrischen Praxis sind die Ergebnisse innerhalb der Psychoanalysediskussion wie auch der Feminismuskonzeptionen interessant: auch wenn hier nur empirische Daten aus einer (zwar longitudinalen) Studie vorliegen, so stellen doch die Ergebnisse in ihrer Komplexität simple extreme Positionen, wie sie heutzutage mancherort vertreten werden[33], in Frage – ich meine die Gegenüberstellung von Einzel- und Gruppentherapie, Frauen- und Männergruppen, Schicht und Sprache vs. Geschlecht und Sprache usw. Gerade letzteres Problem ist sehr differenziert zu behandeln und im Wechselspiel und in der gegenseitigen Verkettung interessant. Beide Faktoren sind für das sprachliche Handeln relevant, auch – wie gezeigt wurde – in PD. Der Verweis auf spätere, genauere Auswertungen soll die Neugier an diesen Fragen erst recht wecken bzw. erhalten.

QUALITATIVE TEXTANALYSE, Text 3 (Unterschicht-Frau)

Kontext: Während der therapeutischen Sitzung spricht diese Patientin über ihre Depression und die damit im Zusammenhang stehenden psychosomatischen Leiden, nämlich Herzbeschwerden und Beklemmungsgefühle. Die Gruppe geht sehr auf sie ein durch weitere Fragen, Rat, Trost und Schilderungen ähnlich gelagerter Probleme. Sie kommt schließlich von der Darstellung ihres Symptoms zur sehr emotionellen und ausbruchsartigen Schilderung ihres Zusammenlebens mit ihrem Ehemann.

Analyse: Die PD ist szenisch gehalten, mit einem Thema, im narrativen Präsens. Im Vordergrund steht der Konflikt mit ihrem Ehemann. Sie spielt den Konflikt vor, mit Rede- und Gegenrede, wobei eine Problemlösungsstrategie auftaucht: die Patientin ist sich dessen bewußt, daß sie die Arbeit für ihr seelisches Wohlbefinden braucht. Die Argumente ihres Mannes setzt sie leicht außer Kraft, allerdings ist sie von einer echten Problemlösung noch weit entfernt.

Die Sprecherperspektive ist sehr persönlich (ausschließliche Verwendung von »er, ich, du«), wie es eben für eine szenische PD charakteristisch ist. Nur der letzte Satz gibt einen gewissen Rahmen für den präsentierten Konflikt, ohne daß jedoch Exposition, Orientierung usw. vorhanden wären.

Die Patientin regrediert stark in der PD, erkennbar ist dies einerseits an der szenischen Wiedergabe des Konflikts ohne metakommunikative Verarbeitung, andererseits an der Erregung und Gefühlsstärke, sie erlebt das Geschehene sozusagen wieder. Gefühlszustand und Gefühlsausdruck entsprechen einander, die Patientin dissoziiert nicht. Auf unserer soziophonologischen Skala, die bei der Untersuchung der Variation in Wien erstellt wurde, entspricht der Sprechstil SPS 1 (soziophonologischer Stil 1, der meist bei großer Erregung eintritt).

Die Interventionen nachher kommen von beiden Geschlechtern. Sie gehen auf die Vorschläge usw. ein.

In bezug auf die Ebene der Gruppenkommunikation (latente Bedeutungen) ist diese Öffnung der Patientin ein wesentlicher Schritt: sie fühlt sich scheinbar schon so wohl in der »Familie«, daß sie über die Symptomschilderung hinausgelangt und Szenen wiedererlebt. Für die Gruppe ist der thematisierte Konflikt auch wichtig, nämlich die Diskussion der Geschlechtsrollen, der Doppelbelastung der Frau, ihrer Selbständigkeit usw. Der Konflikt wird dann in der Gruppe weiter ausgetragen. – Was dieser Schritt letztlich für die Patientin bedeutet, können wir nur spekulativ überlegen, da uns ihre Lebensgeschichte nicht genau genug bekannt ist. Im Rahmen der Longitudinaluntersuchung jedoch war diese Sitzung für sie ein entscheidender Wendepunkt.

In bezug auf die Codierungskategorien (Schema 2) wurde der Text wie folgt analysiert:
SZENE, 16, 1 THEMA, AMBIVALENZ, REGRESSION, WUT, ZULASSEN, VERBAL/NONVERBAL HEFTIG, GEMISCHT, TROST, KEIN THERAPEUTENKOMMENTAR, NEUER ASPEKT.

Schema 1
Struktur therapeutischer Kommunikation in der Gruppe

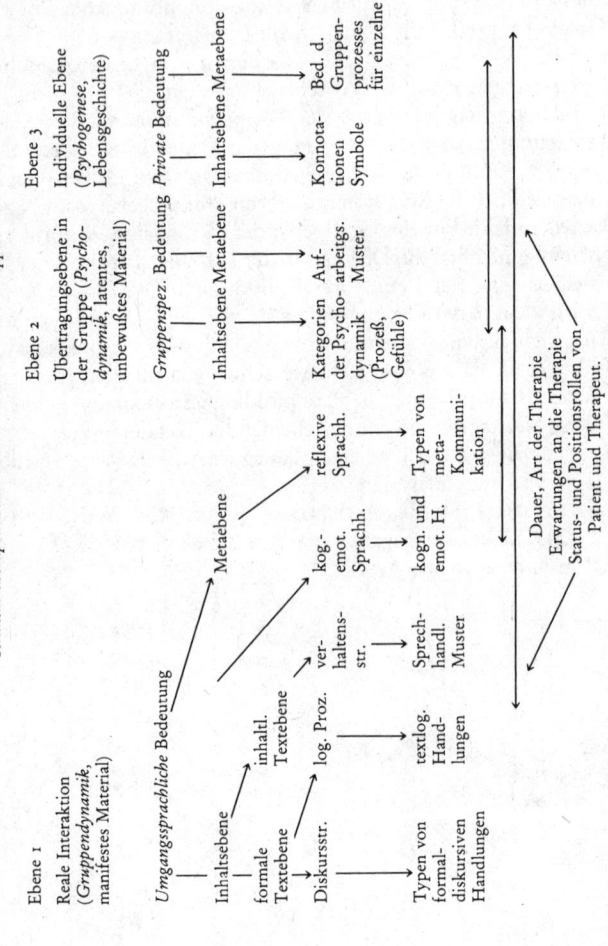

Schema 2

Kategorien zur Erfassung der Textsorte »Problemdarstellung«

	SZENE	NARRATION	ZUSTAND	
1. ERZÄHLSTRUKTUR:	SZENE	NARRATION	ZUSTAND	
2. TEXTLÄNGE:	1	4	16	324 (Teilsätze)
3. THEMENVERARBEITUNG:	Themenandeutung	1 Thema	mehrmals 1 Thema	Thema(en) durchgeführt
4. PROBLEMLÖSUNG:	Ergründung:	Ambivalenz	Distanzierung	Lösung
5. ABWEHRMECHANISMEN:	Rationalisierung	Verneinung	Regression Verleugnung	Projektion Wendung gegen eigene Person
6. GEFÜHLSZUSTÄNDE:	Wut Schuld	Trauer Angst	Freude Liebe Haß	Scham Trotz
7. GEFÜHLSAUSDRUCK:	Dissoziation	Verzögerung	Verschiebung Zulassen	Sublimation
8. STÄRKE DES GEFÜHLSAUSDRUCKS:	verbal neutral nonverbal	verbal heftig nonverbal neutral	verbal neutral nonverbal heftig	verbal heftig nonverbal
9. INTERVENTION GESCHLECHT:	MÄNNER	FRAUEN	GEMISCHT	
10. ART DER INTERVENTION:	KOMMENTAR FRAGE	ANALOGE DEUTUNG PD	TROST RAT	ABLEHNUNG BLOCKIERUNG
11. INTERVENTION THERAPEUT:	FRAGE DEUTUNG	ABLEHNUNG		
12. REAKTION DES PATIENTEN:	ABLEHNUNG GEGENFRAGE WIEDERHOLUNG		NEUER ASPEKT	KONFLIKT EINSICHT

Schema 3

I χ^2-Test:

H_0: Es gibt keine signifikanten Unterschiede zwischen den Schichten in bezug auf die Erzählstruktur.

H_1: Es gibt Unterschiede: US eher Szene
UMS, MS eher Narration, Zustand

	US	UMS	MS	
NARR.	50 10,7%	132 28,2%	286 61,1%	468 41,3%
SZENE	136 44%	39 12,6%	134 43,4%	309 27,2%
ZUSTAND	56 15,7%	116 32,5%	185 51,8%	357 31,5%
	242 21,3%	187 25,3%	605 53,4%	1134 100%

$\chi^2 = 144,38346$ 4 df $\alpha = 0,1\%$

H_1 ist angenommen

Schema 4

II. χ^2-Test:

H_0: Es gibt keine Unterschiede zwischen den Geschlechtern.

H_1: Es gibt Unterschiede:
Männer eher Zustand
Frauen eher Narration, Szene

	Männlich	Weiblich	
NARRATIV	157 33,5%	311 66,5%	468 41,3%
SZENE	114 36,9%	195 63,1%	309 27,2%
ZUSTAND	168 47,1%	189 52,9%	357 31,5%

$\chi^2 = 16,17601$ 2 df $\alpha = 0,3$

H_1 ist angenommen.

Schema 5

III. χ^2-Test:

H_o: Es gibt keine Schichtunterschiede zwischen Männern bzw. Frauen in bezug auf die Erzählstruktur.

H_1: Es gibt Unterschiede:
   US-Männer mehr Szene
   MS-Männer mehr Zustand
   MS-Frauen mehr Narration
   (die Unterschiede bei den Frauen sind geringer)

Männer	US	UMS	MS	
NARRATION	19	58	80	157
SZENE	84	22	8	114
ZUSTAND	34	62	72	168
	137	142	160	439

$\chi^2 = 136,90$ 4 df $\alpha = 0$

H_1 ist angenommen

Frauen				
NARRATION	31	74	206	311
SZENE	52	17	126	195
ZUSTAND	22	54	113	189
	105	145	445	695

$\chi^2 = 45,41583$ 4 df $\alpha = 0$

H_1 ist angenommen

Anmerkungen

1 Dieser Aufsatz ist eine Zusammenfassung des Vortrags »Erzählstrukturen in therapeutischen Situationen«, Tübingen, März 1979. Es ist ein Teilaspekt einer umfangreichen Studie über therapeutisches Gespräch in Gruppen (Wodak 1980).

2 Wie die Verstehende Soziologie schlüssig nachgewiesen hat, sind Kategorien wie Interpretation von der jeweiligen Untersuchung abhängig und müssen für die jeweilige Sprechsituation neu definiert werden (Filstead (Hg.) 1970).

3 In Flader/Wodak-Leodolter (Hgg.) (1979) befassen sich sämtliche Autoren mit den Unterschieden zwischen Alltags- und therapeutischer Kommunikation.

4 In Wodak-Leodolter (1977) ist der Ansatz, therapeutische Kommunikation in mehrere Bedeutungsebenen aufzugliedern, ausgeführt.

5 Der Unterschied zwischen therapeutischer Gruppe und anderen Gruppen besteht m. E. in der Möglichkeit zur Veränderung und Emanzipation: aufgrund der spezifischen Metakommunikation, der Anwesenheit eines Therapeuten und der Thematisierung jedes sich ergebenden Problems wird verhindert, daß sonst übliche Hierarchiemechanismen sich etablieren, Beziehungskonflikte werden aufgearbeitet, Problemlösungen besprochen (siehe dazu auch Richter (1972)).

6 Siehe dazu vor allem Greenson (1973) und Flader/Grodzicki (1978).

7 Zur Technik der »freien Assoziation« siehe Freud (1977), Gesammelte Werke XI, S. 104-106.

8 Zur Definition von »Übertragung« als eines der grundlegendsten Konzepte der Psychoanalyse siehe Laplanche/Pontalis (1972), S. 550.

9 Farberow (1973) hat das Konzept der Kriseninterventionstechnik im Unterschied zu klassischen psychotherapeutischen Verfahren behandelt.

10 Die Interviews wurden mit den Patienten zu Hause gemacht; dies hatte mehrere Vorteile: die Sprache außerhalb der gruppentherapeutischen Situation wurde eruiert; andererseits erlaubte dieses Kennenlernen im häuslichen Bereich ganz andere Möglichkeiten des Gesprächs. Die Selbsteinschätzung der Patienten war durchaus positiv der Therapie gegenüber, alle meinten, einen Therapieeffekt verspürt zu haben.

11 Siehe dazu Halliday (1970).

12 Die Selbstreflexion und ihren Stellenwert behandelt Habermas (1969) und (1977) in der Sicht der Frankfurter Schule, und zwar mit der Annahme, Selbstreflexion sei die erste Stufe zur Emanzipation des Individuums.

13 Gerade das Zulassen und Erkennen von Gefühlen, wie auch deren realitätsadäquate Verarbeitung ist ein zentraler Anspruch psychotherapeutischer Verfahren.

14 In Leodolter (1975a), Teil II, wurden Ansätze einer Sozialisationstheorie ausgearbeitet, wo die Annahme, »reflexive Sprachhandlungen« seien für die Sprachsozialisation besonders wichtig, vertreten wird.

15 Siehe dazu auch Barnes/Todd (1977), S. 14 f., die dieses Problem ausführlich im Rahmen ihrer Untersuchung behandeln.

16 Siehe dazu Barnes/Todd (1977), S. 19 f.

17 Die Untersuchung von Barnes/Todd (1977) hat diese Kategorien für eine Untersuchung von Kindergruppen entwickelt. Im Rahmen meiner Arbeit mußten diese Kategorien aufgrund der anderen Sprechsituation geändert werden, aber gewisse prinzipielle, schon validierte Kategorien sind übernommen worden.

18 In meinem Fall ist das Erkenntnisinteresse – einerseits die Untersuchung schicht- und geschlechtspezifischer Unterschiede, andererseits praxisorientiert als kritischer Beitrag zur Psychiatriediskussion – ausschlaggebend für die Hypothesenstellung und methodische Vorgangsweise (z. B. im Setzen bestimmter Prioritäten bei der Auswertung).

19 Zum Terminus »Image« siehe Goffman (1967) & Holly (1977).

20 Es ist unmöglich, hier alle Literatur zur Gruppentherapie aufzulisten, zu den Ursachen siehe Richter (1972). Als Übersicht ist Buchinger (1977) gut geeignet.

21 Siehe dazu Richter (1972).

22 Bion (1972) unterscheidet vor allem vier Phasen, die jeden Gruppenprozeß charakterisieren. Die von mir genannte Erscheinung ist für Spätphasen typisch.

23 Im Rahmen dieser Arbeit ist es unmöglich, sich näher mit der Symboltheorie und etwaigen linguistischen Erklärungsansätzen zu beschäftigen. In späteren Arbeiten soll versucht werden, eine Verbindung zwischen einem Konnotationskonzept und der Theorie der Symbole herzustellen (Wodak 1980).

24 Ich muß hier verweisen auf Wodak-Leodolter (1978, 1979).

25 Keinesfalls soll hier versucht werden, ein Ableitungsmodell vorzustellen, das schlüssig die Texttiefenstruktur in die Oberfläche überführt. Vielmehr handelt es sich um kognitive Planungsstrategien, die eben schicht- und geschlechtspezifisch differenziert werden müssen. Anregungen finden sich bei van Dijk (1972), Kraft u. a. (1978), Klein (1979), Cicourel (1975) und Norman/Rummelhart (1975).

25[a] Die einzelnen Indikatoren werden nicht alle angeführt; mit »Tempus« ist der Weinrichsche Begriff gemeint, mit »Sprecherperspektive« beziehe ich mich auf Werlich (1975). Gerade letztere Kategorie ist schon einmal mit Erfolg in Leodolter (1975[b]) angewendet worden und dort auch genau aufgeschlüsselt.

26 Einzelgrammatiken bzw. mögliche Ausarbeitungen für einzelne Komponenten sind z. T. im Bereich der »artificial intelligence« zu finden (siehe Steele (1977), (1978)).

27 Der Versuch, quantitative Berechnungen im Bereich der Psychotherapieforschung anzustellen, ist relativ neu, aus erwähnten Gründen. Hermeneutische, qualitative Verfahren hatten bisher Vorrang, da einerseits die Unwiederholbarkeit der Situation und die Einzigartigkeit der Patienten die Validierbarkeit der Ergebnisse sehr einschränken, intervenierende Variablen sind schwer in den Griff zu bekommen. In

der vorliegenden Arbeit, in der wesentliche Faktoren konstant gehalten werden) und nur eine Textsorte geprüft wird, wie auch von vornherein der Begriff des »Therapieeffekts« vorsichtig gehandhabt wird, gleichzeitig die Ergebnisse qualitativ ergänzt und andere Materialquellen hinzugezogen werden, scheint die quantitative Analyse doch gerechtfertigt (siehe dazu Strotzka (Hg.) (1975) und Remplein (1977).

28 Die Codierung wurde z. T. von fremden »Ratern« überprüft auf Wiederholbarkeit und Sinnhaftigkeit der Kategorien und Zuordnung. Dies ist eine wichtige Garantie für Objektivität.

29 Interpretationen der Texte scheinen in diesem Rahmen nicht speziell auf (siehe Wodak-Leodolter (1978, 1979)).

30 Der Begriff »Szene« wurde bewußt der psychoanalytischen Literatur entlehnt (Lorenzer (1973)).

31 Nicht zu unterschätzen ist der Einfluß des Themas: je nach Thema ändern sich z. T. auch schicht- und geschlechtspezifische Unterschiede. Dieser Faktor wurde wesentlich in die Auswertung einbezogen und in seinem Einfluß gewichtet.

32 Siehe dazu Leodolter (1975ª), Teil III. Die Kategorisierung der Abwehrmechanismen bezieht sich vor allem auf A. Freud (1946) und Waelder (1963).

33 Siehe dazu die Psychoanalysediskussion wie auch die Argumentation radikalerer Feministinnen, die sich jedoch – und oft mit Recht – gegen Mißbräuche in der amerikanischen Praxis wenden (Mitchell (1976), Chesler (1974), Dahmer (1973) usw.).

Literaturverzeichnis

Barnes, D. & Todd, F. (1977) Communication and Learning in Small Groups. London: Routledge & Kegan Paul

Bernstein, B. (1970) Soziale Schicht, System des Sprachgebrauchs und Psychotherapie. In: Bernstein, B. (Hg.) (1970). Soziale Struktur, Sozialisation und Sprachverhalten. Amsterdam: De Hunter, S. 84-98.

Bion, W. (1972) Experiences in Groups. London: Routledge & Kegan Paul

Buchinger, K. (1977) Gruppentherapeutische Methoden. Wien (Ms.)

Chesler, P. (1974) Frauen, das verrückte Geschlecht. Hamburg: Rowohlt

Cicourel, A. (1975) Discourse and Text. Cognitive and Linguistic Processes in Studies of Social Structure. San Diego (Ms.)

Dahmer, H. (1973) Libido und Gesellschaft. Frankfurt: Suhrkamp

Farberow, N. (1973) Group Therapy for Self Destructive Persons. Washington (Ms.)

Filstead, W. (Hg.) (1970) Qualitative Methodology. Chicago: Workham

Flader, D. & Grodzicki, W. (1978) Hypothesen zur Wirkungsweise der psychoanalytischen Grundregel. Psyche 1978/7. S. 545-594

Flader, D. & Wodak-Leodolter, R. (Hgg.) (1979) Therapeutische Kommunikation. Königstein/Ts: Scriptor

Freud, A. (1946) Das Ich und die Abwehrmechanismen. London

Freud, S. (1977) Gesammelte Werke (18 Bände). Frankfurt: Fischer

Greenson, R. (1973) Technik und Praxis der Psychoanalyse. Stuttgart: Klett

Goffman, E. (1967) Interaction Rituals. New York: Academic Press

Halliday, M. A. K. (1973) Explorations in the Functions of Language. London

Holly, W. (1978) Gesprächssteuerung und Imagearbeit. Heidelberg: (Diss.)

Habermas, J. (1969) Systematisch verzerrte Kommunikation (Ms.)

Habermas, J. (1977⁴) Erkenntnis und Interesse. Frankfurt: Suhrkamp

Klein, K. (1979) Textkonstitution und Erzähltheorie. Bochum: (Ms.)

Kraft, U. et. al. (1978) Die Konstitution der konversationellen Erzählung. Folia Linguistica 1978

Labov, W. & Waletzky, J. (1967) Narrative Analysis. Oral Versions of Personal Experiences. In: Helm (Hg.) (1967) Essays on the Verbal and Visual Arts. London: S. 12-44

Laplanche, J. & Pontalis, J. (1972) Das Vokabular der Psychoanalyse. Frankfurt: Suhrkamp

Leodolter, R. (1975a) Das Sprachverhalten von Angeklagten bei Gericht. Kronberg/T: Scriptor

Leodolter, R. (1975b) Gestörte Sprache oder Privatsprache. Kommunikation bei Schizophrenen. Wiener linguistische Gazette (WLG) 10/11. S. 75-95

Lorenzer, A. (1973) Sprachzerstörung und Rekonstruktion. Frankfurt: Suhrkamp

Mitchell, J. (1976) Psychoanalyse und Feminismus. Frankfurt: Suhrkamp

Norman, D. & Rummelhart, E. (1975) Explorations in Cognition. San Francisco

Remplein, S. (1977) Therapieforschung in der Psychoanalyse. München: E. Reinhardt

Richter, E. (1972) Die Gruppe. Hamburg: Rowohlt

Steels, L. (1977) Modular Grammars and Frames. Pisa: (Ms.)

Steels, L. (1978) On Representing Linguistic Knowledge (Ms.)

Strotzka, H. (Hg.) (1975) Psychotherapie, Grundlagen, Verfahren, Indikationen. Wien: Urban & Schwarzenberg

Van D jk, T. (1972) Some Aspects of Text Grammars. Den Haag: Mouton

Waelder, R. (1963) Die Grundlagen der Psychoanalyse. Stuttgart: Klett

Weinrich, H. (1971) Tempus. Besprochene und erzählte Welt. Stuttgart: Klett

Werlich, E. (1975) Typologie der Texte. Heidelberg: UTB

Wodak-Leodolter, R. (1977) Interaktion in einer therapeutischen Gruppe: eine soziolinguistische Analyse. WLG 15. S. 33-60

Wodak-Leodolter, R. (1978a) Aspekte der Unterschichttherapie (im Erscheinen)

Wodak-Leodolter, R. (1978b) Geschlechtspezifische Strategien in einer therapeutischen Gruppe (im Erscheinen).

Dieter Flader und Michael Giesecke
Erzählen im psychoanalytischen Erstinterview – eine Fallstudie*

Erzählungen, die Patienten in therapeutischen Interviews mitteilen, sind für die diagnostische Arbeit der Therapeuten von großer Bedeutung. Die Autoren bemühen sich um die Rekonstruktion dieser diagnostischen Arbeit im Bezug auf ihre kommunikative Basis, eingegrenzt auf die psychoanalytische Kategorie des »Widerstandes«. Auf der Basis eines psychoanalytischen Konzepts von Kommunikation und eines soziologischen Konzepts der »Normalform« von Erzählungen als einer Form konversationaler Kooperation entwickeln die Autoren, die ihre theoretische Position als die einer »psychoanalytischen Sprachwissenschaft« definieren, einige Kategorien für die Analyse von Erzählungen. Die Transkription einer Erzählung, die von einer Patientin mitgeteilt wurde, wird dann im Bezug auf die produzierten Brüche bzw. Diffusionen der definierten Normalform untersucht. Zentral für die Untersuchung ist die Annahme, daß die Erzählung der Patientin in zwei Geschichten zerfällt, von denen die eine erzählt wird, während die zweite von dem Prozeß des Erzählens ausgeschlossen wird und nur im Hinblick auf ihre Andeutungen erschlossen werden kann. Die ermittelten Brüche bzw. Diffusionen der Normalform von Erzählungen werden in Beziehung gesetzt zu dieser Dissoziation der Erzählgeschichte und interpretiert als der zentrale Bezugspunkt der psychoanalytischen Kategorie des »Widerstandes«, zumindest im Falle der untersuchten Patienten-Erzählung.

0. Vorbemerkung

Uns interessiert die Frage, welchen besonderen Informationswert Erzählungen, die Patienten im Verlaufe eines Erstinterviews ausführen, für den Psychoanalytiker haben, der die seelische Erkrankung des jeweiligen Patienten zu erfassen versucht.

Wir gehen davon aus, daß Therapeuten, wenn sie mit einem Patienten ein diagnostisches Erstinterview durchführen, neben vielen anderen Informationsquellen auch die Erzählungen des Patienten zur Bildung eines diagnostischen Urteils heranziehen. Die psychoanalytische Literatur, in der diese alltägliche klinische Praxis beschrieben und theoretisch reflektiert wird, legt die Vermutung nahe, daß dieser Prozeß der Informationsverarbeitung und Urteilsbildung in seinen Details bislang kaum durchschaut ist. Eine besondere Schwierigkeit ist offenbar, mittels der von Sigmund Freud überlieferten Begriffssprache die kommunikativen Erfahrungen des Psychoanalytikers – und sein praktisches Können in diesem Bereich – beschreibend zu rekonstruieren.

Mit unserer Untersuchung einer Patienten-Erzählung, die im Verlauf eines diagnostischen Erstinterviews realisiert wurde, wollen wir einen Zugang zu dem komplexen Problem der psychoanalytischen Urteilsbildung über einen wichtigen Detailaspekt finden – nämlich der Frage, worin der besondere psychoanalytisch-therapeutische Informationswert von Patientenerzählungen besteht.

Der von uns zu diesem Zweck ausgewählte Erzählvorgang kann als ein Versuch des Sprechers aufgefaßt werden, gewissermaßen zwei Geschichten zugleich darzustellen. Wir sind nicht sicher, ob eine solche Auffassung über eine simultane Darstellung zweier Geschichten mit dem alltagssprachlichen Wissen über natürliche Erzählvorgänge im Widerspruch steht; mit den verbreiteten textlinguistischen und konversationsanalytischen Erzählmodellen kollidiert unsere Betrachtungsweise jedenfalls erheblich. Bevor wir die ausgewählte Patienten-Erzählung analysieren, erscheint es uns daher angebracht, zunächst den theoretischen Ansatz unserer Erzählanalyse zu skizzieren: eine psychoanalytische Sprachwissenschaft, die das »Subjekt« und die »Interaktion« in den Mittelpunkt von Sprachtheorie und empirischen Sprachanalysen stellt.

1. Anmerkungen zu einer Erzähltheorie

Die konversationsanalytische Erforschung des »natürlichen« (nicht-fiktionalen) Erzählens hat starke Impulse erhalten durch das Konzept von Kallmeyer/Schütze (1977), das die Erzählung ebenso wie die Argumentation und die Beschreibung als ein Schema der sprachlichen Sachverhaltsdarstellung auffaßt.

Wir halten diese kategoriale Einordnung des Erzählens als ein Schema der Sachverhaltsdarstellung aus verschiedenen Gründen für problematisch. Es würde den Rahmen unserer Abhandlung sprengen, wenn wir an dieser Stelle die kritische Auseinandersetzung mit dem Konzept von Kallmeyer/Schütze – dem wir andererseits auch wichtige Anregungen verdanken – extensiv führen. Unsere Kritik daran bleibt im folgenden mehr kursorisch bzw. implizit, da wir uns darauf konzentrieren, unsere Auffassung des Erzählens als einer Interaktionsform zu erläutern.

1.1. Die Sinnfunktion des Erzählens

Konstitutives Merkmal des Erzählens ist keineswegs – wie von Kallmeyer/Schütze behauptet – das »Darstellen« von »Sachverhalten«. Die von ihnen ermittelten Kommunikationsregeln (»konditionellen Relevanzen«) lassen sich u. E. auch nicht befriedigend aus Anforderungen der Verständigungssicherung und Darstellungszwängen ableiten, die die Realisierung von kognitiven Strukturen zum Gegenstand haben. Es scheint uns vielmehr notwendig, zur Erklärung von Sinn und Struktur des Erzählens von einer Theorie des Subjekts (und seiner Aktivitäten) auszugehen, wie sie in psychoanalytischen Modellen entwickelt worden ist.

Als grundlegend für Kommunikationsvorgänge sehen wir das Bedürfnis eines Menschen an, das als schmerzlich empfundene Getrenntsein vom anderen aufzuheben und eine Form der Wiedervereinigung zu finden (vgl. Flader/Grodzicki 1978). Für das Erzählen sehen wir das Bedürfnis als grundlegend an, den Alleinbesitz eines wichtigen Erlebnisses aufzuheben, indem einem anderen Menschen die Teilnahme daran ermöglicht wird. Als *Sinnfunktion* des Erzählens betrachten wir die Befriedigung dieses Bedürfnisses in einer kommunikativen Interaktionsform.

Durch das Erzählen einer Geschichte ermöglicht ein Sprecher einem Zuhörer die Teilhabe an eigenen, individuellen Erfahrungen; diese sind typischerweise Interaktionserfahrungen.[1] Der Erzähler gibt dem Zuhörer die Möglichkeit, seinen Mitmenschen als eine Persönlichkeit zu begreifen, die ebenso wie er selbst »erleben« kann. Der Zuhörer kann seine eigene Verarbeitung der sozialen Realität als eine gesellschaftliche Tatsache begreifen und seine persönliche Weise der Erfahrung mit derjenigen seiner Mitmenschen vergleichen.

Auf der anderen Seite gibt das Erzählen dem Erzähler die Möglichkeit, sich zu »entlasten«. Indem er erzählt und der Zuhörer »miterlebt«, »teilt« er sein Erleben »mit« einem anderen Menschen und ist dadurch nicht mehr allein mit diesem Erleben. Das Miterleben des anderen macht ihm deutlich, daß er auch in seinen ganz persönlichen Erfahrungsweisen noch für andere nachvollziehbar bleibt. Diese Erfahrung scheint uns eine Voraussetzung dafür zu sein, daß sich Menschen überhaupt in einer sozialen Form von einem inneren Spannungszustand »entlasten« und als »verstandenes Glied einer menschlichen Gemeinschaft« fühlen können. Wir wollen nicht ausschließen, daß es auch noch andere Möglichkeiten gibt, individuelle Erfahrungen für andere zugänglich zu machen. Wir nehmen aber an, daß das Erzählen in unserer Kultur eine unverzichtbare Interaktionsform für jedes Mitglied der Kommunikationsgemeinschaft ist. Menschen, die über diese Interaktionsform nicht oder nur ungenügend verfügen, fehlt ein Stück unverzichtbare Interaktionskompetenz. Man kann diesen Zustand als eine soziale Krankheit begreifen.

Aus diesen Erläuterungen mag ersichtlich geworden sein, daß es sich beim Erzählen um einen hochkomplexen sozialen Vorgang handelt, der von beiden Interaktionspartnern die Erfüllung von bestimmten Voraussetzungen und Arbeitsaufgaben verlangt. Um diesen sozialen Aspekt in eine Erzähltheorie zu integrieren, ist es notwendig, das psychoanalytische Erklärungsmodell durch ein interaktionssoziologisches zu ergänzen.

Wir gehen aus von den grundlegenden Idealisierungen, die in den Sozialwissenschaften in der Nachfolge von Schütz ((1967), (1964), (1966)) als Regeln für den Aufbau von sozialer Interaktion / gegenseitiger Verständigung bestimmt werden. Schütz unterschied zwei Idealisierungen dieser Art: diejenige der Austauschbarkeit der Standpunkte der Interaktionspartner; und diejenige der Kongruenz der Relevanzsysteme (»Perspektiven«).

Das Interagieren in einer konkreten Situation kann dann als ein kooperatives Sich-Verhalten aufgefaßt werden, wenn die Beteiligten den Ablauf ihrer Interaktion so gestalten, daß sie den Standpunkt und die Perspektive des anderen in Rechnung stellen und insgesamt die genannten Idealisierungen aufrechterhalten werden können.

Das vollständige System der Idealisierungen, die in der sozialen Interaktion erbracht werden müssen, ist beim augenblicklichen Stand der Grundlagenforschung kaum in Umrissen deutlich. Gleichwohl läßt sich für die Erforschung spezieller Interaktionsformen (wie z. B. die der Erzählung) die Fragestellung formulieren (und in Ansätzen verfolgen), welche besonderen Arbeitsaufgaben der Kooperation eine spezielle Interaktionsform an die Beteiligten stellt, die zu ihrer Durchführung ganz spezielle Positionen und Perspektiven einnehmen müssen. Verbunden damit ist die weitere Frage, welche sprachlichen Mittel den Interagierenden dazu dienen, ihre Arbeitsaufgaben der Kooperation zu bewältigen.

So ist z. B. mit dem Vorgang des Erzählens verbunden, daß Sprecher wie Hörer ganz bestimmte Positionen und Perspektiven einnehmen, die aufeinander zu beziehen sind, damit die Verständigung gesichert werden kann. Das System dieser narrativen Positionen und Perspektiven ist bislang kaum erforscht. Dabei wird auch die Frage zu klären sein, wie die versprachlichten Typisierungen der Beteiligten als »Erzähler« und »Zuhörer« inhaltlich strukturiert sind und in welcher Beziehung sie zur Typisierung des Erzählmaterials als »Geschichte« stehen.

1.2. »Erzählen« als eine kommunikative Interaktionsform

Dieser narrative Vorgang des Teilnehmen-Lassens an einer individuellen Interaktionserfahrung ist mit einer besonderen sprachlichen Darstellungstechnik verknüpft, auf die Bühler (1978) als erster hingewiesen hat und die er mit dem Begriff der »Deixis am Phantasma« bezeichnete. Bühler zufolge können die deiktischen Mittel der Sprache (»hier«, »jetzt«, »dort«, »hinten« etc.) nicht nur unter der Bedingung verwendet werden, daß Sprecher und Hörer einen gemeinsamen Wahrnehmungsraum teilen. Die deiktischen Sprachmittel können auch dazu verwendet werden, an »Phantasmata«, die Sprecher und Hörer in gleicher Weise ausbilden, etwas zu zeigen.

In diesem Gebrauch von Sprache sind Prozesse der »Versetzung« von Sprecher und Hörer involviert, die Bühler so umschreibt: »Gleichnishaft gesagt ist es entweder so, daß Mohammed zum Berg geht oder der Berg zu Mohammed kommt« (a.a.O., S. 134). Wir wollen diese beiden »Hauptfälle« von »Versetzung« erläutern, da sie eine Annäherung an das Problem von Position und Perspektive im Erzählvorgang ermöglichen. – Den von Bühler angenommenen 3. Fall, der eine Mischform darstellt, werden wir unberücksichtigt lassen.

Als ein Beispiel für den 1. Hauptfall von »Versetzung« (der Berg kommt zu Mohammed) führt Bühler das Drama an. Das Vorgestellte wird dort von den Schauspielern in die Wahrnehmungsordnung der gegenwärtigen Handlungssituation hineingenommen (Abwesendes präsent gemacht) mittels der Darstellungstechnik der »Mimesis«; d. h. die Schauspieler verhalten sich so, daß das auf der Bühne Präsente als eine Mimesis des Abwesenden gedeutet werden kann.

Den 2. Hauptfall (Mohammed geht zum Berg) beschreibt Bühler so:

»Man ist nach einem charakteristischen Erlebnisvorspiel oder unvermittelt und plötzlich hinversetzt in der Vorstellung an den geographischen Ort des Vorgestellten, man hat das Vorgestellte vor dem geistigen Auge von einem bestimmten Aufnahmestandpunkt aus, den man angeben kann und an dem man selbst sich befindet in der Vorstellung« (a.a.O., S. 135).

Hier stellt sich die Frage, wie es möglich ist, daß Sprecher und Hörer sich in ähnlicher Weise in ein Situations-Phantasma versetzen können und dort die verwendeten deiktischen Sprachmittel übereinstimmend interpretieren. Bühlers Erklärungsversuch geht von der Annahme aus, daß der Koordinationsausgangspunkt für die unmittelbaren Wahrnehmungen eines Sprechers – die »ich« – »jetzt« – »hier« – Origo –, die die Verwendung der deiktischen

Mittel in einer gemeinsamen Wahrnehmungssituation regelt, an das Phantasma von Sprecher und Hörer angeschlossen wird und so auch dort den geregelten Gebrauch dieser Sprachmittel sichert.

Auf die bislang noch ungeklärten linguistischen und psychologischen Fragen, die mit diesem Konzept des »Deixis am Phantasma« verbunden sind, wollen wir hier nicht eingehen. Für die Zwecke unserer Erzählanalyse wollen wir vielmehr aus den Anregungen Bühlers bezüglich des Vorgangs der »Versetzungen« folgende Bestimmungen von Position und Perspektive im Erzählvorgang ableiten:

Eine der ersten Arbeitsaufgaben, die der Sprecher in der zeitlichen Abfolge seiner Erzählung zu bewältigen hat, besteht darin, dem Hörer eine »Versetzungsanweisung« zu geben, die für diesen den zeitlich-räumlichen Bezugsrahmen des sozialen Geschehens markiert, in das der Erzähler involviert war (Bühlers »2. Hauptfall der Versetzung«). Wir werden die Phase des Erzählvorgangs, in der die Aufgabe bewältigt wird, die »Orientierung« nennen.

Wenn der Hörer dieser Versetzungsanweisung folgt, nimmt er einen Standpunkt ein, den man den des *Ereignisrezipienten am Phantasma* nennen kann. Er entspricht dem, den der Erzähler als den eigenen Standpunkt zum Zeitpunkt des Geschehens verdeutlicht. Diesen Erzähler-Standpunkt können wir den der *personengebundenen Ereignisbeteiligung* nennen.

Mit dem Ausdruck »personengebunden« wollen wir folgendes kennzeichnen: Nur in einfachen Fällen von Erzählungen im Alltag bleibt der Standpunkt des Ereignisrezipienten in dem angedeuteten Bezugsrahmen des sozialen Geschehens während des Erzählvorganges identisch. Häufig leitet der Erzähler den Hörer zum Standpunktwechsel an, indem er z. B. neue Situationen einführt oder das Geschehen in einer Situation in bestimmter Weise detailliert – eine Standpunktveränderung, die Bühler treffend mit der Filmtechnik der Fern- und Nahaufnahme verglich.

Von daher wird auch deutlich, warum die Einordnung der Erzählung unter die Sachverhaltsschemata des Beschreibens und Argumentierens irreführend ist. Ein Erzähler beansprucht nämlich nicht, den Geschehensablauf, in den er verwickelt war, als objektiven Sachverhalt darzustellen. Er schildert vielmehr das vergangene Geschehen vom Standpunkt einer personengebundenen Beteiligung – motiviert von persönlichen Interessen, Reaktionen im Geschehen usw.

Da der Erzähler selbst den Ablauf des Geschehens am Phantasma organisiert und damit die Ereignisrezeption des Hörers kontrolliert, ergibt sich ein weiterer Standpunkt: der in der aktuellen Erzählsituation. Wir können ihn den Standpunkt des *»Re-Inszenierens des Geschehens am Phantasma«* nennen. Diese Unterscheidung zwischen dem Standpunkt in Relation zum Geschehen und dem in Relation zum Erzählvorgang hat Entsprechungen zu einer in der Narrativik geläufigen Unterscheidung zwischen »erzählter Zeit« und der »Erzählzeit«, allerdings ist sie dort bislang nur unter temporalem Aspekt behandelt worden.

Die komplexe Struktur der Perspektiven, die im Erzählablauf von Sprecher und Hörer eingenommen werden, ist schwer zu durchschauen. Wir beschränken uns im folgenden auf einige für die Durchführung unserer Erzählanalyse relevante Aspekte.

Wir gehen davon aus, daß der Kommunikationsgegenstand von Erzählungen als »Geschichte« typisiert ist. Wir fassen eine solche Erzählgeschichte auf als eine typische Form, eine individuelle Erfahrung zu konstruieren, die aus der Beteiligung an einem sozialen Geschehen gewonnen wurde. Darin ist festgehalten, wie der Erzähler den kontinuierlichen Prozeß seines kognitiven, interaktiven und emotionalen Austausches mit der sozialen Umwelt in dem Ausschnitt verarbeitet hat, der das »Erzählenswerte« bildet.[2]

Für den Prozeß der Bildung von Erzählgeschichten (vor oder im Verlauf des Erzählvorganges) ist eine Perspektive entscheidend, die auch die Konstruktion von Biographien leitet: Die Auffassung des Individuums von der Vergangenheit als Bestimmung seiner selbst (vgl. Strauss (1974)). Dabei dient die Erzählgeschichte (wie die Konstruktion von Biographie insgesamt) dem einzelnen dazu, seine persönliche Identität in bestimmten Aspekten zu sichern. Dies leistet die Erzählgeschichte vor allem dadurch, daß sie Erlebnisse in der Vergangenheit zu einer wohlstrukturierten Grundlage für das gegenwärtige Verhalten und das weitere konsequente zukünftige Handeln in bezug auf ein »Problem« macht.

Was in der Narrativik gewöhnlich die »Moral« oder die »Maxime« einer Erzählung genannt wird, bezeichnet diese Funktion von Geschichten. Es gibt Erzählungen – wie z. B. Patientenerzählungen in einer therapeutischen Behandlung –, die nicht mit einer Moral abgeschlossen werden, weil das Problem, das zur Ausbildung der Geschichte wesentlich war, noch nicht in der

Erzählzeit für den Sprecher gelöst ist. Auch in solchen Fällen hat die Erzählgeschichte die oben genannte Funktion, weil sie für einen gegenwärtigen Zustand oder ein bestimmtes Verhalten des Erzählers die Grundlage stiftet.

Die Erfahrungen, an denen der Erzähler den Hörer teilnehmen läßt, sind nun keineswegs bloß subjektive Erlebnisse. Wäre dies der Fall, könnten Erzählungen im Alltag nicht weiterverbreitet werden. Wir gehen vielmehr davon aus, daß in der »Ich-Perspektive« des Erzählers, der sich als Aktor oder Patiens eines Geschehens darstellt, (wenigstens) zwei komplexe Strukturen der Erfahrungsverarbeitung enthalten sind: die Struktur des »me« (im Sinne Meads (1968)) und die der »Subjektivität«.

Für die Verarbeitung seiner Erlebnisse als Aktor/Patiens in einem Geschehen scheint es unerläßlich, daß der Erzähler eine Perspektive einnimmt (oder vor Erzählbeginn eingenommen hat), die Mead zufolge die Reflexion eigenen Handelns und Erlebens kontrolliert: die Perspektive des »me«; d. h. der Bilder, von denen der Erzähler annimmt, daß andere sie von ihm hegen. Als Haltungen verinnerlicht, können sie ihm dazu dienen, zu sich selbst als Aktor/Patiens eine gewisse Distanz einzunehmen; eine solche Distanz scheint notwendig dafür zu sein, daß der Sprecher im Erzählvorgang die Position der »Re-Inszenierung« einnehmen und durchhalten kann.

Vermutlich ist für die Erzählung im Alltag charakteristisch, daß der Bedeutungsgehalt dieser »me«-Bilder des Erzählers nicht sehr hoch organisiert ist; d. h., das für eine spezielle Geschichte relevante »me«-Bild gehört nicht (oder nur bedingt) zum System des »verallgemeinerten Anderen« als der unterstellten Sichtweise des neutralen Dritten; eher scheint die vom Erzähler im Alltag unterstellte Allgemeinperspektive die der Bezugsgruppe zu sein, der er selbst angehört. Entsprechend ist dann die für den Zuhörer typische Perspektive die eines Mitglieds dieser Bezugsgruppe, mit der u. a. festgelegt ist, was als »erzählenswert« gilt und was nicht.

Für die Erforschung von Erzählungen, die Patienten im Erstinterview oder im Verlauf einer therapeutischen Behandlung abgeben, spielt diese Struktur der Ich-Perspektive des Erzählers eine untergeordnete Rolle, weil sie durch das Relevanzsystem der Therapeuten einer anderen Struktur untergeordnet wird: derjenigen der Subjektivität des Erzählers.

»Subjektiv« ist hierbei nicht gemeint in dem Sinne bloß flüchtiger Erlebnisse eines spontanen »Ich« (so wie z. B. Mead den Begriff »Ich« verwendet). Die Subjektivität einer Erzählgeschichte betrachten wir vielmehr als eine Erlebnisstruktur, die dadurch gewonnen wird, daß das Subjekt seine innenbezogenen Erlebnisse selbst abgrenzt von einer als objektiv erfahrenen Natur und einer normativen Realität der Gesellschaft (bzw. Bezugsgruppe). Diese Leistung zeichnet Habermas (1975) zufolge das erwachsene, interaktionskompetente Ich aus.

Nach unserer Auffassung erwarten wir von einem Erzähler, der eine selbsterlebte Geschichte darstellt, daß er auch diese Erlebnisperspektive dem Zuhörer kenntlich macht. Dies geschieht gewöhnlich in der Form, daß er die Meinungen, Neigungen und Gefühle ausdrückt, die für ihn mit der jeweiligen Geschichte verbunden sind. Der Hörer muß seinerseits die Erlebnisperspektive des Sprechers einnehmen, um in der Position dessen, der an den Erlebnisreaktionen des Erzählers teilnimmt, an der Darstellung der individuellen Interaktionserfahrung uneingeschränkt partizipieren zu können.

Wir gehen also davon aus, daß der Hörer (wenigstens) 3 Positionen/Perspektiven einnehmen und miteinander verknüpfen muß, wenn er an dem Vorgang einer Erzählung teilnimmt:

1. Die Position der Ereignisrezeption am »Phantasma«.
2. Die Perspektive der sozialen Einschätzung der Person des Erzählers (als Mitglied einer Bezugsgruppe).
3. Die Perspektive der Anteilnahme an den Erlebnisreaktionen des Erzählers.

Diesen Hörer-Positionen/-Perspektiven im Erzählvorgang entsprechen die folgenden Erzähler-Positionen/-Perspektiven:

1. Die Position der personengebundenen Ereignisbeteiligung als Aktor/Patiens in seiner Erzählgeschichte.
2. Die Perspektive des Trägers von »me«-Bildern seiner Person.
3. Die Perspektive des Erlebenden im Ablauf des Geschehens.

Nach der oben gegebenen Definition des »kooperativen Sich-Verhaltens« von Interaktionspartnern läßt sich nun in bezug auf diese Positionen/Perspektiven der am Erzählvorgang Beteiligten eine grundlegende Aufgabe der Verständigungssicherung des Erzählers formulieren: Er muß seine Erzählung so abwickeln, daß er und sein Zuhörer die (idealisierende) Unterstellung durchhalten können, daß ihre Positionen im Erzählvorgang austauschbar und ihre beiderseitigen Perspektiven kongruent sind.

Wir nennen diese idealen Erwartungen an den Ablauf der komplexen kommunikativen Interaktion »Erzählen« *Normalform* der Erzählung.[3] Die Normalform der Erzählung ist ein Modell, eine theoretische Abstraktion; und die Regeln dieser Interaktion, hier also das Zusammenspiel zwischen einem Erzähler und seinem Zuhörer, sind Annahmen, die auf einem universalpragmatischen Abstraktionsniveau liegen.[4] Aussagen auf diesem Niveau einer egalitären Diskurswelt kann man nur plausibel machen, nicht beweisen: Die Erwartungen an den Ablauf dieser kommunikativen Interaktionsform haben den Status sehr elementarer Basisregeln. Sie sind kontrafaktisch stabilisiert, d. h. die Mitglieder der Kommunikationsgemeinschaft halten auch im Enttäuschungsfall an ihnen fest. Als Interpretationsraster können sie nur verdrängt, überlagert, »vergessen« werden, sie bleiben als Grundlage der interaktiven Bedeutungszuschreibung unaufhebbar. Der Begriff der »Normalform« des Erzählens schließt den grundlegenden Sinn von Erzählungen ein, den wir oben angegeben haben: das Teilnehmen-Lassen eines anderen an dem Prozeß der individuellen Erfahrungsgewinnung.

Es wäre nun die Aufgabe einer psychoanalytisch und interaktionssoziologisch fundierten Erzähltheorie, die sprachlichen, handlungsmäßigen und kognitiven Mittel für die Bewältigung der Arbeitsaufgaben der Kooperation in einer gegebenen Kulturstufe zu bestimmen; das schließt die Betrachtung der Folgen ein, die diese kommunikative Interaktionsform »Erzählung« für die Ausbildung der Persönlichkeit hat.

Eine solche Darlegung liefe auf eine umfassende Erzähltheorie hinaus, die wir zu diesem Zeitpunkt und in diesem Rahmen nicht vorstellen können. Wir beschränken uns deshalb auf eine relativ axiomatische Postulierung eines Ablaufschemas, das wir für unsere Konversationsanalyse zugrunde legen, und geben anschließend einige Hinweise auf die Schwierigkeiten der Anwendung dieses Schemas in der Situation des psychotherapeutischen Erstinterviews.

1.3. Ablaufschema des Erzählens

Wir gehen bei der folgenden Darstellung von der Erzählung selbsterlebter Geschichten, die wir als die Grundform von Erzählungen auffassen, aus. Wir beschränken uns bei der Darstellung des Schemas auf diejenigen Arbeitsaufgaben, die der Erzähler auszuführen hat, sobald er seine Erzählung angekündigt hat. Die folgende Darstellung ist also keine Rekonstruktion des vollständigen interaktiven Ablaufschemas, sondern eine Rekonstruktion der handlungsschematischen Aufgaben des Erzählers. Genau diese Aktivitäten sind es, die u. E. auch ein Therapeut im Erstinterview oder in einem psychoanalytischen Diskurs bewertet und die wir in der folgenden Analyse rekonstruieren wollen. Ausgehend von diesen handlungsschematischen Aufgaben (Stationen) geben wir Hinweise auf die Erwartungen des Erzählers bezüglich der Positionen bzw. Perspektiven und Aufgaben des Zuhörers.

Wir unterscheiden sechs Arbeitsaufgaben, die vom Erzähler abgeleistet werden müssen, damit wir von einer vollständigen Erzählung sprechen können.

Der Erzähler gibt eine vorgreifende Problemverdeutlichung, in der er das für ihn Erzählenswerte an der nachfolgenden Geschichte seinen Zuhörern andeutet. Wir können diese Aufgabe als (1.) *Themenankündigung* bezeichnen. Sie dient der Focussierung der Aufmerksamkeit des Kommunikationspartners auf das zentrale Thema. Gleichzeitig hat sie die Funktion, das Handlungsschema »Erzählen« aus den übrigen Aktivitäten des Gesprächsflusses herauszulösen. Mit der Ankündigung einer Erzählung sichert sich der Sprecher das Rederecht.

Die nächste Arbeitsaufgabe, die der Sprecher zu bewältigen hat, besteht darin, dem Hörer eine »Versetzungsanweisung« zu geben, die für diesen den zeitlich-räumlichen Bezugsrahmen des sozialen Geschehens markiert, in das der Erzähler involviert war. Wir nennen diese Phase des Erzählvorgangs (2.) *Orientierung*. Wenn der Hörer dieser Versetzungsanweisung folgt, nimmt er einen Standpunkt ein, der demjenigen entspricht, den der Erzähler selbst zum Zeitpunkt des Geschehens eingenommen hat. In den meisten Erzählungen nimmt der Erzähler mehrere Standpunkte ein und gibt infolgedessen mehrere »Versetzungsanweisungen« an den Zuhörer. Eine genaue Kenntlichmachung dieser Standorte ist erforderlich, um dem Kommunikationspartner einen Rollentausch zu ermöglichen, der – wie schon angeführt – eine Voraussetzung für die Teilnahme an der individuellen Erfahrungsgewinnung ist.

In Geschichten eigenerlebter Erzählungen wird eine Kategorie vergangener Ereignisse geschildert, in die der Erzähler selbst involviert war. Erzählenswerte Geschichten haben einen Höhepunkt. (Kognitive) Geschichten erhalten ihre Kohärenz durch den Bezug auf derartige sinnverleihende Höhepunkte. Diese sind gewöhnlich (4.) eine *Komplikation:* ein Hindernis oder Erschwernis für den erwarteten oder geplanten Handlungsablauf. Die zeitliche Verkettung der Komplizierung wird durch eine Reihung von mindestens zwei Sätzen angedeutet, mit denen der Erzähler den zeitlichen Fluß der Ereignisse zum Ausdruck bringen kann. Wie in der Erzählforschung häufig angemerkt, wird der Höhepunkt der Komplikation häufig in direkter Rede wiedergegeben.[5]

Gelungene Erzählungen sind so aufgebaut, daß dieser Höhepunkt von dem Zuhörer mit Spannung erwartet und optimal miterlebt wird: Der Zuhörer kann die Position der »kumulativen« Ereignisbeteiligung des Erzählers übernehmen und sich in dessen Erlebnisperspektive hineinversetzen, und so diese Phase der Geschichte nachvollziehen. Damit dieses Ziel, was ja auch in der kommunikativen Absicht des Erzählers liegt, erreicht werden kann, sind einige Vorbereitungen seitens des Erzählers erforderlich.

Er muß dem Zuhörer (3.) seine persönliche *Ausgangslage* in der Geschichte verdeutlichen und ihn schrittweise instandsetzen, den Aufbau seiner Geschichte zu verfolgen. Dies kann durch die Schilderung der Handlungen des Erzählers, seiner Intentionen und Erwartungen und durch Informationen über die Handlungsumstände geschehen. Der Erzähler »versetzt« mit dieser Technik den Zuhörer nicht lediglich an den Ort des Geschehens, sondern er ermöglicht es dem Zuhörer gleichzeitig, den Anfang dieses Geschehens vom Standpunkt und aus der Perspektive des Erzählers zu betrachten. Häufig sind die sinnkonstituierenden Höhepunkte von Geschichten nicht zugleich das Ende der Geschichte. Dies ist nur dann der Fall, wenn die Geschichte noch nicht abgeschlossen ist, das Problem des Erzählers etwa ungelöst bleibt. In diesem Fall erwarten wir vom Erzähler am Ende seiner Geschichte (5.) eine *Problemverdeutlichung* (5b). Anderenfalls teilt der Erzähler in einer *Lösung* (5a) den Ausgang der Geschichte mit.

In einem letzten Schritt dokumentiert der Erzähler die eigene Verarbeitung des Resultats des Geschehens durch die Formulierung einer *Moral* oder Maxime. So lebendig dem Erzähler die

Geschichte auch sein mag, so fallen doch der Zeitpunkt der Geschichte und der Zeitpunkt des Erzählens auseinander. Der Erzähler hat somit die Möglichkeit, sich reflexiv zu seiner Erfahrung (u. a. durch Heranziehung von »me«-Bildern) zu verhalten. Er kann die Geschichte damit in seine Biographie und in sein Weltbild einordnen, möglicherweise »Lehren« aus dieser Geschichte ziehen. Ist dem Erzähler eine Verarbeitung der Geschichte noch nicht möglich, so deutet er seine Schwierigkeiten hierbei an. Dies ist z. B. in therapeutischen Diskursen häufig der Fall. Er gibt dem Zuhörer (dem Therapeuten) damit zu verstehen, daß er ihn als Interaktionspartner ernstnimmt und von ihm u. U. Hilfe bei der Bewältigung der Geschichte erhofft. Dadurch wird die Geschichte als Thema in die augenblickliche Gesprächssituation einbezogen und kann weiterbearbeitet werden.

2. Konversationsanalyse und die Rekonstruktion psychoanalytischer Verstehensleistung: Spezifizierung der Zielsetzung der Untersuchung

Wenngleich sich unsere Hypothesen zum Ablaufschema des Erzählens nicht beweisen lassen, so kann man sie doch am empirischen Material falsifizieren.[6] In der Regel dürften die durch Herrschaftsverhältnisse geprägten Sozialbeziehungen, wie sie beispielsweise in Institutionen üblich sind, die Realisierung einer Erzählung nach der Normalform verhindern. Es müßte sich dann aber an den Reaktionen der Beteiligten und den spezifischen Zielsetzungen der Institution zeigen lassen, daß und an welchen Orten hier Abweichungen vorliegen bzw. zur Erfüllung des Sinns der Institution erforderlich sind. Es ist, um dies an dieser Stelle noch einmal zu betonen, keineswegs erforderlich, Erzählungen entsprechend der Normalform abzuwickeln. Erforderlich ist lediglich, daß diese Normalform intersubjektiv in Rechnung gestellt wird. Dies kann z. B. dadurch geschehen, daß Abweichungen von der Normalform von den Interaktanten kommentiert werden. Selbstverständlich gibt es auch Gründe für das Abweichen von der Normalform des Erzählens, die in der Persönlichkeit des Erzählers selbst liegen.

In dem von uns untersuchten Transkriptionsausschnitt ist eine Falsifizierung unserer Hypothesen über die Normalform auf einem soziologischen oder konversationsanalytischen Spezifitätsniveau kaum möglich. Dies liegt u. a. daran, daß eine differenzierte Reaktion des Zuhörers, also des Therapeuten, während des Erzählens und auch im Anschluß an die Erzählung aus institutionellen Gründen ausbleibt. Wir benutzen aber das Erzählschema in der vorliegenden Analyse auch nicht dazu, eine soziale Interaktion zu beschreiben. Wir verwenden es, um eine psychologische Diagnose eines Therapeuten, die sich wesentlich auf den transkribierten Gesprächsausschnitt stützt, zu begründen. Wir begreifen also das Urteil des Therapeuten als Reaktion auf die Erzählaktivität der Patientin. Jenes Urteil lautet, daß die Kommunikation der Patientin von einem starken (unbewußten) »Widerstand« bestimmt gewesen ist.[7] *Unsere These ist, daß diese Diagnose als Reaktion auf Abweichungen von der Normalform des Erzählschemas durch die Erzählerin zu verstehen ist.*

Wir gehen davon aus, daß der Therapeut annimmt, daß in der vorliegenden Situation die Patientin verschiedene Möglichkeiten besessen hat, auf seine Frage nach der Herkunft ihrer Beschwerden zu antworten. Eine dieser Möglichkeiten ist auch, eine ausgebaute Erzählung abzuliefern. Natürlich ist es für die Patientin im Erstinterview nicht möglich, genau zu wissen, welche Aktivitäten oder Antworten der Therapeut mit seinen Fragen bei ihr hervorlocken will. Die konditionellen Relevanzen, die durch die institutionelle Situation des Erstinterviews aufgebaut werden, sind nicht eindeutig, und so bleiben der Patientin zahlreiche Möglichkeiten der kommunikativen Reaktion. Alle diese sozialen Bedingungsgrößen können bei einer Untersuchung des Kommunikationsablaufs in Rechnung gestellt werden. Im Ergebnis der Analyse können die institutionell offengelassenen Entscheidungsmöglichkeiten der Patientin aufgelistet werden. Eine solche soziologische Betrachtungsweise liegt aber nicht im Interesse des interviewenden Psychologen, der sich ein Urteil über die Schwierigkeiten der Patientin bilden will, die in ihrer Persönlichkeit verankert sind.

Um dieses Problem zu lösen, können wir danach fragen, wie sich die Patientin diesen Handlungsmöglichkeiten gegenüber verhält, welche sie aufgreift und welche nicht, und wie sie die ausgewählten Handlungsmöglichkeiten ausführt. Wir vermuten, daß sich im Umgang mit diesen sozialen Handlungsmustern und kommunikativen Interaktionsformen die soziale Handlungs- und Leidenskompetenz der Patientin zeigt. Im vorliegenden Tran skriptionsbeispiel können wir feststellen, daß die Patientin aus den zahlreichen Handlungsmöglichkeiten – durchaus untypisch – die Erzählmöglichkeit auswählt.

Von dem Augenblick an, in dem die Patientin das Erzählschema in Gang setzt, nimmt sie eine bestimmte Definition der Sozialbeziehung vor und setzt bestimmte konditionelle Relevanzen, eben diejenigen Erwartungen und Erwartungserwartungen, die wir als Normalform des Erzählens bezeichnet haben, für sich und für den Zuhörer in Kraft:[8] Die Zugzwänge (konditionelle Relevanzen), die auf den Erzähler wirken, sind in erster Linie die Anforderungen an die Darstellung und Verständigungssicherung, die wir in unserem Erzählschema erwähnt haben: Die Geschichte der Patientin muß dem Hörer eindrucksvoll und plausibel gemacht werden, um über ein bloßes Zuhören hinaus auch sein »Miterleben« in Gang zu setzen. Um das Miterleben zu ermöglichen, muß einmal die subjektive Befindlichkeit der Patientin soweit verdeutlicht werden, daß ein Perspektiventausch zwischen Hörer und Erzähler möglich wird. Zum anderen müssen die objektiven Umstände der Geschichte zumindest soweit ausgeführt werden, daß die Handlungsalternativen des Ereignisträgers (Patientin) einsichtig werden. Werden diese, sich im Verlauf der Kommunikation sukzessive weiterentwickelnden Zugzwänge nicht berücksichtigt, wird gegen beiderseits erwartete Kooperationsroutinen verstoßen, und dies hat Folgen für die Verständigung und Interaktion. – Wesentlich für unseren Untersuchungszweck ist an dieser Stelle, daß die Einleitung des Erzählvorgangs in einem diagnostischen Erstinterview – möglicherweise sogar in jeder auf Kooperation angelegten Kommunikationssituation – für den Erzähler zu Explizierungszwängen führt, die von ihm nicht in jedem Fall im voraus abzusehen sind. Die Durchführung des interaktiven Schemas »Erzählung« verlangt von dem Erzähler Maßnahmen der Verständigungssicherung und der Schemaabwicklung, wie etwa die Lieferung von Hintergrundinformationen, Detaillierung persönlicher Motive, die Formulierung einer Moral usw., die sich nicht immer vorab kontrollieren lassen und die so zur Preisgabe von Informationen führen, die ursprünglich vielleicht gar nicht mitgeteilt werden sollten.

Ein Abweichen von der Normalform des Erzählens, die sich im Verlauf der menschlichen Entwicklung als ein optimales Kooperationsschema für einen bestimmten Typ des Erfahrungsaustauschs herausgebildet hat, stellt sich vor diesem Hintergrund als ein Entzug einer angekündigten Kooperation dar. Diese Zurücknahme der Kooperativität ist immer interpretationsbedürftig. Insbesondere in der therapeutischen Situation, in der es um die – bewußte oder unbewußte – Preisgabe persönlicher Informationen geht, kann ein Abweichen von der Normalform der Erzählung den Analytiker/Therapeuten zu der Vermutung berechtigen, daß hier »Widerstände« bei der Informationsvermittlung aufgetreten sind. Unser Interesse ist nicht zu versuchen, die klinisch-diagnostische Beurteilung des Psychoanalytikers zu rekonstruieren, der das von uns ausgewählte Interviewgespräch geleitet hat. Die hierzu erforderlichen psychologischen und psychoanalytischen Fachinformationen und Mittel der methodischen Kontrolle stehen uns nicht zur Verfügung.

Wir wollen vielmehr die Formen der Abweichung des Erzählens der Patientin von den von uns aufgrund interaktionssoziologischer Überlegungen postulierten handlungsschematischen Aufgaben eines idealen Erzählers so detailliert herausarbeiten, daß es möglich wird, unsere Analyseergebnisse mit dem psychoanalytisch begründeten Urteil eines erfahrenen Therapeuten über die Erzählaktivitäten der Patientin in Beziehung zu setzen.

Allgemeiner ausgedrückt interessiert uns die Frage, wie bestimmte Komponenten des professionellen Wissens von Therapeuten (Psychoanalytiker) mit den Mitteln der Sprachwissenschaft und Interaktionsanalyse rekonstruiert werden können. Das professionelle Wissen von Therapeuten, auf dem ihre besonderen Verstehensleistungen basieren, ist ja aus verschiedenen Komponenten zusammengesetzt, die auch – bis zu einem gewissen Grad – getrennt voneinander untersucht werden können. Eine Gruppe von Verstehensleistungen ist auf psychosoziale Vorgänge gerichtet; sie basieren u. a. auf der »emphatischen« Wahrnehmungsfähigkeit des Therapeuten; seiner eigenen (relativen) Emanzipation von gesellschaftlicher Triebzensur; dem theoretischen Wissen über die Genese seelischer Konflikte etc. Darüber hinaus gibt es (mindestens) noch eine weitere Gruppe von Verstehensleistungen, die als eine Spezialisierung von alltäglichen, d. h. allen gesprächsmächtigen Interaktanten verfügbaren Konversationsleistungen aufgefaßt werden können. Für eine Untersuchung dieser Leistungen stellt sich u. E. das Problem der interdisziplinären Zusammenarbeit zwischen Sprachwissenschaft und Psychoanalyse wie folgt: Eine grundlegende Vermittlung beider Disziplinen, die gleichwohl deren Eigenarten ernst nimmt, muß nach unserer Auffassung von dem psychoanalytischen Konzept des »Unbewußten« ausgehen und die Formulierung von Substituten im Rahmen von sprachwissenschaftlichen und interaktionistischen Theorien anstreben. Eine solche grundlegende Vermittlung kann nicht das Ziel dieser Untersuchung sein.[9]

Vielmehr scheint es uns vorerst sinnvoll zu sein, das heuristische Instrumentarium der beiden Disziplinen nicht zu integrieren, sondern mit einer Art »separativer« Methodik an das Material heranzugehen: Um klären zu können, welchen Anteil konversationelle Leistungen an der psychoanalytischen Interpretations- und Interventionsfähigkeit haben, müssen die Konversationsanalyse eines Therapiegesprächs und die psychoanalytischen Deutungen desselben Gesprächs strikt getrennt durchgeführt und auch die beiderseitigen Ergebnisse zunächst getrennt formuliert werden. Das konversationsanalytische Verfahren verwendet andere Kategorien als die psychoanalytische Interpretationsmethode; die Kategorien beider Untersuchungsverfahren liegen auch nicht auf derselben Analyseebene. Erst nach Abschluß der Untersuchungen mit Hilfe beider Methoden kann ermittelt werden, ob zwischen der konversationsanalytischen Aufschlüsselung eines Textes und dessen psychoanalytischer Interpretation eine Beziehung hergestellt werden kann, die Aufschluß über die konversationelle Basis der psychoanalytischen Interpretation gibt.

Damit die konversationsanalytische Untersuchung in diesem Sinn der psychoanalytischen Interpretation »zuarbeiten« kann, liegt es nahe, daß sie sich auf auffällige Formen von »Deformationen« eines Konversationsvorganges konzentriert – wie z. B. Abweichungen von der Normalform eines Erzählvorgangs. Das Interesse daran entspricht der psychoanalytischen Erfahrung, die Freud u. a. in seinen Untersuchungen zu Formen des Sprachzerfalls – beispielsweise »Namen vergessen« und »Versprecher« – konzeptionalisiert hat, daß das ins Unbewußte Verdrängte häufig in kommunikativen Deformationen wirksam wird. Solche Deformationen können sowohl auf der Wort-, Satz-, wie auch auf der Text- oder Diskursebene liegen.

Spätestens in der Phase der interdisziplinären Untersuchung ein- und desselben Textes, in der die beiderseitigen Ergebnisse einander zugeordnet werden sollen, stellt sich unausweichlich das schon erwähnte Problem, beide Disziplinen begrifflich-theoretisch zu vermitteln. Dabei ist u. a. die bislang auch innerhalb der psychoanalytischen Theorie nicht befriedigend gelöste Frage zu klären, wie unbewußte »Gehalte« sich überhaupt in intersubjektiven Bedeutungen niederschlagen können.

Wir meinen, daß der von uns eingeschlagene »separative« Weg, einen Therapiediskurs zu untersuchen, beim gegenwärtigen Forschungsstand seine methodische Berechtigung hat und gute Voraussetzungen zur Lösung der angeschnittenen Fragen schafft:

Einerseits wird durch die detaillierte Aufschlüsselung verschiedener Diskursdeformationen ein »deskriptiver Fundus« bereitgestellt, der zur Klärung des Vermittlungsproblems von Sprachwissenschaft und Psychoanalyse benutzt werden kann; andererseits kann dadurch die Frage präziser gestellt und einer Klärung nähergebracht werden, auf welche konversationellen Phänomene sich Psychoanalytiker stützen, wenn sie im Verlauf einer therapeutischen Behandlung oder eines Erstinterviews ein bestimmtes klinisches Konzept – wie z. B. das Widerstands-Konzept – anwenden.

3. Materialgewinnung

Nachfolgend noch einige Anmerkungen zur Materialgewinnung und zur institutionellen Situation »diagnostisches Erstinterview«.

Der Erzählausschnitt ist Bestandteil eines Interviews, das in einer psychosomatischen Abteilung einer Klinik durchgeführt und dort mit einer Videokamera aufgezeichnet wurde. Im Rahmen eines Forschungsprojekts, das Linguisten und Therapeuten gemeinsam zum Zwecke der Untersuchung des besonderen Kommunikationsverhaltens psychosomatisch gestörter Patienten im Erstinterview durchführen, wurde u. a. diese Videoaufzeichnung transkribiert.

Zum besseren Verständnis des ausgewählten Erzählausschnitts ist es vielleicht hilfreich, kurz die institutionelle Form des Erstinterviews und besonders die Interviewtechnik zu erläutern, die der Interviewer angewendet hat. Es handelt sich hierbei gewissermaßen um die Standardtechnik psychoanalytisch orientierter diagnostischer Erstinterviews. – Die Dauer eines solchen Erstinterviews soll nicht länger als 45-60 Minuten betragen – das hier untersuchte Erstinterview dauerte 47 Minuten. Das Interview ist ein »singuläres Gespräch« zwischen dem therapeutischen Interviewer und dem Patienten, d. h., ein Gespräch mit einer vergleichbaren Struktur taucht während der gesamten Therapie, die sich möglicherweise anschließt, nicht wieder auf.

Mit der Durchführung des Erstinterviews, welches jeder therapeutischen Behandlung vorgeschaltet wird, werden zwei Ziele verfolgt: Die diagnostische Erfassung der seelischen Erkrankung des Patienten und die Erstellung einer Indikation und Prognose für eine zukünftige psychoanalytische Behandlung. Eine zentrale technische Empfehlung für die Durchführung dieses Interviews ist, die Informationsgewinnung nicht auf die Aufnahme der Krankheitsgeschichte des Patienten zu beschränken. Als entscheidender gilt die Gewinnung sogenannter subjektiver Informationen. Gemeint ist damit – verkürzt gesagt – die Erfassung der besonderen, der bewußten Einsicht des Patienten nicht verfügbaren pathogenen Beziehungsmuster, die sein soziales Verhalten beeinflussen und für die Entstehung seiner aktuellen Störung verantwortlich sind.

Da man annimmt, daß der Patient über jene Grundlage seiner aktuellen Störung keine Auskunft geben kann, besteht die technische Empfehlung, dem Patienten einen relativ großen Spielraum an eigener spontaner Redeaktivität einzuräumen. Damit soll ermöglicht werden, daß sich seine Persönlichkeitsstörung in der Interviewsituation in der einen oder anderen Form »ausdrücken«, »darstellen« kann, so daß sie vom psychoanalytisch geschulten Interviewer wahrgenommen und diagnostisch verarbeitet werden kann (vgl. Argelander 1970).

Zur Erreichung des zweiten Interviewziels, Indikation und Prognose einer zukünftigen therapeutischen Behandlung, folgen die Interviewer der technischen Empfehlung, dem Patienten die Teilnahme an einem psychoanalytischen Erkenntnis- und Selbstreflexionsprozeß probeweise zu ermöglichen. Zu diesem Zweck führen sie phasenweise ein Gespräch mit therapeutischem Charakter, formulieren also beispielsweise »Deutungen«.

Im Falle von Patienten, die an einer psychosomatischen Krankheit leiden, versucht der Interviewer vor allem zu ermitteln, inwieweit der Patient der Einsicht zugänglich ist, daß seine Organbeschwerden mit seelischen Konflikten in Zusammenhang stehen.

So weit zu den interviewtechnischen Empfehlungen und Postulaten, an denen auch der Interviewer in dem untersuchten Diskurs orientiert war.

4. Materialpräsentation

Der Ausschnitt aus dem Erstinterview, den wir behandeln, besteht aus 15 Redebeiträgen, die wir durchnumeriert haben. Im Redebeitrag 14 der Patientin wird die Erzählung entwickelt. Wir haben die Erzählung in der Transkription in einzelne Segmente zerlegt und diese ebenfalls durchnumeriert. Die Segmente repräsentieren – auch unvollständige – Teilsätze bzw. elementare Sprechakte. Wo der Therapeut die Äußerungen der Patientin mit Hörersignalen begleitet, haben wir in der Transkription die Technik der »Partiturschreibung« benutzt (Ehlich/Rehbein (1976)). Der Erzähler ist eine junge Frau, die von einem praktischen Arzt an die Klinik überwiesen wurde mit der Angabe, daß sie unter einem Magengeschwür (Ulcus) leide.

In den Redebeiträgen, die dem ausgewählten Transkriptionsausschnitt vorausgehen, stellt der Interviewer eben diese Tatsache fest: »Ich habe so als Angabe nur, daß Sie unter Magenbeschwerden leiden.«

Transkription

(Beginn 20 sec. nach dem 1. Gesprächskontakt, A = Arzt, P = Patientin)

1 A   Ja, Frau M., Sie sind von Herrn Dr. Z. zu uns
         überwiesen worden.

2 P   Ja.

3 A   Und. ich habe so als Angabe nur, daß Sie unter
         Magenbeschwerden leiden.

4 P   Hm.

5 A   Vielleicht is' es so das Einfachste, wenn Sie
         mir mal berichten, um was es geht, was Sie für
         Beschwerden haben . . . (   )

6 P   Also, wie meinen Sie's jetzt? hm . . . schmerz(l)ich
         ausgesehen oder/Ja ich würd' sagen, das is'
         äh/ich würd' sagen, das is' hauptsächlich äh
         nervlich bedingt,

	A	mhm
[	P	weil ich im Beruf sehr stark unter Streß stehe,
[	A	mhm
	P	ja, und dauernd Ärger zu verdauen habe.
7	A	Hm.
8	P	Und ich freß den Ärger immer in mir rein, anstelle . . den mal abzureagieren, ne.
9	A	Ah ja.
10	P	Und daher glaub' ich, daß die ganzen Schmerzen und alles, was damit verbunden ist, alles nur beruflich bedingt ist.
11	A	Hm Hm. Vielleicht können Sie mir da was darüber erzählen mal, wie das so aussieht.
12	P	In meinem Beruf?
13	A	Mhm.
14	P S1	Ja ich würd' sagen, das hat angefangen 1975.
	S2	Ja oder Mitte 74 hat das angefangen . . .
	S3	Das war äh kurz vor der Prüfung.
	S4	Und bei uns im Betrieb, da sind solche *Schikanen*.
	S5	Das is'/
	S6	Immer wenn jemand die Prüfung macht, dann muß *einer* gehen.
	A	Mhm.
	S7	Und da sind / doch zwei / is' ein anderer Kollege,
	S8	der hat aber / is' / hat keine Prüfung gemacht, ne.
	P S9	Und bei dem is' das immer /
	S10	Wenn einer / wenn jemand eine Prüfung macht., steht der immer so auf'm Stolperstein.
	S11	Und da . . hat er doch heftige Schikanen gegen mich gemacht, ne.
	S12	Und dann hieß es immer, wenn ich die Prüfung mit gutem Resultat machen würde, käm' eine Kündigung gar nicht in Frage.
	S13	Und das is' dann auch geschehen.
	S14	Aber wie es dann doch kommen sollte, sagte der eines Tages zu mir:
	S15	»Fräulein M., Sie müssen gehen!«
	S16	Also der Kollege, nicht mein Chef, ne . .
	A	Hmhm.
	S17	War ich natürlich k.o.!
	S18	Hab' ich 'nen Nervenzusammenbruch gekriegt.
	S19	Und das war erst die Zwischenprüfung.
	S20	Und dann hat das ss so drei, vier Monate gehangen:
	S21	Muß ich gehen, muß ich nicht gehen?

```
      S22  Des/der hatte dann wieder alles abgestritten:
⌈    ⌐S23  Er hätte das nie gesagt und so was.
⌊ A                                                         Mhm
   P S24  Und dann ein Tag vor der schriftlichen Prüfung
           hat sich dann entschieden, daß ich also doch
           bleiben konnte.
   A      Mhm.
   P S25  Aber die Schikanen von dem, die gingen / die ge-
           hen immer weiter.
     S26  Und auch die Lügen
     S27  Da is' also/ . . ich würd sagen das schlechte Be-
           triebsklima bei uns.
   A      Hm.
   P S28  Das macht einen auch fertig.
   A      Hm.
⌈ P S29  Und da, dann ist noch mein Chef,
⌊ A                                                         hm
   P      der eh/ der einen ständig
   P S30  unter Zeitdruck setzt, ja . .
15 A      Hmhm.
```

5. Erzählanalyse

Wir untersuchen nun Schritt für Schritt den Erzähltext auf die diskursive Arbeit hin, die die Patientin aufgewendet hat, um die notwendigen Bestandteile des Erzählschemas zu konstituieren. Zum Zwecke der Überprüfbarkeit unserer Analyse werden wir an den Passagen des Erzählvorganges, die entweder vage oder ambigue in bezug auf die dargestellte Geschichte sind, alternative Interpretationsmöglichkeiten durchspielen und unsere Entscheidung für eine dieser Möglichkeiten begründen. Wo wir aufgrund fehlender Kontextinformationen keine Entscheidung zugunsten einer der möglichen Interpretationen treffen können, muß unsere Rekonstruktion der Geschichte, die die Patientin erzählt hat, notwendig unvollkommen bleiben. Um unsere Rekonstruktion der Erzählgeschichte methodisch zu kontrollieren, werden wir – vom Standpunkt eines potentiellen Zuhörers aus – jeweils die Hörer-Positionen bzw. Perspektiven angeben, von denen aus wir die Rekonstruktion vornehmen.

Frau M. beginnt ihre Erzählung mit der *Orientierung*. In den Segmenten 1, 2 und 3 liefert sie die zeitliche Orientierung. Im Segment 4 (»im Betrieb«) wird die institutionelle Situation, der »Ort«, an dem die Handlung spielt, angegeben.

Mit der Äußerung: »das war eh kurz vor der Prüfung . . . da sind solche Schikanen. Das ist/immer, wenn jemand die Prüfung macht, dann muß einer gehen« liefert die Patientin eine vorgreifende Problemandeutung. Diese bleibt allerdings so vage, daß der Kommunikationspartner, der Therapeut, aus den Segmenten 3, 6 und 11, um das persönliche Problem der Patientin zu erfassen, folgenden praktischen Schluß ziehen muß: »Da die Patientin eine Prüfung absolvieren mußte, bestand die Gefahr, daß sie gehen mußte, falls sie diese Prüfung nicht gut bestehen würde.«

Die weitere Folgerung: »Also hatte ein böswilliger Arbeitskollege bewirkt, daß sie vor der später folgenden Hauptprüfung Angst hatte, gekündigt zu werden«, liefert das zentrale Thema der erzählten Geschichte. Dieses Thema wird jedoch von der Patientin nicht formuliert. Wir müssen es – von der Hörer-Perspektive der Erlebnisteilnahme aus – erschließen.

In den Segmenten 7 bis 9 führt die Sprecherin die Person ein (den Arbeitskollegen), von der im weiteren Erzählvorgang deutlich wird, daß sie ein Agens (Ereignisträger) der Geschichte ist, ohne daß an dieser Stelle allerdings klar wird, worin diese Aktorschaft genau besteht. Die Charakterisierung der Person wird nämlich im Segment 9: »Und bei dem ist das immer«, nicht ausgeführt, der Satz bleibt syntaktisch unvollständig. Durch die Einführung der Person wird gleichzeitig eine Beschreibung der *Ausgangslage,* des Null-Glieds der Ereigniskette, vorgenommen. Diese Beschreibung wird im Segment 11 fortgesetzt. Man kann die Ausgangslage unter Hinzuziehung von Hintergrundinformationen wie folgt paraphrasieren: »Ein Kollege drohte, daß ich entlassen werden würde, und zwar selbst dann, wenn ich die Prüfung mit guten Resultaten bestünde.«

Die nach der Korrektur eingefügte Passage: »wenn einer – wenn jemand eine Prüfung macht . . ., steht der immer so auf'm Stolperstein«, ist inhaltlich eine Wiederholung des Segments 6. Sie dient nicht dem Fortgang des Erzählvorgangs. – Die Segmente 4-13, die wir zur Rekonstruktion der Ausgangslage herangezogen haben, lassen noch eine andere Interpretation zu. Diese alternative Interpretation wird möglich (sie ist aber, wie wir noch ausführen werden, nicht wahrscheinlich), weil die Erzählerin in zwei für die Beschreibung der Ausgangslage wesentlichen Punkten vage bleibt. – In Segment 6: »Immer wenn jemand die Prüfung macht, dann muß einer gehen«, wird zwar angedeutet, daß es eine innerbetriebliche Regelung für Prüflinge gibt; es wird aber nicht klar, was diese Regelung genau besagt. Unsere oben ausgeführte Interpretation basiert auf der Vermutung (die wir aber nicht durch Kontextinformationen aus dem Betrieb stützen können), daß in diesem Betrieb der Prüfungskandidat mit den schlechtesten Noten aufgrund einer personalen Überkapazität entlassen wird. Die Erzählerin befürchtete daher vor den zu absolvierenden Prüfungen (wie wohl die anderen Prüflinge auch), ein »Opfer« dieser Regelung zu werden, wenn sie in den Prüfungen schlecht abschnitt. – Es ist aber auch möglich, daß Segment 6 nur besagen will, daß in dem Betrieb irgendeiner, z. B. auch der, der noch keine Prüfung gemacht hat, »gehen muß«, wenn die Prüflinge ihre Prüfungen absolviert haben. Von dieser Regelung wäre dann auch der Kollege betroffen, der keine Prüfung gemacht hat. Gemäß dieser Interpretation wäre eine wesentliche Komponente der Ausgangslage – die Beziehung zwischen der Erzählerin und ihrem Arbeitskollegen – anders definiert: Auch der Kollege hatte Angst, entlassen zu werden. Diese Interpretation wird durch Segment 10 nicht widerlegt, weil dort nicht klar wird, was mit ». . . steht der immer so auf'm Stolperstein« genau gemeint ist. – Nach der Interpretation, die wir für die wahrscheinlich zutreffende halten, wird damit die Situation (Gefühlslage) der Prüflinge beschrieben: ihre Unsicherheit bezüglich ihres Arbeitsplatzes. Gemäß der alternativen Interpretation wäre dies jedoch eine Andeutung der Situation des Arbeitskollegen: Er selbst hatte bei jedem Prüfungsvorgang seiner Kollegen Angst, gekündigt zu werden – z. B. weil deren besonders gutes Abschneiden in diesen Prüfungen seine eigene Qualifikation in ein schlechteres Licht gerückt hätte und die Gefahr bestand, daß man ihn entlassen würde. Diese Interpretation ist zulässig, weil in Segment 10 die Referenz des Personalpronomen ». . steht *der* immer so auf'm Stolperstein« ambigue ist: »der« kann sich auf den Prüfling beziehen, aber auch auf den Arbeitskollegen, der Ereignisträger in der Geschichte ist.

Diese Vagheit bezüglich der Ausgangslage ist u. E. vor allem die Folge davon, daß die Erzählerin in dieser Phase ihrer Erzählung nicht ein Darstellungsmittel anwendet, das die Verständigungssicherung optimal leisten könnte: eine Motivzuschreibung in bezug auf das Verhalten des Kollegen, von dem sie in Segment 11 sagt: »Und da hat er doch heftige Schikanen gegen mich gemacht, ne.«

Gemäß der von uns zuerst ausgeführten Interpretation wären die »Schikanen« des Kollegen möglicherweise darauf zurückzuführen, daß er eine (sadistische) Freude daran hatte, die ihm bekannte Unsicherheit der Prüflinge im Betrieb auszunutzen – oder zumindest im Falle der Erzählerin tat er dies – und ihre Angst noch zu verstärken. Nach der alternativen Interpretation wären seine »Schikanen« gegen die Erzählerin verständlich als Folge seiner eigenen Konkurrenzangst. Mit einer entsprechenden Motivzuschreibung – z. B. »das machte dem Spaß« bzw. »der wollte mich verunsichern, um mich kleinzukriegen« – hätte die Patientin die Beschreibung der Ausgangslage ihrer Geschichte leicht desambiguieren können.

Wir meinen nun, daß Segment 12: »Und dann hieß es immer, wenn ich die Prüfung mit gutem Resultat machen würde, käm' eine Kündigung gar nicht in Frage«, für die zuerst ausgeführte Interpretation der Ausgangslage spricht. Wir fassen die Äußerung auf als eine Fortsetzung der in Segment 6 gelieferten (aber nur angedeuteten) Erläuterung der betrieblichen Regelung; die Erzählerin verdeutlicht hier, daß sie als Prüfling von der Regelung betroffen wurde, daß der (die) Kandidat(en) mit der (den) schlechtesten Noten entlassen wird (werden) und paraphrasieren Segment 12 entsprechend: »Man hatte mir versichert, daß ich nicht entlassen werde, wenn ich die Gesamtprüfung mit gutem Resultat bestehen würde.«

5.2. Die Komplikation und ihre Lösung

In den Segmenten 14 bis 23 wird die Ereigniskette entwickelt. Wir können sie – von der Hörer-Position des Ereignisrezipienten am »Phantasma« aus – als folgende Abfolge paraphrasieren: »Kurz bevor die Patientin die Zwischenprüfung machte, kam ein Arbeitskollege zu ihr und sagte ihr, daß ihr gekündigt wird, worauf sie einen Nervenzusammenbruch bekam. Sie bestand dann die Zwischenprüfung mit gutem Resultat, lebte aber drei bis vier Monate lang in der Ungewißheit, ob ihr gekündigt wird oder nicht. Erst einen Tag vor der schriftlichen Hauptprüfung wußte sie definitiv, daß ihr nicht gekündigt wird. Der Arbeitskollege hatte inzwischen seine Äußerung abgestritten.«

Maximale Detaillierung erfährt das zweite Glied der Ereigniskette. Hier, in den Segmenten 14 bis 19, haben wir einen Ereignisknoten, der auch durch die Verwendung der wörtlichen Rede linguistisch deutlich markiert ist.

Wenn diese Interpretation gültig ist, präsentiert die Erzählerin, im Gegensatz zur Normalform des Erzählschemas, die *Lösung* ihrer Geschichte nicht nach dem Höhepunkt, am Ende der Ereigniskette, sondern schon im ersten Glied der Ereigniskette: in Segment 13, »Und das ist dann auch geschehen« – nämlich die Nicht-Kündigung. Damit macht die Erzählerin es dem Zuhörer unmöglich, die einzelnen Stationen ihres eigenen Erlebens in der Geschichte in der gleichen zeitlichen Reihenfolge nachzuvollziehen.

In dem Segment 24: »Und dann ein Tag vor der schriftlichen Prüfung hat sich dann entschieden, daß ich also *doch* bleiben konnte« schließt die Erzählerin ihre Geschichte durch die Formulierung einer Lösung ab. Inhaltlich stellt dieses Segment eine Wiederholung des Segments 13 dar. Auch in bezug auf diesen Schemabestandteil des Erzählens ist eine alternative Interpretation möglich.

Die Referenz der Proform »das« in Segment 13: »Und das ist dann auch geschehen«, ist nämlich ambigue, so daß nicht ganz klar wird, *was* eigentlich – als Glied der Ereigniskette – geschehen ist. Nach der obigen Interpretation bezieht sich die Patientin damit auf den letzten Teil ihrer vorangegangen Äußerung (Segment 12) »... käm' eine Kündigung gar nicht in Frage.« Dies wäre dann zu paraphrasieren als: »Tatsächlich wurde ich dann auch nicht gekündigt.«

Es ist aber auch möglich, daß sich die Sprecherin mit der Proform »das« auf den Inhalt des Konditionalsatzes in Segment 12 bezieht: »... wenn ich die Prüfung mit gutem Resultat machen würde ...«. Geschehen ist dann, daß sie die Prüfung mit gutem Resultat gemacht hat. Die Gültigkeit unserer obigen Feststellung, daß in dieser Phase der Erzählung ein Bruch des Erzählschemas vorliegt, weil die Lösung der Komplikation sequentiell der Ereigniskette vorgezogen wird, hängt nun allerdings nicht davon ab, auf welche der beiden zu absolvierenden Prüfungen – die Zwischenprüfung oder die Hauptprüfung – sich die Proform »das« genau bezieht; und ob eventuell die Gesamtprüfung gemeint ist, die beide Teilprüfungen umfaßt hat. Dies sei kurz erläutert: Die Patientin spezifiziert diesen (möglichen) Bezug auf die Prüfung nicht. Eine Desambiguierung leistet auch das Segment 19: »Und das war erst die Zwischenprüfung«, nicht, da die Einordnung in die Ereigniskette der Geschichte temporal nicht markiert ist: Geschah das Zusammentreffen mit dem Arbeitskollegen (und der darauf folgende Nervenzusammenbruch) *vor* oder *nach* der Zwischenprüfung? Wenn sich die Patientin mit der Proform in Segment 13 auf die Haupt- bzw. Gesamtprüfung bezogen hat, die zeitlich am Ende der Ereigniskette steht, bleibt unsere obige Rekonstruktion der Geschichte (und die Feststellung eines Schemabruches) jedoch gültig, weil dann die Lösung der Komplikation impliziert ist: Mit einer (möglichen) Feststellung in Segment 13, daß sie die Haupt- bzw. Gesamtprüfung mit gutem Resultat gemacht hat, ist in Verbindung mit der zuvor mitgeteilten betrieblichen Regelung impliziert, daß die Erzählerin nicht entlassen wurde. Die Lösung ist auch bei dieser Interpretation nicht nach dem Höhepunkt, sondern schon im ersten Glied der Ereigniskette dargestellt.

Der Höhepunkt der Geschichte, die die Patientin erzählt hat, wäre allerdings anders zu rekonstruieren, wenn (was allerdings aus dem Text nicht hervorgeht) der Vorfall mit dem Kollegen nach der Zwischenprüfung stattgefunden hat. Es wäre dann wie folgt zu paraphrasieren: »Nachdem die Patientin die Zwischenprüfung mit« gutem Resultat gemacht hatte, kam ein Arbeitskollege zu ihr und sagte ihr, daß ihr gekündigt wird, worauf sie einen Nervenzusammenbruch bekam. Sie lebte dann drei bis vier Monate in der Ungewißheit, ob ihr gekündigt wird oder nicht.« Wir halten es aber aus folgendem Grund für unwahrscheinlich, daß sich die Äußerung in Segment 13: »Und das is' dann auch geschehen«, allein auf die (mögliche) Tatsache bezieht, daß die Erzählerin die Zwischenprüfung mit gutem Resultat bestanden hatte – ein Bezug, der unsere Feststellung eines Schemabruches falsifizieren würde, da ein Vorgriff auf die Lösung dann nicht vorläge. Gegen diese Rekonstruktion spricht zunächst die Themenankündigung in Segment 3: »Das war äh kurz vor der Prüfung« – was wohl zu paraphrasieren ist als: »Das war kurz vor der Zwischenprüfung.« Weiterhin spricht gegen die (alternative) Referenz auf die Zwischenprüfung (in Segment 12) folgendes:

Die Satzinhalte in Segment 12: »Und dann hieß es immer, wenn ich die Prüfung mit gutem Resultat bestehen würde, käm eine Kündigung gar nicht in Frage«, können nicht isoliert betrachtet werden von der kommunikativen Qualität der gesamten Äußerung. Diese Äußerung kann verstanden werden als Wiederholung des Bestandteils einer »inneren Argumentation«[10], die die Patientin in der Situation (für sich) ausführte, die sie in der Erzählung darstellt. Die volle Argumentation könnte wie folgt formuliert werden: »Jetzt kommt hier im Betrieb wieder die Frage auf, ob ich entlassen werde oder nicht. Dabei ist mir doch versichert worden, daß ich nicht gekündigt werde, wenn ich die Gesamtprüfung mit gutem Resultat bestehe. Ich habe die Hauptprüfung noch gar nicht absolviert (und die Zwischenprüfung auch nicht) – wieso kann über mein Verbleiben im Betrieb jetzt schon entschieden sein? Das ist doch widersprüchlich/was soll ich denn nun glauben (etc.)«. – Entsprechend dieser kommunikativen Qualität einer »inneren Argumentation« beinhaltet Segment 12 also eine Auseinandersetzung der Erzählerin mit der oben erläuterten betrieblichen Regelung für Prüflinge – speziell mit der Frage, ob diese Regelung nun auch für sie gilt oder nicht. Die rückbezügliche Referenz von »das« in Segment 13 ist u. E. entsprechend zu interpretieren als ein Bezug auf diesen Gesamtinhalt – paraphrasiert: »Geschehen ist dann, daß ich nicht gekündigt wurde, meine Sorge war überflüssig.« Daß diese Referenz inhaltlich auf die zu absolvierende Zwischenprüfung eingeschränkt sein kann (dies war der Ausgangspunkt unserer Überlegungen), ist unwahrscheinlich, weil dieser (mögliche) Sachverhalt in der inneren Argumentation allenfalls eine marginale Komponente sein kann, eine unspezifizierte Textreferenz auf ein Ereignis aber gewöhnlich dies als Gesamtereignis konzeptualisiert. – Wir meinen also, daß unsere Auffassung, in Segment 13 liege ein Bruch des Erzählschemas vor, auf der Grundlage des Erzähltextes gestützt werden kann. Bemerkenswert erscheint uns auch hier der relativ hohe Grad der Vagheit der sprachlichen Darstellung. Diese Vagheit zwingt den Interpreten zur Durchführung recht komplizierter Schlußprozesse, um Detailinformationen zu gewinnen, die für die Rekonstruktion der Geschichte notwendig sind, von der Patientin aber nicht mitgeteilt wurden.

Die Erzählerin hätte hier – wie wir auch schon bei der Darstellung der Ausgangslage festgestellt haben – leicht das nötige Verständnis dadurch sichern können, daß sie jeweils ihre eigene *Perspektive* verdeutlichte, unter der sie Ereignisse im Betrieb erlebt hat. Dies hätte sie z. B. in folgender Weise tun können:

S12 Und dann hieß es immer, wenn ich die Prüfung mit gutem Resultat machen würde, käm' eine Kündigung gar nicht in Frage. – Ich wußte nun gar nicht mehr, was ich glauben sollte. Sollte ich doch entlassen werden, auch wenn ich die Gesamtprüfung gut bestehen würde?

S13 Und das is' dann auch geschehen. – Gott sei Dank, es stellte sich dann später heraus, daß meine Befürchtungen überflüssig waren.

In Segment 24 formuliert die Erzählerin die Lösung der Komplikation, die sie in Segment 13 vorweggenommen hatte: »Und dann ein Tag vor der schriftlichen Prüfung hat sich dann entschieden, daß ich also doch bleiben konnte.« Über das Zustandekommen dieser Entscheidung erfahren wir nichts Näheres.

In dem nachfolgenden Satz macht die Erzählerin deutlich, daß mit der Lösung des Problems dieser Geschichte keineswegs das Problem, das sie in der Themenankündigung und in der vorgreifenden Problemverdeutlichung mitgeteilt hat, gelöst ist. Formal bedeutet dieser Satz: »Aber die Schikanen von dem, die gingen/ die gehen immer weiter. Und auch die Lügen«, eine Rückkehr in die Erzählgegenwart. Diese Rückkehr in die Erzählgegenwart vollzieht die Patientin allerdings nur nach einer Korrektur: Das ursprüngliche syntaktische Muster dieses Satzes lautet: »Aber auch die Schikanen von dem, die gingen« und man müßte jetzt vervollständigen: »immer weiter«. Damit würde angedeutet sein, daß für sie die Geschichte nicht abgeschlossen ist. Erst durch die Korrektur leistet sie den formalen Anforderungen des Erzählschemas Folge und kennzeichnet den Abschluß des Erzählvorgangs.

Inhaltlich stellt die Aussage in Segment 25 aber eine Problemverdeutlichung dar: Die Erzählerin macht klar, daß die Probleme, die in den Zeitraum der erzählten Ereignisse fallen, für sie zum Zeitpunkt der Erzählung nicht abgeschlossen sind (ebenso in Segment 26).

In unserem Erzählschema hatten wir zwei Möglichkeiten einer formalen Beendigung des Erzählvorganges vorgesehen: die Darstellung einer Problemlösung und die einer Problemverdeutlichung. Wir sehen uns im vorliegenden Erzähltext konfrontiert

mit dem Phänomen, daß eine Erzählung zwei aufeinanderfolgen-
de Abschlüsse hat, die gegenläufig sind: den Abschluß der Erzählung einer Geschichte, die die Lösung eines Problems zum Inhalt
hat – »wie ich einmal von einem Kollegen in die Angst versetzt
wurde, gekündigt zu werden, und sich diese Angst als unberech-
tigt erwies« –, und den Abschluß der Erzählung einer Geschichte,
die ein Problem zum Inhalt hat, das zum Zeitpunkt der Erzählung nicht gelöst ist. Diese These sei im folgenden noch eingehen-
der erläutert:

In Segment 25 kann die Äußerung (wie gesagt) so verstanden
werden, daß der Erzählabschluß damit vollendet wird; die Erzählerin kehrt zur Erzählgegenwart zurück und verdeutlicht mit
einem Rückbezug auf einen eigenen Redebeitrag vor Beginn ihrer
Erzählung, wie diese in der ablaufenden Konversation thematisch
eingebettet ist: Die Sprecherin bezieht sich in Segment 25 auf das
schlechte Betriebsklima (»die Schikanen gehen immer weiter«),
das sie in ihrer Themenankündigung (Redebeitrag 6) und in der
vorgreifenden Problemandeutung als Gegenstand ihrer Erzählung bereits eingeführt hatte. Damit schließt sie den Vorgang der
Erzählung, den sie in ihrem Redebeitrag 6 angekündigt hatte,
thematisch ab.

Aus dieser Sicht erhält die erzählte Geschichte die kommunikative Funktion des »Belegs« für die im Redebeitrag 6 formulierte
These der Sprecherin, daß sie im Betrieb dauernd Ärger zu
verdauen habe und daß ihre Magenbeschwerden dadurch bedingt
seien. Als eine Verdeutlichung dieses »Ärgers« kann die erzählte
Geschichte dienen, eine Interpretation, die durch die Segmente 27
und 28 bestärkt wird.

Die Äußerung in Segment 25 kann aber auch anders interpretiert werden: Mit der adversativen Konjunktion »aber . . .«
schränkt die Erzählerin die Lösung der Komplikation inhaltlich
wieder ein, die sie in der Äußerung zuvor formuliert hat. Sie tut
dies an einer Stelle, an der nach unserem Erzählschema eine
Moral zu erwarten wäre – also z. B. ein Hinweis darauf, was sie
aus dem Vorfall mit dem Arbeitskollegen für ihr Verhalten im
Betrieb gelernt hat. Aus der Einschränkung der Lösung kann nun
der Schluß gezogen werden, daß die Lösung der Komplikation
nicht auch die Lösung des Problems beinhaltet, das die Sprecherin angekündigt hat.

Mit dieser Interpretation erhält die Äußerung in Segment 25

einen in bezug auf das Schema der intendierten Erzählung ambi-
guen Status: Die Äußerung kann als abschließende Rückkehr zur
Erzählgegenwart verstanden werden, mit der verdeutlicht wird,
wie die Beziehung zum Ereignisträger »heute« – d. h. zur Erzählzeit – beschaffen ist. Dieser Zusammenhang läßt sich paraphrasieren als: »Übrigens, die Schikanen von dem, die gehen immer
weiter«.

   Die Äußerung kann aber auch als abschließende Problemverdeutlichung interpretiert werden. Sie bildet dann den Abschluß
einer anderen Erzählung als der, die die Patientin beabsichtigte zu
erzählen:[11] nämlich den Abschluß einer Erzählung, die ein aktu-
elles Problem der Sprecherin zum Gegenstand hat, welches zur
Erzählzeit fortdauert. Derartige Erzählungen biographischer Abschnitte verlangen nach unserer Auffassung nicht die Formulierung einer Moral, weil hier die eigene Verarbeitung der »Geschichte« (Biographie) erst zu einem Problembewußtsein geführt
hat, welches nun durch die Problemverdeutlichung dem Zuhörer
mitgeteilt werden soll. Die Lösung des Problems kann möglicherweise in der Bearbeitung der Erzählung, gemeinsam mit dem
Zuhörer, angestrebt werden.

   Als ein Indikator für diese – wie wir sagen wollen – »narrative
Ambiguität« von Segment 25 kann auch die Selbstkorrektur
gewertet werden, auf die wir schon hingewiesen haben. Mit dieser
Interpretation verändert sich auch die funktionale Bedeutung der
letzten Segmente 27 und 28 für die Abwicklung des Erzählschemas. Sie dienen dann nicht zur Verdeutlichung der Belegfunktion
der Erzählung für die eingangs vorgebrachte These (»das
schlechte Betriebsklima«), sondern führen die in 25 und 26
formulierte Problemverdeutlichung weiter aus. Der Schluß in 25
bis 28 wäre dann der Schluß der Erzählung einer Geschichte, die
die Patientin weder thematisch explizit angekündigt noch explizit
erzählt hat.

   Unsere Analyse soll sich im folgenden darauf konzentrieren, das
Thema der Geschichte, die zwar nicht erzählt wird, aber dennoch
im Erzählvorgang der »intendierten« Geschichte erscheint, zu
rekonstruieren. Daß die Patientin im Erzählvorgang zwei Ge-
schichten rekapituliert, sehen wir u. a. in folgenden Brüchen des
Erzählschemas: Wir hatten schon festgestellt, daß die Patientin in
Segment 13 eine Lösung der Komplikation formuliert, bevor der
Komplikationsteil voll ausgeführt, der Ereignisknoten geschildert

ist. Einen weiteren Bruch, eine weitere »Diffusion« des Erzähl-schemas durch eine narrative Ambiguität, stellten wir in der Abschlußphase der Erzählung fest.

Ausgehend von der Themenankündigung hat die Erzählung die Funktion zu begründen, daß die nervlichen Belastungen der Erzählerin durch das schlechte Betriebsklima bedingt sind. Da jedoch zwei für das Verständnis der Geschichte notwendige Plausibilisierungen nicht gegeben werden, gerät diese intendierte Funktion der Erzählung in Gefahr: Es bleibt erstens unklar, warum sie einen Nervenzusammenbruch bekam, obwohl sie wußte, daß man ihr nicht kündigen wird, wenn sie die Prüfung mit gutem Resultat bestehen würde (was dann auch der Fall war). Und ebenfalls unklar bleibt, warum sie drei bis vier Monate in Ungewißheit ausgeharrt hat, »ob sie gehen muß oder nicht«, und sie diese Ungewißheit nicht selbst zu beseitigen versuchte. Die Patientin erklärt diese Fragen auch in späteren Phasen des Erstin-terviews nicht. Verständlich wird das Fehlen dieser Plausibilisie-rungen dann, wenn man eine andere Geschichte und ein anderes Erzählthema dem Erzählvorgang zugrundelegt als diejenige, die die Patientin tatsächlich vorträgt.

Wir wollen im folgenden – wie schon bei der Behandlung des Erzählschlusses angekündigt – die intendierte Geschichte (»Ge-schichte 1«) und die nicht-intendierte Geschichte (»Geschichte 2«) in ihren beiderseitigen Verbindungen rekonstruieren. Daß die Geschichte 1, die die Entwicklung und Auflösung einer erlittenen Angst vor der Kündigung zum Thema hat, wirklich in der Erzählform rekapituliert wird und vollständig ist, kann nicht nur an den gut ausgebauten Schemateilen »Orientierung« und »Kom-plikation« abgelesen werden. Die Erzählerin verwendet darüber hinaus stets dieselben, auf das Leitthema verweisenden sprachli-chen Ausdrücke an den entscheidenden Schaltstellen des Erzähl-vorgangs, nämlich die Ausdrücke »gehen müssen«: In dem An-kündigungsteil im Segment 6, am Höhepunkt der Komplikation im Segment 15 und in dem weiteren Ausbau der Komplikation im Segment 21. Im Segment 24 verwendet sie die Negation eines semantisch äquivalenten Ausdrucks, allerdings mit einer anderen Tempusmarkierung: »bleiben konnte«.

Es stellt sich nun die Frage, ob es ähnliche Indikatoren für eine vollständige Geschichte 2, die wir »gelebte Geschichte« nennen wollen, finden lassen. Methodisch sind wir dabei bislang so

vorgegangen, daß wir auffallende Abweichungen vom Erzählschema, die Brüche (bzw. Diffusionen) zum Ausgangspunkt
unserer Interpretation gemacht haben. Wir werden jetzt versuchen, systematisch einzelne Indikatoren für die zweite – wie wir
sagen wollen – »gelebte Geschichte« in den Äußerungen der
Patientin zu finden. Für diese Interpretationsaufgabe konzentrieren wir uns – von der Hörer-Perspektive der Erlebnisteilnahme
aus – auf die Erlebnisperspektive der Erzählerin.

5.3. Die gelebte Geschichte, die nicht erzählt wird

Wenn wir uns die Themenankündigung noch einmal genauer
ansehen, können wir neben dem Thema »Das schlechte Betriebsklima«, welches in der Erzählung deutlich belegt wird, einen
weiteren Gedanken der Patientin finden. In der Äußerung 8 versucht die Patientin, einen Zusammenhang zwischen dem schlech-
ten Betriebsklima und ihrer nervlichen Situation herzustellen:
»Und ich fresse den Ärger immer in mir rein, anstelle . . . den mal
abzureagieren, ne.« Wenn wir diese Äußerung als Thema paraphrasieren, könnte das Thema der gelebten Geschichte lauten:
»Wie ich Ärger im Betrieb zu verdauen habe, den ich nicht richtig
loswerden kann.«
   Das Beispiel, an dem diese Geschichte erzählt werden soll, sind
die »Schikanen« eines »anderen Kollegen«. Und diese »Schikanen« werden in den Segmenten 12 und 13 genauer expliziert. In
den Schlußsequenzen 25 und 26 spricht die Erzählerin erneut von
den »Schikanen«.
   Die Segmente 12 und 13 sind von besonderem Interesse für die
Analyse der gelebten Geschichte. Segment 12 besitzt – wie die
Segmente 25 bis 28 – eine »narrative Ambiguität«, da es sowohl
der erzählten als auch der gelebten Geschichte zugeordnet werden kann: Wenn wir die – semantisch außerordentlich vage
– Konjunktion »und« spezifizieren zu einem »obwohl«, dann
ergibt sich, daß in Segment 12 die Prämisse für die nachfolgende
Komplikation eingeführt wird. Diese Prämisse lautet: »*Obwohl*
es hieß, daß eine Kündigung der Erzählerin nicht in Frage
kommt, wenn sie die Gesamtprüfung mit gutem Resultat machen
würde, und – so ist zu ergänzen – sie hatte die Zwischenprüfung
noch gar nicht gemacht, kam eines Tages ein Kollege zu ihr und
sagte: ›Fräulein M., Sie müssen gehen!‹«

Bei dieser Interpretation dient die Aussage in Segment 12 der Entwicklung der erzählten Geschichte. Zugleich kann Segment 12 aber auch als »Höhepunkt« der gelebten Geschichte der Erzählerin aufgefaßt werden.

Wir hatten oben erwähnt (§ 5.2.), daß die Erzählerin hier Elemente einer »inneren Argumentation« wiederholt, zu der sie der Vorfall mit dem Arbeitskollegen angeregt hatte. Die von der Patientin nur bruchstückhaft wiedergegebene Argumentation hatten wir so vervollständigt: »Jetzt kommt hier im Betrieb wieder die Frage auf, ob ich entlassen werde oder nicht. Dabei ist mir doch versichert worden, daß ich nicht gekündigt werde, wenn ich die Gesamtprüfung mit gutem Resultat bestehe. Ich habe die Prüfungen noch gar nicht absolviert – wieso kann über mein Verbleiben im Betrieb jetzt schon entschieden werden? Das ist doch widersprüchlich / was soll ich denn nun glauben; etc.«

Den mit dieser Überlegung verknüpften Gefühlsgehalt drückt die Erzählerin sprachlich nicht aus – auch nicht durch parasprachliche oder gestische Mittel, wovon wir uns anhand der Videoaufzeichnung des Interviews überzeugen konnten. Im Blick auf die Verhaltenseigentümlichkeiten der Patientin, die uns als »fehlende Plausibilisierungen« der erzählten Geschichte aufgefallen sind, meinen wir aber, den Gefühlsgehalt annäherungsweise bestimmen zu können: als ein quälendes Konflikterlebnis zwischen einem unbedingten Abhängig-Sein und einer gleichzeitig vorhandenen Enttäuschung und Wut. – Auf die besondere Abhängigkeitsproblematik der Erzählerin, die sich unter psychoanalytischen Gesichtspunkten darin vermutlich ausdrückt, soll weiter unten eingegangen werden.

In der seelischen Erschütterung (Nervenzusammenbruch), die ein Arbeitskollege durch eine Fehlinformation auslösen konnte (die rational als solche erkennbar war), brach das mit dem Konflikt verbundene Ohnmachtsgefühl sich eruptiv eine Bahn; in Hinsicht auf den »Ärger«, den die Patientin »dauernd zu verdauen« hat (Redebeitrag 6) und der berichteten Tatsache, daß sie sich selbst drei bis vier Monate in der Ungewißheit ihrer Entlassung »gefesselt« hat, ist dieser Erlebnisgehalt ebenfalls rekonstruierbar: als Erfahrung der Patientin, am Arbeitsplatz als Opfer in Vorgänge verstrickt zu sein, die gegen sie gerichtet sind, die für sie schwer durchschaubar sind und die sie nach ihrer eigenen Vorstellung auch nicht positiv für sich beeinflussen kann.

Aus der Kenntnis der zweiten Geschichte können wir nun auch eine *Ambiguität des Erzählanfangs* rekonstruieren. Die Erzählerin verwendet in den Segmenten 1 bis 3 dreimal dieselbe Proform »das«, womit sie auf etwas verweist – einen Vorgang oder ein Ereignis –, das zum Thema ihrer Erzählung gehört. Sie liefert also, ganz im Sinne eines Erzählschemas, eine Themenandeutung und markiert den Erzählgegenstand temporal, indem sie ein zeitliches Bezugssystem einführt.

Die Referenz der Proform »das« ist aber wahrscheinlich in den Segmenten 1 und 2 nicht identisch mit derjenigen der Proform »das« in Segment 3. Die Äußerungen ». . . das hat angefangen 1975. Ja oder Mitte 74 hat das angefangen . . .« implizieren – gemäß einer semantischen Interpretation von »anfangen« –, daß ein »Vorgang« gemeint ist, der 1974 oder 1975 angefangen hat und für die Erzählung thematisch ist. Damit können die »Schikanen« gemeint sein, die die Erzählerin im nachfolgenden Segment 4 erwähnt; die anschließend geschilderte Ereigniskette, die in den Segmenten 14 bis 23 entwickelt wird, kann dann als Exemplifizierung dieser »Schikanen« dienen. Mit dem angedeuteten »Vorgang« kann aber auch der »Streß« gemeint sein, unter dem die Patientin im Beruf steht – wie sie in Redebeitrag 6 selbst sagt –, also ein innerer, belastender Zustand der Patientin, der »1975 oder Mitte 74« angefangen hat und mit den »Schikanen« im Beruf zusammenhängt.

Anhand des Erzähltextes können wir nicht mit Bestimmtheit entscheiden, worauf sich die Proform »das« im Segment 1 und im Segment 2 genau bezieht. Dies läßt sich auch nicht durch eine Interpretation der Äußerung des Therapeuten entscheiden, mit der dieser im Redebeitrag 11 die Patientin zu einer Erzählung anregt: »Vielleicht können Sie mir was darüber erzählen mal, wie das so aussieht.«

Mit der Akzeptierung dieser Erzählaufforderung wird für die Patientin nämlich – trotz der durch die Rückfrage erbrachten Präzisierung des Erzählgegenstandes (»im Beruf«) – nicht auch das Erzählthema eindeutig festgelegt, da auch die Proformen, die der Therapeut gebraucht, in ihrem Bezug auf die vorangegangenen Redebeiträge unbestimmt geblieben sind: ». . . (was) darüber (erzählen) . . .« und ». . . (wie) das (so aussieht)« können sich auf den Ärger und den Streß im Beruf beziehen (Redebeitrag 6), auf die Selbstcharakterisierung der Patientin, daß sie den Ärger immer in sich hineinfrißt (Redebeitrag 8), und auch auf ihre »Laientheorie« über die Ursachen ihrer Schwierigkeiten, die sie im Redebeitrag 10 noch einmal formuliert.

Es sei hier nur am Rande erwähnt, daß diese besondere Form, in der der Psychoanalytiker die Patientin zur Erzählung einer Geschichte anregt, deren Themenausgestaltung ihr überlassen bleibt, Bestandteil der offenen Gesprächsstrukturierung ist, an der sich Therapeuten im diagnostischen Erstinterview orientieren (vgl. § 3).

Ganz gleich, auf was sich die Patientin mit den Proformen in den Segmenten 1 und 2 auch beziehen wollte, die Proform in der nachfolgenden Äußerung: »Das war eh kurz vor der Prüfung« kann – wenn unsere Rekonstruktion der intendierten Erzählung zutreffend ist – nicht auf denselben Referenten verweisen. In der letzten Äußerung bezieht sich die Erzählerin nicht auf einen Vorgang, sondern auf ein singuläres Ereignis, das nach unserer Interpretation die Ausgangslage, das Null-Glied, der Ereigniskette ist: »Ein Kollege drohte kurz vor der Zwischenprüfung, daß sie entlassen werden würde«. Diese Ereignisbeschreibung, die in Segment 11 fortgesetzt wird, dient, insbesondere wenn man auch die Segmente 6 und 11 berücksichtigt, der vorgreifenden Verdeutlichung – oder besser der Andeutung – des Themas der intendierten Erzählung: »Wie ich einmal von einem böswilligen Arbeitskollegen in die Angst versetzt wurde, gekündigt zu werden.«

Die genannten Unklarheiten, die im Erzählbeginn enthalten sind, kommen vor allem dadurch zustande, daß die Erzählerin eine für die Sicherung der Verständigung notwendige Desambiguierung der in den Segmenten 1 bis 3 verwendeten Proformen nicht leistet: Während in der alltäglichen Kommunikation mit der Verwendung einer identischen Proform (z. B. »das«) in direkt aufeinanderfolgenden Äußerungen vorausgesetzt wird, daß der Sprecher mit ihnen ein und dieselbe Referenz vollzieht, muß aus dem weiteren Fortgang der Erzählung geschlossen werden, daß die Patientin von den Segmenten 1 und 2 zum Segment 3 einen Referenzwechsel vollzogen hat, der von ihr nicht sprachlich angezeigt wurde, so daß eine Unklarheit, ein Bruch des Erzählschemas entsteht. Auch dies können wir als einen Fall von »narrativer Ambiguität« auffassen. Im Orientierungteil ihrer Erzählung führt die Sprecherin – in den Segmenten 1 bis 3 – ein zeitliches Bezugssystem für die Geschichte ein, das ein Bezugssystem sowohl für die erzählte als auch für die gelebte Geschichte ist.

Wir wollen nun die Ergebnisse unserer Erzählanalyse zusammenfassen. Die ermittelten Abweichungen von der Normalform des Erzählens lassen sich in drei Gruppen einteilen. Als Differenzierungskriterien verwenden wir unterschiedliche Formen des »Verstoßes« gegen die Arbeitsaufgaben, die bei Erzählungen zu leisten sind und die von den Zuhörern erwartet werden. Wir haben in unserem Aufsatz bisher folgende Abweichungen genauer beschrieben:

1. Ein direkter Bruch des Erzählschemas liegt im Segment 13 vor: Die Lösung der Komplikation wird vor der Ausführung der Ereigniskette und der Schilderung des Höhepunktes präsentiert.

2. Diffusionen der Schemaabwicklung aufgrund »narrativer Ambiguität« (fehlende oder ungenaue Einordnung von Äußerungen in das Erzählschema) liegen vor am Anfang der Erzählung (Segment 1 bis 3), an der Stelle der vorgezogenen Lösung der Komplikation (Segment 12) und am Erzählschluß (Segment 25 bis 28).

3. Fälle einer ungenügenden Verständigungssicherung liegen vor als: fehlende Plausibilisierung für die Ereignisabfolge (Segment 17 bis 21);
unzureichende Charakterisierung (Detaillierung) des Ereignisträgers »Arbeitskollege« (Segmente 7 bis 11);
unvollkommene Formulierung des zentralen Themas der intendierten Erzählung;
unvollkommene Darstellung eines wesentlichen Elements der Ausgangslage: die betriebliche Regelung, die die mögliche Entlassung von Prüflingen betrifft (Segment 6 und 10).

Der direkte Bruch des Erzählschemas und die Diffusionen der Schemaabwicklung sollen in einer Graphik veranschaulicht werden.

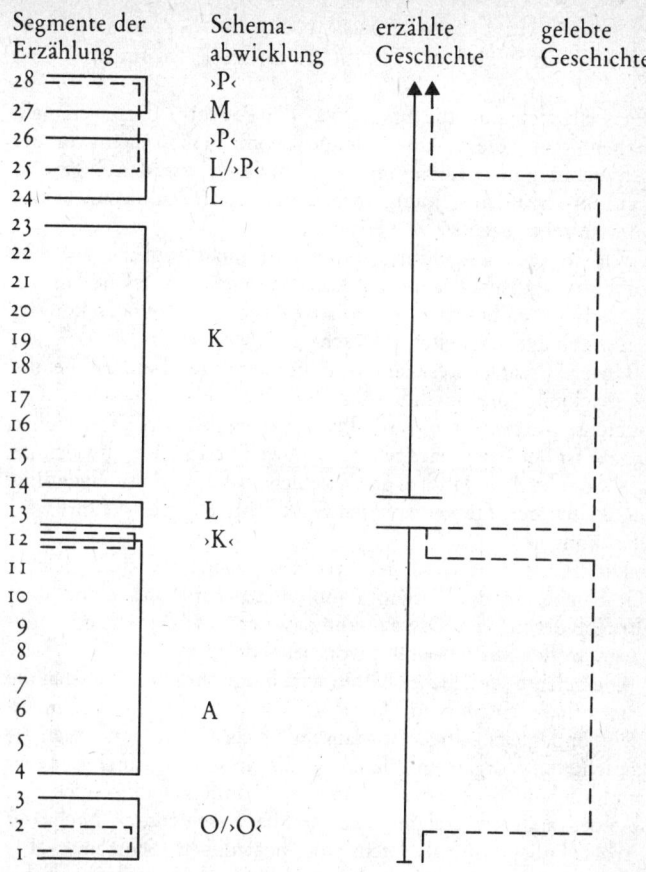

Segmente der Erzählung	Schema-abwicklung	erzählte Geschichte	gelebte Geschichte
28	›P‹		
27	M		
26	›P‹		
25	L/›P‹		
24	L		
23			
22			
21			
20			
19	K		
18			
17			
16			
15			
14			
13	L		
12	›K‹		
11			
10			
9			
8			
7			
6	A		
5			
4			
3			
2	O/›O‹		
1			

Legende der verwendeten Symbole: O = Orientierung; A = Ausgangs-lage; K = Komplikation; L = Lösung/P = Problemverdeutlichung; M = Moral. ›‹ bezeichnet Bestandteile der gelebten Geschichte.

6. Zur Frage der Dissoziation von erzählter und gelebter Geschichte in der Erzählung

Es stellt sich nun die Frage, was die Patientin dazu veranlaßt haben kann, diese Abweichungen vom Erzählschema in der Abwicklung ihrer Erzählung zu produzieren bzw. den Zugzwängen der Erzählabwicklung an bestimmten Stellen auszuweichen bzw. direkt gegen sie zu verstoßen.

Wie in § 2. ausgeführt, wollen wir nicht sogleich auf eine psychoanalytische Deutung dieses Phänomens zurückgreifen, um diese Frage zu beantworten, solange das Phänomen noch konversationsanalytisch weiter aufgeschlüsselt werden kann.

Unsere Erzählanalyse läßt zunächst den Schluß zu, daß bei der Abwicklung der intendierten Erzählung Elemente einer Geschichte intervenieren, die selbst nicht erzählt wird. Wir wollen zunächst der Frage nachgehen, inwieweit bestimmte Abweichungen von der Normalform des Erzählens auf bestimmte Eigentümlichkeiten der intervenierenden Geschichte 2 zurückgeführt werden können.

Die Frage, was dazu geführt haben mag, daß diese gelebte Geschichte in der Patientin mobilisiert wird und damit dem Erzählvorgang eine Dissoziierung zweier Geschichten zugrundeliegt, wollen wir getrennt davon behandeln.

Die gelebte Geschichte hatten wir so umschrieben, daß sich die Patientin in einem Konflikterleben von unbedingtem Abhängig-Sein und gleichzeitiger Enttäuschung als Opfer von gegen sie gerichteten Vorgängen erlebt, die für sie schwer durchschaubar und auch nicht kontrollierbar sind. Damit hat die Geschichte 2 einen anderen Ereignisträger als die Geschichte 1. Nicht der Arbeitskollege ist – als Agens einer böswilligen »Schikane« – Ereignisträger, sondern die Patientin selbst – als Patiens von »Schikanen«. Die Unvereinbarkeit beider Geschichten in diesem für die Darstellung der Ereigniskette wichtigen Element fassen wir als mitbestimmend dafür auf, daß die Aktorschaft des Ereignisträgers der erzählten Geschichte (der Arbeitskollege) so undeutlich charakterisiert wird und statt dessen in allgemeiner Form von den »Schikanen« als verantwortlich für den Streß der Patientin gesprochen wird.

Weiterhin unterscheidet sich die Geschichte 2 von der Geschichte 1 dadurch, daß sie keine bestimmte Ereigniskette enthält.

Die gelebte Geschichte enthält vielmehr die (mehr oder weniger diffuse) Erfahrung der Patientin, am Arbeitsplatz in ein aggressives Geschehen verwickelt zu sein, gegen das sie sich nicht richtig zur Wehr setzen kann, obgleich sie stark darunter leidet. Dieses Geschehen ist zeitlich nicht irgendwie strukturiert, zumindest dauert es zur Erzählzeit noch an, was auch am Erzählschluß deutlich wird.

Als eine diffuse Konflikterfahrung enthält die gelebte Geschichte keine bestimmte Ereigniskette, sondern eine Zirkularität von Ereignissen. Unsere Hypothese ist, daß die Patientin diese Geschichte 2 deswegen nicht erzählt, weil sie für sie nicht den Charakter einer »Geschichte« hat, sondern den einer »Zirkularität von Ereignissen«. Die Geschichte 2 hat insofern gar nicht die Gestalt einer »Geschichte«, die man erzählen könnte. Eine Geschichte ohne Ende und ohne eine problematische Zuspitzung kann nicht erzählt, sondern nur »beschrieben« werden.

Diese Eigenschaft der gelebten Geschichte sehen wir als mitverantwortlich dafür an, daß an den Stellen des Erzählvorganges, wo eine bestimmte zeitliche Struktur aufzubauen ist, etwa ein zeitliches Bezugssystem wie im Orientierungsteil, ein temporales Gefälle von Ereignissen wie im Komplikationsteil oder ein zeitlicher Abschluß der Ereignisse, direkte und indirekte Brüche des Erzählschemas unter dem Einfluß der gelebten Geschichte entstanden sind.

Schließlich werden die fehlenden Plausibilisierungen, die für das Verständnis der intendierten Geschichte notwendig sind, als Folge eines weiteren Inhalts der gelebten Geschichte zumindest teilweise verständlich: Das Geschehen, in das die Erzählerin am Arbeitsplatz verstrickt ist, bleibt für sie selbst – auch in den ihr eigenes Verhalten betreffenden Momenten – schwer durchschaubar.

Dieser Erklärungsversuch, der die Abweichungen vom Erzählschema in einen systematischen Zusammenhang stellt, bleibt aber noch unbefriedigend. Die Frage bleibt noch offen, warum in der erzählerischen Aufbereitung von Geschichte 1 zugleich die Geschichte 2 mobilisiert wird. Wir wollen nun eine Überleitung zur psychoanalytischen Betrachtungsweise des Erzähltextes formulieren.

In unseren Ausführungen in § 1. haben wir die Maßnahmen zur Realisierung des Ablaufschemas von Erzählungen sowie die sprachlichen Aufgaben der Verständigungssicherung von der Sinnfunktion von Erzählungen abgeleitet, nämlich von der Funktion, den Kommunikationspartner an den persönlichen Erlebnissen und ihrer Dynamik teilhaben zu lassen. Wir können daher zunächst den Schluß ziehen, daß die Erzählerin durch die von ihr produzierte Fraktionierung des Erzählschemas die Erzählung so durchführt, daß sie wahrscheinlich diesen Zweck verfehlt hat. Besonders durch den Bruch in Segment 13 und die »narrativen Ambiguitäten« macht sie es dem Zuhörer (dem Therapeuten) unmöglich, ihr eigenes Erleben der Geschichte direkt nachzuvollziehen. Dies erschwert sie auch dadurch, daß sie das zentrale Thema nicht klar formuliert. Da die Komplikation das eigentlich Erzählenswerte einer Geschichte darstellt, könnte der Bruch an dieser Stelle auch als Indiz dafür gelten, daß die Patientin die erzählte Geschichte 1 gar nicht für erzählenswert hält. Die Patientin entwertet den Kommunikationswert der erzählten Geschichte, wertet andererseits aber auch nicht den Kommunikationswert der Geschichte 2 durch eine explizitere Darstellung auf. (Dies tut sie übrigens auch nach Abschluß der Erzählung im weiteren Diskursverlauf nicht.)

Die Darstellungsentwertung der Geschichte 1 wollen wir präzisieren in bezug auf die Erlebnisinhalte, von deren Anteilnahme die Erzählerin den Zuhörer ganz ausgeschlossen hat, obwohl sie thematisch zu der persönlichen Erfahrung gehören, die als die intendierte Geschichte rekapituliert wird.

Im Verlauf unserer Erzählanalyse hatten wir an verschiedenen Phasen des Erzählvorganges einige Mühe, Bestandteile der Geschichte eindeutig zu bestimmen, die die Patientin vermitteln will. Wir führten dies auf eine ungenügende Verständnissicherung zurück (vgl. § 5.3.) und stellten eine Gemeinsamkeit fest: In allen diesen Fällen wäre die Verständnissicherung dadurch zu leisten, daß die Erzählerin ihre Perspektive bzw. ihr eigenes Erleben darstellt. Da dies nicht geschieht, ist der Zuhörer (wissenschaftliche Beobachter) gezwungen, den vorhandenen Erzähltext einer komplizierten Interpretation zu unterziehen, um die selbsterlebte Geschichte der Erzählerin zu rekonstruieren.

Wir wollen im folgenden den Erzähltext um die Darstellung der Erlebnisinhalte vervollständigen, die thematisch zu der intendierten Geschichte gehören. Wir beginnen mit der vorgreifenden Problemverdeutlichung in Segment 4.

S4 Und bei uns im Betrieb, da sind solche Schikanen. (Darunter leide ich sehr.)

S5 Das is'

S6 Immer, wenn jemand die Prüfung macht, dann muß *einer* gehen. (Diese Regelung macht allen Prüflingen zu schaffen, mich machte das auch nervös.)

S7 Und da sind doch zwei/ is' ein anderer Kollege,

S8 der hat aber/is'/ hat keine Prüfung gemacht, ne. (Der brauchte keine Angst zu haben.)

S9 Und bei dem is' das immer/

S10 Wenn einer/wenn jemand eine Prüfung macht, steht der immer so auf'm Stolperstein. (Ich stand auch auf'm Stolperstein; ich hatte Angst, gekündigt zu werden.)

S11 Und da . . . hat er doch heftige Schikanen gegen mich gemacht, ne. (Dem machte das Spaß, mich in meiner Unsicherheit nervös zu machen.)

S12 Und dann hieß es immer, wenn ich die Prüfung mit gutem Resultat machen würde, käm' eine Kündigung gar nicht in Frage. (Was sollte ich nun glauben? Im Betrieb kam die Frage meiner Entlassung auf; dabei hatte ich die Prüfungen noch gar nicht gemacht, von deren gutem Abschneiden mein Verbleiben im Betrieb abhängig gemacht worden war.)

S13 Und das is' dann auch geschehen. (Gott sei Dank, ich mußte nicht gehen.)

S14 Aber wie es dann doch kommen sollte, sagte der eines Tages zu mir:

S15 »Fräulein M., Sie müssen gehen!«

S16 Also der Kollege, nicht mein Chef, ne.

S17 War ich natürlich k. o.!

S18 Hab' ich 'nen Nervenzusammenbruch gekriegt.

S19 Und das war erst die Zwischenprüfung. (Ich dachte mir: Wie entsetzlich wird das dann vor der Hauptprüfung.)

S20 Und dann hat das ss so drei, vier Monate gehangen:

S21 Muß ich gehen, muß ich nicht gehen? (Ich war ganz verzweifelt, wollte aber auch nicht bei meinem Chef nachfragen, ob das mit der Entlassung stimmt.)

S22 Des/der hatte dann wieder alles abgestritten:

S23 Er hätte das nie gesagt und so was. (So ein hinterhältiger Kerl.)

S24 Und dann ein Tag vor der schriftlichen Prüfung hat sich dann entschieden, daß ich also *doch* bleiben konnte. (Meine Angst war also ganz unbegründet gewesen.)

Wir meinen, daß zumindest die von uns eingefügten Textbestandteile in Segment 6, 8, 10, 11, 12, 13 und 21 der Verständigungssicherung im Erzählvorgang gedient hätten. Das heißt, es handelt sich bei diesen Einfügungen (die als Erlebnisschilderung, Motivzuschreibungen, Bewertungen etc. charakterisierbar sind) nicht einfach um »Evaluationsteile« im Sinne von Labov/Waletzky, deren Funktion die Autoren darin sehen, daß sie insgesamt ». . . die Einstellung des Erzählers gegenüber seiner Erzählung dadurch . . .« anzeigen, ». . . daß die relative Wichtigkeit bestimmter narrativer Einheiten mit Bezug auf andere hervorgehoben wird.« (Labov/Waletzky (1973), S. 118/120)

Vielmehr hätten diese (und natürlich auch inhaltlich ähnliche) Einfügungen gewährleistet, daß durch die Erzählung der Patientin das erfüllbar wird, was wir oben (vgl. § 1.) als die primäre Verständigungsaufgabe eines Erzählers definiert haben: im Erzählvorgang die Geschichte zu vermitteln, in der von ihm festgelegt wurde, wie er ein vergangenes Geschehen subjektiv-biographisch verarbeitet hat. Die Einfügungen hätten nämlich dem Zuhörer (Therapeuten) einen Zugang zur individuellen Perspektive der Erzählerin als einem der Ereignisträger und ihrer subjektiven Verarbeitung des Geschehens eröffnet und ihm so (vermutlich) die Nachbildung der erzählten Geschichte als *ihrer* Geschichte und den Nachvollzug des darin verarbeiteten Erlebnisses ohne Schwierigkeiten ermöglicht.

Der Versuch, die Erzählung der Patientin um die (von uns vermuteten) Erlebnisanteile zu vervollständigen, soll aber nicht nur dazu dienen, unser Konzept der elementaren »Sinnfunktion« des Erzählens zu verdeutlichen. Wir wollen damit wenigstens andeutungsweise einige Beziehungen erhellen, die von Ergebnissen unserer Erzählanalyse zur Anwendung des psychoanalytischen Konzepts des »Widerstandes« auf denselben Erzähltext geknüpft werden können.

Die Erlebnisinhalte, die wir der Patienten-Erzählung hinzugefügt haben, lassen sich einem bestimmten affektiven Muster zuordnen: einem Angst- bzw. Ohnmachtsgefühl gegenüber einer Umwelt, von der man sich als abhängig erlebt (immerhin wurde im Betrieb über den Arbeitsplatz der Patientin entschieden); verbunden damit ist eine Enttäuschung und Wut gegenüber dieser Umwelt, von der man sich im Stich gelassen (Betrieb/Chef) bzw. dauernd verunsichert fühlt (Arbeitskollege). Dieses Affektmuster spart die Patientin aus ihrer erzählerischen Darstellung weitgehend aus. Wo im Erzählverlauf für die Plausibilisierung der Geschichte eine Verdeutlichung dieses Affektmusters nötig wäre, fehlt zumeist diese Verdeutlichung. Die beiden »Pole« dieses Musters – die Aggressivität und das Ohnmachtsgefühl – werden allein in Andeutungen sichtbar: in der formelhaften Wendung von den »Schikanen« und der Erwähnung des Nervenzusammenbruchs – »War ich natürlich k. o.!« (mit dem gewissermaßen der Endpunkt des affektiven Prozesses markiert ist).

Wir meinen aber, daß dieses Affektmuster zum Kernbestandteil der 2. – der gelebten – Geschichte gehört.

In der gelebten Geschichte, die die Erzählerin nur andeutet, finden wir Spuren von Aggressivität – hier ist es eine feindselige und unzuverlässige Umwelt, der die Aggressivität zugeschrieben wird und als deren Opfer sich die Erzählerin erlebt. Diese Geschichte 2 enthält außerdem Anzeichen einer selbstdestruktiven Tendenz der Erzählerin, insofern sie sich darin als jemand darstellt, der sich selbst in einer quälenden Ungewißheit »gefesselt« hatte, die aus eigener Kraft vermutlich hätte beseitigt werden können – z. B. durch Rückfragen bei ihrem Chef, ob die Behauptungen ihres Arbeitskollegen denn eigentlich zutreffend seien.

Lassen sich diese Beobachtungen und die herausgearbeiteten Indikatoren für Abweichungen von der kooperationssichernden Normalform mit dem psychoanalytischen Konzept des »Widerstandes« in Beziehung setzen, und, wenn ja, wie kann diese Beziehung genauer beschrieben werden?

7. Der besondere Informationswert von Erzählungen für den Psychoanalytiker

Freud hat das Phänomen des »Widerstandes« in der therapeutischen Behandlung als eng verknüpft mit dem Bereich der seelischen Abwehrmechanismen angesehen:

»Die entscheidende Tatsache ist nämlich, daß die Abwehrmechanismen gegen einstige Gefahren in der Kur als Widerstände gegen die Heilung wiederkehren. Es läuft darauf hinaus, daß die Heilung selbst vom Ich als eine neue Gefahr behandelt wird.«[12]

Anna Freud hob in ihrer Arbeit »Das Ich und die Abwehrmechanismen« (1936) hervor, daß die Widerstände dem Therapeuten wichtige Hinweise auf das seelische Geschehen des Patienten bieten können, insofern sie die Art des seelischen Konflikts und die dagegen eingesetzten Abwehrmaßnahmen widerspiegeln.

Die Abweichungen von der Normalform des Erzählschemas, die wir an der Patienten-Erzählung festgestellt haben, geben u. E. Anhaltspunkte bezüglich der Intensität des Widerstandes gegen das diagnostische Gespräch:

Der gesamte Erzählvorgang wird durch Fragmentierungen und Diffusion so verzerrt durchgeführt, daß für den Therapeuten ein Nachvollzug der in der erzählten Geschichte enthaltenen *Erlebnisentwicklung* kaum oder nur unter großen Schwierigkeiten möglich sein dürfte.

Nach unserer oben dargelegten Auffassung zum kommunikativen Sinn von Erzählungen richtet sich der Widerstand der Patientin also gegen die Durchführung dieses kommunikativen Schemas selbst, obwohl sie es – auf Anregung des Therapeuten – selbst eingeleitet hatte. Warum gerade die Interaktionsform »Erzählung« einen Aufwand an Widerstandsarbeit seitens des Patienten im therapeutischen und diagnostischen Gespräch notwendig machen kann, haben wir ebenfalls erwähnt: Wenn selbsterlebte Geschichten den Gegenstand von Erzählungen bilden, kommt es im Erzählvorgang gewöhnlich zu einer besonders intensiven Remobilisierung der subjektiven Erfahrungen des Sprechers, die mit der jeweiligen Geschichte verknüpft sind – seiner Intentionen, Erwartungen, Phantasien usw.

Wenn – wie dies in therapeutischen Gesprächen gewöhnlich der Fall ist – das Thema der Erzählung eng mit den persönlichen Schwierigkeiten des Patienten verbunden ist, kann der Erzählvorgang eben wegen seiner Eigendynamik, die dazu treibt, persönliche Informationen preiszugeben, selbst als Gefahr erlebt werden, insofern die persönlichen Informationen mit subjektiv-biographischen Erfahrungen des Erzählers verbunden sind, die abgewehrt werden müssen.

Unsere Auffassung zur Interaktionsform des Erzählens kann so einer psychoanalytischen Betrachtungsweise zugeordnet werden, mit der üblicherweise (wenn auch sehr global) die in der psychoanalytischen Therapie praktizierte »Grundregel« des freien Assoziierens als Gefahrenquelle für den Patienten bewertet wird:

»Der Prozeß des freien Assoziierens in der Analyse schafft für den Patienten eine ständige potentielle Gefahrsituàtion, weil dieser Prozeß auf das Verdrängte wie ein Stimulus wirkt und dadurch wiederum der Verdrängungswiderstand mobilisiert wird.« (Sandler/Dare/Holder (1973), S. 69)

Daß auch in anderen Gesprächsformen, die nicht von der »Grundregel« des freien Assoziierens bestimmt sind – wie z. B. ein Erstinterview –, bestimmte Formen der konservationalen Interaktion für den Patienten eine »potentielle Gefahrsituation« sein können – z. B. die Durchführung einer Erzählung –, legen die Ergebnisse unserer Erzählanalyse nahe.

Diese Ergebnisse gestatten es außerdem zu präzisieren, in welchen Formen sich der »Widerstand« als ein konversationales Phänomen im Falle des Erzählens manifestiert: Auf der *interaktiven* Ebene wird er wirksam als Verstoß des Sprechers gegen die »Zugzwänge«, die sich aus den für die Konversation zu leistenden Kooperationsaufgaben ergeben (vgl. § 1.3.); auf der *inhaltlichen* Ebene (der Geschichte) wird er wirksam in der Form einer Aussparung (Eliminierung) bestimmter Erlebnisinhalte, die thematisch zur intendierten Geschichte gehören.[13]

Da eine Widerstandsarbeit des Patienten aber selten das Abgewehrte ganz zum Verschwinden bringen kann, sondern dieses in Andeutungen sichtbar wird – in unserem Fall ist dies die 2. Geschichte –, erhält der Psychoanalytiker die Möglichkeit, aus einem Widerstandsphänomen, das er konstatiert, Informationen über die besonderen seelischen Schwierigkeiten des jeweiligen Patienten zu gewinnen.

Wir können in bezug auf die von uns ausgewählte Erzählung diese Beziehungen zwischen der Gefahrenquelle »Erzählung« – der Widerstandsarbeit – und der darauf bezogenen diagnostischen Beurteilung seitens des Therapeuten nur andeuten; die für eine eingehende Untersuchung notwendigen Informationen über die Persönlichkeit der Patientin und das tatsächliche Urteil des Therapeuten, der das Interview durchgeführt hat, besitzen wir nicht.

Dem Erzähltext können wir einen Hinweis darauf entnehmen, welche subjektiv-biographische Konflikterfahrung im Zusammenhang mit der rekapitulierten Geschichte vermutlich virulent geworden ist.

Als Thema der erzählten Geschichte hatten wir rekonstruiert: »Wie ich einmal von einem Arbeitskollegen in die Angst versetzt wurde, daß ich den Betrieb verlassen muß.« Diese Erfahrung – so unsere Interpretation – hat emotionale Verbindungen zu einer frühen Kindheitserfahrung: den Kontakt zur primären Bezugsperson zu verlieren, auf deren Zuwendung das Kind angewiesen ist. Der dabei entstehende Konflikt zwischen der Wut auf das unzuverlässige, »böse« Objekt und dem Wunsch, es nicht zu verlieren, kann auf verschiedene Weise bearbeitet werden. Diese Interpretation wird durch Ergebnisse der psychoanalytisch orientierten psychosomatischen Medizin gestützt. Als pathogene Konfliktstruktur, die der Ulcus-Erkrankung zugrundeliegt, unter der auch die von uns untersuchte Erzählerin leidet, wird in dieser Literatur – vereinfacht gesagt – eine besondere Ausprägung dieses Grundkonflikts auf der »oralen Triebstufe« angenommen, der in einer Form bewältigt wurde, die zur psychosomatischen Erkrankung führte: die Rücknahme der Liebesbeziehung bei gleichzeitiger Verinnerlichung des »bösen« Objektbildes ins eigene Körperschema.[14]

Es ist beim gegenwärtigen – quantitativen und qualitativen – Stand unserer konversationsanalytischen Auswertungen nicht möglich, diese Beziehungen näher auszuführen. Als Hypothese mag an dieser Stelle immerhin formuliert werden, daß die besondere, für die Entstehung der psychosomatischen Erkrankung der Patientin wahrscheinlich wesentliche Bearbeitungsform, die in der Kindheit gewählt werden mußte, auch in dem Widerstand, den wir in der Erzählung gefunden haben, angedeutet ist: die nahezu vollständige Abwehr der Wut gegen die als enttäuschend/versagend erlebte Bezugsperson, bei gleichzeitiger Abwehr der Angst, die Zuneigung dieser Bezugsperson zu verlieren, »ausgestoßen« zu werden (Entlassung aus dem Betrieb).

Die gelebte Geschichte, die in Andeutungen dargestellt wird, enthält wichtige Elemente dieses Affekts – aber eben in diffuser, schwer zu präzisierender Form. Wenn diese 2. Geschichte, die das psychische »Konfliktthema« der Patientin zum Inhalt hat, kommunizierbar wäre, wäre sie in der Form einer *Anklage* zu realisieren: In Segment 12, wo wir den «Höhepunkt« dieser 2. Geschichte realisiert sehen, wäre dann die dort wiedergegebene »innere Argumentation« als Anklage gegen die als unzuverlässig erlebte Umwelt (Arbeitskollege/Betrieb) zu formulieren. – Daß die Patientin genau dies (im psychologischen Sinne) nicht »darf«, ist vermutlich ein wichtiges Element der psychoanalytischen Interpretation des Erzähltextes, die wir hier ansatzweise zu rekonstruieren versuchten (vgl. § 2.).

Es sei im Anschluß hieran noch auf die interpersonelle Form des Widerstandes hingewiesen, für den unsere Erzählanalyse ebenfalls Anhaltspunkte gibt. Die kommunikative Funktion der intendierten Erzählung besteht darin, die These zu belegen, daß die Beschwerden, die die Patientin hat, durch ihren »Streß« im Beruf und ihren Ärger dort bedingt sind. Wenn diese These zuträfe, wäre eine therapeutische Behandlung unangebracht und statt dessen eine Verbesserung des »Betriebsklimas« angezeigt. Mit dem narrativen Versuch, diese These zu stützen, erklärt die Patientin damit den Therapeuten indirekt als für ihre Beschwerden nicht zuständig und wehrt eventuelle Bemühungen von seiner Seite, sie therapeutisch zu behandeln, schon gleich zu Beginn des diagnostischen Gesprächs ab.

Zwar gibt die angedeutete 2. Geschichte einen Hinweis darauf, daß die Patientin mit ihren seelischen Schwierigkeiten nicht fertig wird und daher sehr wohl eine therapeutische Behandlung angezeigt wäre; die intendierte Erzählung deckt diese 2. Geschichte aber so gut ab, daß ein direktes Ansprechen der gelebten Geschichte sehr erschwert wird.

8. Abschließende Bemerkungen

Labov/Fanshel (1977) betonen in ihrer Untersuchung eines psychotherapeutischen Diskurses, daß die Erzählungen, die eine behandelte Patientin abgab, therapeutisch besonders informativ waren: Wenn diese Patientin alltägliche Ereignisse, die in ihrer Familie stattgefunden hatten, erzählerisch darstellte, konnte die Therapeutin diese Erzählungen, wie Labov/Fanshel es ausdrükken, als ein »Fenster zu dem Muster der Familieninteraktion« der Patientin benutzen (ebd. S. 207).

Dies war vor allem deshalb möglich, weil die Erzählungen direkte Wiedergaben verbaler Auseinandersetzungen enthielten, wie sie zwischen der Patientin und ihren Familienmitgliedern stattgefunden hatten.

Im Verlauf der direkten Wiedergabe dieser Auseinandersetzungen in der Form der direkten Rede wurden in der Patientin die Gefühle remobilisiert, die von ihrer Seite mit diesen Auseinandersetzungen verbunden waren, die sie aber in anderen Phasen des therapeutischen Diskurses zu unterdrücken pflegte. Ihre Erzählungen hatten so der Therapeutin einen Einblick in die besondere Dynamik der familiären Beziehungen der Patientin, der für die

Bildung bzw. Präzisierung des diagnostischen Urteils sehr wichtig war, gegeben.

Wie Labov/Fanshel betonen, erschloß sich diese Informationsquelle aber nur deshalb, weil die Patientin unsicher im Gebrauch einer Technik war, die Erzähler in alltäglichen Gesprächssituationen gut zu beherrschen pflegen: nämlich die der Darstellung eines positiven Selbstbildes dienende Technik, vergangene Ereignisse, in deren Ablauf der Erzähler involviert war, in der erzählerischen Aufbereitung so umzuformulieren, daß sie mit der eigenen positiven Selbstbewertung übereinstimmen. Eben diese Technik, die nach unserer Auffassung mit der »me«-Perspektive des Erzählers in Zusammenhang steht (vgl. § 1.2.), beherrschte die Patientin in der von Labov/Fanshel untersuchten Psychotherapie nicht gut.

Eine analoge Beobachtung können wir an der von uns ausgewählten Erzählung machen. Die Patientin kann die Ereignisse, die sie erzählerisch darstellt, nicht erfolgreich in eine Form transformieren, die ihr Selbstbild bestätigt, das mit ihrer »Laientheorie« über ihre Beschwerden übereinstimmt: lediglich eine arbeitsüberlastete, von Kollegen böswillig geärgerte Frau zu sein. Der Einfluß der tieferliegenden Geschichte 2 scheint eine solche strategische Uminterpretation der Ereignisse zu erschweren.

Die hier vorgelegte Fallstudie gibt aber auch Anhaltspunkte dafür, daß die Beobachtungen von Labov/Fanshel zum besonderen therapeutischen Stellenwert von Patientenerzählungen noch recht oberflächlich sind. Patientenerzählungen stellen nicht nur deshalb eine wichtige therapeutische Informationsquelle dar, weil der Schemateil »Komplikation« Platz gibt für eine direkte Wiedergabe verbaler Auseinandersetzungen. Entscheidender ist, daß Patientenerzählungen nach unseren Analyseergebnissen einen besonderen informativen Wert für den psychoanalytischen Therapeuten besitzen, weil nach dem Beginn des Erzählvorgangs aufgrund seiner Eigendynamik zugleich ein »Widerstand« des Patienten geweckt werden kann, der sich gegen die Durchführung dieser Interaktionsform richtet und dabei Abweichungsstrategien verursacht, die dem Therapeuten wichtige Hinweise auf die Hintergründe der Störungen des Patienten liefern. Es sind also weniger mangelnde kommunikationsstrategische Fähigkeiten des Patienten – wie Labov/Fanshel meinen –, als vielmehr sein Umgang mit gesellschaftlich ausgearbeiteten konversationellen Kooperationsformen – wie z. B. dem Erzählschema –, die dem Therapeuten diagnostische Indikatoren liefern, indem er davon ausgeht, daß sich in diesem Umgang exemplarisch die besondere Art der Beziehung des Patienten zu den sozialen Interaktionsstrukturen spiegelt.

Anmerkungen

* Wir danken G. Keseling, B. D. Rost, G. Rump, Ch. Ruhnke u. A.Wrobel für die Diskussionen und die Bereitstellung des Video-Materials. – Walther Kindt (Bielefeld) hat uns Mut gemacht, die psychoanalytische Fundierung unserer Erzähltheorie zu akzentuieren.

1 Wir sehen den entscheidenden Unterschied zwischen dem »Erzählen« und dem »Beschreiben« eben hierin: Das Beschreiben ist die gesellschaftlich entwickelte Form, überindividuelle *Beobachter-Erfahrungen* zu tradieren; das Erzählen ist demgegenüber die gesellschaftlich entwickelte Form, individuelle *Interaktionserfahrungen* zu vermitteln.

2 In der linguistischen Erzählforschung ist die besondere Perspektivität oder Erlebnishaftigkeit des Erzählens zwar oft bemerkt worden (z. B. Labov/Waletzki (1973); Quasthoff (1979)); sie ist aber u. E. bislang nicht hinreichend theoretisch erhellt und deskriptiv erfaßt worden, da sie nicht als Charakteristikum dessen begriffen wird, was wir die »Geschichte« nennen.

3 Ausgangspunkt unserer Analyse des Erzählens ist also nicht eine handlungstheoretische, textlinguistische oder kognitionspsychologische, sondern eine interaktionistische Konzeption. Anders ausgedrückt: Erzählen scheint uns nicht erfaßbar, wenn man es ausschließlich als Handlung eines Erzählers betrachtet oder als Produktion eines Erzähltextes, wobei der analytische Ausgangspunkt der abgelieferte Text eines Erzählers ist, oder als »Darstellung« kognitiver Strukturen. Alle diese Aspekte sind beim Erzählen und seiner Analyse zu berücksichtigen. Sie sind jedoch u. E. einzuordnen in eine grundlegendere Interaktionseinheit, die wir als kommunikative Interaktionsform bezeichnet haben. Kommunikative Interaktionsformen scheinen uns mehr Ähnlichkeit mit Institutionen zu haben – wenn man einen sehr allgemeinen Institutionsbegriff, wie er etwa von Berger/Luckmann verwendet wird, anlegt – als mit »Handlungen«, selbst wenn man diese, wie etwa Jochen Rehbein, »interaktionell« und »dynamisch« definiert.

4 Unsere Vorstellungen über die »universalpragmatische« Normalform der Erzählung sind noch ungenau, ihre Ausarbeitung steht noch in

den Anfängen. Wir versuchen gegenwärtig, in verschiedenen Bereichen die Normalform von Erzählungen wiederzufinden und zu testen. Es scheint, als ob – um ein Testfeld zu nennen – das Erzählen in Supervisions- und Balintgruppen ungewöhnlich explizit nach dieser Normalform ausgerichtet ist (vgl. Giesecke (1979)). Aufschlußreiche Abweichungen von dem von uns unterstellten Erzählschema haben wir in bestimmten institutionellen Zusammenhängen gefunden, in denen die Interaktanten sich nicht glaubwürdig als »Erlebende« darstellen können.

Zu den theoretisch noch kaum überschaubaren Problemen, die mit dem Konzept der ›Normalform‹ verbunden sind (Normendiskussion, Verhältnis von Basisregeln und formationsspezifischen Regeln, theoretische Fundierung des Sinnbegriffs, etc.) können wir hier nicht Stellung nehmen.

5 Wir können hier nicht der Frage nachgehen, wieweit es für die erzählerische Darstellungstechnik am »Phantasma« charakteristisch ist, daß der Erzähler – zumindest in »lebendigen« Erzählungen – die Grundform der Versetzung (im Sinne Bühlers) am Höhepunkt der Erzählung wechselt: von der Form der Versetzung (von sich und dem Zuhörer) in ein Situationsphantasma, an dem die Entwicklung des vergangenen Geschehens als ein Abwesendes dargestellt wird, zu einer Form der Versetzung, die Bühlers ›1. Hauptfall‹ entspricht (»der Berg kommt zu Mohammed«). Die Wiedergabe direkter Rede, gestische Mittel und andere »szenische« Momente wären dann als Technik des Erzählers aufzufassen, die gegenwärtige Gesprächssituation kurzfristig als Bühne zu definieren, auf der er Abwesendes mit Hilfe der »Mimesis« präsent macht.

6 Der Annahme dieser Möglichkeit liegt folgende Überlegung zugrunde: Wenn es eine Normalformerwartung bezüglich der kommunikativen Interaktionsform Erzählen gibt, dann hat diese eine handlungs- und perzeptionsleitende Funktion für alle wachen Mitglieder der Gesellschaft. Wenn dies der Fall ist, muß sich Handeln nach der Normalformerwartung bzw. Reagieren entsprechend der Normalformerwartung im empirischen Material wiederfinden lassen. Es mag einzelne ausgezeichnete Situationen geben, in denen ein Großteil der Bedingungen der idealen universalpragmatischen Diskurswelt – in die die Normalform ihrem theoretischen Status nach eingeordnet ist – erfüllt sind und unter denen dann eine Erzählung tatsächlich entsprechend der Normalformerwartung abläuft.

7 Für die psychoanalytische Kommentierung des Erzähltextes danken wir W.-D. Grodzicki (Hamburg).

Mit dem Begriff des »Widerstandes« ist hier im psychoanalytischen Sinn alles das gemeint, was sich im Verlauf der psychoanalytischen Behandlung im Verhalten des Patienten dem Zugang zu seinem Unbewußten, den der Psychoanalytiker zu finden sucht, entgegenstellt. Auf die in der »Alexythemie«-Diskussion entwickelte Problematisierung des Widerstandskonzepts im Zusammenhang mit den Psychosomatosen werden wir in dieser Arbeit nicht eingehen; die Zielsetzung unserer Untersuchung, die einen konversationsanalytischen Schwerpunkt hat, läßt uns diese Eingrenzung gerechtfertigt erscheinen.

8 Die folgenden Hinweise auf die ›Zugzwänge‹ des Erzählens sind den Arbeiten von Werner Kallmeyer und Fritz Schütze verpflichtet (vgl. Kallmeyer/Schütze (1977)). Zur Idee der ›konditionellen Relevanzen‹ als Aktivitätsfestlegung in Diskurse vergleiche etwa: Kallmeyer (1977), insbes.: S. 55 ff.
Die ›Preisgabe‹ von Informationen aufgrund der Zugzwänge des Erzählens wird in der Technik des ›narrativen Interviews‹ strategisch ausgenutzt (vgl. Schütze (1976)).

9 In der Form einer Auseinandersetzung mit der Theorie Alfred Lorenzers wird diese Vermittlungsproblematik in Ansätzen bei Klaus Menne u. a. (1976), »Sprache, Handlung und Unbewußtes«), diskutiert.

10 Für diese Bestimmung danken wir Jochen Rehbein (mündliche Mitteilung).

11 Jochen Rehbein wies uns darauf hin (mündliche Mitteilung), daß die Erzählerin sehr wohl als Erzählthema angekündigt habe, daß sie »dauernd Ärger zu verdauen habe« (vgl. Redebeitrag 6). Wir würden diese Äußerung nicht als Teil der Erzählung oder der Themenankündigung begreifen. Nach unserer Auffassung ist eine Situation wie die, daß ich »dauernd Ärger zu verdauen habe«, nicht erzählbar; sie kann nur betrachtet und beschrieben werden. Vgl. weiter § 5.3.

12 Freud, S. (1937), S. 84.

13 Auf die interessanten Beziehungen, die sich zwischen dieser konversationsanalytischen Betrachtungsweise des »Widerstandes« und einer interaktionspsychologischen herstellen lassen (vgl. Flader/Grodzicki (1978)), können wir hier nicht näher eingehen.

14 Auf diese Problematik wird beispielsweise in Karola Brede (1974) eingegangen.

Literaturverzeichnis

Argelander, Hermann (1970) Das Erstinterview in der Psychotherapie. Darmstadt

Brede, Karola (Hg.) (1974) Einführung in die psychosomatische Medizin. Frankfurt/M.

Bühler, Karl (1978) Sprachtheorie – Die Darstellungsfunktion der Sprache. Frankfurt/Berlin/Wien (zuerst Stuttgart 1934) 1978 (Ullstein)

Ehlich, Konrad & Rehbein, Jochen (1976) Halbinterpretative Arbeitstranskriptionen (HIAT). In: Linguistische Berichte 45, S. 21–41

Flader, Dieter & Grodzicki, Wolf-Dietrich (1978) Hypothesen zur Wirkungsweise der psychoanalytischen Grundregel. In: Psyche 32, Heft 7,
S. 545-594

Freud, Sigmund (1937) Die endliche und die unendliche Analyse. Gesammelte Werke, Bd. 16

Giesecke, Michael (1979) Erzählen in Supervisions- und Balintgruppen.
›Materialien, Preprints‹, Nr. 6 des Projekts ›Erforschung interaktionel-
ler Vorgänge in berufsbegleitenden Supervisions- und Balintgruppen‹,
GH Kassel, Modellversuch Soziale Studiengänge

Habermas, Jürgen (1975) Zur Entwicklung der Interaktionskompetenz.
Frankfurt/M.

Kallmeyer, Werner (1977) Verständigungsprobleme in Alltagsgesprächen.
In: Der Deutschunterricht, Heft 29/6, S. 52-69

Kallmeyer, Werner & Schütze, Fritz (1977) Zur Konstitution von Kommunikationsschemata der Sachverhaltsdarstellung. In: Wegner, Dirk
(Hg.): Gesprächsanalysen. Hamburg, S. 159-274 (IKP – Forschungsbe-
richte, Reihe 1, Bd. 65)

Labov, William & Waletzky, Joshua (1973) Erzählanalyse: Mündliche
Versionen persönlicher Erfahrungen. In: Ihwe, Jens (Hg.): Literaturwissenschaft und Linguistik, Bd. 2, Frankfurt/M., S. 78-126

Labov, William & Fanshel, David (1977) Therapeutic discourse. Psychotherapy as conversation. New York/San Francisco/London

Mead, George Herbert (1968) Geist, Identität und Gesellschaft. Frank-
furt/M. 1968

Menne, Klaus, u. a. (1976) Sprache, Handlung und Unbewußtes.
Kronberg

Quasthoff, Uta (1979) Konversationale Erzählungen. Unveröffentl. Ha-
bilitationsschrift, FU Berlin

Sandler, Joseph & Dare, Christopher & Holder, Alex (1973) Die Grund-
begriffe der psychoanalytischen Therapie. Stuttgart

Schüz, Alfred (1962/1964/1966) Collected Papers. Den Haag

Schütze, Fritz (1976) Zur Hervorlockung und Analyse von Erzählungen
thematisch relevanter Geschichten im Rahmen soziologischer Feldfor-
schung . . . In: Arbeitsgruppe Bielefelder Soziologen: Kommunikative
Sozialforschung. München, S. 159-260

Schütze, Fritz (1978) Strategische Interaktion im Verwaltungsgericht
– Eine sozio-linguistische Analyse zum Kommunikationsverlauf im
Verfahren zur Anerkennung als Wehrdienstverweigerer. In: W. Hassemer, W. Hoffmann-Riem, M. Weiss (Hg.): Schriften der Vereinigung
für Rechtssoziologie, Bd. 2: Interaktion vor Gericht. Baden-Baden

Strauss, Anselm (1974) Spiegel und Masken. Die Suche nach Identität.
Frankfurt/M.

IV

Klaus-Peter Klein
Erzählen im Unterricht

Erzähltheoretische Aspekte
einer Erzähldidaktik

Die Schule ist ein Ort, an dem auf die Erzählhaltung und -kompetenz der ihr anvertrauten Menschen sehr direkt Einfluß genommen wird. Eine Untersuchung des Erzählens im Alltag muß daher das Verhältnis des Unterrichts, speziell des Deutschunterrichts, zum Erzählen und seine Vermittlung von Paradigmen für ›gutes Erzählen‹ ganz wesentlich mit einbeziehen. Folgende Problemstellungen sind u. a. damit verbunden:

a) Welche Textstrukturen weisen Erzählungen auf, die Kinder im Unterricht frei über selbst gewählte Erlebnisse formulieren?

b) Werden in diesen Erzählungen Einflüsse deutlich, die sich auf erzähldidaktische Maximen, wie sie die Schule vermittelt, zurückführen lassen?

c) Sind Interdependenzen feststellbar zwischen erzähldidaktischen Entwürfen einerseits und erzähltheoretischen Ansätzen andererseits?

d) In welcher Beziehung ist das Erzählen von Schülern beeinflußt von den im Handlungsraum ›Unterricht‹ vorherrschenden sozio-kommunikativen Bedingungen?

Vor dem Hintergrund dieser Fragestellungen soll die bestehende erzählpädagogische Praxis überprüft und sollen Perspektiven für eine erzähltheoretisch abgesicherte Erzähldidaktik entwickelt werden. Am Beispiel der Einleitungspassage von Erzählungen werden Möglichkeiten diskutiert, Erzählen als kommunikative Tätigkeit zu beschreiben und daraus erzähldidaktische Überlegungen abzuleiten.

1. Zum Verhältnis von Erzähltextforschung und Erzähldidaktik

Einer alten pädagogischen Übung zufolge bekommen Kinder in der Grundschule des öfteren die Gelegenheit, über eigene Erlebnisse zu berichten, die in einem vorangegangenen schulfreien Zeitraum – Ferien, Wochenende, Nachmittag – sich ereignet haben. Aus erzähltheoretischem Blickwinkel sind solche Erzählungen speziell von Schülern der ersten Jahrgangsklasse interessant: Sie können unter der Arbeitshypothese beleuchtet werden, gleichsam relativ ursprünglich und nur wenig oder gar nicht von expliziten schulischen Gestaltungsvorgaben geprägt zu sein. Eines der Probleme der Analyse von mündlichen Erzähltexten – soweit sie nicht in ein übergeordnetes kommunikatives Muster mit konfligierendem Charakter wie ›Sich rechtfertigen‹, ›Vorwerfen‹ u. ä. eingebunden sind – liegt ja darin begründet, daß ihre aus vielfältigen ›erzähldidaktischen‹ Einflüssen (vor allem schulischen Ursprungs) resultierenden Strukturmerkmale nicht isoliert, sondern als stets vorfindbare konstitutive Bestandteile von Erzählungen gewertet und behandelt werden müssen; damit aber gelangt man zu erzähltexttheoretischen Universalien, deren Abhängigkeit von historisch-kulturellen Bedingungsfaktoren nur schwer einzuschätzen ist.

Das Problem für die Erzähltextforschung besteht dabei vornehmlich darin, daß die Schule – besonders in den Jahrgängen 2 bis 6 – gerade auf die Erzählkompetenz und -performanz der Schüler massiven Einfluß im Sinne der Übernahme bestimmter Form- und Gestaltungselemente schriftlicher Erzählungen nimmt. Das Ziel der einschlägigen pädagogischen Bemühungen ist die Fähigkeit des Schülers, jedwedes Erlebnis schriftlich in einem ganz bestimmten Formschema versprachlichen zu können, das normativ als Grundlage wohlgeformter Erzählungen postuliert wird. Es steht zu vermuten, daß Strukturen mündlicher Erzähltextproduktionen von diesen Schemata mit beeinflußt werden. Zu fragen ist freilich, woher die pädagogischen Bemühungen ihre sachliche Grundlage und Legitimation nehmen, d. h., auf welcher Basis eigentlich ›Erzählkompetenz‹ definiert wird.

Auf didaktischer Ebene wird dieser Fragenkreis vornehmlich aus der Perpsektive der Aufsatzerziehung diskutiert. Ein Blick in einschlägige Handbücher zeigt, daß dort zwar viel über den

pädagogischen Stellenwert der verschiedenen Textproduktions-
formen gesagt, auch die Notwendigkeit einer »Unterweisung in
der Technik des Gestaltens« unterstrichen (Helmers (1969), S.
231), aber über die Details einer solchen ›Gestaltungslehre‹ relativ
wenig Konkretes mitgeteilt wird. So bleibt der kritische Betrach-
ter, wenn er nach den Grundlagen der Vermittlung von Erzähltechniken in der Schule fragt, im wesentlichen auf Mutmaßungen
angewiesen. Zwei Möglichkeiten sind denkbar:

(i) Die Muster, nach denen Erzählen ›gelehrt‹ wird, werden im
    Sinne Ivos in der Praxis von einer Lehrergeneration zur
    anderen tradiert[1].

(ii) Die Kriterien, die der Bewertung von Erzähltexten zugrunde
    liegen, werden durch die textreproduzierende Tätigkeit des
    ›Nacherzählens‹ – eine der verbreitetsten schulischen Textrea-
    lisierungsformen – geprägt (vgl. auch Wittenberg (1975), S.
    188).

Am wahrscheinlichsten ist eine Kombination aus (i) und (ii).
Das Problem ist im Kern wohl auf das Verhältnis von mündlicher
Kommunikation und literarischer Bildung im Unterricht zurückzuführen. Literarische Vorbilder werden sowohl von außerhalb
der Schule mitgebracht (Jugendbuch) als auch infolge des hohen
innerschulischen Stellenwerts von Nacherzählungen nach einer
literarischen Vorlage internalisiert; auf diese Weise prägen sie die
Vorstellung vom ›richtigen‹ Erzählen ganz erheblich.[2] Betrachtet
man die bisherige erzähltheoretische Forschung, soweit sie sich
mit konversationellen Erzählungen beschäftigt, so ist eine gewisse
Affinität ihrer Ergebnisse zu den in der Aufsatzdidaktik vorzugsweise herausgestellten Mustern zum Teil unübersehbar. Dies
trifft insbesondere für das Strukturschema der konversationellen
Erzählung nach Labov und Waletzky zu, das inzwischen bereits
als erzähltheoretischer Klassiker gilt. Es umfaßt als obligate Elemente die Orientierungsphase, Handlungskomplikation, Evaluation und Auflösung sowie fakultativ eine Coda (Labov & Waletzky (1967/73) und Labov (1972)). Van Dijk reduziert die obligatorischen Strukturmerkmale auf ›Exposition‹, Komplikation und
Auflösung. Evaluation und ›Moral‹ (vergleichbar der ›Coda‹ bei
Labov) sind für ihn nicht handlungskonstituierend, sondern re-
kurrieren auf Bewertungen und Zustandsbeschreibungen; für
eine vollständige Erzählung erscheinen sie ihm daher entbehrlich
(van Dijk (1975) und (1976)).

Die Affinität zu den didaktischen Vorgaben für die Struktur ›wohlgeformter‹ Erzählungen zeigt sich bei einem Blick in Unterrichtsrichtlinien: Für die Hauptschulen in Nordrhein-Westfalen etwa gilt bezüglich der ›Erzählung‹ die lapidare Regel: »Gliederung im Sinne der Spannung ist wichtig (Einleitung, Steigerung, Höhepunkt, Ausklang).«³ Eine gewisse Nähe zu den Strukturschemata von Labov/Waletzky oder van Dijk ist nicht zu übersehen. Zwar sollen hier, von einem solchen ersten Augenschein ausgehend, keine vorschnellen Schlüsse über die Interdependenz von Erzähltextforschung und Erzähldidaktik gezogen werden; immerhin besteht jedoch vor diesem Hintergrund Anlaß, über grundsätzliche Probleme der Abhängigkeit erzähltextanalytischer Ergebnisse von den in der Jugendbuchliteratur vorfindlichen und in der Schule vermittelten Erzähltextparadigmen nachzudenken. Eine solche Abhängigkeit kann sich prinzipiell auf zwei Ebenen realisieren:

(i) Die Produzenten jener Erzählungen, die als Ausgangsmaterial für Untersuchungen von Erzählstrukturen dienen, gestalten ihre Texte – mehr oder weniger unbewußt – nach den in der Schule ›erlernten‹ und verfestigten Schemata.

(ii) Bereits in die *Versuchsanordnung*, unter der Erzähltexte erhoben werden, gehen die von den Erzähltextforschern selbst internalisierten erzähltechnischen Maximen, wie sie die Schule vermittelt, ein.

Hinweise darauf, daß letzteres im Falle einer erzähltheoretischen Konzeption wie der Labovs und Waletzkys nicht auszuschließen ist, geben die von ihnen gewählten komplikationsorientierten thematischen Vorgaben für eine Erzähltextproduktion: So sollten die Probanden z. B. über ein mit Todesangst und -gefahr verbundenes Erlebnis erzählen, was dem als Grundlage schulischer Erzählungen geforderten Ereignis mit einem ›Höhepunkt‹ nicht nur recht nahe kommt; es realisiert darüber hinaus auch gleich einen Extremfall dieser Maxime. Die durch Labov und Waletzky vorgenommene Herauspräparierung des zentralen Strukturelements ›Komplikation‹ aus dem ihnen vorliegenden Textmaterial ist vor diesem Hintergrund eigentlich analytisch wenig ergiebig, da die Versuchsanordnung ein solches Komplikationszentrum ja geradezu präjudiziert.⁴

Das Kernproblem der erzähldidaktischen Beeinflussung von Kindern und Jugendlichen liegt in der Tatsache begründet, daß die normbildenden Paradigmen überwiegend aus literarischen Bereichen genommen werden, die traditionellen Erzählmustern folgen, und daß ihnen damit in jedem Fall schriftliche Erzähltechniken zugrunde liegen. Wittenberg vermutet, daß es sich bei der Präferenz von Schülern für traditionelle Erzählmuster »um Imitationen von Erzählmustern der Jugendbuchliteratur« handelt; daraus ergebe sich als mögliche Folgerung, »die schriftliche Erzählung mehr als Hinführung zur Rezeptionslehre denn als Erweiterung der Produktionsfähigkeit zu nutzen« (Wittenberg (1975), S. 189). Diese Überlegung hat sicherlich einiges an Plausibilität für sich; freilich muß auch einschränkend festgehalten werden, daß das diagnostizierte Problem weniger auf der Ebene von ›Rezeption vs. Produktion‹ liegt als vielmehr auf derjenigen von *Textmustern für mündliche vs. schriftlich realisierte Kommunikationstypen*. Für welches Textmuster sich der Erzähler entscheidet, hängt dann nicht nur von sozialisationsbedingten erzähldidaktischen Einflüssen ab, sondern auch von den jeweiligen sozio-kommunikativen Umständen und den Intentionen, die mit der Erzählung verfolgt werden. Das Zusammenspiel des erzähldidaktischen und des pragmatisch-funktionalen Faktors bei der Konstitution von Erzählungen herauszuarbeiten, ist eine der wesentlichen Aufgaben einer linguistischen Erzähltextanalyse; auf der Grundlage ihrer Ergebnisse kann dann eine Überprüfung der gegenwärtig praktizierten ›Erzählerziehung‹ vorgenommen werden.

2. Erzählstrukturen und die schulische Erzählsituation

2.1. ›Gestaltungsorientierte‹ versus ›erlebniszentrierte‹ Erzählpläne

Die bisher erörterten Probleme sollen nun an einigen Textbeispielen verdeutlicht werden.

Sie stammen von Kindern aus einer 1. Klasse an einer Bochumer Grundschule und sind im Laufe einer allgemeinen ›Erzählphase‹ zu Beginn der jeweiligen Unterrichtsstunde geäußert worden.[5] Im Fall des Textes A ließ der Lehrerimpuls, der die Erzählung auslöste, offen, aus welchen Ferien erzählt werden konnte; die Erzählung bezieht sich auf einen Zeitraum, der zum Erzählzeitpunkt etwa 7 Monate zurücklag.

TEXT A[6]

Sa: [1] ich heiße astrid und in den sommerferien waren wir in norder-
ney. [2] wir hatten/. wir haben auch meistens immer gebadet. [3]
aber einer/.eines abends da kam n ganz dolles gewitter. [4] wir
waren noch am strand. [5] na das war bitter. [6] die strand/. durch
die strandkörbe kam das ganze gewitter durch. [7] da kriechte man
einen tropfen nachm andern mit. [8] bis sogar da n regenschirm
aufspannen mußte . .

L: [9] ihr wart im strandkorb noch drin?

Sa: [10] jaa.

Der Text ist weitgehend nach dem Strukturschema von Labov/
Waletzky gebildet: Die Äußerungselemente [1] und [2] haben
eine eindeutige Orientierungsfunktion; im zweiten Teil von [1]
wird der gesamte Referenzbereich ›Ferienaufenthalt‹ benannt, [2]
reduziert diesen dann auf das Handlungsfeld ›Baden‹, innerhalb
dessen das erzählte Erlebnis sich abspielt.[7]
In Satz [3] des Textes A wird das äußere Ereignis eingeführt, das
die eigentliche Komplikation, nämlich das Naßwerden, verursacht; durch die Konjunktion ›aber‹ – die kontrapunktisch zu
dem positiv empfundenen Erlebnis des Badens gesetzt ist – wird
die Komplikation bereits sprachlich indiziert, bevor sie noch
thematisch angesprochen ist. [4] begründet, warum das äußere
Ereignis, das in [3] eingeführt wird, zur Komplikation führen
mußte. [5] enthält die Evaluation der Geschichte, hier zugleich
eingesetzt als Auftakt für die in [6] und [7] dann erfolgende
Beschreibung und Begründung der eigentlichen Komplikation.
[8] könnte man im Rahmen dieser Geschichte als eine Art Auflösung der Komplikation in dem Sinne auffassen, daß das Aufspannen des Regenschirms die Beeinträchtigung beendet, die mit dem
in [6] und [7] beschriebenen Vorgang verbunden ist.
Auch die einzelsprachlichen Merkmale des Textes kommen dem
schulischen Erzählungsparadigma nahe: Wir finden kaum syntaktische Brüche, wie sie in den meisten Kindererzählungen sonst
anzutreffen sind; Wendungen wie die in [5] oder auch die geniti-
visch gebildete Temporalangabe ›eines Abends‹ weisen auf mittel-
schichtsorientierte sprachliche Sozialisationsbedingungen hin,
desgleichen der weitgehende Verzicht auf die kopulative Konjunktion ›und‹ als Satzanfang. Besonders auffällig wird dies bei
Äußerung [4]: Hier würde man bei einer mündlichen Erzählung
eine konjunktionelle Anbindung an [3] erwarten; ihr Fehlen

verleiht Äußerung [4] einen stärkeren Akzent, der dadurch legitimiert erscheint, daß es bereits »abends« war und daß es von daher nicht mehr als selbstverständlich angesehen werden kann, daß sich die Erzählerin noch am Strand befand. Die unpersönliche Formulierung in [7], auch relativ ungewöhnlich für Erzählungen von Kindern dieser Altersstufe, ist ebenfalls ein stilistisches Phänomen mit kommunikativer Relevanz; sie könnte auf eine gewisse innere Distanz der Erzählerin zu ihrem Erlebnis hinweisen, zumindest soweit es den Erzählvorgang selbst betrifft.

Nicht nur dieses Merkmal signalisiert einen – vor allem relativ zu der hier vorliegenden Altersstufe – hohen Grad an psychischer Verarbeitung und kognitiver Umarbeitung des Erlebten im Vorfeld der Textproduktion; auch das Ebenmaß der Textstruktur ist ein Indiz dafür: Äußerungselement [5] teilt die Erzählung in zwei Teile, deren erster schrittweise auf den Höhepunkt hinführt, während der zweite Teil die Komplikation selbst beschreibt und begründet sowie zu einer Art Abschluß bringt. Die Nachfrage des Lehrers in [9] wird von der Erzählerin folgerichtig auch nicht als Impuls zur Fortsetzung der Erzählung realisiert: Die Geschichte ist für sie abgeschlossen, das Erlebnis adäquat sprachlich umgesetzt und durchgearbeitet, ja abgerundet; jede Wiederaufnahme des Erzählfadens an irgendeiner Stelle und die damit verbundene Modifizierung des Detaillierungsgrades bestimmter Passagen der Erzählung würde diese Geschlossenheit nur gefährden. Eine gewisse Unbeweglichkeit im Hinblick auf kommunikative Anschlußaktivitäten ist offenbar die Folge.

Das zweite Textbeispiel (Text B) stammt von einem Jungen aus derselben Klasse.

Der Text ist entstanden in einer anderen Unterrichtsstunde, in der die Kinder ausschließlich über die am davorliegenden Tag zu Ende gegangenen Ferien berichten sollten; in diesem Fall wurde die Aufnahme ohne Wissen der Schüler gemacht:

TEXT B
L: christoph, was hast du denn gemacht in den ferien?
Sb: [1] ehm . . ich war/. ich war auch aufm kiemes. [2] und da/. und da bin ich inner geisterbahn fahrn.
((Lautes Durcheinandersprechen; mehrfach hörbar: »ich auch« und »geisterbahn«))
L: ach kinder . . der christoph ist dran . . . . . der christoph ist dran . .
Sb: [3] da war son geist. ehm. ehm a. ehm ehm (kam) . . ehm so richtig

nach. ehm vorne. nach hinten und ist immer hochgesprungn [4] und
da immer . . und da hat se sich/.hat sich n . . . iiijj ((lauter, langgezogener Kopfton)) . . . d gei/.gei/.der geist/ [6] und dann/ . . und
dann sinwer hochgekommn nä . . [7] und da/. da stand da sone
hexe . . die/die sah aus wie (   ) . . baaaah ((langgezogener Laut,
danach noch mehrere Geräuschimitationen)).
((Allgemeines Gemurmel)) . . .

    [8] und dann warn wer oben. [9] und dann. ehm ehm. kam wieder
die ganze fahrt nach unten. [10] und war auch ne Hexe die/ . . aber die
ist (grün) . . . baaaah . . [11] und dann bin ich/.und dann sinwer
⌈ wieder zurückgekommn.
L: ⌊   Hmh.

Der Text enthält ebenfalls eingangs eine Orientierungsphase, in
welcher zunächst der weitere Referenzbereich (Kirmes) genannt
und dann eingeschränkt wird auf den spezifischen Ort des zu
erzählenden Geschehens (Geisterbahn). Dabei ist dieser Orientierungsteil auch durch die vorhergehende Frage des Lehrers evoziert, die einen Hinweis auf wenigstens ein Betätigungsfeld des
Schülers während der Ferien erforderlich macht. Der Erzähler
wählt aus der Anzahl seiner Ferienerlebnisse ohne explizite Begründung eines aus, das für ihn in gewisser Weise repräsentativen
Charakter zu haben scheint und mit dem er außerordentlich
intensive Eindrücke verbindet. Hinzu kommt, daß die Erzählsituation in der Klasse die Darbietung möglichst ausgefallener
Erlebnisse im Sinne eines ›événement extraordinaire‹ (also eines
außergewöhnlichen, nicht alltäglichen Ereignisses[8]) erfordert, um
die Aufmerksamkeit der gesamten Klasse zu gewinnen. Freilich
stößt das von Christoph angeschlagene Thema dann auf so viel
Resonanz, daß der Lehrer die äußeren Bedingungen für den
Vollzug einer Erzählhandlung nach der Äußerung [2] erst einmal
herstellen muß.

In Äußerung [3] setzt der Erzähler dann ohne weitere Vorbereitung mit der Beschreibung der Geisterbahnfahrt ein, vielleicht
auch durch die Unruhe in der Klasse dazu animiert, möglichst
schnell auf den eigentlichen Kern des Themas zu kommen, um
die Aufmerksamkeit wieder auf sich zu ziehen. Der Text wird
inhaltlich strukturiert durch die Bezugnahme auf jeweils eine
bestimmte Figur der Bahn: [3] mit [5] Geist, [7] Hexe I, [10] Hexe
II. Dazwischen kommen Angaben über die Fortbewegung des
Erzählers innerhalb der Geisterbahn, und zwar in [6], [8] und [9]

sowie in [11], wo dann der Abschluß der Fahrt konstatiert wird.

Die zentralen Propositionen des Textes beziehen sich auf die drei genannten Figuren; dabei ist die Prädikation jeweils in Form einer lautstarken und -intensiven Imitation der von diesen Figuren ausgehenden Geräusche gestaltet. D. h., es werden hier die Möglichkeiten der mündlichen Erzählung in spezifischer Weise und damit über den Rahmen der im engeren Sinne sprachlich vermittelten Realität hinaus genutzt; das Transkript kann dieses Faktum hier nur unzureichend wiedergeben, vor allem im Hinblick auf parasprachliche oder imitatorische Phänomene sowie nonverbale Begleitaktivitäten. Im Verlaufe des Erzählvorgangs wird nun das Erlebte stellenweise im Wortsinne nahezu reproduziert, wobei ein Grad an Direktheit und Anschaulichkeit erreicht wird, wie er in Text A nicht annähernd vorzufinden ist. Der Erzähler wird in einem Maße von dem vergangenen Erlebnis erfaßt, daß er zeitweise direkte – audiovisuell zu realisierende – ›Abbildungen‹ der erzählten Realität liefert: Grimassen und Geräusche der Geisterfiguren werden imitiert. Man kann von der Hypothese ausgehen, daß damit das Erlebnis mental intensiv nachvollzogen und so auch nochmals psychisch und kognitiv verarbeitet wird. Eine Art ›*kathartische*‹ *Funktion* von mündlichen Erzählungen, vor allem bei Kindern, wird hier deutlich: Das Erzählen von Erlebnissen dient deren Verarbeitung, aber auch der – wie Habermas es einmal in bezug auf die Funktion von Science-fiction-Erzählungen ausdrückte – ›Zeremonialisierung‹ von Gefühlen und Empfindungen (vgl. Habermas in Ditfurth (1965), S. 37). Dies gilt insbesondere für angstbesetzte Erlebnisse oder auch für solche ambivalenten Situationen wie etwa die in einer Geisterbahn, in denen kalkulierter Schrecken zu erhofftem Lustgewinn führen soll.

Die Texte A und B lassen die Spannweite sozio-kommunikativer Funktionsweisen von Erzählungen erkennen:

Text A ist sprachlich und strukturell nach bestimmten Mustern durchgearbeitet, auf bereits im voraus gewichtete Informations- und wahrscheinlich auch Unterhaltungswerte hin angelegt. Letztere sind aufgrund der Wahl eines ›événement extraordinaire‹ zu unterstellen, realisieren sich – etwa im Vergleich zur tatsächlichen Wirkung des Textes B – jedoch in dem vorliegenden kommunikativen Zusammenhang nur unzureichend; das Erlebnis bleibt wenig beeindruckend, weil einerseits die gestalterischen Textformalien sehr in den Vordergrund rücken und andererseits für den Rezipienten eher der Eindruck einer Geschichtenrezitation als einer Erlebnisschilderung zurückbleibt. Die evaluative Passage im Zentrum des Textes präformiert den Rezeptionsvorgang auch in emotiver Hinsicht bereits weitgehend und minimiert von daher emotionale Identifikationsvorgänge im Hörer. Die hier verwendete Evaluation gehört zum Typus der gleichsam ›kalkulierend‹ gesetzten Bewertung von Ereignissen, mit der die Perspektive der am Geschehen Beteiligten zum Zeitpunkt des wiedergegebenen Ereignisses akzentuiert wird; diese Form von Evaluation ist nicht induziert durch psychisch-kognitive Verarbeitungsvorgänge während des Erzählens, sondern durch strukturell-formale Gestaltungsmaximen, die der Textrealisation zugrunde liegen.

Text B hingegen enthält keine Evaluation der Ereignisse in expliziter Form, sondern arbeitet eine solche im Vollzug des Erzählvorgangs implizit heraus. Der Hörer kann sein evaluatives Verhältnis zur Erzählung schrittweise aus deren Fortgang ableiten bzw. mit ihr aufbauen. Die extensive Anwendung para- und außersprachlicher Techniken schafft zudem Anknüpfungspunkte, die nicht allein Sprachrezeptionsaktivitäten freisetzen, sondern auch andere Sinne an der Aufnahme und Realisierung der Textbedeutung beteiligen.

In beiden Texten aktualisieren sich folglich verschieden strukturierte Erzählpläne, die durch ihr jeweiliges Verhältnis zwischen formalen Gestaltungsmaximen und Intensität der Erlebniswiedergabe gekennzeichnet sind. Wir können diese Unterscheidung begrifflich so fassen, daß Text A einem eher ›gestaltungsorientierten‹, Text B einem ›erlebniszentrierten‹ Erzählplan folgt. Menge und Qualität der transportierten Propositionen müssen bei beiden Erzählplänen grundsätzlich durchaus nicht signifikant differieren, auch nicht im Hinblick auf explizite evaluative Kommentare. Das wichtigste Unterscheidungskriterium zwischen beiden ist vielmehr der Grad an *textueller Prädisponierung* der zu erzählenden Begebenheit; dieser hängt davon ab, in welchem Ausmaß sich der Erzähler an bestimmten Textmuster-Formularen orientiert, und schlägt sich dann nieder in der Struktur der Erzählung, der sprachlichen Aufbereitung, der Einhaltung der temporalen Folge, dem Verhältnis von Beschreibungs- und Begründungshandlungen, dem Umfang von Reduktion und Expansion von Referenzbereichen usf.

Für die gesamtheitliche Einschätzung einer Erzählung ist zudem natürlich der kommunikativ-situative Kontext mit heranzuziehen; die Differenz zwischen den Texten A und B mag auch darin begründet liegen, daß die pragmatischen Rahmenbedingungen ihrer Produktion sich in einem Punkt deutlich unterscheiden: Die Erzählerin von A war sich bei der Textverfertigung dessen bewußt, daß ihr Beitrag auf Band aufgenommen wird und hinterher abgehört würde; ihren Text richtete sie ›vorzeigbar‹ in dem Sinne ein, daß eine positive Bewertung durch den Lehrer gewährleistet sein würde. So gesehen ist es aus dem pragmatischen Kontext heraus konsequent, einen Beitrag abzuliefern, der an Paradigmen für ›wohlgeformte‹, d. h. für schriftliche (literarische oder quasi-literarische) Erzähltexte orientiert ist. Im Gegensatz dazu wußte der Produzent von Text B nichts davon, daß seine Äußerungen auf Band gespeichert würden; seine Erzählhaltung ist daher ausschließlich auf die Kommunikationssituation innerhalb der Klasse ausgerichtet.

Überdies spielen natürlich für den Grad an Unmittelbarkeit bei der sprachlichen Umsetzung von Geschichten die Zeitabstände zwischen erzähltem Geschehen und Erzählzeitpunkt eine Rolle; diese Zeitdifferenz war im Falle von Text A wesentlich größer (etwa 7 Monate) als bei Text B (ca. 14 Tage).

2.2. Strukturen ›anekdotischen‹ Erzählens

Die situativen Bedingungen eines Klassengesprächs bringen es mit sich, daß einzelne Schüler ihre Erzählbeiträge in zwei oder mehreren Teilen abliefern; Gründe dafür können sein, daß z. B. die Unruhe in der Klasse den Lehrer veranlaßt, eine längere Erzählung abzubrechen und einen anderen Schüler aufzurufen, oder daß der Erzählende seine Erlebnisse in anekdotenhafter Form darbringt und ihm die einzelnen Plots nicht alle auf einmal präsent sind. Solche Wiederaufnahmen eines Erzählthemas sind vor allem interessant im Hinblick auf die Muster der Einführung in die erzählte Realität, auf die Techniken des Anschlusses an die vorhergehende Passage, auf den Einsatz deiktischer Mittel u. ä.

Als Textbeispiel legen wir zugrunde das Transkript einer Erzählung eines Erstkläßlers, wobei die durch Auslassung gekennzeichnete Pause zwischen Erstäußerung und Wiederaufnahme des Erzählfadens etwa 7 Minuten beträgt:[9]

TEXT C

Sc: [1] hm. da war ich/.da war ich immer noch eine flasche milch holen
    gegangen . . [2] und da hab ich auch nach den kleinen kälbchen
    gekuckt und nachn kleinen schweinchen. [3] und da durfte ich auch
    die pferde füttern . . rausbringen. reinbringen. [4] und da. war/.gabs
    noch/. . und mein onkel (   ) der hat (   ) und der
    hat manchmal ersmal nach den schweinchen gekuckt [5] da gab er
    oft aus den eimern und hat den die schnitzel auf den kopf gestreut
    ((lacht)).

((Es folgen ca. 7 Minuten lang Erzählungen anderer Schüler))

Sc: [6] da/. . da war auch. noch eine
L: wartest du mal bitte . . es hören noch
    nicht alle zu . . so jetzt kannst du erzählen . .
Sc: [6'] hm. und da
    wo wir milch holen gegangen waren da/.das warn bauer . . [7] und
    da hatten/.und der hat nen neuen trecker gekriecht n großen blauen
    mit (   ) [8] vorhatte der einen großen (den wollt ich ihm)
    für zweiundneunzich fennich abkaufen

((Einzelner Lacher in der Klasse)).

Der Referenzbereich wird zunächst nicht genannt und erst im
Verlaufe des ersten Teils der Erzählung implizit als Bauernhof
erkennbar. Die Äußerungen [1] bis [3] können einerseits als
Exposition zu der nachfolgenden Pointe verstanden werden; sie
fungieren andererseits (im Sinne des Themas ›Von den Ferien
erzählen‹) zunächst auch als Information darüber, wie der Erzähler die Ferien verbracht hat. Dabei deckt er einen größeren
Zeitraum ab, was er durch das Adverb ›immer‹ kennzeichnet; der
thematische Referenzbereich der zentralen Erzählpropositionen
freilich ist dann wesentlich enger gesteckt, d. h., es wird ein
Bereich offenbar als deutlich relevanter im Verhältnis zu anderen
Ferienerlebnissen ausgesondert.
  In [4] wird eine weitere Person eingeführt und deren Agieren im
gleichen Referenzbereich geschildert. An dieser Stelle wechselt
die Erzählperspektive insofern, als nun die Darlegung des eigenen
Handelns abgelöst wird durch die Bezugnahme auf das Handeln
eines Dritten, ohne daß dieses auf den ersten Blick in ein kompli-
kationsorientiertes Verhältnis zum Handeln des Erzählers tritt;
hierauf wird noch nachfolgend näher einzugehen sein. Die Einführung eines neuen Handlungsträgers erfolgt, nachdem der
›Routine-Teil‹ des Berichtens über eigenes Ferienerleben, das im

Mittelpunkt der Unterrichtsstunde steht, abgearbeitet ist. Kennzeichnend für den anekdotischen Erzähltypus ist die Durcharbeitung des Handlungsstrangs auf eine ›Pointe‹ hin und das Fehlen solcher evaluativer Elemente, die sich als Vollzug von mentalen Verarbeitungsprozessen des Erlebnisses darstellen. Ihre Integration in die Erzählung würde auch dem angestrebten Effekt zuwiderlaufen, die Aufmerksamkeit des Zuhörers auf die Pointe zu fokussieren. Da überdies die Ereignisfolge selbst den Schmunzel- oder Lacherfolg zu evozieren hat, verbieten sich zusätzliche Bewertungshandlungen in der Regel von selbst; lediglich die Bewertung von Umständen der Ereigniskonstellation sowie der Handlungsträger ist im expositorischen Teil der Erzählung möglich. Als Beispiel für einen solchen Evaluationstypus kann die in Text A verwendete Technik der evaluativen Kommentierung angesehen werden: Äußerung [5] hat dort eine primär erzähltechnische Funktion; diese besteht weder in der Kennzeichnung der subjektiven Einstellung des Erzählers zu bestimmten Einzelheiten der erzählten Vorgänge noch darin, den Handlungen und Verhaltensweisen der am Geschehen Beteiligten Plausibilität zu verleihen. Sie hat vielmehr vor allem die Aufgabe, den Rezeptionsvorgang zu strukturieren und dabei emotive Steuerungsimpulse für die weitere Aufnahme der Restgeschichte durch den Hörer auszulösen.

Der Einstieg in den Vollzug einer Erzählung nach dem anekdotischen Muster fällt in Text C dem Erzähler offenbar nicht leicht; die Suche zu Beginn von [4] nach einer Möglichkeit, das angeschnittene Thema weiterzuführen, läßt vermuten, daß zunächst die Beschreibung des Referenzbereichs ›Bauernhof‹ fortgesetzt werden sollte (»und da. war/.gabs noch«). Unvermittelt wird dann der Onkel eingeführt, wobei das Adverb ›auch‹ einerseits eine thematische Mittlerfunktion zwischen [1]–[3] und [4]–[5] ausübt und andererseits den Wechsel der Erzählperspektive legitimiert.

Die Wiederaufnahme des Erzählduktus nach einer Reihe von dazwischengeschalteten Äußerungen anderer Schüler geschieht zunächst völlig ansatzlos. Es ist nicht ganz klar, ob der Erzähler in [6] – bevor er vom Lehrer unterbrochen wird – auf ein anderes Ereignis referieren möchte als auf jenes, das in [6] bis [8] im Mittelpunkt steht, und ob er etwa durch die Unterbrechung veranlaßt wird, seinen Plan zu revidieren. Das deiktische ›da‹ aus der Eingangspassage in [6] wird jedenfalls im zweiten Anlauf in [6'] aufgelöst; dabei wird der thematische Faden von [1] wieder aufgenommen. Gegen Ende von [7] und in [8] verwendet der Erzähler dann teilweise – akustisch durchaus gut wahrnehmbare – sprachliche Zeichen, die auch bei vielfachem Abhören des Bandes durch ihn selbst oder durch geübtere Ohren nicht entschlüsselt werden konnten. Aufgrund der nachträglichen Befragung des Jungen wurde immerhin deutlich, welchen Inhalts die für seine Erzählung zentrale Passage in [8] ist (Ergänzung in Klammer analog den nachträglichen Angaben); ähnliche Probleme tauchen bei Aufnahmen von Erzählungen von Grundschulkindern im übrigen des öfteren auf.

Der Erzähler realisiert das anekdotische Erzählmuster in einer Weise, die ihn sehr schnell zur ›Pointe‹ gelangen läßt; der Text schließt mit dieser dann auch ohne weitere evaluative oder sonstige Zusätze. Eine Textrealisierung wie diese, die primär auf Unterhaltungswirkung hin angelegt ist, setzt ein gewisses Maß an mentaler Verarbeitung der Erlebnisse und auch an Routine in der Handhabung des Erzählmusters voraus.

Interessant ist, daß derselbe Schüler in der gleichen Unterrichtsstunde noch zweimal zu einer anekdotischen Erzählung ansetzt und beim vierten Mal dann vom Lehrer gebremst wird, da die Klasse inzwischen bereits auf seine bloße Wortmeldung hin mit Unruhe reagiert; trotz eines Wechsels des Referenzbereichs (in der dritten Aufnahme ist es die Kirmes) ›kommt‹ das Muster nicht mehr ›an‹, kann die vom Erzähler intendierte Wirkung – sowohl gegenüber seinen Mitschülern als auch gegenüber dem Lehrer – sich offenbar nicht zureichend entfalten oder nutzt sich zumindest schnell ab, so daß mehrere Beiträge, auch in großen Abständen vorgebracht, nur schwer in der Gruppe durchzusetzen sind. Hinzu mag kommen, daß Schüler wie Lehrer die Realisierung des anekdotischen Erzählmusters im Handlungskontext ›Unterricht‹ vielleicht nur begrenzt für angemessen erachten.

Die These von Labov & Waletzky, »daß der Orientierungsteil in den Erzählungen von Kindern [...] in typischer Weise fehlt« (Labov & Waletzky (1967/73), S. 112), findet im Fall von Text C eine gewisse Bestätigung. Auch eine Komplikation im engeren Sinne, die nach van Dijk durch ein konfligierendes Verhältnis zweier Handlungspläne zueinander entstehen soll, ist bei einem ersten analytischen Zugriff nicht unmittelbar zu erkennen; indes lassen sich in der 1. Teilerzählung von [1] bis [5] zwei valuativ miteinander konkurrierende Handlungsrealisationen und in der 2. Teilerzählung ([6] bis [8]) zwei auf einer fiktiven Vorstellungsebene kontrapunktisch gegenübergestellte Handlungspläne ohne substantiellen Konflikt im eigentlichen Sinne annehmen, die hier jeweils eine Komplikation auf der realen Handlungsebene ersetzen: Sowohl im Verhältnis zu seinem Onkel wie zu dem gastgebenden Bauern befindet sich der Erzähler in einem gedachten ›Wettbewerb‹, der einmal die Fähigkeit zum Schweinefüttern, das zweite Mal eine Aushandlungssituation mit gleichsam ›fiktionalem‹ Status umfaßt.

Das dem ›anekdotischen‹ Typus zugrunde liegende kommunikative Handlungsmuster ist etwa am deutlichsten ausgeprägt in dem Muster des ›*Witze-Erzählens*‹. Trotz struktureller Identität der Textmuster differieren das ›Witze-Erzählen‹ und das ›anekdotische Erzählen‹, wie es hier beschrieben wurde, freilich in einem entscheidenden Punkt der pragmatischen Rahmenbedingungen: Im ersten Fall hat der Erzähler nur für die Unterhaltungswirkung des erzählten Witzes, also für die Relation ›Text/ kommunikative Wirkung‹, geradezustehen; im zweiten Fall muß er darüber hinaus auch dem Anspruch auf Wahrhaftigkeit genügen, dessen Einlösung einer Erzählung über eigene Erlebnisse abverlangt wird. Die Möglichkeiten der Anschlußkommunikation differieren von daher nicht unerheblich: Das ›anekdotische Erzählen‹ kann jederzeit in einen evaluativen Diskurs über Details des dargestellten Erlebnisses oder über generelle Fragen des mit ihm verbundenen Erzählhorizontes überführt werden; beim Witze-Erzählen würde dies hingegen als weitgehend deplaziert empfunden werden.

Die gleichwohl verbleibende Nähe beider Muster in struktureller Hinsicht verdeutlicht uns auch die Funktion, die das ›anekdotische Erzählen‹ – etwa im Vergleich zu einem ›freien Erzählen‹ von Erlebtem und Erfahrenem – einnimmt: Es ist ganz auf Unterhaltungsintentionen abgestellt und muß sich damit praktisch ausschließlich am Adressaten und dessen Bedürfnissen orientieren. Die mentale Verarbeitung des Erzählten ist insofern durch den Erzähler bereits vorab zu leisten, auch und gerade soweit es sich auf selbst Erlebtes bezieht; dies liegt begründet zum einen in der Forderung nach stringenter Durchbildung der

Erzählung analog einem auf die Pointe hin orientierten Form-schema, zum anderen in der Tatsache, daß eine Entscheidung darüber getroffen werden muß, welcher Vorfall aus der Menge von Erlebnissen sich für eine anekdotische Erzählung eignet.[10]

In der Anlehnung an ein Formschema zeigt sich freilich nicht nur der textuelle Niederschlag von prätextuellen mentalen Verar-beitungsvorgängen; sie hat vielmehr auch Ursachen, die in den konstitutiven Bedingungen des anekdotischen Typus und seiner Realisierung im kommunikativen Handlungsablauf begründet sind. Der Textaufbau auf eine Pointe hin bedingt eine grundsätz-liche Zweiteilung der Geschichte in

a) die Vorbereitung der Pointe und

b) die Pointe selbst.

Der Pointe kann eine Komplikation – auch im oben beschriebe-nen erweiterten Sinne – zugrunde liegen oder auch die Auflösung einer in der ›Vorbereitungsphase‹ geschilderten Komplikation. In jedem Fall ist das Schema mit der Ausformulierung der Pointe komplett abgearbeitet; möglicherweise noch angehängte evaluati-ve und sonstige coda-ähnliche Zusätze sind dann Bestandteil einer neuen Musterrealisierung in der Anschlußkommunika-tion.[11]

2.3. Erzählen im sozialen Kontext der Schulklasse

Es ist stellenweise bereits deutlich geworden, daß sozio-kommu-nikative Zusammenhänge das Erzählen in einem Klassenverband erheblich beeinflussen. Die schulische Situation ist grundsätzlich dadurch gekennzeichnet, daß der Lehrer eine dominante Position einnimmt: In der Regel ist er die Instanz, welche die Textproduk-tion auslöst. Folglich ist auch der Lehrer zumeist der Haupt-adressat der Erzählungen. In Textbeispiel A wird entsprechend eine Form gewählt, die aus der Perspektive der Erzählerin vom Lehrer positiv sanktioniert werden kann.

Eine soziale Dimension des Erzählens in der Klasse wird daher auch weniger im Sinne eines Sich-etwas-Erzählens der Schüler untereinander spürbar, als vielmehr unter dem Aspekt des Ge-meinsam-dem-Lehrer-etwas-Erzählens. Diese Form des ›gemein-samen Erzählens‹[12] konstituiert sich primär aus dem institutionell vorstrukturierten *Handlungsfeld ›Schule‹* und der allgemeinen schulischen Kommunikationssituation, die durch die Ungleichgewichtigkeit beider Kommunikationspole (Schüler und Lehrer) bezüglich Quantität und Art der von ihnen durchsetzbaren Kommunikationsbeiträge gekennzeichnet ist. Dem gemeinsamen Erzählen in der Klasse liegen überdies in der Regel keine gemeinsamen Erlebnisse zugrunde, vor allem wenn die Schüler aus großstädtischem Einzugsbereich kommen und wenn Wochenend- und Ferienerlebnisse thematisiert werden, die ja häufig mit Reisen und Ausflügen der Familie verbunden sind. Mögliche thematische Gemeinsamkeiten beschränken sich daher weitgehend auf die lokale Referenz der Erzählinhalte (etwa bestimmte Ausflugsziele u. ä.).

Für die Struktur des ›gemeinsamen Erzählens‹ in der Klasse ist etwa charakteristisch die Aneinanderreihung von Einzelepisoden, die jeder Erzähler zu einem meist vorgegebenen, temporal begrenzten Referenzbereich beizutragen hat, wobei jeder bemüht ist, mit seinem Beitrag die wohlwollende Aufmerksamkeit des Lehrers zu gewinnen. Als ein Signal für diese intendierte *Aneinanderreihungsstruktur* kann die kopulative Konjunktion ›und‹ am Beginn von Erzählungen angesehen werden; deren vielfältiger Gebrauch bei mündlichen Erzählungen sollte natürlich nicht überbewertet werden, doch ist ihre Häufigkeit gerade am Erzählanfang ein signifikantes Merkmal für die Texte aus dem mir vorliegenden Korpus an Erzählungen von Kindern im Unterricht; ein Beispiel, ebenfalls aus einer 1. Klasse:

TEXT D
Sd: [1] und/und meine/.und meine schwester. die/die war ehm ehm.
    ehm vorgestern im zoo [2] und die wurde vom pferd getreten.
((Gemurmel))
Sx: [[3] sach mal. war die im zoo? ich dacht
Sd: [[4] ja ha hm. die hat auf de
    kiemes [5] und und da wollt se reiten [6] und nachher an de
    manesche rangegangen . . [7] und da wurd se vom pferd getreten.
((Gemurmel))
Sx: [8] hat se pech gehabt.

Hier findet sich eine weitere Modalität des gemeinsamen Erzählens, nämlich die Korrektur von Einzelheiten sowie die evaluative Kommentierung durch Mitschüler. Der zunächst geplante Beitrag des Erzählers sollte vermutlich auf Äußerungselement [1] und [2] beschränkt bleiben, in denen bereits die zentralen Propositionen seiner Geschichte enthalten sind. Gleichwohl könnte natürlich der Erzählplan auch die Expansion der Proposition in [2] vorgesehen haben, wie sie dann in [4]-[7] tatsächlich erfolgt; jedenfalls wird eine solche Propositionserweiterung erst realisiert, als die lokale Referenzbestimmung von einem Zuhörer in [3] moniert wird.[13]

Von [4] bis [7] nimmt der Erzähler also eine Detaillierung der in [2] benannten Proposition vor. Sie kann auch als Bekräftigung des Wahrheitsanspruches verstanden werden, dessen Durchsetzbarkeit durch die Angabe einer falschen lokalen Referenz bereits gefährdet erscheint. In [7] wird noch einmal fast wörtlich die Formulierung der zentralen Proposition aus [2] im Sinne einer Bestätigung von deren Wahrheitsgehalt und als Konstatierung des ›quod erat demonstrandum‹ wiederholt. Die in [8] vorgenommene Kommentierung der Komplikation durch einen Mitschüler ist kein Einstieg in eine Anschlußkommunikation zwischen Erzähler und Zuhörer; sie resultiert eher aus dem hier offenbar aktualisierten Bedürfnis nach einer Ergänzung durch eine evaluierende Coda in Kurzform, mit der zugleich signalisiert wird, daß man die Geschichte als abgeschlossen und beendet betrachtet.

In Einzelfällen kann es auch durchaus zur Realisierung von dialogischen Handlungszügen im Anschluß an eine Erzählung kommen; vgl. das folgende Textbeispiel:

TEXT E

Se: [1] wir waren im teuteburger wald [2] und da bin ich vom pony geflogen . . [3] ich konnte drei tage fast/. fast nicht mehr richtig laufen

L: [4] das pony oder du?

Se: ((lacht)) [5] hm. ich . . [6] da/.da kam nämlich n gabelstapler genau dazu . . [7] da is es über ne ganz hohe mauer gesprungen [8] und ich lag unten auf der straße.

Sx: [9] n gabelstapler?

Se: [10] ja n gabelstapler!

((Gemurmel))

Sy: [11] ja gibt es. hab ich schon oft gesehn.

Dieser Text beginnt nach dem gleichen Muster wie Text D. Äußerung [1] enthält die lokale Referenzangabe und [2] bereits die zentrale Erzähltextproposition, die komplikationsorientiert ist. [3] referiert dann die Konsequenzen, die sich aus dem Komplikationsereignis für den Erzähler ergeben haben. Damit ist die Erzählung zunächst abgeschlossen, die entscheidenden Informationselemente über das Erlebnis sind artikuliert. Die Lehrernachfrage in [4], offensichtlich – da keine echte Informationsfrage – teils als humoristische Randbemerkung, teils als Impuls zu Detaillierungsangaben intendiert, bringt dann den Erzählvorgang nochmals in Fluß. [5] ist die knappe Antwort auf die zunächst wörtlich genommene Lehrerfrage, von [6]-[8] wird dann die Proposition aus [2] detailliert; dieser Teil ist aufgegliedert in die Referenz auf eine von außen einwirkende Kraft [6], das Resultat dieser Einwirkung für den Handlungsfortgang [7] und die (in der zentralen Proposition bereits genannte) Konsequenz für die Erzählerin [8]. In diesem Sinne kann die Passage [6]-[8] als Begründung im Verhältnis zur Ausgangsproposition und damit auch als Bestätigung des Wahrheitsanspruchs der erzählten Begebenheit verstanden werden, dessen Problematisierung aus der Sicht der Erzählerin vielleicht der Lehrernachfrage zugrundezuliegen schien.

Gerade diese Bestärkung setzt jedoch erneut einen Teil der Erzählung einem Zweifel hinsichtlich des Wahrheitsgehalts aus. In [9] wird dieser artikuliert, wobei sein eigentlicher Hintergrund in der Unkenntnis des Begriffs ›Gabelstapler‹ bestehen dürfte. Diese wird aber von der Erzählerin nicht unterstellt; vielmehr sieht sie noch einmal die Durchsetzbarkeit des Wahrheitsanspruchs ihrer Erzählung insgesamt gefährdet und reagiert mit einer Handlung des Insistierens [10], wobei sie zu deren Legitimation substantiell keine neuen Daten einführt. Mit Äußerung [11] aus der Klasse erfährt der Wahrheitsanspruch schließlich eine Stützung von unparteiischer Seite und ist damit endgültig durchgesetzt.

Die beiden letzten Äußerungen des Textes E machen deutlich, daß das primäre Interesse des Erzählenden in dieser *Durchsetzung des Wahrheitsanspruches* seiner Geschichte besteht. Weder die Erzählerin noch derjenige, der [11] äußert, stellen sich darauf ein, daß mit [9] das Bedürfnis nach Sachinformation über den Gegenstand ›Gabelstapler‹ signalisiert sein könnte; es findet allerdings auch kein Insistieren von Sx in dieser Richtung statt, wie es im Anschluß an [11] denkbar wäre.

Die soziale Dimension von Schülererzählungen in der Eingangsklasse der Grundschule, die während einer Unterrichtsstunde vorgetragen werden, aktualisiert sich somit vornehmlich auf zwei Ebenen:

(i) Die Erzählsituation ist gekennzeichnet durch die *Bildung einer Sequenz von Einzelbeiträgen* zu einem vom Lehrer vorgegebenen Themenbereich, die verschiedene Schüler nacheinander vortragen.

(ii) Die Schüler kommunizieren in der Regel nur dann miteinander, wenn es darum geht, *Wahrheitsansprüche zu problematisieren oder durchzusetzen*.

Das bedeutet, die Erzähltextproduktion steht in enger Abhängigkeit zu den generellen sozialen Strukturen, die das Handlungsfeld ›Schule‹ konstituieren. Das Handlungsmuster ›Etwas erzählen‹ realisiert sich innerhalb der Unterrichtssituation auf der Folie der dort auch ansonsten anzutreffenden sozio-kommunikativen Verhältnisse. Kooperative Kommunikationsformen werden in der Regel nur begrenzt praktiziert und bleiben auf die zumeist eher formale Verkettung von Einzelbeiträgen mit Hilfe kopulativer Konjunktionen reduziert. Zuweilen ergeben sich auch thematische Bezugnahmen zweier Erzählungen aufeinander (wie etwa beim Kirmesthema oben); formale Kennzeichen hierfür sind Einleitungsformeln wie »ich war auch . . .«, »ich habe auch . . .« etc.

Die Reduktion der Anschlußhandlungen auf die Problematisierung und Bekräftigung von Wahrheitsansprüchen weist aus, daß diese für Kinder – zumindest im Kontext ›Unterricht‹ – einen hohen Stellenwert einnehmen. Auf der anderen Seite zeigt die Ungenauigkeit mancher referentieller Angaben, daß diese von Kindern durchaus auch als austauschbar eingestuft werden; ihre ›Vereindeutigung‹ muß nicht selten erst durch Problematisierungshandlungen von Zuhörern evoziert werden. Von daher sind Wahrhaftigkeitsansprüche gegenüber Kindererzählungen, soweit diese nicht gegengeprüft werden können, nicht immer mit Sicherheit gewährleistbar – ein Problem, das sowohl die Entwicklungs- wie auch die forensische Psychologie immer wieder beschäftigt.

Das sozio-pragmatische Handlungsfeld ›Schulklasse‹ determiniert, wie gesehen, das Erzählen bereits bei Erstkläßlern bis hinein in die Wahl des Vertextungstyps. Signifikant ist auch die Kürze der im Rahmen einer ›Erzählstunde‹ verfertigten Erzähltexte; sie ist durch das objektive Erfordernis, allen Klassenmitgliedern die Möglichkeit des Erzählens zu geben, mit hervorgerufen, aber auch durch die auf den Lehrer hin orientierte Kommunikationsstruktur bedingt; diese drängt den Schüler tendenziell eher in die Situation von jemandem, der auf eine Frage antwortet, als in diejenige eines Geschichtenerzählers. Die Erzählungen müssen gleichsam stets abrufbereit gehalten werden, und das hat auch die beschriebenen Konsequenzen für ihre strukturelle und sprachliche Ausprägung.

3. Spezifische Bedingungen für die Realisierung des Musters ›Erzählen‹ am Beispiel der Einleitungspassage

Der Beschreibungsansatz von Labov & Waletzky wirft die bislang noch nicht beantwortete Frage auf, wie die dort herausgearbeiteten Konstitutionsebenen im einzelnen zu füllen sind, d. h., mit welchen spezifischen sprachlichen Mitteln sie jeweils realisiert werden können. Daß dieses Problem bisher kaum bearbeitet wurde, liegt nicht zuletzt darin begründet, daß die von Labov & Waletzky angenommenen Strukturmerkmale (oder auch diejenigen van Dijks) auf völlig verschiedenen Ebenen operieren: Die ›Orientierung‹ ist letztlich eine rezeptionsorientierte Kategorie, die das Verhältnis des Hörers zu der ihm erzählten Geschichte im Hinblick auf ihre Verstehbarkeit betrifft; ›Komplikation‹ und ›Auflösung‹ operieren dagegen einzig auf der Ebene des ›erzählten‹ Handlungsstrangs; die ›Evaluation‹ bezieht sich primär auf das Verhältnis des Erzählenden zur erzählten Geschichte; und die ›Coda‹ bzw. ›Moral‹ schließlich weist Bezugsmomente zu allen drei bisher genannten Ebenen auf, besonders zur ersten und dritten. Die Probleme bei der Beschreibung dessen, wie beim Erzählen diese Kategorien sprachlich zu füllen sind, nehmen in dieser Ebenen-Vielfalt ihren Ausgang. Natürlich bewegt sich jeder sprachlich Handelnde mehr oder weniger gleichzeitig bzw. sukzessiv im Verlaufe eines Kommunikationsprozesses auf den drei genannten Ebenen. Zu fragen ist aber, was eine Kategorie wie etwa diejenige der ›Orientierung‹ im Handlungskontext zu leisten, welchen Bedingungen ihre Realisation im einzelnen zu folgen hat und auf welche Wirkungen ihre Realisierungsformen hinzielen.

Zur Beantwortung dieser Fragen können hier nur erste Anstöße gegeben und einige grundsätzliche Überlegungen diskutiert werden. Labov und Waletzky bezeichnen die ›Orientierung‹ als eine

Menge »freier Teilsätze«, die durch ihre »referentielle Funktion« hinsichtlich der »Orientierung des Zuhörers in bezug auf Person, Ort, Zeit und Handlungssituation« gekennzeichnet sind (Labov & Waletzky (1967/73), S. 112). Die These, daß eine Orientierungspassage bei Kindererzählungen generell fehle (ebd.), ist sicher nicht haltbar; Text A zum Beispiel weist eine eindeutige und – unter Zugrundelegung der Aufzählung von möglichen referentiellen Angaben nach Labov & Waletzky – sogar relativ vollständige ›Orientierung‹ auf. Auch Text B enthält eine Orientierungsphase, die sich zwar weitgehend in der Benennung der lokalen Referenz erschöpft, jedoch – in Grenzen – auch eine Handlungssituierung impliziert (die temporale Referenz ist bereits durch die Frage des Lehrers vorgegeben). Im Sinne Labovs und Waletzkys liegt bei diesem Text allerdings hinsichtlich der Benennung beteiligter Personen eine ›Orientierungs-Lücke‹ vor: Daß der Erzähler offenbar nicht alleine durch die Geisterbahn gefahren ist, sondern in Begleitung, wird erst in [6] deutlich.

Die Frage ist aber, ob eine solche Lücke etwa die Verständlichkeit der Erzählung, ihre Funktion im Handlungskontext und ihre Wirkung gegenüber den Zuhörern zu beeinträchtigen vermag; dies muß man im vorliegenden Fall wohl verneinen. Um die Funktion von Einleitungspassagen bei Erzählungen – und um solche handelt es sich ja bei dem, was Labov ›Orientierung‹ nennt – erfassen zu können, bedarf es wohl eines differenzierteren Beschreibungsapparates, der auch tieferliegende Strukturmerkmale zu erfassen vermag.

Zum Wesen einer Erzählung gehört es, daß sie eine vom Augenblick des Erzählens differierende und distanzierte Realität verbal etabliert; diese erst in der Erzählung erzeugte Wirklichkeit können wir als ein ›Diskurs-Universum‹ verstehen, innerhalb dessen die erzählte Handlung sich abspielt und das auch den Rahmen setzt für die Realisierung bewertender, argumentativer, persuasiver u. a. Handlungsmuster durch den Erzähler. Einleitungspassagen von Erzählungen folgen demgemäß dem Muster ›Einführen eines Diskurs-Universums‹ (vgl. hierzu auch Hoffmann & Klein (1979), S. 100). Dieses Muster ist mit den von Labov & Waletzky genannten Merkmalen der ›Orientierungsphase‹ einer Erzählung nicht hinreichend beschrieben; diese stellen allenfalls – eher triviale – Anhaltspunkte formaler Art zur Herstellung bzw. Sicherung einer propositionalen Verständigungsebene dar, die auch größtenteils (im Hinblick auf Personen-, Orts-, Zeitangaben) für die Realisierung anderer Muster Gültigke t haben. Erzählspezifisch an der Kriterienaufzählung von Labov & Waletzky ist allenfalls die Kategorie ›Handlungssituation‹ (»behavioral situation«). Diese müßte freilich weiter ausdifferenziert und strukturiert werden, wenn ihr eine konstitutive Funktion für die Produktion von Erzähltexten zukommen soll.

Rehbein hat bei der Analyse von Wegbeschreibungstexten als entscheidende Phase im Handlungsablauf die »Etablierung eines gemeinsamen Vorstellungsraumes« zwischen dem Textproduzenten und dem Rezipienten angenommen, »weil erst in ihm die Wissenslücke zwischen dem Wissenden [. . .] zum Fremden, der das Wissen zu seiner Planbildung benötigt, überbrückt werden kann« (Rehbein (1977), S. 287. Zum Konzept des Vorstellungsraums vgl. auch Ehlich (1979), §7.4.). Eine vergleichbare Konstellation liegt auch bei der Realisierung der Einleitungspassage eines Erzähltextes vor. Hier wie dort muß der Textproduzent Einzelbausteine für die *nachvollziehende Planbildung* des Rezipienten liefern, um diesen in die Lage zu versetzen, anschließend zu übermittelnde Handlungsabläufe (also die eigentliche erzählte ›Geschichte‹) in den Rahmen des vom Textproduzenten ›zitierten‹ Handlungsraumes einordnen zu können. Der Vergleich mit der Wegbeschreibung für einen Ortsfremden freilich macht auch die Spezifika deutlich, welche die Erzeugung eines Vorstellungsraumes in den einleitenden Passagen eines Erzähltextes determinieren: Der zur Planbildung eines Nachvollzugs von erzählten Handlungsabfolgen notwendige Vorstellungsraum umfaßt in der Regel mehr als lediglich linear-geometrische und temporale Angaben, wie sie beim Wegbeschreiben vorherrschen (»und dann nach rechts, dann die 3. Querstraße links« etc.).

Dies liegt darin begründet, daß eine Orientierung im räumlich-zeitlichen Kontinuum nicht das angestrebte *Ziel* einer Erzählhandlung, sondern lediglich eine der *Voraussetzungen* für ihr Gelingen darstellt. Als weitere Voraussetzungen können angenommen werden: Informationen über beteiligte Personen, über die situativen Bedingungen, über bereits zuvor vorhandene personale Beziehungen zwischen den an einer Geschichte Beteiligten u. ä. Diese Informationen sind nötig, um das im Mittelpunkt der Erzählung stehende Handeln der Aktanten in den Handlungskontext einordnen zu können, der zum Zeitpunkt des erzählten

Geschehens vorherrscht; erst auf ihrer Basis kann der Rezipient mögliche Motive, die dem Handeln der Beteiligten zugrunde liegen, überhaupt verstehen. Zu diesen Informationen können auch gehören: Mitteilungen über die äußeren Bedingungen der Handlungssituation (z. B. Wetter; Einzelheiten der Raumgestaltung; Tageszeit; Zugehörigkeit von Raum und Zeit zur Privat- oder Berufssphäre der Aktanten; vorangegangene Geschehnisse, welche die Handlungsweise eines Aktanten plausibel machen können etc.). Ist der Erzähler selbst Aktant der erzählten Geschichte, so können darüber hinaus hinzukommen: die Schilderung subjektiver Stimmungen, die während des zitierten Zeitabschnitts vorherrschend waren; Empfindungen über die Gefühlslage anderer Aktanten; Einwirkung ›atmosphärischer‹ Phänomene auf die eigene Person etc.[14]

Bereits diese – sicher noch sehr unvollständige – Auflistung von Daten, die in die Einleitungspassage einer Erzählung integrierbar sind, erklärt die weite Spanne, die der Musterbezeichnung ›Einführen eines Diskurs-Universums‹ zugrunde liegt hinsichtlich ihrer Ausfüllung mit einzelnen Bausteinen zur *Etablierung eines Vorstellungsraumes*. Letzterer kann und muß nach erfolgter Abarbeitung des Musters dem Erzähler und dem Rezipienten gemeinsam zur Verfügung stehen, damit Darstellung und Nachvollzug der erzählten Handlungsabläufe bei beiden Kommunikationsparteien auf der gleichen Ebene vor sich gehen können. Verständigung setzt voraus, daß der Textproduzent die Bedingungen klärt und die Voraussetzungen übermittelt, auf deren Basis er selbst den ›Sinn‹ seiner sprachlichen Mitteilung definiert. Für die Realisierung des Musters ›Erzählen‹ erfordert dies die Darlegung all jener Faktoren, die den erzählten Vorfall determinieren und für den Erzähler selbst

a) die Grundlage seines Verständnisses von dem erzählten Geschehen abgeben und

b) den Relevanzpunkt fundieren dafür, daß er die Geschichte für ›erzählenswert‹ hält.

Das Muster des ›anekdotischen Erzählens‹ kann auch eine davon abweichende Strategie des ›Einführens‹ bedingen; hier kommt es des öfteren darauf an, dem Zuhörer bestimmte Elemente des ›Diskurs-Universums‹ zunächst vorzuenthalten, um die Wirksamkeit der ›Pointe‹ nicht zu gefährden. In anderen Fällen des gleichen Musters freilich kann sich gerade die besonders sorgfältige Etablierung des kompletten Vorstellungsraumes als notwendig erweisen, um die Pointe für den Zuhörer verstehbar zu machen. Diesem Postulat ist z. B. der Erzähler von Text C nicht genügend nachgekommen; daß seine Texte nicht in dem gewünschten Maße ›ankommen‹, kann auch mit mangelnder Vorbereitung der Pointe zusammenhängen. Eventuell verfolgte er anfänglich auch ein anderes Muster, nämlich das einer Aufzählung von regelmäßig und oftmals absolvierten Aktivitäten während des Urlaubs. Die sich relativ kurz danach anschließende ›Pointe‹ beruht auf der Kontrastierung der Geschicklichkeit des Erzählers beim Schweinefüttern mit der Unbeholfenheit eines wesentlich Älteren, nämlich seines Onkels, bei der gleichen Tätigkeit. Um dies herausarbeiten zu können, müßte freilich eine genauere Vorgangsbeschreibung des Fütterns vorausgeschickt werden.[15]

4. Einige didaktische Konsequenzen

Überprüft man die untersuchten Erzähltexte auf ihre Einleitungspassagen, so stellt man fest, daß über das Muster ›Einführen eines Diskurs-Universums‹ in seinen Realisierungsformen für Erzählungen von den Textproduzenten teilweise noch nicht vollständig verfügt wird; ein Vorstellungsraum wird sprachlich nur unzureichend erzeugt und insoweit eine wichtige Bedingung für ein Gelingen der Musterrealisierung ›Erzählen‹ eigentlich nicht erfüllt. Am ehesten vermittelt noch Text B mit seiner plastischen Darstellungsweise Elemente eines Vorstellungsraumes, freilich nicht im Rahmen eines spezifischen Einleitungsmusters, sondern im Verlaufe der Gesamterzählung. Einige Texte enthalten darüber hinaus zwar ein Minimum an Orientierungsdaten, doch wird damit allenfalls dem von Labov & Waletzky zugrunde gelegten Verständnis über die Struktur der Einleitungspassage einer Erzählung Rechnung getragen, das – wie gesehen – wichtige Funktionen außer acht läßt, die eine solche Einleitung zu erfüllen hat.

Dieses Defizit im Strukturschema bei Labov & Waletzky ist – zumindest hinsichtlich der Einleitungspassage von Erzählungen – weitgehend identisch mit einer entsprechenden Lücke in den der Unterrichtspraxis zumeist zugrunde gelegten erzählpädagogischen Konzepten: Die Beschränkung auf eine eher *formale* Beschreibung von Erzählstrukturen, auf deren Basis dann auch die in Richtlinien und Fachdidaktiken häufig anklingenden ›Rezepte‹ für die Produktion von Erzählungen formuliert werden, ist ein Indiz für die fehlende sachliche Fundierung solcher Maximen; statt einer linguistischen oder didaktischen Legitimierung erfahren sie nicht selten eine ›Aufwertung‹ zu gleichsam naturgesetzlichen Normen. Die vom Konzept des sprachlichen Handelns und den daraus ableitbaren Bedingungen für Verständigung sich ergebenden Prämissen für die Etablierung eines Vorstellungsraumes, innerhalb dessen Textproduzent und -rezipient ihre Planbildungen vollziehen können, operieren dagegen vom *funktionalen Aspekt* her. Sie beschreiben damit textstrukturelle Bedingungen, deren Einhaltung für die Realisierung der vom Textproduzenten intendierten Wirkungen im Rezipienten, ja für ein Gelingen der Musterrealisierung überhaupt, unabdingbar zu sein scheint; dies trifft zumindest auf Erzählungen im Alltagskontext zu, die keine in sich selbst begründete Relevanz beanspruchen (wie es etwa bei ›literarischen‹ Erzählungen der Fall sein kann).

Arbeitet man auf dieser Grundlage funktionaler Aspekte[16] des Erzählens im Alltag eine erzähldidaktische Konzeption aus, so muß man natürlich den pragmatischen Kontext von Erzähltextproduktionen jeweils mit einbeziehen. Dies impliziert die Erkenntnis, daß ›Erzählen‹ ein Muster ist, das zur Realisierung verschiedener Intentionen und zur Befriedigung unterschiedlichster Bedürfnisse eingesetzt werden kann (vgl. Klein (1979a) und (1979b)). Von daher gelangt man dann auch zu einer vielgestaltigen Typologie von Erzählstrukturen, die – bei entsprechend fortschreitender sprachwissenschaftlicher Forschung – zur Herausarbeitung von Standardisierungen sprachlicher Gestaltungselemente führen könnte; diese müßten in Beziehung gesetzt werden zu ihrer Einbettung in ebenfalls standardisierbare Handlungszusammenhänge. Dem kann eine für die heutige Praxis formulierte Erzähldidaktik natürlich nicht vorgreifen; sie sollte aber sinnvollerweise nicht mehr darauf verzichten, den funktionalen Aspekt von Erzählungen zum Ausgangspunkt zu machen für weitere Überlegungen darüber, wie ein erzähldidaktisches Curriculum etwa für den Bereich von Primarstufe und Sekundarstufe I sinnvoll zu entwickeln und zu strukturieren wäre.

Für die didaktische Orientierung spielt die Kategorie des ›Vorstellungsraumes‹, der sprachlich zu etablieren ist, eine wichtige Rolle; sie ist die Ausgangsgröße, auf deren Grundlage Maximen für die Produktion von Erzähltexten formuliert werden können. Hierbei stehen Muster wie ›Beschreiben‹, ›Bewerten‹, ›Gefühle ausdrücken‹, ›Erwartungen explizieren‹ etc. im Vordergrund, die gemeinsam das Muster ›Einführen eines Diskurs-Universums‹ ausmachen können. Verfahren zur Überprüfung des Gelingens der Etablierung eines Vorstellungsraumes wären dann unter didaktischen Prämissen zu entwickeln. Das Ausmaß der Kompetenz zur Erzeugung eines adäquaten Vorstellungsraumes ist sicherlich – dies müßte in größeren Felduntersuchungen geklärt werden – altersbedingt. Entsprechende Defizite bei den Produzenten der oben wiedergegebenen Texte müssen in diesem Sinne gewertet werden; sie können aber die Richtung verdeutlichen, in die eine Didaktik des Erzählens entwickelt werden sollte.

Auch der Primat von schriftlichen Textmustern bei der Vermittlung von Maßstäben und Kriterien für ›gutes Erzählen‹ ist nicht mehr aufrechtzuerhalten bei einer erzählpädagogischen Konzeption, die Aspekte wie *Situationsangemessenheit* und *sozio-kommunikative Wirksamkeit* des Erzählens in den Mittelpunkt ihrer Überlegungen und Bemühungen rückt. Wenn also die Erziehung zum ›richtigen Erzählen‹ nicht primär an traditionellen (zumeist literarischen) Paradigmen orientiert wird, sondern die Frage der Funktion des Erzählens im sozialen Kontext in den Mittelpunkt rückt, kann auch der Aufarbeitung von Erlebnissen sowie der Entwicklung und Konsolidierung von daraus ableitbaren Erfahrungen qua Erzählen besondere Aufmerksamkeit zugewendet werden.[17] Weder sollte ›mündliches‹ Erzählen als Vorbereitung für schriftliche Erzähltextproduktionen dienen, noch sollte die Analyse literarischer Erzählungen auf die Vorbildhaftigkeit der dort verwendeten Erzählmuster abgestellt werden.[18]

Das Muster des ›anekdotischen Erzählens‹ ist dadurch gekennzeichnet, daß es auf einer Zwischenebene angesiedelt ist; diese weist einerseits Merkmale einer natürlichen mündlichen Erzählsituation auf, setzt aber andererseits auch Zugzwänge dahingehend in Gang, eine ganz bestimmte Erzählstruktur zu realisieren, die – mit Ausnahme des coda-ähnlichen Schlußabschnitts – weitgehend identisch ist mit dem gängigen erzähldidaktischen Schema (›Einleitung – Spannungssteigerung – Höhepunkt‹). Ein so direkt auf Unterhaltungswerte fokussierender Erzähltypus indessen kann natürlich nur einen kleinen Bereich jener Funktionen abdecken, die das ›Erzählen‹ im menschlichen Miteinander einnimmt.

Unter diesem Blickwinkel müssen die Formungsmaximen für Erzähltexte in der Schule, die weitgehend auf dem Formschema für ›anekdotisches Erzählen‹ beruhen, als zu einseitig bewertet werden, da sie wesentliche Funktionen des Erzählens praktisch ausklammern oder zumindest verkümmern lassen, z. B.: die Möglichkeit des mentalen Verarbeitens von Erlebtem; seine ›Zeremonialisierung‹ und ›Domestizierung‹ mit Hilfe seiner sprachlichen Fixierung; die Verfügbarmachung von ›Welt‹ durch gegenseitiges Erzählen; die gemeinsame Deutungsfindung durch die kommunikative Tätigkeit in sprachlicher Interaktion u. a. m. Von daher erscheint es notwendig, die Fundamente der erzählpädagogischen Bemühungen des Deutschunterrichts neu zu überdenken, und zwar auf der Basis eines Erzählbegriffs, der die kommunikativen, mentalen und sinnkonstituierenden Funktionen des Erzählens zentral thematisiert.

Anmerkungen

1 Ivos Feststellung hierzu betrifft die Unterrichtskompetenz des Deutschlehrers generell, läßt sich aber natürlich auch auf die erzähldidaktischen Bemühungen anwenden: »Erwerb, Weitergabe und Erhaltung der unterrichtlichen Handlungskompetenz für das Unterrichtsfach Deutsch vollzieht sich weithin in der Form der Tradierung unterrichtlichen Brauchtums.« (Ivo S. 183).

2 G. Helmig hat das Phänomen der Metamorphosen beschrieben, die eine Erzählung durchläuft, wenn sie zunächst mündlich artikuliert, dann in eine erste schriftliche Fixierung und schließlich als ›gestaltete Erlebniserzählung‹ in eine zweite schriftliche Fassung gebracht wird (Helmig (1972)).

Auf die Verarbeitungskategorien im Bereich der Textreproduktion, also gleichsam beim Übergang von rezeptiver zu produktiver (nämlich wiedererzählender) Tätigkeit von Kindern, geht B. Hurrelmann in diesem Band ein.

3 Lehrplan für das Fach Deutsch, in: Grundsätze, Richtlinien, Lehrpläne für die Hauptschule in Nordrhein-Westfalen, S. B 3/6.

4 Freilich ist auch zu erwägen, die Vorliebe für die Verwendung der genannten Strukturmerkmale beim Erzählen aus der Universalität

dieser Schemata heraus zu erklären. Zu fragen wäre dann nach den Ursachen und den möglichen Paradigmen für diese Universalienbildung.

5 Für die Ermöglichung von Aufnahmen und für die Unterstützung bei ihrer Durchführung ist insbesondere Ulrich Banaski, Rektor an einer Grundschule in Bochum, zu danken.

6 Es versteht sich, daß die folgenden Analysen nicht auf die Konstatierung von Defiziten der Kinder bei der Erzähltextproduktion zielen; auch wenn eine solche stellenweise anklingt, so dient dies lediglich als Ausgangsdatum für die Herausarbeitung von Erzählstrukturen und ihren pragmatischen Determinanten sowie ihren didaktischen Implikationen.

Zur Notation der Transkriptionen:
Die textproduzierenden Schüler werden mit ›Sa‹ für Text A, ›Sb‹ für Text B usw. bezeichnet; ›L‹ ist der Lehrer, ›Sx‹ und ›Sy‹ sind jeweils andere Mitschüler. Die Segmentierung des Textes in einzelne Äußerungselemente folgt nicht primär einem akustischen Eindruck, sondern ergibt sich aus dem inhaltlichen Duktus einer Erzählung.

7 Die Namensnennung am Beginn der Äußerung erfolgte auf Wunsch des Lehrers, den dieser am Anfang der Stunde äußerte und damit begründete, daß so bei einem anschließenden gemeinsamen Abhören des Bandes die einzelnen Sprecher leichter identifizierbar seien. Die Kinder wußten also in diesem Falle, daß ihre Beiträge aufgenommen und später abgehört würden.

Die Erzählaufforderung des Lehrers war im übrigen hier wie in den nachfolgenden Textbeispielen in ganz allgemeiner Form gehalten; die Frage lautete etwa: »Was habt ihr denn in den Ferien gemacht/erlebt?«

8 Die Begriffsbildung erfolgt in Anlehnung an den Terminus ›voyages extraordinaires‹, mit dem die Thematik von Schilderungen nicht alltäglicher – häufig auch utopisch-phantastischer – Reisen vor allem des 17. und 18. Jahrhunderts beschrieben wird (vgl. Klein (1976), S. 25 f.). Dort wie auch teilweise im alltäglichen Erzählen zielt die Themenwahl nicht zuletzt darauf ab, durch die Beschreibung außergewöhnlicher Vorfälle Aufmerksamkeit bei Rezipienten zu finden. Die thematische Ausrichtung phantastischer Reiseromane und des Erzählens von Kindern im Alltag kann im Einzelfall auch völlig identisch sein: Kinder erzählen zuweilen über ›eigene‹ Erlebnisse, die ihrer Phantasie entsprungen sind, ohne immer den Realitätsgrad ihrer Geschichte zu problematisieren; hierbei handelt es sich um das sog. ›Fabulieren‹.

9 Es handelt sich um die gleiche Klasse und die gleiche Unterrichtsstunde wie bei Text B. Die Schüler wußten also hier – wie im übrigen auch bei den nachfolgenden Textbeispielen – nichts von der Tatsache, daß von ihren Erzählungen Bandaufnahmen gemacht wurden.

10 Referiert die Erzählung auf Erlebnisse Dritter, so ist die herzustellen-

de innere Distanz zwischen erzähltem Geschehen und Erzähler partiell schon von vorneherein gegeben oder zumindest leichter erreichbar; ›mentale Verarbeitung‹ bezieht sich dann primär auf die Frage der Erzählwürdigkeit einer Geschichte und ihrer optimalen sprachlichen Präsentation.

11 Auf die Einleitungspassage bei Erzählungen, hier identisch mit der Phase ›Vorbereitung der Pointe‹, wird unten noch näher einzugehen sein (vgl. § 3.).

12 Zum Typus des ›gemeinsamen Erzählens‹ vgl. auch U. Quasthoffs Beitrag in diesem Band.

13 Ähnliche Ungenauigkeiten bei der Nennung von temporalen und lokalen Referenzbereichen sowie Handlungsträgern kommen des öfteren in Erzählungen von Kindern vor; ihr Interesse gilt primär dem eigentlichen Handlungsverlauf.

14 Das bedeutet, daß schon bei der Abarbeitung des Musters ›Einführen eines Diskurs-Universums‹ evaluative Passagen – je nach Erzählgegenstand und -intention – eine Rolle spielen können. Die Kategorie ›Evaluation‹ ist im Kontext einer Erzählung von daher nicht immer so ausgrenzbar und von anderen Strukturmerkmalen zu isolieren, daß sie als eigenständiges Konstitutionselement im Sinne Labovs und Waletzkys gelten könnte. Bewertungshandlungen sind vielmehr häufig eingebettet in Realisierungen eines anderen Musters wie etwa in das des ›Beschreibens‹, das zu den zentralen Untermustern des ›Einführens eines Diskurs-Universums‹ gehört.

15 Die Ausgestaltung und Realisierungsform der Einleitungspassage eines Textes könnte auch als ein wesentliches Differenzierungskriterium herangezogen werden für eine Unterscheidung der Muster ›Erzählen‹ und ›Berichten‹ (vgl. hierzu auch den Beitrag von J. Rehbein in diesem Band); die Identität beider Muster hinsichtlich ihrer grundsätzlichen (Handlungs-)Struktur (vgl. Klein (1979a)) wird hiervon nicht berührt.

16 Zum Funktionsbegriff in einer pragmatisch fundierten Sprachtheorie und -didaktik vgl. Klein (1979d).

17 Auch bisher realisierte größere linguistische Forschungsvorhaben, denen ein Korpus von Kindertexten – darunter natürlich auch Erzählungen – zugrunde lag, haben die pragmatischen Zusammenhänge der Textproduktion nur unzureichend berücksichtigt, was sich beispielsweise schon allein daran ermessen läßt, daß dort teilweise in Einzelinterviews erhobenes Material und solches, das aus der Klassensituation heraus entstanden ist, auf eine Ebene gestellt wird; allerdings lag das Untersuchungsinteresse dabei bisher auch primär auf lexikalischem und syntaktischem Gebiet (vgl. entsprechende Übersichten in Hannig (1974), S. 211 f. und Wagner (1974), S. 80).

18 Zudem ist die Lehrerreaktion von großer Wichtigkeit für die Verfestigung oder Modifizierung von Erzählgewohnheiten: Im Anschluß an

Text A beispielsweise kam vom Lehrer eine positive Reaktion, auch als Ermunterung zum Weitererzählen aufzufassen, am Ende des Erzähltextes B konstatierte er lediglich den Abschluß des Beitrags, dabei der Gefahr vorbeugend, durch eine evaluierende Bemerkung seinerseits von neuem den Erzählfluß in Gang zu setzen und damit wegen der aufregenden Thematik und ihrer engagierten Präsentation noch mehr Unruhe in die Klasse zu bekommen.

Literaturverzeichnis

Bisanz, A. J. (1976) Linearität versus Simultaneität im narrativen Zeit-Raum-Gefüge. Ein methodisches Problem und die medialen Grenzen der modernen Erzählstruktur. In: W. Haubrichs (Hg.) Erzählforschung 1. Göttingen: Vandenhoeck & Ruprecht, S. 184 ff.

van Dijk, T. A. (1975) Action, action-description and narrative. In: New Literary History 6, S. 273 ff.

van Dijk, T. A. (1976) Philosophy of action and theory of narrative. In: Poetics 5, S. 287 ff.

van Dijk, T. A. (1977) Text and context. Explorations in the semantics and pragmatics of discourse. London/New York: Longman.

von Ditfurth, H. (1965) Aspekte der Angst. Starnberger Gespräche 1964. Stuttgart: Thieme.

Ehlich, K. (1979) Verwendungen der Deixis beim sprachlichen Handeln. Frankfurt usw.: Peter Lang.

Gülich, E. (1976) Ansätze zu einer kommunikationsorientierten Erzähltextanalye (am Beispiel mündlicher und schriftlicher Erzähltexte). In: W. Haubrichs (Hg.) Erzählforschung 1. Göttingen: Vandenhoeck & Ruprecht, S. 224 ff.

Gülich, E. & Raible, W. (1977) Linguistische Textmodelle. Grundlagen und Möglichkeiten. München: Fink.

Hannig, C. (Hg.) (1974) Zur Sprache des Kindes im Grundschulalter. Kronberg- Scriptor.

Haueis, E. & Hoppe, O. (1975²) Aufsatz und Kommunikation. Zwei Untersuchungen. Düsseldorf: Schwann.

Helmers, H. (1969⁴) Didaktik der deutschen Sprache. Einführung in die Theorie der muttersprachlichen und literarischen Bildung. Stuttgart: Klett.

Helmig, G. (1972) Gesprochene und geschriebene Sprache und ihre Übergänge. Beobachtungen zur Syntax und zum Aufbau von Erzählungen zehnjähriger Schüler. In: Der Deutschunterricht 24, H. 3, S. 5 ff.

Hoffmann, L. & Klein, K.-P. (1979) Lernziel: Texte verstehen. Handlungstheoretische Grundlagen und didaktische Konsequenzen. In: W.

Gewehr (Hg.) Sprachdidaktik. Neue Perspektiven und Unterrichtsvorschläge. Düsseldorf: Schwann, S. 93 ff.

Ivo, H. (1977) Zur Wissenschaftlichkeit der Didaktik der deutschen Sprache und Literatur. Vorüberlegungen zu einer ›Fachunterrichtswissenschaft‹. Frankfurt: Diesterweg.

Jäger, S. – u. a. (1977) Sprache – Praxis des Bewußtseins. Zur systematischen Erfassung von Rede. Schichtenspezifischer Sprachgebrauch von Schülern. Bd. 2. Kronberg: Scriptor.

Kallmeyer, W. & Schütze, F. (1977) Zur Konstitution von Kommunikationsschemata der Sachverhaltsdarstellung. In: D. Wegner (Hg.) Gesprächsanalysen. Hamburg: Buske, S. 159 ff.

Klein, K.-P. (1976) Zukunft zwischen Trauma und Mythos: Science-fiction. Zur Wirkungsästhetik, Sozialpsychologie und Didaktik eines literarischen Massenphänomens. Stuttgart: Klett.

Klein, K.-P. (1979a) Handlungstheoretische Aspekte des ›Erzählens‹ und ›Berichtens‹. In: W. Vandeweghe & M. V. de Velde (Hg.) Bedeutung, Sprechakte und Texte. Akten des 13. Linguistischen Kolloquiums, Gent 1978. Tübingen: Niemeyer, S. 229 ff.

Klein, K.-P. (1979b) Textkonstitution und Erzähltheorie. Überlegungen zu einem handlungstheoretisch fundierten Erzähltextmodell. Bochum: Mimeo.

Klein, K.-P. (1979c) Didaktische Aspekte einer Theorie des sprachlichen Handelns. In: W. Gewehr (Hg.) Sprachdidaktik. Düsseldorf: Schwann, S. 13 ff.

Klein, K.-P. (1979d) Handlungstheorie und kommunikative Didaktik. Zur theoretischen Grundlegung eines pragmatisch fundierten Sprachunterrichts. In: Linguistik und Didaktik 10, H. 39, S. 210 ff.

Kraft, E., Nikolaus, K., Quasthoff, U. (1977) Die Konstitution der konversationellen Erzählung. In: Folia Linguistica 11, S. 287 ff.

Labov, W. (1972) The transformation of experience in narrative syntax. In: W. Labov, Language in the inner city. Philadelphia: University of Pennsylvania Press, S. 354 ff.

Labov, W. & Waletzky, J. (1967/73) Erzählanalyse: Mündliche Versionen persönlicher Erfahrung. In: J. Ihwe (Hg.) Literaturwissenschaft und Linguistik, Bd. 2. Frankfurt/M.: Athenäum, S. 78 ff. [Erstveröffentlichung 1967: Narrative analysis: oral versions of personal experience. In: J. Helm (Hg.) Essays on the verbal and visual arts. Seattle: University of Washington Press, S. 12 ff.].

Mandler, J. M. & Johnson, N. S. (1978) Erzählstruktur und Erinnerungsleistung. Eine Grammatik einfacher Geschichten. In: W. Haubrichs (Hg.) Erzählforschung 3. Göttingen: Vandenhoeck & Ruprecht, S. 337 ff.

Miller, G. A., Galanter, E., Pribram, K. H. (1960) Plans and the structure of behavior. New York: Holt, Rinehart & Winston.

Pregel, D. & Rickheit, G. (1975) Kindliche Redetexte. Variablentypische Auswahl aus einem Korpus zur Sprache des Grundschulkindes. Düsseldorf: Schwann.

Rehbein (1977): Komplexes Handeln. Elemente zur Handlungstheorie der Sprache. Stuttgart: Metzler.

Rickheit, G. (1975) Zur Entwicklung der Syntax im Grundschulalter. Düsseldorf: Schwann.

Sarris, I. E. (1969) Über Sprachbau und Sprechart – aufgewiesen an Erzählleistungen zweier Jungen eines zweiten Schuljahrs. In: W. L. Höffe (Hg.) Sprachpädagogik – Literaturpädagogik. Frankfurt/M.: Diesterweg, S. 249 ff.

Schütze, F. (1978) Zur Konstitution sprachlicher Bedeutungen in Interaktionszusammenhängen. In: U. Quasthoff (Hg.) Sprachstruktur – Sozialstruktur. Königstein: Scriptor, S. 98 ff.

Wagner, K. R. (1974) Die Sprechsprache des Kindes, Bd. 1. Düsseldorf: Schwann.

Wittenberg, H. (1975) Didaktik der Aufsatzlehre. In: B. Sowinski (Hg.) Fachdidaktik Deutsch. Köln/Wien: Böhlau, S. 183 ff.

Bettina Hurrelmann
Erzähltextverarbeitumg im
schulischen Handlungskontext

Der Aufsatz beschäftigt sich mit der sprachlichen Verarbeitung fiktionaler Erzählungen durch etwa 10jährige Schüler. Anhand ihrer ›freien‹ verbalen Reaktionen auf einen Erzähltext der Kinderliteratur, die in Einzelinterviews in der Schule aufgezeichnet wurden, wird eine Bestandsaufnahme und Interpretation der Sprechhandlungen versucht, die ihnen zur Verarbeitung literarischer Erzählungen im schulischen Kontext geläufig sind. Das Ergebnis zeigt ein starkes Übergewicht rekapitulierender Verarbeitungshandlungen und konventionell-moralischer Handlungsbewertungen. Dies wird in erster Linie auf schulspezifische Handlungsmuster verbaler Kommunikation über Texte zurückgeführt, weniger als allgemeines, entwicklungstpyisches Merkmal der Erzähltextrezeption von Kindern dieses Alters angesehen. Der Kontrast zu rezeptionsästhetischen Entwürfen des Leseverhaltens relativiert einerseits eine kommunikationssoziologisch ungetrübte Rezeptionsästhetik, eröffnet aber vor allem kritische Perspektiven auf die Anfänge literarischer Sozialisation in der Schule.

0. Vorbemerkung

Das Forschungsprojekt, aus dem ich berichte, ist in praktischer literaturdidaktischer Absicht entworfen.[1] Es geht von der Beobachtung aus, daß literarische Kommunikation als Gegenstand des Lernens in Bildungsinstitutionen von den institutionellen Zielen, organisatorischen Bedingungen, Rollendefinitionen und Interaktionsformen innerhalb dieses Handlungsbereichs beeinflußt wird – daß Literatur in der Schule für Schüler (wie auch Lehrer) in ein eigenes Kommunikations- und Handlungsmuster einrückt, das möglicherweise auch eine Behinderung ästhetischen Lernens darstellen kann. Literaturunterricht in der Primarstufe in seiner gegenwärtigen Form ist im wesentlichen mündliche verbale Kommunikation über Texte. Deshalb wird im Folgenden die Frage nach der Rezeption literarischer Texte im Schulkontext vom Studium kindlicher mündlicher Verarbeitungstexte her aufgenommen. Ziel des hier vorgestellten Abschnitts meiner Untersuchung soll es sein, das Schülern verfügbare praktische Wissen über die schulgerechte sprachliche Verarbeitung literarischer Texte zu rekonstruieren. Ich verspreche mir davon Aufschluß über die Funktionen, die fiktionalen Texten in einer grundlegenden Phase institutioneller literarischer Sozialisation von den Beteiligten faktisch zugeordnet werden.

Ich werde meine Überlegungen in vier Abschnitten vorstellen:

1. einige Voraussetzungen zur Auffassung von Rezeption und Textverarbeitung klären,
2. die Interpretationsmethode für den hier interessierenden Teil der Untersuchung vorstellen,
3. ein Interpretationsbeispiel geben,
4. die Reichweite der bisher vorliegenden Ergebnisse diskutieren.

1. Literarische Rezeption und Textverarbeitung

1.0. Probleme einer Rezeptionsforschung in didaktischer Absicht

In Saint-Exupérys ›Kleinem Prinzen‹ heißt es ganz am Anfang:

»Als ich sechs Jahre alt war, sah ich einmal in einem Buch über den Urwald, das ›erlebte Geschichten‹ hieß, ein prächtiges Bild. Es stellte eine Riesenschlange dar, wie sie ein Wildtier verschlang ... Ich habe damals viel über die Abenteuer des Dschungels nachgedacht, und ich vollendete mit einem Farbstift meine erste Zeichnung. ... Ich habe den großen Leuten mein Meisterwerk gezeigt und sie gefragt, ob ihnen meine Zeichnung nicht Angst mache. Sie haben mir geantwortet: warum sollen wir vor einem Hute Angst haben?« (o. J., S. 5)

Es ist unwahrscheinlich, daß das Kind, das sich hier – der literarischen Darstellung nach – zeichnend mit seinen Leseeindrücken, möglicherweise mit Angstgefühlen, Größenphantasien, Erfahrungen und Vorwegnahmen eigener Bewährung auseinandersetzt, diese Form der Textverarbeitung auch im Unterricht hätte wählen können. Erzähltextverarbeitung in der Schule verläuft in der Regel anders: Sie ist i. a. nicht Medientransformation, sondern verbale Verarbeitung verbaler Texte, nicht Ergebnis des einsamen Text-Leser-Kontakts, das dann später kommuniziert wird, sondern mündlich veröffentlichte Aussage in einer institutionalisierten Lektüre-Situation, von vornherein auf Verständlichkeit für viele Kommunikationsteilnehmer hin entworfen, die selbst den Text kennen. Literaturunterricht in dieser Form gründet sich auf sehr unsichere Annahmen über Möglichkeiten verbaler Textverarbeitung in der Schule. Er geht davon aus, das Textverständnis der Schüler sei durch Kommunikation über Texte direkt beeinflußbar und zielgerecht zu verbessern. Darüber hinaus gilt das allgemeine Deutungsmuster, daß nicht für die Schule, sondern für das Leben, und das heißt hier, für die außerschulische, die Privatlektüre gelernt werde. Hier sind eine Reihe von Fragen zu stellen, die nicht nur ungeklärte Voraussetzungen des Unterrichts markieren, sondern zugleich Probleme empirischer Rezeptionsforschung in diesem Bereich.

Zu erörtern ist:

1. die Frage nach einem Modell kompetenter, literarischer Rezeption als Orientierungsmaßstab,
2. die Frage nach der Beziehung zwischen Rezeption und Lektürekontext,
3. die Frage nach dem Verhältnis von sprachlicher Textverarbeitung und Rezeption.

1.1. Das Problem der Rezeptionsnorm

Innerhalb der gegenwärtigen Literaturtheorie scheint bei allen Unterschieden im Argumentationsansatz Einigkeit darüber zu bestehen, daß literarische Texte ein Leserengagement von besonderer Qualität beanspruchen. Zwar haben sich alle Versuche, Literarizität oder Fiktionalität als Textmerkmal zu definieren, als unhaltbar erwiesen, man darf aber wohl als empirisch gegeben annehmen, daß Fiktionalität Merkmal einer besonderen Diskurssorte ist, die im Bereich ›Literatur‹ als einem Teilbereich gesellschaftlicher Kommunikation sozial erwartbar ist und das Verhalten kompetenter Leser nach spezifischen – freilich historisch unterschiedlich ausgeformten – Regeln steuert (Schmidt (1972); (1975), S. 170 ff.). Diese Regeln sind im Grundsatz dadurch bestimmt, daß die Herstellung einer direkten Referenz zwischen der Textwelt und der Erfahrungswelt des Lesers aufgehoben ist. Fiktionalität ist also zunächst ein formales Kommunikationsprinzip. Seine Ausfüllung in konkretem Rezeptionsverhalten ist unterschiedlich denkbar – unterschiedliche ästhetische Theorien haben es in Rezeptions- und Funktionsmodellen thematisch unterschiedlich interpretiert. Die Darstellungen literarischer Rezeption, die man in der gegenwärtigen Literaturtheorie findet – ich denke hier vor allem an phänomenologisch oder sprechhandlungstheoretisch begründete Ansätze –, beschränken sich fast durchgängig auf normative Aussagen, die empirisch-theoretisch nicht expliziert werden.[2] Ihre Übereinstimmung scheint mir darin zu bestehen, daß sie ein Deutungsmuster des ›kompetenten Lesers‹ gebrauchen, der, so möchte ich formulieren, literarische Texte als Erprobung seiner Realitätserfahrung, Orientierung seiner Einstellungen, Hilfe bei der Konstitution persönlicher Identität aktualisieren kann, ohne sich ihrer Suggestion auszuliefern.

Diese Leitvorstellung ist aber allenfalls an der Introspektion der Wissenschaftler bei der eigenen Lektüre empirisch kontrolliert und damit zumindest an Lesebedingungen kultureller Privilegierung gebunden. Unter Umständen ist der Literaturtheoretiker vom ›Durchschnittsleser‹ so weit entfernt wie der Ethnologe von den Kannibalen. Die Literaturdidaktik, gegenwärtig in einer Entwicklung, die ästhetisches Lernen neu entdeckt, hat das literaturtheoretische Deutungsmuster begierig aufgegriffen[3] – zunächst einmal mit Recht, wie ich meine; sie hat damit aber zugleich das Problem übernommen, wie sich denn die rezeptionsästhetische Norm mit der Praxis des Lesens vermitteln läßt. Was passiert wirklich, wenn literarische Texte gelesen werden? Welche Operationen, welche Ebenen des Verstehens sind empirisch anzusetzen? Dazu findet man in Rezeptionsästhetik und Literaturdidaktik bisher keine systematischen Hinweise.

Meine Studie versucht dem Problem über die Beobachtung und

Interpretation der Textverarbeitungshandlungen beizukommen, die Kinder im Befragungsfeld ›Schule‹ an fiktionalen Erzählungen vornehmen. Ich orientiere mich an rezeptionsästhetischen Annahmen und möchte die Beobachtungsrichtung der Untersuchung folgendermaßen präzisieren: Literarische Erzählungen bedienen sich eines alltäglichen Sprechhandlungs- und Rezeptionsmusters, dessen regelgerechter Vollzug aber durch das Diskursprinzip ›Fiktionalität‹ gestört ist. In der alltäglichen Interaktion ist Erzählen die Form der Sachverhaltsdarstellung, in der singuläre Handlungs- und Ereignisabläufe retrospektiv vermittelt werden mit der Intention, dem Hörer ein Nacherleben der Geschichte zu ermöglichen.[4]

In der fiktionalen Kommunikation ist nun mindestens die wesentliche Voraussetzung aufgehoben, daß die erzählte Geschichte ein wirkliches Geschehen in der gemeinsamen Erfahrungswelt von Sprecher und Hörer repräsentiert. Will man nicht Theorien ästhetischer Autonomie oder literarischer Illusionsbildung folgen, so ist auch die Voraussetzung aufgehoben, daß die Formulierung der Erzählung dem vorrangigen Ziel dient, dem Hörer ein Nacherleben dieser singulären Geschichte zu ermöglichen. Ich möchte davon ausgehen, daß der kompetente Leser den Text unter probeweiser Zuhilfenahme seiner Imagination, Selbsterfahrung und Wirklichkeitskenntnis nach Maßgabe seiner Deutbarkeit als Text einer allgemeinen Aussage über die Realität versteht. Die Textdeutung kann der Leser nur so vorbereiten, daß er die Erzählung auf der Ebene der Geschichte ausarbeitet. Die Art der Ausarbeitung ist aber wie die Deutung selbst inhaltlich nicht völlig normierbar, endgültig nicht abschließbar und bleibt damit potentiell der Reflexion des Rezipienten zugänglich. Hier liegt m. E. die für die Didaktik zentrale Wirkungspotenz literarischer Erzählrezeption. Sprachliche Textverarbeitung im Unterricht müßte daher die Artikulation von individuellen Verstehenszugängen zur Geschichte befördern, um Textdeutungen vorzubereiten, die den Leser auch betreffen können. Der Versuch der Deskription tatsächlicher Textverarbeitung soll im empirischen Teil explorativ unter dieser Fragerichtung vorgenommen werden.

1.2. Rezeption und Lektürekontext

Literarische Rezeption kann sich in ganz unterschiedlichen Handlungskontexten abspielen. Die grundlegenden Arbeiten, auf die man unter dem Stichwort ›empirische Rezeptionsforschung‹ verwiesen ist, haben vor allem gezeigt, daß die Erwartungen an diese Forschungsrichtung zu undifferenziert, die Ziele dieser Arbeiten selbst zu global formuliert waren, wenn sie auf den ›natürlichen‹, d. h. einen situationsunabhängigen Verstehensprozeß gerichtet waren.[5] Bisher gibt es keine systematischen Untersuchungen über den Einfluß des Lektürekontextes auf Rezeptionsweisen. Historische Arbeiten zur Lesersoziologie,[6] empirische Leserforschung[7], alltägliche Beobachtungen lassen aber den Schluß zu, daß literarische Rezeptionen hochgradig von soziokulturell typischen Lesesituationen, also stabilen Gebrauchskontexten der Lektüre abhängig sind.

In diesen Zusammenhang gehört die nicht verstummende Klage der Literaturpädagogen über die außerschulische Unwirksamkeit des Literaturunterrichts. Über vermutlich weitgehend situationsspezifische Lesemuster realisieren konkrete Lesergruppen ihre Teilnahme an Literatur.[8]

Literatur-Rezeption innerhalb von Bildungsinstitutionen ist eine solche spezifische Lesesituation mit eigenen Regularitäten. Hier erlernte Lektüremuster sind zunächst an diese formale Situation gebunden. Didaktische Transferannahmen bleiben solange Spekulation, als die Lektüreprozesse, die in der Schule ablaufen, nicht unter Bezugnahme auf diesen besonderen Kontext analysiert werden können. Das Problem auch meiner Untersuchung liegt darin, daß es keine Vergleichsstudien aus anderen Kontexten gibt, ich mich also auf Deskription und Interpretation des mir vorliegenden Materials beschränken muß.

1.3. Rezeption und sprachliche Textverarbeitung

Neben der Situationsabhängigkeit literarischer Rezeption kommt für die empirische Forschung ein weiteres Problem hinzu: Rezeptionen lassen sich nur über Leseräußerungen, in der Regel verbaler Art, studieren. Dadurch hat man es aber nicht unmittelbar mit Rezeptionszeugnissen zu tun, sondern mit kommunikativ organisierten Verarbeitungstexten.

Äußerungen über Texte werden vom Sprecher zwangsläufig seiner Definition der Kommunikationssituation entsprechend gestaltet. Operationen der Textverarbeitung sind mit den mentalen Vorgängen, die sich beim Verstehen eines Textes abspielen, nicht ohne weiteres deckungsgleich.

Das Konzept der natürlichen Textverarbeitung ist von Wienold in die texttheoretische Diskussion eingeführt worden. Er verstand unter Textverarbeitung anfänglich »jegliche Aktivitäten von Teilnehmern eines Kommunikationssystems bezüglich eines in diesem System gegebenen Trägers von Kommunikation« (Wienold (1972), S. 146), also auch jede nichtsprachliche Reaktion auf einen Text, wie z. B. die Rezeption. Im Gegensatz zu dieser Konzeption wird der Begriff hier für alle Operationen der Produktion eines *sprachlichen Resultattextes* (Verarbeitungstextes) zu einem Ausgangstext durch einen natürlichen Sprecher unter spezifischen kommunikativen Bedingungen gebraucht werden. Textverarbeitung setzt Rezeption voraus und fordert zusätzliche sprachliche und kommunikative Fähigkeiten.

Schlüsse auf Rezeptionen werden nur mit Bezug auf solche Situationen in aller Vorsicht erlaubt sein, die Rezeption und Kommunikation über den Text in einen Handlungsablauf zusammenschließen, wie etwa beim Vorlesen mit Kindern in der Familie oder auch beim Literaturunterricht, vor allem in der Primarstufe. In bezug auf den Literaturunterricht vermute ich, daß die einzelnen und konkreten »Besprechungen«, die der Lektüre nachfolgen, die einzelnen Verstehensprozesse weit weniger beeinflussen, als wiederkehrende Verarbeitungsmuster und ständig herausgeforderte bzw. akzeptierte Spielzüge der Textverarbeitung. Dadurch nämlich, daß ein Grundmuster der Textverarbeitung erwartbar ist, dürfte auch das Textverstehen in der Unterrichtssituation selbst auf entsprechende rezeptive Operationen vorgesteuert sein.[9] Eine schlichte Eins-zu-Eins-Beziehung ist aber auch unter dieser Bedingung nicht anzusetzen. Genaueres wird man erst sagen können, wenn psychologische Methoden es ermöglichen, Rezeptionen über andere Zugänge zu erforschen als über verbale Verarbeitungstexte. Vorerst wird sich Rezeptionsforschung auf die Erforschung von Textverarbeitungsprozessen in unterschiedlichen kommunikativen Kontexten zu beschränken haben, was sie in die Nachbarschaft sozialwissenschaftlich orientierter Kommunikationsforschung rückt.

Diese Problemskizze sollte die Prämissen der empirischen Arbeit darstellen. Bei der Untersuchung von Verarbeitungstexten geht es mir nun um die Beschreibung der von den Kindern im Schulkontext angewandten Verarbeitungsoperationen, deren Interpretation unter den Aspekten ihrer kommunikativen Leistung und institutionsspezifischen Bedeutung, schließlich um die Frage nach deren Ausdrucksfähigkeit für die spezifischen Möglichkeiten literarischer Kommunikation, die in § 1.1 tentativ beschrieben wurden.

2. Das Interpretationsverfahren

2.1. Gewinnung und Stellenwert des Materials

Ich befragte also Schüler von insgesamt drei vierten Klassen (Primarstufe) zu drei unterschiedlichen Erzähltexten der gegenwärtigen Kinderliteratur.[10] In Einzelinterviews in der Schule wurde zunächst die ›freie‹ verbale Verarbeitung der vorgelesenen Texte durch jeden Schüler aufgezeichnet. Was ich in den folgenden Abschnitten vorstellen werde, ist das Interpretationsverfahren auf der Grundlage der Verarbeitungstexte zu einer der drei Erzählungen aus zunächst einem vierten Schuljahr.

Diesen Text bekamen die Kinder vorgelesen:

Der Schnauz
Erzählung von Helmut Höfling[11]
Auf dem Breitenplatz hatte der alte Zeitungshändler Meier seinen Verkaufsstand aufgeschlagen. Wir hatten den Alten kurz ›Schnauz‹ getauft, weil ein buschiger Knebelbart seine Oberlippe zierte. An diesem Mittag wirkte die Hitze besonders einschläfernd. Trotz der offenstehenden Tür, die ihm etwas Zugluft verschaffte, war der Schnauz über seinen Zeitungen eingenickt. Das machten wir uns zunutze. Wir schlichen uns von hinten heran. Dann sprang Heini plötzlich vorwärts und knallte die Tür zu. Rasch schob Köbi den Eisenriegel vor, und Hänschen hakte das Schnappschloß ein. Dann stoben wir davon und verbargen uns in sicherer Entfernung hinter einem Fliederbusch. Wir wollten uns daran weiden, wie sich der Schnauz ärgerte. Bei dem unerwarteten Knall war der Alte aus seinem Schlummer aufgefahren und schaute erschrocken umher. Von seinem Schemel herab drückte er gegen die Tür. Doch als diese verschlossen blieb, steckte er den Graukopf durch die Luke, um die Übeltäter vielleicht noch mit einem Blick zu erwischen. Paß auf, jetzt steigt er noch aus der Luke raus, um uns zu suchen! Das wird eine Mordsgaudi! kicherte ich.

Aber nichts dergleichen geschah. Als er keinen von uns erblickte, zog der Schnauz den Kopf wieder zurück und blieb weiter auf seinem Schemel hocken. Dann griff er wieder zu seiner Zeitung und las weiter.

Das ist ja stinklangweilig! knurrte Hänschen. Der tut ja nichts. Wir können ihn auch nicht ewig eingesperrt lassen, fiel Köbi ein. Bis heute abend muß er doch sicher auch mal . . . Ich meine, der Schnauz ist doch auch nur ein Mensch.

Und Hänschen schlug gleich vor: Los, Jungs, lassen wir ihn wieder raus! Das ist leichter gesagt als getan, erwiderte Heini. Wer geht denn hin und schließt auf?

Die Wahl fiel auf mich, zumal ich der einzige von uns vieren war, der sich an dem Anschlag nicht unmittelbar beteiligt hatte. Ich trat aus meinem Versteck hervor und wankte wie ein Kalb, das man zur Schlacht-bank führt.

Ich war es nicht, Herr Schnauz, stammelte ich, während ich mich unter die Theke des Zeitungsstandes duckte. Wenn sie mich nicht hauen, dann mache ich auch wieder auf.

Ich wartete darauf, daß er mich plötzlich am Kragen packen würde. Aber statt dessen fragte eine heisere Stimme freundlich: Willst du mir drüben in der Wirtschaft ein Glas kaltes Wasser holen, Junge? Hier drinnen ist es so schrecklich heiß. Erst traute ich meinen Ohren nicht. Dann jedoch rannte ich schnell weg auf die drei anderen zu und berichtete ihnen alles. Er ist ein anständiger Kerl, weil er dich nicht verhauen hat, stellte Heini fest. Wißt ihr was, Jungs? Wir kaufen ihm ein Bier! Zum Glück brachten wir noch genügend Kleingeld zusammen, und Heini trug den schaumbedeckten Krug über den Platz.

Hier ist was zum Trinken, sagte er. Und entschuldigen Sie bitte, es nicht so böse gemeint, das mit dem Schloß. Ich allein habe es getan.

Das ist nicht wahr! rief Köbi. Ich habe den Riegel vorgeschoben. Und ich das Schloß zugedrückt, sagte Hänschen.

Ach ja . . . das Schloß! sagte der Schnauz. Wollt ihr das bitte wieder aufschließen? Wirklich, das hatten wir ganz vergessen. Heini ging hin, schob den Riegel weg und öffnete die Tür. Doch dann blieb er wie erstarrt stehen und blickte in den Verkaufsstand hinein. Auf dem Schemel hockte der Schnauz und hatte seine abgeschnallten Holzbeine in der Ecke stehen. Tjaja, nickte der Schnauz und schlürfte behaglich sein Bier, ich bin auch mal jung gewesen . . . übrigens, das Bier, das schmeckt ausgezeichnet!

Nach einer kurzen Pause folgte die Aufforderung des Inter-viewers:

»Nun möchte ich, daß du mir alles erzählst, was dir zu dieser Geschichte so einfällt.«

Die verbalen Reaktionen der Kinder sind, von der Tonband-aufnahme transkribiert, Ausgangsmaterial der Interpretation.

Ich möchte mir Ausführungen zum interpretativen Charakter des Transkriptionsverfahrens hier ersparen; es wurde aus ökono-mischen Gründen möglichst einfach gehalten. Zur Methode des Einzelinterviews aber möchte ich folgendes anmerken:

Die Interviewsituation ist handlungsdistanziert vom aktuell ablaufenden Unterricht, ohne Zweifel hat sie ihre Eigengesetzlichkeit. Während das Unterrichtsgespräch einem allgemeinen Ablaufmuster der Lehrer-Schüler- und Schüler-Schüler-Kommunikation folgt, die vom Lehrer kontrolliert und in Gang gehalten wird, isoliert das Interview einen einzelnen Schüler, konfrontiert ihn hier mit einer wenig strukturierten Aufgabenstellung und überläßt ihm die Organisation seines Redebeitrags, abgesehen von Interessensignalen, gelegentlichen Zustimmungen oder Nachfragen des Interviewers. Dieses Vorgehen hat jedoch den Vorteil, längere Verarbeitungstexte jedes einzelnen Schülers zu erheben, die vom mehr oder weniger zufälligen Verlauf der einzelnen Unterrichtsstunde unabhängig sind.[12] Sie repräsentieren damit weniger das Musterwissen der Schüler über das koaktiv abzuwickelnde ›Kommunikationsspiel‹ Unterricht als ihr sedimentiertes Wissen über schulisch akzeptierte Spielzüge der Textverarbeitung.[13] Die globale eröffnende Aufforderung des Interviewers ist an einer Phase gängiger Artikulation von ›Lesestunden‹ orientiert, die nach dem Hören des Textes und vor der eigentlichen ›Interpretationsarbeit‹ spontane Schüleräußerungen ›abfängt‹ und ›sichtet‹. Sie dürfte damit bei den Schülern eine bekannte schulische Sprechsituation evozieren, ohne ihre Reaktionen vorweg zu kanalisieren. In der Einschätzung des Materials gehe ich davon aus, daß die Kinder für die Interviewsituation über keine spezifischen Interaktionsmuster verfügen, und nehme an, daß sie mit ihren Äußerungen auf die im Unterricht gelernten Formen der Textverarbeitung zurückgreifen.[14] Die Art, die Häufigkeit und die Detaillierung der einzelnen Verarbeitungshandlungen wird die im Unterrichtsgespräch gelernten Reaktionsweisen der Schüler auf Texte in etwa widerspiegeln; der interne Zusammenhang der Verarbeitungstexte dürfte ein Indiz für die Möglichkeit sein, im Unterrichtsgespräch einen fortlaufenden Interpretationsgedanken sprachlich zu entfalten oder doch die Fähigkeit dazu zu erwerben.

Die Auswertung der Verarbeitungstexte ist ein interpretatives Verfahren. Der Versuch, den Interpretationsvorgang methodisch kontrollierbar zu machen, wird hier so vorgenommen, daß Interpretationsschritte festgelegt werden, die jeweils spezifische Aspekte der Textverarbeitung analytisch voneinander trennen.

Ich gliedere die Frage nach den Textverarbeitungshandlungen, über die Kinder im Schulkontext verfügen, zunächst in drei Einzelfragen auf.

Ich frage

1. nach den operativen Beziehungen zwischen Ausgangstext und thematisch zentrierten Äußerungseinheiten der Resultattexte der Schüler.

Diese Äußerungseinheiten werden als Sprechhandlungen interpretiert.

Ich frage also

2. nach der kommunikativen Bedeutung der Verarbeitungshandlungen für Sprecher und Hörer in einer Situation, die zunächst als institutionell unspezifische ›neutrale‹ Situation aufgefaßt wird.

Übereinstimmende Abweichungen von alltäglichen Kommunikationsprinzipien in der Textverarbeitung werden als institutionelle Besonderheiten schulischer Kommunikation über Texte interpretiert.

Ich frage also

3. nach der situationsspezifischen Bedeutung auffälliger Verarbeitungshandlungen in bezug auf den institutionellen Kontext.

Der Interpret übernimmt also in den drei Interpretationsschritten sukzessiv die Aspekte, die auch der Lehrer im laufenden Unterrichtsgespräch zu berücksichtigen hat. Er fragt zunächst gegenstandsbezogen nach den Operationen, die der Schüler auf den Ausgangstext angewendet hat, fragt dann partnerbezogen nach der Bedeutung, die die Verarbeitungshandlung für den Sprecher und seine Hörer unter ›neutralen‹ Kommunikationsvoraussetzungen transportieren kann und schließlich situationsbezogen nach der Bedeutung der Verarbeitungshandlungen im institutionellen Sozialisationskontext.

Für den Interpreten bleiben diese Schritte *analytische Akzentuierungen* wie für den im Unterricht handelnden Lehrer – er hat jedoch den Vorteil der Handlungsentlastung und Distanz. Die alltägliche Interpretation überschreitet die Analyse erst da, wo sie nach der von den Beteiligten latent als gemeinsam unterstellten Kommunikations- und Situationstypisierung fragt, also abschließend aus den Teilaspekten die gelernten und akzeptierten Regeln der Textverarbeitung im schulischen Handlungsraum zu rekonstruieren sucht, die die vorangehenden Interpretationsergebnisse verbinden.

2.2. Geläufige Textverarbeitungsoperationen und ihre kommunikative Bedeutung

Textverarbeitungshandlungen sind komplexe Handlungen der Verständigung zwischen Kommunikationspartnern über einen Text auf der Grundlage operativer Akte der Transformation eines Ausgangstextes in einen Resultaltext.[15]

Als Grundlage der Kategorienbildung setze ich voraus, daß es bei der Verarbeitung alltäglicher wie literarischer Erzählungen drei systematisch unterschiedene Verarbeitungstypen gibt, die sich auf je verschiedene Konstitutionsebenen der Erzählung beziehen.[16]

Ich möchte sie mit *Rekapitulation des Geschehens, Evaluation der Geschichte, Metanarration* bezeichnen.

Mit der Rekapitulation reformuliert der Sprecher das wirkliche oder fiktive Geschehenssubstrat, mit der Evaluation bezieht er sich wertend auf die Erfahrungsgestalt des Geschehens als Geschichte, mit der Metanarration äußert er sich zur vorliegenden Geschichte als Erzähltext.

Die einzelnen Operationen, die ich diesen grundlegenden Verarbeitungstypen der Rekapitulation, Evaluation, Metanarration nun aufgrund der Schüleräußerungen zuordne, ergeben natürlich keine geschlossene Systematik der Erzähltextverarbeitung überhaupt.[17]

Ich nehme an, daß die Anzahl der hier in heuristischer Absicht unterschiedenen Operationen verändert und ihre inhaltliche Charakterisierung teilweise anders aussehen müßte, wenn man von einer anderen Sprechsituation, einer anderen Altersgruppe, vielleicht auch, wenn man von einem anderen Text ausginge. Es handelt sich um keine plane Liste, sondern die Operationen können miteinander verbunden oder aufeinander aufbauend vorkommen. Äußerungseinheiten werden jeweils nach der zentralen Verarbeitungsrelation klassifiziert, wie die angeführten Textbeispiele zeigen werden. Folgende Verarbeitungsoperationen lassen sich am vorliegenden Material unterscheiden:

Rekapitulation:
  (1) Nacherzählen
  (2) Kondensieren
  (3) Explizieren

Evaluation:
  (4) Stellungnehmen
  (5) Imaginieren
  (6) Problematisieren
  (7) Analogisieren
Metanarration:
  (8) Textbeschreiben
  (9) Textbewerten
  (10) Textdeuten

Diese Operationen sollen nun anhand des vorliegenden Materials charakterisiert werden. Die Diskussion ihrer kommunikativen Bedeutung als Sprechhandlung in einem ›neutralen‹ Kontext schließe ich unmittelbar an.

(1) *Nacherzählen*

Nacherzählen ist die Reformulierung des Geschehens nach dem Muster des Ausgangstextes. Nacherzählung und Ausgangstext stimmen weitgehend überein hinsichtlich der zeitlichen Anordnung der Handlungen und Ereignisse im Text, hinsichtlich der Verteilung von Detaillierung und Kondensierung in der Geschehenswiedergabe, auch hinsichtlich einzelner Formulierungen der Textoberfläche. Wörtlicher Redewiedergabe im Ausgangstext entsprechen i. a. Passagen direkter Rede in der Nacherzählung. Raffungen und Auslassungen sind am seltensten im Zentrum der Komplikation, sie treten vor allem an den Stellen auf, wo der Ausgangstext Orientierungen oder Situationsbeschreibungen gibt. Texterweiterungen sind i. d. R. kurze Explikationen. Die Ich-Erzählung wird in die Er-Erzählung transformiert. Die Nacherzählung erfaßt i. d. R. den ganzen Ausgangstext und stellt einen abgeschlossenen Verarbeitungstext dar. Man könnte sie als Textsorte der Textverarbeitung bezeichnen.

Beispiel (1):
(1/1/1/4/1)[18]

»Da waren vier Kinder.die haben son Mann eingesperrt.Den nannten se alle immer *Schnauz*.weil der son Oberlippenbart hatte. Und einen Tag.da wollten se den mal nen bißchen ärgern.und haben den eingeschlossen. Hm. hattense beobachtet. wie der wütend wurde.aber der wurde gar nich wütend. Und dann is.habnse sich geeinigt∪dann sagte einer: »Mensch. dat is ja *stinklangweilig*.daß er sich nich ärgert.« Dann ging.dann wollten. dann habense sich geeinigt wer hinging. und keiner hat sich gemeldet∪also ging einer hin.mußte einer hingehen. der überhaupt nichts gemacht hatte.

Der is dann hingegangen und hat gefragt: »Hauen Sie mich nichⱂich mach Ihnen aufⱂich hab nichts damit zu tun gehabtⱂich mach Ihnen auf.« Und da sachte der: »Holst du mir ein Glas aus der Wirtschaft.ein Glas Wasser?« Und da geht der zu den anderen dreien hin.und berichtet denen das.daß der nich.der den nich am Kragen gepackt hat.hätteⱂund da habense sich geeinigt.sie holen ihm Bier. Und als er dann mit dem Bier zu ihm kam.da hatte der seine beiden Holzbeine abgeschnallt und hatte se inne Ecke gestellt gehabt.sich auf seinen Schemel wieder gesetzt und dann kamen die mit ner Flasche Bier an. Und dann hadder zu denen noch gesacht: »Das Bier hat wirklich gut geschmeckt.«

Die kommunikative Umschreibung des Nacherzählens müßte etwa heißen: »Ich reproduziere den dem Hörer bereits erzählten Geschehensverlauf.« Nur mit Mühe läßt sich eine unspezifische Situation konstruieren, in der diese Sprechhandlung kommunikativ sinnvoll ist. Der Sprecher müßte davon ausgehen, daß der Hörer durch äußere oder psychische Störungen an der Aufnahme der ganzen Erzählung gehindert war, vielleicht auch, daß der Hörer prinzipiell unfähig ist, dem Geschehen bei einmaliger Darstellung zu folgen. Diese Voraussetzungen dürften gerade in institutionell unspezifischen Situationen selten vorliegen. (Das wiederholte Erzählen einer Geschichte, das Kinder häufig fordern, ist eine von der Nacherzählung zu unterscheidende Sprechhandlung!) Erzählen ›aus zweiter Hand‹ kommt in alltäglichen Situationen immer dann vor, wenn ein Geschehen einem Dritten mitgeteilt werden soll, der die Originalerzählung selbst nicht kennt. In diesen Fällen aber macht der Sprecher i. d. R. deutlich, daß er eine fremde Erzählung wiedergibt (indirekte Rede, Modalisierungen usw.) und wählt eine kondensierende Darstellung. Es scheint, daß wir es beim Nacherzählen mit einer schulspezifischen Verarbeitungshandlung zu tun haben, der Produktion einer schulspezifischen Textsorte. Wir werden darauf im nächsten Abschnitt zurückkommen.

(2) *Kondensieren*

Kondensieren ist die Reformulierung des erzählten Geschehens in geraffter Form. Kondensate sind in unserem Material selten kontinuierliche Resümees des Ausgangstextes, sondern sie fassen wesentliche Teilaspekte des Geschehens in wenigen Sätzen zusammen. Die Raffungsintensität innerhalb der betreffenden Äußerungseinheiten ist i. d. R. unterschiedlich. Mitunter werden kondensierende Sätze anschließend wieder detailliert, oder das

Kondensat wird durch nacherzählende Sätze abgeschlossen. Sehr häufig ist die oppositive zusammenfassende Gegenüberstellung von einander chronologisch folgenden Handlungsabschnitten in der Form von »zuerst – dann« oder »am Anfang – hinterher«. Die Kondensate sind i. d. R. relativ selbständige Teilstücke der Verarbeitungstexte.

Beispiel (2):[19]
(1/1/1/11/1)
»Die wollten einen ärgern. Und nachher haben sie sich wieder abgemacht oder haben den Streit wieder zurückgeschoben. Und dann . . . dann war der Schnauz wieder ganz freundlich. und hat es nich so ernst gemeint.«

Die kommunikative Umschreibung des Kondensierens müßte etwa heißen: »Ich stelle die wichtigsten Momente im erzählten Geschehenszusammenhang heraus.« Kondensierend versucht der Sprecher die wesentlichen Momente des Geschehens noch einmal knapp aufzuordnen. Dabei nutzt er sein Wissen vom chronologischen und logischen Zusammenhang von Teilhandlungen und Teilereignissen und deren sprachlicher Klassifizierbarkeit wie auch sein Wissen über Handlungsmuster, die mehrere Agenten gemeinsam abwickeln. Die hier beschriebene Form des Kondensierens dürfte in der Alltagskommunikation immer dann vorkommen, wenn sich zeigt, daß wichtige Aspekte des erzählten Geschehens in der Verständigung zwischen Erzähler und Hörer unklar geblieben sind oder wenn sie vom Hörer einem Dritten mitgeteilt werden, der die Erzählung selbst nicht kennt. Bei einer realistischen Erzählung ohne wesentliche Handlungs- und Ereignisleerstellen wie der vorliegenden, die die Interaktionspartner gleichermaßen kennen, muß Kondensieren als spontane Verarbeitungshandlung eine eher schulspezifische Bedeutung haben. Auch auf das Kondensieren werden wir daher unter institutionsspezifischem Aspekt zurückzukommen haben.

(3) *Explizieren*
Explizieren ist die Reformulierung des Geschehens in gegenüber dem Ausgangstext erweiterter Form. Die Explikate sind Folgerungen aus quasi-empirischen Hypothesen und Informationen des Textes. Sie artikulieren im vorliegenden Material fast ausschließlich Motivationen für erzählte Handlungen, liefern also meist Handlungserklärungen. Häufig werden die Explikate durch nacherzählende oder kondensierende Sätze ein- oder ausgeleitet.

Explizieren bezieht sich nur auf einen Teilabschnitt des Ausgangstextes. Es stellt i. d. R. ein relativ selbständiges Teilelement der jeweiligen Verarbeitungstexte dar.

Beispiel (3):
(1/1/1/30/1)
»Und der hatte doch.die haben sich ja versteckt.*weil die gedacht haben. jetzt kommt der Schnauz nicht raus und jetzt können die den.und jetzt kann der die nicht verhauen.* Aber der hat nichts gemacht. Der.der.hat sich wieder hingesetzt und seine Zeitung weitergelesen.«

Die Umschreibung des Explizierens als Sprechhandlung unter kommunikativ ›neutralen‹ Bedingungen müßte etwa heißen: »Ich stelle zwischen Teilinformationen des Textes einen kontingenten Zusammenhang her.« Der Sprecher nutzt sein alltägliches Wissen über das Zustandekommen von Handlungen, indem er auf mentale Eigenschaften des (der) Aktanten schließt und mit ihrer Hilfe Handlungen erklärt – bzw. nutzt er sein Wissen über das Zustandekommen von Ereignissen, indem er die erzählte Ereigniskette um Voraussetzungen, Ursachen etc. komplettiert. Kommunikativ sinnvoll ist diese Sprechhandlung, wenn der Sprecher (etwa auf eine Frage des Hörers hin oder aufgrund seiner Einschätzung des Hörers) annimmt, daß der Hörer die im Ausgangstext erzählten Teilhandlungen bzw. Teilereignisse nicht zu einem plausiblen Handlungszusammenhang bzw. Ereignisablauf ordnen kann.

Bei den Explikationen unseres Materials handelt es sich aber fast ausnahmslos um naheliegende Explikationen. Auch im Explizieren wird man eine schulspezifisch eingesetzte Verarbeitungshandlung sehen müssen, die vor allem Textverständnis als geforderte Lernleistung demonstrieren soll und weniger den Gesprächspartnern notwendige Erläuterungen zum Text anbietet. Indiz dafür mag auch die Tatsache sein, daß der einzige inhaltliche Zusammenhang des Ausgangstextes, der mehreren Schülern tatsächlich Verständnisschwierigkeiten machte – die Entdeckung der Behinderung des Zeitungshändlers – nur zwei Mal Gegenstand von Explikationsversuchen wurde. Wenn man als Schüler Textverständnis zeigen will, wählt man für Explikationen eben lieber unproblematische Geschehenszusammenhänge.

Ich komme nun zu den evaluativen Verarbeitungsoperationen. Hier fand ich die anschließend erläuterten Sprechhandlungen:
(4) *Stellungnehmen*
Stellungnehmen ist die bewertende Kommentierung von Teil-

handlungen der Geschichte. Dabei wird der kommentierte Sachverhalt meistens in kondensierter, nacherzählter oder explizierter Form wiederaufgeführt, seltener bleibt das Kommentandum ausgespart. Mitunter wird der Kommentar mit einer Begründung versehen, die die erzählte Handlung in ausdrückliche Beziehung zu konventionellen moralischen Handlungsregeln setzt. Teilweise werden Stellungnahmen dem chronologischen Verlauf der Handlungen entsprechend hintereinandergereiht. In wenigen Einzelfällen dienen Handlungsbewertungen auch zur Begründung der Textbewertung. Häufig werden Stellungnahmen durch explizierende, kondensierende oder nacherzählende Sätze abgeschlossen.

Beispiel (4):
(1/1/1/15/1)

»*Ich fand das gut.*äh.als sie da zugeschoben hatten.und auf einmal wollten die wieder aufmachen.haben die dann gemerkt.*daß das ja auch nich richtig war.* Und dann sagt der Mann so freundlich.die hatten nich gedacht.daß er so freundlich wär und.em.und daß er nich so freundlich war.die hatten gedacht.daß er eigentlich böse sein würde und so.«

Die Umschreibung des Stellungnehmens als Sprechhandlung müßte etwa heißen: »Ich beurteile die Handlungen der Geschichte in bezug auf gültige Handlungsnormen.« Der Sprecher reagiert auf die Erlebnisgestalt des Geschehens, wie sie die Erzählung präsentiert, mit eigenen Handlungsbewertungen. Mentale Grundlage ist wahrscheinlich ein Nacherleben der Geschichte, das besonders auf die normativen Orientierungen der Handlungsträger abstellt und sie mit dem eigenen normativen Wissen vergleicht. In der artikulierten Stellungnahme folgert der Sprecher dann ein alltäglichen Normen konformes moralisches Urteil, bei dem er der Zustimmung der Hörer sicher sein kann. Nach unserem Material jedenfalls geht es in dieser Verarbeitungshandlung nicht um Normreflexion oder Normbildung in Kommunikation mit Gesprächspartnern, sondern um kommunikative Bestätigung von als gemeinsam vorausgesetzten normativen Wissensbeständen. Vermutlich haben Gespräche über reale Geschichten in alltäglicher Kommunikation sehr häufig auch diese Funktion der gegenseitigen Bestätigung normativer Urteilsprinzipien. Handelt es sich dabei jedoch um selbsterlebte Geschichten, bietet sich für den Erzähler darüber hinaus immer eine Individualisierung der eigenen Handlungs- und Entscheidungsprinzipien an und somit gerade in Fällen von Normabweichung eine Chance kommunikativer Normdifferenzierung. Die Möglichkeit, auch einen fiktionalen Text stellungnehmend unter dieser Perspektive zu verarbeiten, nutzte in unserem Material nur ein einziger Schüler:

Beispiel (4a):
(1/1/1/9/1)
   Also zuerst.*da konnte man denken.daß das ein bißchen frech war.*aber dann.der Herr.dieser Schnauz wiese den nennen.der is dann hinterher gutmütig geworden.hat also nichts gesagt.also er hat gesagt, daß er als er jung war.auch diese Streiche gespielt.*und das war einfach nett.*«

   Es scheint, als sei die den Schülern geläufigere Form der Stellungnahme diejenige, die fiktive Handlungen nach unproblematisierten Normen beurteilt.
   Gelegentliche Begründungen bleiben klischeehaft. Von den Möglichkeiten einer produktiven Distanz zwischen Textnorm und Rezeptientennorm, die in der Rezeptionsästhetik ständig betont wird, findet man in den aufgezeichneten Schüleräußerungen kaum eine Spur. Situationsspezifische Bedingungen scheinen mir die Bedeutung des Stellungnehmens im Schulkontext zumindest mitzubeeinflussen, auch auf diese Verarbeitungshandlung werden wir daher im folgenden Abschnitt zurückkommen.

(5) *Imaginieren*
Imaginieren nenne ich die Neuformulierung von Teilen der Geschichte, die sich dadurch vom Ausgangstext unterscheidet, daß sie eigene evaluative Akzente setzt. Teile des Geschehens werden in Expansionen, hypothetischen Fortsetzungen des Geschehens oder in emphatischen Akzentuierungen der Handlungsperspektiven der fiktiven Personen konkretisiert. Imaginieren umfaßt i. d. R. längere Äußerungseinheiten. Innerhalb der Verarbeitungstexte sind sie aber relativ selbständige Teilstücke.

Beispiel (5):
(1/1/1/18/1 f.)
   »Und dann haben . . . der.Schnauz.der is dann auf.na. in.der hatte auch die Holzbeine abgeschnallt und dann.war das.*die Jungen.die konnten das gar nich fassen,* daß der das abgeschnallt hat.und dann haben die.sagten sich.nachher wieder versöhnt . . . *Ja weil.weil die ja dann das noch nie gewußt hatten, daß der 'n Holzbein hat.weil der vielleicht immer ne lange Hose angehabt hat . . . und weil er.dann überhaupt.dahin laufen konnte und so . . . und weil die auch sicher noch gar nich gesehen hatten, daß der 'n Rollstuhl hatte . . .*«

Dem Imaginieren als Sprechhandlung möchte ich etwa folgende kommunikative Bedeutung zuschreiben: »Ich entfalte die fdr mich wesentlichen Momente der Geschichte.« Wenn fiktionale Erzählungen die konkretisierende Ausgestaltung und das produktive Miterleben des Lesers tatsächlich in besonderem Maße erforderlich machen, ist das Imaginieren eine Verarbeitungshandlung, die spezifischen Möglichkeiten fiktionaler Kommunikation entspricht.

Der Sprecher nutzt die Spielräume der fremderlebten Geschichte zur Auffüllung mit eigenen Vorstellungen und Orientierungen. Imaginieren könnte eine Vorstufe kommunikativer Verständigung über die Bedeutung eines fiktionalen Textes bei Kindern dieses Alters darstellen, eine zentrale Verarbeitungshandlung für literarische Erzählungen. Dieser Stellenwert des Imaginierens ist allerdings am vorliegenden Material nicht auszumachen; weder ist es besonders häufig anzutreffen, noch hat es für die Verarbeitungstexte als Ganze eine strukturierende Funktion. Eher wird es wie ein Exkurs aus meist rekapitulierenden Verarbeitungszügen behandelt. Jedenfalls sprechen keine Anzeichen dafür, daß es bei der Verarbeitung von Literatur im Unterricht besondere Aufmerksamkeit erführe.

Die jetzt noch folgenden Verarbeitungsoperationen der Evaluation (Problematisieren und Analogisieren) wie auch die drei Operationen der Metanarration kommen in den Verarbeitungstexten so selten vor, daß ich nur eine vorläufige Beschreibung geben kann.

(6) *Problematisieren*
Problematisieren nenne ich das Kommentieren der Geschichte, das Handlungsmotive, die Art der Abwicklung von Handlungen oder Handlungsvoraussetzungen in Frage stellt. Die Fragen, Einwände, Einschätzungen zu Teilaspekten der Geschichte werden i. a. argumentativ durch eine Formulierung des Alltagswissens gestützt. Gelegentlich werden problematisierende Äußerungen, dem chronologischen Verlauf der Handlungen entsprechend, hintereinandergereiht. Sonst bleiben problematisierende Äußerungen innerhalb der Verarbeitungstexte relativ selbständige Teilelemente.

Beispiel (6):
(1/1/1/12/2)
   »Und das mit dem Bier fand ich auch ganz rich.ganz komisch.also daß

die ihm dann Bier gekauft haben und kein Wasser. Nun ja. Wasser findet man doch überall.aber Bier kostet ja Geld ne.und dann war doch das Wasser besser.und Wasser ist ja bei sonner Hitze, wenn man richtig Durst hat, mal was Richtiges.«

Die kommunikative Bedeutung des Problematisierens ist etwa: »Ich konfrontiere Teile der Geschichte mit meinem Alltagswissen.« Diese Sprechhandlung ermöglicht m. E. die Erprobung des eigenen Wirklichkeitsmodells an Texten und in Kommunikation mit anderen. Die Erkenntnis abweichender Textwelten eröffnet einen Zugang zur Frage nach der Bedeutung der literarischen Fiktion. Problematisieren kann aber u. U. von den Schülern auch als Sprechhandlung aufgefaßt werden, die für den Nachweis von Textverständnis im Unterricht sehr untauglich ist.

(7) *Analogisieren*
Analogisieren nenne ich die kommentierende Zuordnung eigener wirklicher Erfahrungen oder hypothetischer Handlungen zu Teilhandlungen der Geschichte. Dabei kann der kommentierte Sachverhalt rekapituliert sein, oder das Kommentandum bleibt ausgespart. Die Zuordnung erfolgt parallelisierend oder entgegensetzend. Analogisierende Äußerungen können stellungnehmende Sätze mit umfassen oder Handlungsbewertungen implizieren.

Beispiel (7):
(1/1/1/26/1)
   »Ich würde den Jungen aber verkloppen.das könnt der mit mir nich machen, einfach einen einschließen . . . und ich find das auch lustig.daß der so wartet.«

Die Sprechhandlung des Analogisierens möchte ich so umschreiben: »Ich vergleiche Handlungen der Figuren mit realen Erfahrungen oder meinem vermutlichen Verhalten in einer ähnlichen Situation.« Analogisierende Äußerungen artikulieren Bezugspunkte individueller Erfahrung zur literarischen Fiktion. Ich sehe in dieser Verarbeitungshandlung eine zentrale Möglichkeit der Konkretisierung von Texten für die Sinnorientierung von Lesern. Freilich sind solche Konkretisierungen inhaltlich nicht normierbar und mögen bei Kindern die Tendenz haben, sich gegenüber »der« Textaussage zu verselbständigen.
Unterrichtsgespräche werden dadurch unberechenbar, ihre planmäßige Abwicklung u. U. gestört. Dies ist vermutlich der

Grund dafür, daß analogisierende Äußerungen so selten waren.

Die Operationen der Metanarration, die dem Erzähltext eine Beschreibung, Bewertung oder Deutung zuordnen, sind in meinem Material ebenfalls nur in Einzelbeispielen vertreten. Am geläufigsten ist noch:

(8) *Textbeschreiben*

Textbeschreiben ist die Charakterisierung des Erzähltextes durch die Nennung von Einzelmerkmalen meist mit Hilfe von metasprachlichen Kategorien. In den Beispielen des Materials fand ich die Kennzeichnung der Wortwahl oder der Personennamen oder der Zentralfigur des Textes. Die Nennung von Textmerkmalen hat i. a. einen wertenden Nebenakzent.

Beispiel (8):
(1/1/1/14/1)
»Ja.mir ist aufgefallen, *daß da ziemlich lustige Namen.da so waren.*«

Die kommunikative Umschreibung: »Ich nenne Textmerkmale, die mir aufgefallen sind.« Damit thematisiert der Sprecher Eigenschaften der Textstruktur, eine Verarbeitungshandlung, die in Literaturwissenschaft und -Didaktik über lange Zeit als einzige Methode gegenstandsadäquater Literaturinterpretation galt. Ich vermute, daß diese metatextuelle Sprechhandlung von den Schülern deshalb noch am häufigsten angewandt wird, weil auf Textbeschreibungen und Beschreibungsbegriffe im Unterricht immer wieder Wert gelegt wird. Daran gemessen ist jedoch ihre Bereitschaft zur objektivierenden Analyse bemerkenswert gering, der Unterschied zur Textbewertung minimal.

(9) *Textbewerten*

Beim Textbewerten wird ein Werturteil auf den Erzähltext als Ganzen bezogen. Textbewertungen werden im vorliegenden Material nicht in Zusammenhang mit Merkmalen der Textstruktur gebracht, sondern stehen inhaltlich in Beziehung mit vorangehendem oder folgendem Stellungnehmen zu Teilhandlungen der Geschichte.

Die Bewertung des Textes scheint implizit durch die Beurteilung der erzählten Handlungen begründet zu sein.

Beispiel (9)
(1/1/1/3/1)
»Und da sacht er.das fand ich immer so gut.als er gesacht hat.äh das Bier schmeckt aber sehr gut. *Die Geschichte war eigentlich gut geschrieben.*«

Die kommunikative Bedeutung dieser Sprechhandlung ist wohl: »Ich bewerte den Text auf der Grundlage meiner Beurteilung des Handlungsverlaufs.« Die Stellungnahme zu Teilhandlungen der Geschichte scheint den Schülern jedoch näher zu liegen als eine umfassende Textbewertung. Überdies könnte sie zugleich als Bewertung der Textauswahl des Lehrers aufgefaßt werden, eine in der Unterrichtskommunikation für Schüler nicht unproblematische Handlung.

(10) *Textdeuten*

Textdeuten ist die Zuordnung einer verallgemeinernden Interpretation zum Erzähltext, die die Bedeutung des Textes in bezug auf die reale Welt des Sprechers formuliert.

Beispiel (10):
(1/1/1/9/1)
»Und das war auch für junge Leute auch nen bißchen lustig. *zum Anregen zum Streiche spielen . . . und daß man auch mal was Lustiges machen kann auf der Welt.*«

Die kommunikative Bedeutung dieser Sprechhandlung ist: »Ich formuliere mein Verständnis des Textes als allgemeine Aussage über die Realität.« In § 1.1. gingen wir davon aus, daß der kompetente Leser sich die Frage nach der Bedeutung der Erzählfiktion stellt und – wenn auch in den seltensten Fällen begrifflich explizit – eine Antwort versucht. Der verallgemeinernden Deutung gegenüber hat jedoch die konkrete Geschichte immer einen Bedeutungsüberschuß, jede Deutung bleibt vorläufig und damit unter Lesern diskussionswürdig – bei allen Unterschieden im möglichen Bedeutungsspektrum bei unterschiedlichen Texten.

Die Deutung eines literarischen Textes zu verbalisieren, stellt besonders hohe kognitive und sprachliche Anforderungen. Ich vermute, daß Grundschüler mit dieser Form sprachlicher Textverarbeitung i. d. R. überfordert sind, das gegebene Beispiel ist das einzige im aufgenommenen Material.

2.3. Zur situationsspezifischen Bedeutung geläufiger Textverarbeitungshandlungen

Von den vorgefundenen Verarbeitungsoperationen erschienen uns vor allem das Nacherzählen, Kondensieren und Stellungnehmen erst dann plausibel interpretiert, wenn wir den institutionellen Lernkontext mitbedenken, in dem sie eine Rolle spielen. Nach der Zahl der Schüler geurteilt, die diese Sprechhandlungen in ihren Reaktionen gebrauchten, sind sie zugleich die im Schulkontext geläufigsten Verarbeitungszugriffe. Deutlich wenigere Schüler reagierten auf den Text mit explizierenden, imaginierenden, problematisierenden oder textbeschreibenden Äußerungen. Am Ende der Rangfolge stand das Analogisieren (2 Schüler), das Textbewerten (2 Schüler) und das Textdeuten (1 Schüler). Die folgende Übersicht nach der Zahl der Schüler, die die jeweilige Verarbeitungshandlung gebrauchten, hat natürlich nur Überblickscharakter:

1. Kondensieren (44%)
2. Nacherzählen (31%); Stellungnehmen (31%)
3. Explizieren (19%); Imaginieren (19%)
4. Problematisieren (16%)
5. Metatextuell beschreiben (13%)
6. Analogisieren (6%); Bewerten (6%)
7. Deuten (3%)

(insgesamt 32 Schüler)

Kondensieren, Nacherzählen und Stellungnehmen machten dem Wortumfang nach zusammen 75% des gesamten Textmaterials aus, etwa 50% der Schüler gebrauchten keine anderen als diese Verarbeitungshandlungen.

Ich will nun versuchen, die Frage der institutionsspezifischen Bedeutung dieser Verarbeitungshandlungen zu klären.

(1) *Kondensieren*

Kommunikativ sinnvoll wird diese Verarbeitungsreaktion nur dann, wenn man ihre mediale Funktion für eine andere, eigentlich gemeinte und erwartete Sprechhandlung berücksichtigt. Durch Kondensieren gibt der Schüler zu verstehen, daß er eine rezeptive Leistung vollzogen hat: »Ich habe die wichtigsten Momente des erzählten Geschehenszusammenhangs erfaßt.« Damit wendet er sich in erster Linie an den Lehrer in der Rolle des Beurteilers von Lernleistungen, erst in zweiter Linie an die Mitschüler, denen unter Berücksichtigung der Lehrerreaktion die Kontrolle ihres Textverständnisses ermöglicht wird. Kondensieren bringt für den Unterrichtsverlauf eine Sicherung des Textverstehens aller Schüler auf der Ebene des Geschehenszusammenhangs. Diese Minimalbedingung der Erzählrezeption spielt im Aufbau vieler Lesestunden eine fundierende Rolle. Das Rekapitulieren des Handlungsverlaufs ist eine weitgehend objektivierbare Leistung, gegenüber dem Nacherzählen hat Kondensieren den Vorteil, wenig Zeit zu beanspruchen, eine Verständnisprobe zu ermöglichen, an der mehrere Schüler mit kurzen Beiträgen beteiligt werden können. Damit mag zusammenhängen, daß kondensierende Verarbeitungszüge in den erhobenen Verarbeitungstexten häufig zu Beginn auftreten, daß sie keine ausgebauten Resümees darstellen, sondern eher kurze Verständnisrückmeldungen, die auch zu den übrigen Äußerungseinheiten nur in additiver Verbindung stehen, daß sie als unproblematische Füllsel fungieren, wenn dem Sprecher sonst nichts einfällt.

Ich vermute, daß die Schüler mit dem Kondensieren die Möglichkeit nutzen, im Sinne einer Schulleistung »richtig« auf einen Text zu reagieren, ohne in eine Auseinandersetzung mit ihm einzutreten. In einem solchen Kommunikationsmuster bekäme die fiktionale Erzählung die reduzierte Funktion, einen von direkten referentiellen Bezügen entlasteten Übungsgegenstand für Sprachverständnis abzugeben.

(2) *Nacherzählen*

Anders als beim Kondensieren hält sich der Sprecher beim Nacherzählen eng an die Formulierung des Geschehens im Ausgangstext. Dabei spielen wahrscheinlich in entscheidenderem Maße reproduktive Gedächtnisleistungen eine Rolle als Leistungen der Aufordnung und Verallgemeinerung von Handlungs- und Ereignisabfolgen. Intention des Sprechers ist es jedoch nicht, den Hörer die bekannte Geschichte noch einmal – etwa intensiver – nacherleben zu lassen, sondern das Geschehen im Verarbeitungstext so zu reproduzieren, daß er der Norm des Ausgangstextes möglichst nahe kommt. Die Transformation der Ich-Erzählung in die Er-Erzählung zeigt, daß dabei nicht die Erlebnisgestalt der Geschichte erhalten wird, sondern die Erzähltechnik der sukzessiven Anordnung und Zeitgestaltung des Geschehens.

Von allen Verarbeitungshandlungen erreicht die Nacherzählung die größte Ausdehnung, die größte Regelmäßigkeit der Textorganisation, die größte Abgeschlossenheit. Ohne Zweifel ist dies Ergebnis schulischer Übung. Die Nacherzählung scheint eine schulspezifische Textsorte der Erzähltextverarbeitung zu sein. Mit dieser Sprechhandlung weist der Schüler nicht nur eine rezeptive Leistung nach, sondern der Akzent liegt stärker auf dem Nachweis, ein vorgegebenes Textmuster reproduzieren zu können: »Ich kann das Geschehen nacherzählen.«

Da der Ausgangstext als Norm gilt, ist der Nacherzähler nicht Neu-Gestalter der Geschichte; was er anbietet, ist für die Gesprächspartner immer eine mindere Reproduktion des bekannten und zum Nach-Lesen ohnehin meist greifbaren Originals.

Eine »selbständige« längere sprachliche Reaktion auf einen Erzähltext scheint für viele Schüler schlechthin nicht anders denkbar als in der Form der Nacherzählung. Einen überraschenden Eindruck von der Festigkeit und Langlebigkeit dieses Verarbeitungsmusters in der Unterrichtspraxis bekam ich, als mehrfach Schüler die Interviewaufforderung sofort mit der Rückfrage konterten: »Soll ich die Geschichte nacherzählen?« – und auf die Verneinung und Wiederholung der Aufforderung dann doch mit einer Nacherzählung reagierten.

Diese Bedeutung im Bewußtsein der Schüler dürfte der Nacherzählung nicht nur aus ihrem Stellenwert im Literaturunterricht erwachsen, sondern zusätzlich aus dem Lernbereich ›Texte verfassen‹ mit seinen mündlichen und schriftlichen Übungsformen.[20] Textproduktion ist immer noch wie kein anderes Gebiet des Deutschunterrichts von der didaktischen Theorie abgetrennt, mit der Nacherzählung hält sich ein Element des bereits jahrzehntealten »sprachgestaltenden« Aufsatzunterrichts am Leben, der die Einübung von sog. »Darstellungsformen« nach dem Muster literarischer Vorbilder empfahl. Zwar gilt die Nacherzählung in der Aufsatzdidaktik mittlerweile als problematische Textsorte, in praxisbezogenen ›Aufsatzlehren‹ und Richtlinien aber hat sie sich als mögliche Einführung in die »Darstellungsform der Erzählung« gehalten.[21]

Diese wird durch Regeln wie »geformter Aufbau, Spannungsbogen« (Richtlinien... (1973), DSP 12), »lebendige, anschauliche, spannende Darstellung« (Büscher/Schilling (1976), S. 49), »Dreiteilung in Einleitung (Hinführung), Hauptteil (zur Peripetie führend) und Schluß (mit dem plötzlichen Sich-lösen und Absinken der Spannung)« (Sanner (1970³), S. 56) gekennzeichnet. Eine Charakterisierung der für die Nacherzählung gültigen Transformationsregeln sucht man vergeblich. Das Verhältnis von Ausgangstext und Resultattext, das die Nacherzählungen der Schüler tatsächlich bestimmt, konnte auch unsere Beschreibung in § 2.2. nur annäherungsweise fassen.

Hier wäre eine eigene differenzierte Untersuchung nötig. Zwar haben Nacherzählungen in der Kindersprachforschung häufig als

Materialgrundlage gedient,[22] aber die Untersuchung ihrer Beziehungen zu den jeweiligen Vorlagen gibt es meines Wissens nur in einem ersten, aspektweisen Ansatz.[23]

Die Zählebigkeit der Nacherzählung in der Unterrichtspraxis ist sicherlich darin begründet, daß sie die sprachliche Übung von realen Erzählanlässen unabhängig macht. An einer Vorlage, die für alle Beteiligten materiell fixiert ist, meint man, Erzählen lehren zu können, ohne sich auf Erzählungen selbsterlebter Geschichten durch Kinder einlassen zu müssen. Die Fähigkeit zur sprachlichen Aufarbeitung und kommunikativen Vermittlung individuellen Erlebens, die das Erzählen erfordert, wird dadurch freilich nicht entwickelt, ja droht durch das Erzählmuster der ›Schulpoetik‹ eher verschüttet zu werden (vgl. Helmich (1972) und K.-P. Klein (in diesem Band)).

Die literarische Erzählung, die der Verarbeitungshandlung ›Nacherzählen‹ zur Vorlage dient, bekommt in Schüler- und Lehrerperspektive die Funktion eines mehr oder weniger motivierenden Übungsmaterials, Textverstehen wird dann zwangsläufig aufgabenspezifisch auf die möglichst textgetreue Speicherung des erzählten Geschehensverlaufs hin kanalisiert sein.

(3) *Stellungnehmen*

Stellungnehmen ist dagegen nicht nur Rekapitulation, sondern eine Antwort des Sprechers auf die erzählte Geschichte. Von allen evaluativen Reaktionen ist es die im Schulkontext geläufigste. Auswahl und Inhalt der Handlungsbewertungen sind in unserem Material hochgradig vorhersagbar, wir vermuteten, daß es auch beim Stellungnehmen um eine schulspezifische Verarbeitungshandlung geht, eine für den Schüler unproblematische kommunikative Bestätigung gemeinsamer normativer Wissensbestände an fiktiven Handlungen.

Erzählungen dienen dann dem Nachweis der normativen Kompetenz des Schülers: »Ich kann die Handlungen in der Geschichte nach gültigen Normen beurteilen.«

Häufigkeit, Umfang und Integration stellungnehmender Verarbeitungszüge in den Resultattexten stützen die Annahme, daß es sich hier um eine im ›aufbauenden‹ Unterrichtsgespräch zentrale Verarbeitungshandlung für fiktionale Erzählungen handelt. Der Text liefert einen anschaulichen, allen Beteiligten bekannten Fall, an dem moralisches Wissen aktualisiert werden kann, das freilich die tatsächliche Verhaltensorientierung der Schüler nicht unmittelbar betrifft. Die Prominenz des stellungnehmenden Textverarbeitungsmusters im Unterricht beruht aber wohl nicht allein auf institutionsspezifischen Handlungszielen und Kommunikationsbedingungen, sondern ist vermutlich durch entwicklungsbedingte Rezeptionsvoraussetzungen mitbestimmt. Spezielle entwicklungstheoretische Studien zur Textrezeption existieren bislang nicht. In der Entwicklungspsychologie gibt es jedoch Stufenkonzepte, die in bezug auf die moralische Entwicklung bei der Altersgruppe dieser Kinder (etwa 10 J.) konventionelle moralische Urteile erwartbar machen.[24]

Von der Literaturdidaktik ist daraus aber vorerst kaum zu folgern, daß Kinder im Grundschulalter bei der Textverarbeitung auf das Stellungnehmen festgelegt seien, eher ist es ein Argument dafür, über den Umweg anderer Verarbeitungszugriffe – etwa das Analogisieren in Form von »Ich-auch-Geschichten« – die moralische Urteilsfähigkeit zu differenzieren.

Akzeptiert man die Interviews als Dokumente des praktischen Wissens, das diese Schüler im Laufe ihrer Grundschulzeit über den Umgang mit fiktionalen Erzählungen erwerben konnten, so muß man es zusammenfassend folgendermaßen umschreiben: »*In der schulischen Verarbeitung literarischer Erzählungen geht es nicht darum, subjektive Leseerlebnisse sprachlich zu entfalten und eigene Realitätserfahrung anhand von Texten reflexiv zu interpretieren. Daß ich einen Text schulgerecht verstanden habe, zeige ich vor allem dadurch, daß ich die chronologische und logische Folge des Geschehens rekapituliere und Handlungen der Geschichte nach allgemein akzeptierten Normen beurteile.*«

Durch eine solche latente Situationstypisierung würden gerade die spezifischen Möglichkeiten literarischer Kommunikation aus dem Unterrichtsgespräch ausgeschlossen. Der fiktionale Text würde zum Gegenstand sprachlicher Übung und konventioneller Normorientierung reduziert, Fiktionalität als Kommunikationsprinzip interpretiert, das die Isolierung sprachlichen Handelns von der Alltagspraxis in vorzüglicher Weise gestattet.

Daß der Textverarbeitung der Schüler dieses Alters etwa das Imaginieren, Problematisieren, Analogisieren unzugänglich sei, können einzelne Passagen einer Reihe von Verarbeitungstexten widerlegen. Indizen für die Kanalisierung von Textverarbeitung sind auch mitunter erkennbare Brüche und Vermeidungsstrategien in Äußerungszusammenhängen. Mit der Interpretation von

Franks Verarbeitungstext soll abschließend ein solches Beispiel im Zusammenhang vorgestellt werden.

3. Interpretationsbeispiel

Frank (1/1/1/8/1 f.)

(1) Ja.hm mir fällt eines.eh auf daß em.da.hm paar lustige Wörter waren.zum Beispiel Schnauz hieß der Mann.

(2) und.na.denn daß . . . jetzt.hm.die erst den eingesperrt haben.paar Jungens.glaub ich.

(3) und.und jetzt wollten se dann ne Belohnung.ihm machen.

(4) Das hm.die haben den ja eingesperrt◡

(5) ich glaub die haben den auch aufgeweckt dann.irgendwie, weil die dann die Tür zugemacht haben zu laut.

(6) und hm.ja und da.hm hoffen se, zählen se die Groschen zusammen

(7) und denn kaufen dem nen Bier, weil.hm.ja weil se den eingesperrt haben . . .

I.: Ja . . .

(8) Ja.und eh.ja lustig fand ich immer noch den Namen Schnauz.fand ich lustig.

(9) Und.eh mit dem Holzbein in der Ecke.eh . . .

I.: Ja, was war damit? . . .

(–) Hm.da.den . . .

I.: Was hast du dir dazu überlegt?

(–) Vielleicht trug der Mann.eh . . .

(10) ja . . . vielleicht hat der auch viel *geschnauzt*. daßse den auch *Schnauz* nannten.

(11) aber das war hier nich

(12) und eh.und dann trug er vielleicht noch Holzbeine und.eh als er dann inne Ecke stand.die Tür noch zu war.ja.

(13) ja und dann habn se den Riegel da ja vom Schloß.der Tür aufgemacht

(14) und habn den.vielleicht habn se da schon Bier gekauft◡

(15) und da haben se dem Bier gegeben

(16) und.eh.und schmeckt dem sehr lecker◡

(–) ja und.und vielleicht daß die Jungen.eh . . .

I.: Was wolltest du noch sagen?

(17) Ja.wie gesagt.waren lustige Wörter dadrin . . .

Franks Reaktion beginnt mit einer vom Fortgang der Rede zunächst isolierten textbeschreibenden Äußerung: lustige Wörter wie der Name ›Schnauz‹ sind ihm am Text aufgefallen; das genannte Textmerkmal wird zugleich positiv bewertet. Die folgende Äußerung ist mit dem »daß«-Anschluß parallel gebaut, nimmt aber inhaltlich einen neuen Faden auf: in beiden auf (1) folgenden Äußerungen werden das »erst Einsperren« und »dann Eine-Belohnung-machen-Wollen« kondensierend gegeneinander gesetzt. Der Verlauf des Geschehens wird in (2)/(3) zusammenfassend auf zwei Gesichtspunkte hin kontrastiert. In der folgenden Äußerung (4) wird reproduzierend noch einmal auf den zugrundeliegenden Teilzusammenhang verwiesen (das »ja« sehe ich als Indikator für die Absicht, etwas dem Hörer Bekanntes wieder anzuführen), die Fortsetzung dieses Zusammenhangs wird explikativ entfaltet (5).

Beide Äußerungen beziehen sich innerhalb des Verarbeitungstextes auf Satz (2): das Kondensat »einsperren« wird chronologisch wieder in »einsperren« und »aufwecken« auseinandergelegt. Satz (6) und (7) verfahren parallel mit dem Satz (3) zugrundeliegenden Teilzusammenhang des Ausgangstextes: Satz (6) reproduziert eine Teilhandlung, Satz (7) expliziert die folgende Teilhandlung durch die Angabe des Handlungsmotivs.

Dieser Abschnitt, der die Äußerungseinheiten von (2) bis (7) umfaßt, repräsentiert das von den meisten Kindern benutzte Muster ›Kondensieren‹. Es stellt hier eine Art Absicherung, eine reversible Handlung von Zusammenfassen und sich sparsam entfaltendem Reproduzieren dar. Das die Sprechhandlung orientierende Handlungsmuster ist »einen Streich spielen – wiedergutmachen.«

Die Handlung »Ich stelle die wichtigsten Momente im erzählten Geschehenszusammenhang heraus« ist aber unter Lesern inhaltlich informationsarm. Erst unter institutionellem Aspekt hat diese Sprechhandlung einen wesentlichen Mitteilungswert: Frank gibt zu verstehen, daß er eine erwünschte Leistung vollzogen hat: »Ich habe die wichtigsten Momente des erzählten Geschehenszusammenhangs erfaßt.«

Auf diese Verarbeitungseinheit folgt eine Äußerung, die (1) variiert. Den Rückgriff signalisiert das »immer noch«. Der subjektiv wertende Akzent, mit dem auf das in (1) genannte Textmerkmal noch einmal Bezug genommen wird, ist hier verstärkt. Auch diese Äußerungseinheit mit der wiederholenden Bekräftigung bleibt wie die erste im unmittelbaren Redeumfeld isoliert. Was nun folgt, ist die Verschachtelung von drei Verarbeitungszugriffen, (9) bis (17). Was mit der Äußerung (9) als eine Art Themenangabe angesteuert wird, scheint der Versuch des Sprechers zu sein, einen ihm problematischen Zusammenhang durch Explizieren plausibel zu machen. Das »vielleicht trug der Mann« ist ein abgebrochener explikativer Lösungsansatz, er wird fallengelassen zugunsten einer das Thema wechselnden unproblematischen Explikation, die zwar in der folgenden Äußerung sogleich verworfen wird, für den Sprecher aber als Konstellation außerhalb des Textes, in seiner Erfahrungswelt, eine hohe Plausibilität zu haben scheint.

Die Möglichkeit, seine Assoziation zu einer differenzierenden Konfrontation von Text und erfahrener Realität, etwa in der Form des Analogisierens, auszubauen, sieht Frank in der Situation offenbar nicht. Analogisieren habe ich nur bei ganz wenigen Kindern gefunden – ein für Textverarbeitungsregeln in der Grundschule sicher bemerkenswertes Ergebnis. Bei Frank bleibt die zurückgenommene Explikation als Spielzug im Redezusammenhang ein Exkurs.

Explikationen dienen in unserem Material normalerweise der Herstellung eines plausiblen Geschehenszusammenhangs mit Hilfe von Textinformationen und alltäglichem Wissen über Handlungsvoraussetzungen und -motivationen. Zu einer Explikation hatte Frank nach (9) offenbar angesetzt, dann aber abgebrochen. Nach dem Exkurs von (10)/(11) kommt er darauf zurück. In Satz (12) versuchte er wiederum, explikativ das Problem mit den Holzbeinen zu lösen. Er scheint zunächst auf die genaue zeitliche Folge des Geschehens abzustellen. Von (13) an fällt er in eine Sequenz chronologischer Handlungswiedergabe. Zwar wird in (14) das »vielleicht« noch einmal eingespielt, aber inhaltlich macht sich das Kondensieren selbständig: es entsteht ein »Redegefälle« bis zum »schmeckt dem sehr lecker«, das sich denn auch reproduktiv auf den Abschluß des Ausgangstextes bezieht. Der Versuch, einen problematischen Zusammenhang im Reden zu klären, ist durch einen gängigen Verarbeitungszugriff verdrängt, das zusammenfassende Rekapitulieren.

Frank scheint aber mit dem Problem ›Holzbeine‹ noch beschäftigt: Er macht nach (16) einen weiteren Explikationsversuch – bricht aber ab. Der Äußerungsansatz nach (9), der Satz (12) und der Versuch nach (16) stehen offenbar in einer Verbindung miteinander, die durch die Einschübe des Explizierens und Kondensierens als Exkurse und Vermeidungen unterbrochen wird. Worin aber besteht die Schwierigkeit?

Inhaltlich ist sie nur vage angedeutet (Holzbeine/Zeitpunkt des Abschnallens/Beziehung der Jungen dazu). Als Schwierigkeit der verbalen Textverarbeitung aber besteht sie darin, daß Frank auf kurzschrittige Explikationen fixiert bleibt, obwohl ihm die pure Chronologie des Geschehens deutlich ist, nicht aber die Bedeutung des Faktums, daß da Holzbeine in der Ecke stehen, für die Evaluation des Geschehens; und dies scheint ihn eigentlich zu beschäftigen. Einen Verarbeitungszug, der ihm erlaubte, sein Unverständnis zu artikulieren oder sein Verstehensproblem zu entfalten, setzt er in dieser Situation nicht ein – möglicherweise, weil er von einer klaren Verständnisbekundung zum Text abweicht.

Statt dessen sucht er einen Abschluß seiner Ausführungen in der Variation bzw. Reprise von (1) und (8): Als Verarbeitungshandlung ist dies wiederum Textbeschreiben mit gegenüber (8) zurückgenommenem subjektivem Bewertungsakzent. Solche punktuellen Textbeschreibungen sind im Schulkontext noch relativ geläufig. Die dreimalige Variation und die Position an den Gelenkstellen von Franks Verarbeitungstext zeigt aber nicht nur die relative Verfügbarkeit dieses Musters, sondern deutet zugleich noch einmal auf den assoziativen Gehalt des Spitznamens ›Schnauz‹ für ihn hin, was er aber auch an dieser Stelle nicht weiter entfaltet. Frank vermeidet den Ausbau von Verarbeitungszügen, die Verstehensprobleme oder analoge Erfahrungen ins Spiel bringen könnten – diese sind auch insgesamt nur in wenigen Verarbeitungstexten anzutreffen. Seine Textverarbeitung als Ganze besteht in einer additiven Verbindung einzelner Sprechhandlungen, die überwiegend rekapitulierenden Charakter haben – auch dies ist typisch für das gesamte Material.

4. Reichweite der Ergebnisse

Die hier vorgestellten Ergebnisse verstehen sich als vorläufig und ergänzungsbedürftig nicht nur in quantitativer Hinsicht.

Vor allem muß in Rechnung gestellt werden, daß die Textverarbeitung der Schüler nicht nur durch die institutionelle Lernsituation bedingt, sondern zugleich textsortenspezifisch und altersspezifisch geprägt ist.

Dazu hier noch zwei abschließende Bemerkungen:

1. Die kondensierende Speicherung und Reorganisation des Geschehens ist wahrscheinlich eine der grundlegenden Leistungen des Rezipienten in der Sukzession des Lektürevorgangs bei Erzählungen überhaupt. Der implizite theoretische Gehalt der Übung von Zusammenfassen und Nacherzählen im Grundschulunterricht wäre es dann, diese Basisaktivität der Rezeption eines Erzähltextes methodisch besonders zu berücksichtigen. Der Vorrang rekapitulierender Äußerungen zeigt aber ein Defizit in der Repräsentanz bedeutungserprobender Rezeptionsaktivitäten. Rekapitulieren antwortet nicht auf die Frage, *wie* der Text verstanden wurde, sondern *ob* er verstanden wurde. Die Bedeutung dieses Textes für den jeweiligen Leser bleibt dann unwesentlich und damit der Horizont seines Wissens und seiner Erfahrung aus der Kommunikation ausgeblendet. Die Betonung nach Leistungskriterien objektivierbarer Textverarbeitungsaktivitäten – deren kommunikativer und texterschließender Gehalt gering ist – scheint mir vor allem eine Gesetzmäßigkeit der schulischen Lernsituation zu sein, die in die Rollendefinitionen von Schülern und Lehrern eingegangen ist.

Den Lehrermaximen »sichere zunächst die grundlegenden Verstehensleistungen« und »vermeide Umwege« entspricht dann die Fixierung der Schüler auf das Aufgabe-Lösungsmuster[25] in der Textverarbeitung und die Maxime »vermeide Fehler«, die sie mit rekapitulierenden Äußerungen am sichersten befolgen.

2. Textverarbeitung, die über die vom erinnerten Wortlaut gestützte Rekapitulation hinausgeht, stellt erhebliche Anforderungen an sprachliche und kognitive Kompetenzen der Schüler. Dies gilt vor allem für begrifflich verallgemeinernde Textdeutungen, die – trotz ihres Stellenwerts im Unterricht, vor allem als Zielformulierungen des Lehrers – wohl deshalb in den Verarbeitungstexten so selten vorkommen, weil sie der kognitiven Entwicklung der Schüler dieses Alters nicht entsprechen, die nach Piaget die Stufe der konkreten Operation ist. Aber auch der Einwand liegt nahe, daß die Fähigkeit zur Versprachlichung evaluativer Reaktionen auf eine Geschichte, noch dazu in einem kontingenten Äußerungszusammenhang, bei Kindern dieses Alters nicht vorauszusetzen sei: um den tatsächlichen Verstehensvorgängen auf die Spur zu kommen, müsse man sensiblere, etwa tiefenpsychologisch orientierte Interpretationsmethoden erarbeiten und könne dann auch in rekapitulierenden Äußerungen individuelle Auffas-

sungen und subjektive Akzentuierungen erkennen. Meine Interpretation hatte jedoch zunächst das Ziel, eine Bestandsaufnahme dessen zu versuchen, was die Kinder in der verbalen Verarbeitung mit den Texten tun, und zwar *für ihre Gesprächspartner im Unterricht – Lehrer und Mitschüler – erkennbar tun.* Es ging also um die Aspekte der Textverarbeitung, die interaktional für Sprecher und Hörer von Bedeutung sind. Beide folgen dabei einem Kommunikationsmuster, das an den *deutlich thematisierten* Verarbeitungszügen und ihren *offenbaren* Leistungen festgemacht ist und über sie immer wieder bestätigt wird – bis hin zur entsprechenden interaktionalen Kanalisierung der Rezeptionsvorgänge im Unterricht. Ehe entwicklungstheoretisch differenzierte Aussagen zur Textrezeption möglich sind, muß man m. E. davon ausgehen, daß Schwächen im Bereich des verbalen Kommunizierens bei Grundschülern in der Regel nicht als Defizite der kognitiven Entwicklung oder linguistischen Kompetenz angesehen werden können. Jedenfalls ist der Mangel an imaginierenden, problematisierenden, analogisierenden Äußerungen – die erfahrungsgemäß bei jüngeren ungeschulten Lesern neben moralischen Urteilen häufig sind und das Engagement am angebotenen Erlebnisgehalt der Geschichte signalisieren – eher erklärbar aus ihrer Einstellung zur verbalen Kommunikation in der Schule.

Ich möchte annehmen, daß unter den evaluierenden Textverarbeitungshandlungen das Stellungnehmen sich schulischen Zielen der Norm- und Verhaltensorientierung eher integrieren läßt als ein subjektiv-erfahrungsorientiertes, kreatives und assoziatives Umgehen mit literarischen Texten. Trotz ihrer Adäquanz an den Gegenstand, ihres höheren kommunikativen Gehalts und diagnostischen Werts für den Lehrer sind solche Verarbeitungshandlungen in der Regel eben nicht Gegenstand methodischer Aufmerksamkeit.

Literarisches Lernen, das die Einübung in die Diskurssorte ›Literatur‹ sein will, scheint in Konflikt mit der institutionell und organisatorisch bestimmten Definition der Unterrichtskommunikation bei Schülern und Lehrern zu geraten. Unsere Ergebnisse berechtigen zumindest, die Frage nachdrücklicher zu stellen, ob der gegenwärtige Literaturunterricht in der Grundschule überhaupt in der Lage ist, den Schülern die praktische Erfahrung zu vermitteln, daß Umgang mit Literatur auf etwas anderes zielt als sprachliche Übung und konventionelle Normbestätigung. Entschulung des Literaturunterrichts – erlebnisbetontes Lesen in der Schule ohne Kommunikation über Texte –, soviel dürfte klar sein, ist allein kein Lösungsweg. Der Unterricht muß Hilfen geben für eine Textreflexion, die die außerschulische Lektüre mit ihren gängigen Lesemustern den meisten Schülern eben nicht gestattet. Das wird nicht ohne neue Methodisierungen und Schulrituale möglich sein. Wichtig scheint mir jedoch vor allem, daß der Literaturunterricht nicht durch die eingeübte Textverarbeitungspraxis selbst die Ansicht bestätigt, literarische Texte seien für die Auseinandersetzung mit erfahrbarer Wirklichkeit im Grunde bedeutungslos.

Anmerkungen

1 Das Projekt »Rezeption fiktionaler Erzählungen in der Primarstufe« wird von der Universität Essen-GHS gefördert. Teilergebnisse aus der Voruntersuchung sind veröffentlicht in Hurrelmann (1978).

2 So sieht z. B. Schmidt ((1972), S. 69), darin, daß der literarische Text sich nicht als Anweisung für das gesellschaftlich herrschende Wirklichkeitsmodell verstehen lasse, »die zugleich erkenntniskritische und politische Leistung literarischer Kommunikation«; nach Stierle (1975), S. 31 ff., leistet literarische Kommunikation für den Leser die »Problematisierung von Schemata pragmatischer Sprachhandlungen«; nach Iser (1976), S. 109, wird der fehlende Situationskontext literarischer Rede für den Leser »als Antriebsenergie wirksam, nun die Bedingungen der Verständigung zu erzeugen«; Jauß (1977), S. 59, beschreibt literarische Erfahrung als »Teilhabe und Aneignung«, »Erfahrung seiner selbst im Andersseinkönnen«.

3 Dies gilt vorerst freilich für die didaktische Theorie. Dazu etwa Hoppe (1976); Weber (1977); Kreft (1977), bes. S. 208 ff.; Spinner (1979).

4 Definition in Anlehnung an Schütze (1976) und Kallmeyer & Schütze (1977).

5 Dies gilt besonders für Hillmann (1974); Bauer (1972); Groeben (1972), Kap. II.

6 Eine Geschichte der Lesesituationen gibt es erst in Ansätzen. Vgl. Engelsing (1969), Habermas (1971⁵), Schön (1977).

7 Vgl. den Überblick bei Albrecht (1976).

8 So ist es grundsätzlich problematisch, ›das‹ privat-intime Leseverhalten der Einzellektüre als primäres und ›natürliches‹ von anderen Leseformen zu unterscheiden.

9 Eggert u. a. meinen bei älteren Schülern des Gymnasiums eine Art »Doppelsprachigkeit« feststellen zu können, die das ›eigentliche‹ Textverstehen neben dem schulgerechten bewahrt ((1974), S. 275 u. (1975), S. 290). Es bleibt aber fraglich, ob diese Verhaltensweise nicht eine exklusive Möglichkeit kulturell privilegierter Schüler darstellt, denen für Texte der Schule auch innerhalb dieses Handlungskontextes eine privat akzentuierte Rezeptionsweise zur Verfügung steht. Für das Gros der Schüler dürfte gelten, daß sie mit den Mustern der schulischen Textverarbeitung auch die Texte des schulischen Kanons identifizieren und beides beiseiteschieben, wenn sie ›privat‹ lesen.

10 Die Texte waren differenziert nach der Erzählerrepräsentanz im Text (Ich-Erzählung/kommentierte Erzählung/neutrale Erzählung) und nach ihrer Übereinstimmung mit einem ›normalen‹ Wirklichkeitsbild (realistische Erzählung/Kriminalschema/Märchenparabel). Die Bedeutung von Texteigenschaften für die Textverarbeitung kann im hier diskutierten Zusammenhang leider nur am Rande berücksichtigt werden.

11 Der Text ist ein charakteristisches Beispiel neuerer realistischer Kinderliteratur. Er wurde entnommen aus: H.-J. Gelberg (Hg.): Drittes Jahrbuch der Kinderliteratur. Menschengeschichten. Weinheim: Beltz 1975, S. 87 f.

12 Aufnahmen des aktuellen Unterrichts können zwar das Kommunikationsmuster ›Unterricht‹ erfassen, man ist jedoch bei der Analyse von Schülerbeiträgen immer auf einige wenige Schüler angewiesen, deren Äußerungen möglicherweise gerade nicht repräsentativ sind. Vgl. vor allem Bellack u. a. (1974); zum Literaturunterricht Roeder & Schümer (1976); zur Kritik unterschiedlicher Analyseverfahren s. Ehlich & Rehbein (1976). Die Regularitäten der Sprecherselektion auf Schülerseite werden m. W. bisher von keiner der vorliegenden Kommunikationsanalysen berücksichtigt.

13 Ehlich & Rehbein (1977) haben eine Differenzierung unterschiedlicher Wissenstypen, die für das Handeln innerhalb von Institutionen wesentlich sind, vorgenommen. Danach ist das Musterwissen »bei allen beteiligten Handelnden, allen Ko-aktanten vorausgesetzt, kann jedoch in seiner Ausprägung bei einzelnen Ko-aktanten hinter der Komplexität des Gesamtmusters zurückbleiben« (S. 67).

14 Angst oder Befangenheit gab es in der Interviewsituation wenig, die Kinder kannten mich aus längerer Unterrichtsassistenz, Tonbandgeräte besitzen viele Kinder selbst, wir führten ein kurzes ›Aufwärmungsgespräch‹. Die meisten Kinder schienen das Interview als willkommene Gelegenheit aufzufassen, sich aus dem laufenden Unterricht eine Zeitlang zu entfernen.

15 Bisherige Untersuchungen haben den kommunikativen Aspekt und damit den Sprechhandlungscharakter der Textverarbeitung vernach-

lässigt. Dies gilt sowohl für Wienold, dem es um die Definition systematisch-hierarchischer Beziehungen zwischen grundlegenden Verarbeitungsoperationen geht (Rieser & Wienold (1974) als auch für Kummer (1977), die Verarbeitungstexte auf wiederkehrende Schlußfiguren über den Ausgangstext untersucht, als auch für Hillmann (1974), der Verarbeitungstexte nach konkret-inhaltlichen Beziehungen zum Ausgangstext zu ordnen versucht, ohne nach Sprechhandlungen zu differenzieren.

16 Ich beziehe mich hier auf Stierle (1975), der für Erzählungen eine »dreigliedrige Konstitutionsrelation« annimmt (S. 49–55); vgl. auch Kraft u. a. (1977).

17 Wienold (1974) scheint in seiner Analyse einer Romankritik eine allgemeingültige hierarchische Gruppierung der sechs von ihm herausgestellten Verarbeitungsrelationen (Referentialisieren/Paraphrasieren/Kondensieren/metatextuell Beschreiben/Bewerten/Begründen) anzustreben. Vgl. zur Kritik auch Gülichs Hinweis auf »textsortenspezifische Verarbeitungsbeziehungen« bei Resultattexten von Erzählungen (Gülich & Raible (1977), S. 305).

18 Die angegebene Zahlenfolge bezeichnet hier wie bei späteren Beispielen den zitierten Transkriptausschnitt in der Folge: Schulklasse/Ausgangstext/Interviewabschnitt/Schüler/Seitenzahl des Transkripts.
Die hier zitierten Interviews wurden im August/September 77 in einer Grundschule in Essen aufgenommen; die Transkription erfolgte September bis Dezember 1977.

19 Die kursive Schreibung soll die innerhalb der Äußerungseinheiten zentralen Verarbeitungspassagen hervorheben, ist also kein Transkriptionszeichen.

20 Vgl. zum Problem des schulischen Erzähltextparadigmas den Beitrag von K.-P. Klein in diesem Band.

21 In entsprechenden Anleitungen des Aufsatzunterrichts steht sie meist neben der sog. ›Erlebniserzählung‹, ›Phantasieerzählung‹, dem ›Zu-Ende-Erzählen‹ oder ›Erzählen nach Reizwörtern‹. Vgl. Büscher & Schilling (1976); Mann (1977); Richtlinien und Lehrpläne für die Grundschule in Nordrhein-Westfalen (1973), S. D/SP 12 f.

22 Einen Überblick gibt W. Klein (1978), S. 31 ff.

23 Bei W. Klein (1978) ist die Nacherzählung eine unter verschiedenen Textsorten seines Materials. Er hebt auf den Vergleich der Textkohäsion zwischen Vorlage, Nacherzählung und den übrigen Erzählungen der Kinder ab, kommt aber bei verschiedenen Ausgangstexten hinsichtlich unterschiedlicher Kohäsionsmerkale zu z. T. auseinanderliegenden Ergebnissen. Zusammenfassend stellt er vor allem eine erhebliche Abweichung der Nacherzählung von den übrigen Erzählungen der Kinder heraus (S. 166).

24 Vgl. die Übersicht über die Entwicklung des moralischen Urteils bei

Kohlberg (1974), S. 60 f., auf der Grundlage des Forschungsansatzes von Piaget (1973).

25 Vgl. hierzu und zum Maximen-Begriff Ehlich & Rehbein (1977).

Literaturverzeichnis

Albrecht, R. (1976) Leseverhalten und Lektüregebrauch. In: Diskussion Deutsch 7, S. 367-384.

Bauer, W. u. a. (1972) Text und Rezeption. Wirkungsanalyse zeitgenössischer Lyrik am Beispiel des Gedichts »Fadensonnen« von Paul Celan. Frankfurt: Athenäum.

Bellack, A. u. a. (1974) Die Sprache im Klassenzimmer. Düsseldorf: Schwann.

Büscher, J. & Schilling, H. (1976) Aufsatzbewertung auf der Primarstufe. Kastellaun: Henn.

Dehn, W. (Hg.) (1974) Ästhetische Erfahrung und literarisches Lernen. Frankfurt: Athenäum

Eggert, H. u. a. (1974) Literaturrezeption von Schülern als Problem der Literaturdidaktik. In: W. Dehn (Hg.) (1974), S. 267-298.

Eggert, H. u. a. (1975) Die im Text versteckten Schüler. Probleme einer Rezeptionsforschung in praktischer Absicht. In: G. Grimm (Hg.) (1975), S. 272-294.

Ehlich, K. & Rehbein, J. (1976) Sprache im Unterricht – Linguistische Verfahren und schulische Wirklichkeit. In: Studium Linguistik 1, S. 47-69.

Ehlich, K. & Rehbein, J. (1977) Wissen, kommunikatives Handeln und die Schule. In: H. C. Goeppert (Hg.) (1977), S. 36-114.

Engelsing, R. (1969) Die Perioden der Lesergeschichte in der Neuzeit. In: Archiv für Geschichte des Buchwesens 10, S. 945-1002.

Goeppert, H. C. (Hg.) (1977) Sprachverhalten im Unterricht. München: Fink.

Grimm, G. (Hg.) (1975) Literatur und Leser. Modelle zur Rezeption literarischer Werke. Stuttgart: Reclam.

Groeben, N. (1972) Literaturpsychologie. Literaturwissenschaft zwischen Hermeneutik und Empirie. Stuttgart: Kohlhammer.

Gülich, E. & Raible, W. (Hg.) (1972) Textsorten. Differenzierungskriterien aus linguistischer Sicht. Frankfurt: Athenäum.

Gülich, E. & Raible, W. (1977) Linguistische Textmodelle. Grenzen und Möglichkeiten. München: Fink.

Habermas, J. (1962) (1971^5) Strukturwandel der Öffentlichkeit. Untersuchungen zu einer Kategorie der bürgerlichen Gesellschaft. Neuwied: Luchterhand.

Hillmann, H. (1974) Rezeption-empirisch. In: W. Müller-Seidel (Hg.) (1974), S. 433-449.

Hoppe, O. (Hg.) (1976) Kritik und Didaktik des literarischen Verstehens. Kronberg: Scriptor.

Hurrelmann, B. (1978) Überlegungen zur Verarbeitung fiktionaler Erzähltexte durch Kinder im Grundschulalter. In: Diskussion Deutsch 9, S. 406-420.

Iser, W. (1976) Der Akt des Lesens. Theorie ästhetischer Wirkung. München: Fink.

Jauß, H. R. (1977) Ästhetische Erfahrung und literaturwissenschaftliche Hermeneutik. Bd. 1: Versuche im Feld ästhetischer Erfahrung. München: Fink.

Kallmeyer, W. & Schütze, F. (1977) Zur Konstitution von Kommunikationsschemata der Sachverhaltsdarstellung. In: D. Wegner (Hg.) (1977), S. 159-274.

Klein, W. (1978) Linguistik und Didaktik der Kindersprache im Grundschulalter. Untersuchungen zur Konstitution und Kohäsion von Schülertexten. Paderborn: Schöningh.

Kohlberg, L. (1974) Zur kognitiven Entwicklung des Kindes. Drei Aufsätze. Frankfurt: Suhrkamp.

Kraft, E. u. a. (1977) Die Konstitution der konversationellen Erzählung. In: Folia Linguistica XI, S. 287-337.

Kreft, J. (1977) Grundprobleme der Literaturdidaktik. Eine Fachdidaktik im Konzept sozialer und individueller Entwicklung. Heidelberg: Quelle & Meyer.

Mann, Ch. (1977) Aufsatzunterricht mit Acht- bis Zwölfjährigen. Grundlagen-Planung-Unterrichtshilfen. München: Kösel.

Müller-Seidel, W. (Hg.) (1974) Historizität in Sprach- und Literaturwissenschaft. München: Fink.

Piaget, J. (1973) Das moralische Urteil beim Kinde. Frankfurt: Suhrkamp.

Richtlinien und Lehrpläne für die Grundschule in NRW (1973). Ratingen: Henn.

Rieser, W. & Wienold, G. (1974) Überlegungen zur Rolle des Konzepts der Textverarbeitung beim Aufbau einer empirischen Sprachtheorie. Vorlage für das Kolloquium ›Die Rolle der Grammatik in der nicht-automatisierten und automatisierten Textverarbeitung‹ am ZiF der Universität Bielefeld, Teile I u. II.

Roeder, P. M. & Schümer, G. (1976) Unterricht als Sprachlernsituation. Eine empirische Untersuchung über die Zusammenhänge der Interaktionsstrukturen mit der Schülersprache im Unterricht. Düsseldorf: Schwann.

Saint-Exupéry, A. de (o. J.) Der kleine Prinz. Düsseldorf: Rauch.

Sanner, R. (1964) (1970³) Aufsatzerziehung und Ausdruckspflege. München: Kösel.

Schmidt, S. J. (1972) Ist ›Fiktionalität‹ eine linguistische oder texttheoretische Kategorie? In: E. Gülich & W. Raible (Hg.) (1972), S. 59-71.

Schmidt, S. J. (1975) Literaturwissenschaft als argumentierende Wissenschaft. Zur Grundlage einer rationalen Literaturwissenschaft. München: Fink.

Schön, E. (1977) Über einige gesellschaftliche Rezeptionsbedingungen von Literatur. In: Der Deutschunterricht 29, H. 2, S. 26-48.

Schütze, F. (1976) Zur soziologischen und linguistischen Analyse von Erzählungen. In: Internationales Jahrbuch für Wissens- und Religionssoziologie 10, S. 7-41.

Spinner, H. K. (1979) Die Bedeutung der ästhetischen Dimension im Deutschunterricht. In: Mitteilungen des deutschen Germanistenverbandes 26, S. 1-11.

Stierle, K. (1975) Text als Handlung. Perspektiven einer systematischen Literaturwissenschaft. München: Fink.

Weber, H. D. (1977) Didaktische Folgen der Rezeptionsästhetik. In: Der Deutschunterricht 29, H. 2, S. 3-12.

Wegner, D. (Hg.) (1977) Gesprächsanalysen. Hamburg: Buske.

Wienold, G. (1972) Semiotik der Literatur. Perspektiven für die Literaturwissenschaft. Frankfurt: Athenäum.

V

Elisabeth Gülich
Konventionelle Muster und kommunikative Funktionen von Alltagserzählungen

In dem folgenden Beitrag wird vorgeschlagen, zwischen zwei Arten von Erzählungen zu unterscheiden, die als ›funktionale‹ und ›nicht-funktionale‹ Erzählungen bezeichnet werden. ›Funktionale‹ Erzählungen sind solche, die aufgrund des Inhalts der erzählten Geschichte eine bestimmte kommunikative Funktion in einem übergeordneten Handlungsschema erfüllen, z. B. Belegfunktion in einem argumentativen Zusammenhang. Als ›nicht-funktional‹ werden Erzählungen bezeichnet, die keine solche handlungsschematische Funktion erfüllen. Auch solche Erzählungen haben zwar eine Funktion, aber sie ergibt sich eher aus der Beziehung zwischen den Kommunikationspartnern, und der Inhalt der Geschichte ist für sie nicht oder nur in geringem Maße relevant. Beide Arten von Erzählungen unterscheiden sich deutlich in ihrer Struktur und in der sprachlichen Form. In ›nicht-funktionalen‹ Erzählungen ist vor allem eine andere Art der Detaillierung und der Relevanzsetzung als in »funktionalen« zu beobachten, und es wird in besonderem Maße von konventionellen sprachlichen Mustern Gebrauch gemacht, die auf ein bewußtes Bemühen des Erzählers um die sprachliche Gestaltung schließen lassen.

o. Vorbemerkung

Mit den folgenden Überlegungen soll ein Beitrag zur Diskussion über die Funktionen von Erzählungen in Kommunikations- bzw. Interaktionsprozessen geleistet werden. Es handelt sich weniger um gesicherte Ergebnisse als um Hypothesen, die anhand einiger Beispieltexte formuliert und diskutiert werden sollen.[1] Das Beispielmaterial besteht aus deutschen und französischen Erzähltexten; es werden sowohl mündliche Texte (Transkripte von Tonbandaufnahmen) als auch schriftliche zugrundegelegt. Durch die Auswahl von Texten aus zwei Sprachen soll deutlich werden, daß die hier vorgelegten Beobachtungen nicht spezifisch für eine Einzelsprache sind. Ein systematischer Vergleich zwischen deutschen und französischen Erzähltexten wird nicht angestrebt.

Als Beschreibungsrahmen dient der konversationsanalytische Ansatz von Kallmeyer & Schütze (1977), den ich in einigen Punkten durch eigene Beobachtungen zur Gliederung von Erzähltexten ergänze (vgl. z. B. Gülich & Raible (1974), Gülich (1976)).

1. Funktionale Erzählungen

1.1. Erzählungen in mündlicher Kommunikation

In der neueren linguistischen Erzähltextanalyse wird – etwa im Unterschied zur strukturalen Analyse von Erzähltexten – allgemein davon ausgegangen, daß Alltagserzählungen (»konversationelle Erzählungen« im Sinne von Quasthoff) in Interaktionszusammenhänge eingebettet sind und in diesen Zusammenhängen bestimmte kommunikative Funktionen erfüllen. Ich will das anhand eines Beispiels verdeutlichen und dabei zugleich den Beschreibungsansatz von Kallmeyer & Schütze (1977) kurz skizzieren.

Bei dem Beispiel handelt es sich um einen Ausschnitt aus einer Sendung der Reihe »Hallo Ü-Wagen«, die jede Woche im zweiten Programm des WDR gesendet wird. In der Sendung, aus der dieser Ausschnitt stammt, geht es um die Probleme von Ausländern, die in der Bundesrepublik leben. Innerhalb der Sendung wird zu Beginn der sogenannten »Fragestunde« von einem Spanier die unfreundliche Behandlung, die Ausländer durch deutsche Behörden erfahren, kritisiert. Darauf antwortet Herr Becker, ein Vertreter der Kreisverwaltung (B.):

(1)
B.:   (...) ich kann Ihnen das also nicht bestätigen, obwohl ich sagen muß' es is... hin und wieder beim Ausländeramt eine gewisse Hektik festzustellen'... aber... äh. die Leute bemühen sich höflich zu sein'... und sie *tun* das in der
5   Regel auch,...

J.:   Jowanka Mikalatschki Sozialarbeiterin für a jugoslawische Arbeitnehmer bei der Arbe terwohlfahrt,... ich kann leider das nicht bestätigen, was Herr Becker eben behauptet hat'... besonders die Erfahrung die *meine* Landsleute
10   ich persönlich und meine Kollegen. mit dem Ausländeramt Schwelm gemacht haben,...

C.:   muß man n bißchen beschreiben'
J.:   bitte'
C.:   was sind denn das für Erfahrungen,
J.: 15   das sind (die) Erfahrungen die Leute wie Sie eben gesagt haben... also... muffig sind oder muffig äh die Leute ansprechen, die zu ihnen kommen' und die Hilfe sich holen'... weil die Leute kommen um die *Hilfe* zu holen um sein Recht zu holen und nich nicht da angeschnauzt zu werden,
20   ... und das *passiert* leider sehr oft,... ich habe jetzt ein Fall von meine Kollegin erfahren'... die is mit einem Klient von uns dagewesen' angeblich sollten ihm *alle* Rechte da abgelaufen sein,... und als der Kollege von Kreisverwaltung Ausländeramt äh also aus Schwelm'... rausge-
25   gangen is der meine Kollegin und unseren Mandant betreuen sollte'... hat der Kollege der mit ihm im Zimmer zusammensaß' eine *andere* Auskunft gegeben, also nicht zusammen'... sondern getrennt,...
   (WDR II, »Hallo Ü-Wagen«, 21. 4. 1977)[2]

Kallmeyer & Schütze ((1977), S. 159 f.) schlagen für die Beschreibung von kommunikativer Interaktion drei Ordnungsebenen vor: die Ebene der Gesprächsorganisation (Gesprächsschema), die Ebene der Handlungskonstitution (Handlungsschema) und die Ebene der Sachverhaltsdarstellung (Sachverhaltsschema).[3] Auf allen drei Ebenen haben die an der Kommunikation Beteiligten bestimmte Aufgaben zu lösen.

In Beispiel (1) wird das Gesprächsschema dadurch konstituiert, daß in einem bestimmten Teil der Sendung, der »Fragestunde«, alle Anwesenden die Möglichkeit haben, Fragen an sogenannte Experten zu stellen. Durch die erste Frage (die dem als Beispiel abgedruckten Ausschnitt vorangeht) wird ein Handlungsschema begonnen, das ich zusammenfassend als ›Kritik an Behörden üben‹ bezeichne. Auf das Gesprächsschema und das Handlungsschema will ich jedoch nicht weiter eingehen, da im Zusammenhang der hier vorgetragenen Überlegungen vor allem die dritte Ebene, die der Sachverhaltsdarstellung, interessiert. Sachverhaltsschemata sind nach Kallmeyer & Schütze solche, die eine komplexe, zusammenhängende Darstellung eines Sachverhalts zum Inhalt haben, d. h. in ihnen wird das Wissen von bestimmten Sachverhalten expliziert. Dies bringt eine Asymmetrie in der Verteilung der kommunikativen Rollen mit sich: Der Träger des Schemas, also derjenige, der z. B. etwas beschreibt oder erzählt, bekommt extensives Rederecht. »Sachverhaltsschemata werden stets in Handlungsschemata eingebettet, d. h. sie werden durch bestimmte Handlungszüge ausgelöst und haben eine Funktion im Rahmen des übergeordneten Handlungsschemas« (Kallmeyer & Schütze (1977), S. 163). Sachverhaltsschemata sind unter dem Aspekt ihrer Handlungsfunktionalität zu betrachten (ebd., S. 164).

In Beispiel (1) werden in dem Gesprächsbeitrag von Jowanka drei verschiedene Sachverhaltsschemata angedeutet: argumentieren (Z. 7-11), beschreiben (Z. 15-20) und erzählen (Z. 20-28). Dabei wird das Argumentationsschema von Jowanka selbst ausgelöst, die beiden anderen Sachverhaltsschemata hingegen werden durch Aufforderungen bzw. Fragen der Moderatorin Carmen Thomas (C.) (Z. 12 und 14) ausgelöst, deren Informationsbedürfnis durch das Argumentationsschema offenbar nicht befriedigt ist. Die Erzählung kommt also zustande durch ein Informationsdefizit des Kommunikationspartners – das ist eine der klassischen Voraussetzungen für das Erzählen in Alltagssituationen (vgl. Kallmeyer & Schütze (1977, S. 169)). Das Erzählschema wird als Strukturzusammenhang abgegrenzt gegen das vorangegangene Beschreibungsschema durch eine vorgreifende Andeutung (vgl. Kallmeyer & Schütze (1977), S. 170): »ich habe jetzt ein Fall von meine Kollegin erfahren« (Z. 20 f.). Dieser Satz genügt in diesem Kontext als vorgreifende Andeutung, da aus den vorangegangenen Argumentations- und Beschreibungsschemata klar hervorgeht, daß es sich um einen Fall von unfreundlicher Behandlung durch Behörden handeln muß.

Sachverhaltsschemata haben nach Kallmeyer & Schütze ((1977), S. 164) relativ stabile Binnenstrukturen oder ›kognitive Strukturen‹. Insbesondere vier kognitive Strukturen sind konstitutiv für das Erzählschema: Ereignisträger, Ereigniskette, Situation und thematische Geschichte (ebd., S. 176). Die Durchführung dieser kognitiven Strukturen geht in geordneten Verfahren vor sich, die von Kallmeyer & Schütze als Kombination bestimmter ›Zugzwänge‹[4] beschrieben werden. Es werden drei grundlegende Zugzwänge unterschieden:

1. Der Relevanzfestlegungs- und Kondensierungszwang:
Er besagt, daß der Erzähler sich veranlaßt sieht, nur das zu erzählen, was als ›Ereignisknoten‹ innerhalb der zu erzählenden Geschichte relevant ist. Er gewichtet und bewertet alle Einzelereignisse und Situationen fortlaufend unter dem Gesichtspunkt der Gesamtaussage der zu erzählenden Geschichte.
2. Der Detaillierungszwang:
Der Erzähler steht vor der Aufgabe, so weit – und *nur* so weit – ins einzelne zu gehen, wie es für die Gesamtaussage und für den übergeordneten Handlungszusammenhang notwendig ist. Er hält sich dabei an die tatsächliche Reihenfolge der von ihm erzählten Ereignisse. Dies wird als die ›Parallelitätskomponente‹ des Detaillierungszwangs bezeichnet.
3. Der Gestaltschließungszwang:
Der erzählte Sachverhalt muß gegen andere Sachverhalte abgegrenzt werden, d. h. der Erzähler steht vor der Aufgabe, die in der Erzählung darstellungsmäßig begonnenen kognitiven Strukturen auch wieder abzuschließen.
(Nach Kallmeyer & Schütze (1977), S. 162, 188 ff.)

Diese Zugzwänge sind im Zusammenhang der Überlegungen zu den kommunikativen Funktionen von Erzählungen von besonderem Interesse. Im Beispiel (1) manifestiert sich der Relevanzfestlegungs- und Kondensierungszwang deutlich darin, daß die Erzählerin Jowanka sich strikt auf das beschränkt, was für das übergeordnete Handlungsschema relevant ist, was also die unfreundliche Behandlung von Ausländern bei Behörden betrifft. Sie gibt zu anderen Punkten keine Details, z. B. führt sie das spezielle Problem des »Klienten« nicht näher aus. Vielmehr manifestiert sich der Detaillierungszwang nur bei zwei kognitiven Strukturen: bei der Einführung des wichtigsten Ereignisträgers, nämlich des Beamten im Ausländeramt, über den vergleichsweise ausführliche Angaben gemacht werden (Z. 23-26) und bei der ›thematischen Geschichte‹: Der letzte Satz faßt in Form einer

Ergebnisfeststellung oder eines Fazits (»also nicht zusammen sondern getrennt«) noch einmal zusammen, worauf es in der Erzählung ankommt. Gerade weil die Erzählung so kurz ist, fällt die Detaillierung nur an diesen beiden Stellen besonders auf. Im letzten Satz manifestiert sich zugleich auch der Gestaltschließungszwang, da hiermit der begonnene Strukturzusammenhang des Erzählschemas gegen andere Schemata abgeschlossen wird und so – entsprechend der vorgreifenden Andeutung (»ich habe jetzt ein Fall . . .«) – eine Herauslösung bewirkt wird. Was die Ereigniskette betrifft, so läßt sich in ihr deutlich die Parallelitätskomponente des Detaillierungszwangs beobachten: Die Reihenfolge in der Erzählung entspricht der Reihenfolge der Ereignisse.

Die Erzählung von Jowanka fungiert also im übergeordneten Handlungsschema ›Kritik an Behörden üben‹ als Beispiel- oder Belegerzählung. Sie erfüllt damit eine spezifische kommunikative Funktion, die sich sowohl aus diesem übergeordneten Handlungsschema als auch aus dem erzählten Sachverhalt ergibt. Eben weil der Sachverhalt einen »Fall« von unangemessener Behandlung von Ausländern durch eine Behörde darstellt, kann er in dem übergeordneten Handlungsschema dieser Fragestunde als Beispiel dienen.

Auch im folgenden Textausschnitt ist die Erzählung in ein Argumentationsschema eingebettet. Im Unterschied zu der Erzählung in Beispiel (1) wird sie vom späteren Erzähler selbst, der auch Träger des Argumentationsschemas ist, ausgelöst, und es handelt sich um eine selbst erlebte Geschichte, nicht wie in (1) um einen von jemand anderem erfahrenen Sachverhalt.

Der Beispieltext ist ein Ausschnitt aus einem Gespräch über die Friedensfrage. In einem Café sitzen etwa 10 Personen verschiedener Altersstufen zusammen. Das übergeordnete Handlungsschema könnte man als ›Aushandlung von politischen Relevanzsystemen‹ bezeichnen. Einer der Gesprächsteilnehmer hat sich in einem vorangegangenen Beitrag gegen die Aufrüstung ausgesprochen und die These aufgestellt, daß die Jugend den Frieden will. Die erste Sprecherin in dem folgenden Ausschnitt, eine ältere Dame (Frau Merten), vertritt offenbar ein anderes Relevanzsystem und assoziiert diese These mit »links«.

> (2) Frau Merten:
> (. . .) und ich meine wenn man mit dem Osten
> Kontakt *hat'* . . . direkten Kontakt. dann weiß
> man doch' . . . was unter Umständen auf uns
> zukommen könnte' . . . wenn äh wir *nicht* . . .

5 äh doch defensiv wären, . . . ((schneller)) und
es geht doch *darum* daß wir *defensiv* sind.
darum können wir darum *wollen* wir doch den
Frieden, oder wer will ihn *nicht*' . . . hier bei
uns. kennen Sie jemand der den *Krieg* will, . . .
10 hier in der Bundesrepublik, . . . ((lauter))
und ich meine diese Appelle' . . . da sollten
unsere jungen Menschen . . . die hier so . . .
wirklich doch also. *revolutionär* sind, und
junge Menschen *sollen* revolutionär sein
15 ich verstehe das wohl und. *sollen* aktiv sein
. . . und äh aber warum gehen sie nicht mal
rüber, äh . . . warum ((mit Nachdruck)) versuchen sie nicht mal äh da drüben diese
Ideen in *der* Form äh äh möcht ich sagen äh
20 zum Tragen zu bringen, + . . . als hier. die . . .
((schnell)) jetzt komm ich vielleicht auf ein
etwas anderes Thema, + als hier die Fachhochschule also äh. freigegeben wurde zur
Besichtigung' da gehörte ich zu einer Gruppe'
25 . . . und der . . . der äh Anführer der Gruppe . . .
((leiser, schneller)) äh na ich will den Namen nicht nennen, ich hab mich nach dem
Namen erkundigt'. ich möchte äh also . . . es
is an sich nichts dabei' + und da sagt er ja
30 jetzt gehn wir ne Weile rechts und dann *links,*
. . . *so* sage ich, also jetzt komm ich mit
links da rein ((beiläufig)) aber das möchte
ich eigentlich gar nicht + und da sagt er' äh
ja das ist ja wohl nötig daß wir links gehen,
35 ich sag äh . . na *gut* sag ich warum versuchen
Sie dann diese Art Thesen nicht äh drüben an-
zubringen' . . . und da sagt er ((lauter, lebhaf-
ter)) ich *komme* ja von drüben da *kann* ich
das ja nicht, . . . + sehen Sie und dieser *ganze*
40 Komplex, . . . der is wirklich sehr so großräumig
daß man das mein ich . . . gar nicht so sagen
kann' so, also. wir sollen uns dagegen weh-
ren' gegen eine defensive Aufrüstung, . . . so *is*
es doch, . . .
45 (. . .)
Frau Schneid:
ich habe neulich mit einem Militärpfarrer gesprochen und der hat mir gesagt Sie glauben

gar nicht wie furchtbar schwer ich es habe,
wie ich angegriffen werde, *auch* von meinen
50 Amtsbrüdern . . . dabei haben wir gerade eine
Tagung gehabt . . . ((nachdrücklich, langsam))
wir *sind verpflichtet'* dem *äußersten* Frieden
zu dienen. und *das* is und ich meine. ((schneller)) gerade was Frau Merten sagte wir von
55 der + . . . alten Generation wir sind doch wirklich
entsetzlich bedient *mit* dem Krieg, und *wie*
sind wir für den Frieden, aber wir brauchen
nicht. uns auf die *linke* Seite zu schlagen' um
den Ideologien und den Utopien über den Frie-
60 den nachzugehen, . . . sondern *den* suchen wir
woanders,
(EG 1977)[2]

Die Herauslösung des Sachverhaltsschemas ›Erzählen‹ aus dem
übergeordneten Sachverhaltsschema ›Argumentieren‹ erfolgt hier
durch die explizite Ankündigung von etwas Neuem: »jetzt komm
ich vielleicht auf ein etwas anderes Thema« (Z. 21 f.). Interessant
ist, daß dieser Satz als Korrektur auf einen abgebrochenen Satz
»als hier die« folgt, der als Situationsangabe für das Herauslösen
des Strukturzusammenhangs nach Meinung der Sprecherin offenbar nicht genügt; er wird deshalb abgebrochen und erst nach der
expliziten Ankündigung wieder aufgenommen und vervollständigt: »als hier die Fachhochschule also äh. freigegeben wurde zur
Besichtigung« (Z. 22 f.). Auch hier lassen sich die Auswirkungen
des Relevanzfestlegungs- und Kondensierungszwangs einerseits
und des Detaillierungszwangs andererseits gut beobachten. Detailliert wird nur das, was die Auseinandersetzung um die politischen Relevanzsysteme betrifft. Besonders auffällig ist dabei die
Detaillierung bei der Einführung des Ereignisträgers, des »An-
führers der Gruppe« (Z. 25), also des späteren Kontrahenten der
Erzählerin. Detailliert wird ferner der eigentliche Konflikt über
die Notwendigkeit, »links zu gehen«, für den die Erzählerin das
Mittel der »szenischen« Wiedergabe (Wildgen (1977), S. 105 f.)
wählt, indem sie Rede und Gegenrede wörtlich wiedergibt.[5]
Relevant gesetzt werden also der Ereignisträger und der Teil der
Ereigniskette, der aus einer Abfolge von sprachlichen Handlungen besteht. Etwaige weitere Umstände im Zusammenhang mit
der Besichtigung der Fachhochschule erscheinen der Erzählerin
in diesem Zusammenhang offenbar nicht als relevant. Die Besich-

tigung dient lediglich als Situationsangabe. Der Strukturzusammenhang wird abgeschlossen (Gestaltschließungszwang) durch den letzten Beitrag in dem erzählten Dialog: »ich *komme* ja von drüben da *kann* ich das ja nicht« (Z. 38 f.), mit dem die Erzählerin an die unmittelbar vor der Erzählung von ihr selbst formulierte Frage »warum gehen sie nicht mal rüber« (Z. 16 f.) anknüpft. Mit dem nächsten Satz nimmt sie ihre These von der Notwendigkeit einer defensiven Aufrüstung wieder auf, die sie bereits in der Argumentation vor der Erzählung vertreten hatte (Z. 1-6). Die Funktion der Erzählung besteht für die Erzählerin demnach darin, diese These zu stützen und zugleich ein Argument dafür zu bringen, daß man nicht »links« zu sein braucht, um den Frieden zu wollen. Zumindest wird die Erzählung von der Gesprächspartnerin Frau Schneid, die ebenfalls der älteren Generation angehört (vgl. Z. 54 f.), als ein solches Argument behandelt: »wir brauchen *nicht* uns auf die *linke* Seite zu schlagen« (Z. 57 f.). Frau Schneid bezieht sich dabei ausdrücklich auf ihre Vorrednerin (Z. 54 »gerade was Frau Merten sagte«); sie verdeutlicht also die kommunikative Funktion der Erzählung von Frau Merten, so wie sie sie versteht. Das Beispiel zeigt, daß eine spezifische kommunikative Funktion nicht eine Eigenschaft einer Erzählung an sich ist, sondern daß einem bestimmten erzählten Sachverhalt im Kommunikationsprozeß eine spezifische Funktion gegeben wird, und zwar sowohl vom Erzähler als auch vom Zuhörer.

Das soll nun noch einmal an einem französischen Beispieltext gezeigt werden.

Es handelt sich um einen Ausschnitt aus einem Gespräch über den Wehrdienst. Das Gespräch findet zwischen Mitgliedern einer Familie nach dem Essen statt. Beteiligt sind: der Vater (V.), die Mutter (M.), ihr Sohn Gilles (G.) und dessen Vetter Paul (P.). Es geht darum, daß sich viele Wehrpflichtige dienstuntauglich schreiben lassen und sich auf diese Weise vor dem Wehrdienst drücken, die Entscheidungen, so wird behauptet, seien oft recht willkürlich.

(3)

```
    V:   même des gens qui ont rien du tout' il suffit que euh le le
  ⎡V:   papa connaisse le euh le gars qui est au bureau
  ⎣G:                            nous on a tu vois Thi
    G:   Thibault Ménard' . . . il a oublié de faire son euh son euh
5   G:   rapport d' in d'incorporation' . . . il reçoit sa une lettre pour
  ⎡G:   partir à l'armée le . . . attends;
  ⎣V:           hm
```

343

```
 ┌ G:  enfin une semaine après, . . . bon ben son père est allé au euh
 └ M:  oui
10   G:  téléphone'. il a téléphoné à Paris' . . . au général chais
     G:  pas comment qui est un ancien copain' . . . et
 ┌ M:  ((mit Emphase))                          aaaah
 │ V:                                           hm
 └ P:                                           hm
15   G:  il a dit bon ben tu me retrouves le dossier de mon fils
 ┌ M:  bien sûr
 └ V:                                                      hm
 ┌ G:  je veux pas qu'il parte tout de suite, . . .
 └ M:                                        aaah
20   G:  ((lacht)) et euh ils sont allés lui chercher le dossier' euh
     G:  chais pas où' à Marseille' . . . et (    ) il partira qu'au
     G:  mois de septembre, . . .
     P:  oui il y a il y a du piston là
 ┌ M:                    oui bien sûr,
25 └ V:                               c'est sûr je te dis euh alors les
 ┌ V:  pauvres types d'accord ceux qui sont pas euh
 └ P:                               (    )
     M:  ben oui hein,
          (Cathrin Brunet 1978)[2]
```

Wie in Beispiel (1) handelt es sich auch in (3) – im Unterschied
zu (2) – nicht um eine selbst erlebte Erfahrung, sondern der
Erzähler berichtet über die Erfahrung eines anderen. Wie in
Beispiel (2) ist eine Detaillierung hauptsächlich bei der Wiedergabe der sprachlichen Handlungen zu beobachten, d. h. also in dem
telefonischen Dialog zwischen dem Vater, der für seinen Sohn
eine Zurückstellung vom Wehrdienst erreichen will, und dem
General, der als alter Freund die Angelegenheit in die Hand
nehmen soll. Die Erzählung hat wiederum die Funktion, eine
These zu belegen, nämlich die vom Vater (Z. 1-2) geäußerte
These, daß es genügt, gute Beziehungen zu haben, um sich vor
dem Wehrdienst drücken zu können. Diese These wird von
Gilles aufgenommen; sie fungiert als vorgreifende Andeutung für
seine Belegerzählung. Aus Gilles' Einleitung (Z. 3, deutsch etwa:
»bei uns gibts da einen Fall«) geht hervor, daß er die These seines
Vaters unterstützen will. Die Ergebnisfeststellung erfolgt durch
die Zuhörer, insbesondere durch Paul, der die eingangs vom
Vater geäußerte These bestätigt, daß Protektion die entscheidende Rolle spielt (Z. 23: »oui il y a du piston là«) und damit
gleichzeitig Gilles' Erzählung als einen Beleg für die These inter-

pretiert. Der in der Erzählung dargestellte Sachverhalt bekommt seine kommunikative Funktion also dadurch, daß der Erzähler ihn auf eine Behauptung eines Gesprächspartners (des Vaters) hin erzählt und ein anderer Gesprächspartner (Paul) im Sinne dieser Behauptung ein Fazit zieht.

1.2. Schriftliche Erzählungen

Die vorstehenden Beobachtungen gelten nicht nur für mündliche Erzählungen. Auch schriftliche Erzählungen können in übergeordnete Handlungsschemata eingebettet sein. Als Beispiele sollen hier Erzählungen in Leserbriefen aus Zeitungen herangezogen werden.

Das Handlungsschema für den folgenden Leserbrief wird durch eine sich über mehrere Nummern der Zeitung erstreckende Diskussion um die Besuchsregelung in einem Krankenhaus konstituiert. In dieser Diskussion bezieht der Briefschreiber eine bestimmte Position: Das Erzählen einer eigenen Erfahrung dient dazu, die Relevanz der Erfahrungen anderer in Frage zu stellen (vgl. in Z. 6 ff. die vorgreifende Andeutung »meine Angehörigen und ich haben mit dieser Abteilung des Krankenhauses nur gute Erfahrungen gemacht«). Die Wechselwirkung von Kondensierung und Detaillierung in Abhängigkeit von der kommunikativen Funktion, Widerspruch gegen die Sachverhaltsdarstellungen in anderen Briefen einzulegen, läßt sich in diesem Beispiel gut beobachten.

(4) *Immer ein offenes Ohr*
Betr.: Besuchsregelung auf der Chirurgischen Kinderabteilung im Krankenhaus Bethel.
5 Mit Befremden habe ich den Artikel
gelesen. Meine Angehörigen und ich haben mit dieser Abteilung des Krankenhauses nur gute Erfahren gemacht.
Mein Sohn wurde vor etwa zwei Jahren
10 als Fünfjähriger mit einer lebensgefährli-
chen Erkrankung (perforierter Blind-
darm) eingeliefert. Wir konnten feststellen, daß man in der Tat bei den Besuchs-
zeiten sehr flexibel war. Eine Ausnahme
15 war immer möglich, das Personal war

stets höflich und zuvorkommend. Die zu
betreuenden Kinder wurden mit sehr viel
Liebe behandelt. Ich könnte sehr viele
positive Beispiele geben; dazu reichte si-
20 cherlich der Platz in einem Leserbrief
nicht aus. Nach etwa drei Wochen wurde mein Sohn entlassen. Er, wir Eltern
bzw. Angehörige und Freunde haben
Personal und die ganze Krankenhausat-
25 mosphäre in angenehmer Erinnerung.
So besuchte mein Sohn nach seiner
Entlassung noch regelmäßig ein Jahr
lang (52 Wochen) »seine Kranken-
schwestern«. Handelt so ein Kind, das
30 im Krankenhaus nicht gut behandelt
worden ist oder das Personal in
schlechter Erinnerung hat? Sind es vielleicht gar negative psychologische
Nachwirkungen?
35 Seit einigen Wochen besuche ich regelmäßig das kranke Kind von Bekannten. Meine Erfahrungen sind die gleichen geblieben. Das Personal ist noch
immer höflich und freundlich wie früher.
40 Noch immer haben Schwestern und Arzt
ein offenes Ohr für Sorgen, gleich welcher Art.
Deswegen stellt sich zum Schluß für
mich folgende Frage: Was sollte mit
45 dem Artikel bezweckt werden und handelt es sich vielleicht um eine Campagne
einzelner, unverstandener Eltern?

Kurt Vilmar
Luisenstraße 5, 4800 Bielefeld 1

(Neue Westfälische Nr. 42, 19. 2. 1979)

Die Detaillierung betrifft hier in erster Linie das Verhalten des
Krankenhauspersonals, das damit als Hauptereignisträger erscheint (vgl. z. B. Z. 16: »stets höflich und zuvorkommend«, Z.
17/18: »mit sehr viel Liebe behandelt«, Z. 38 f.: »noch immer
höflich und freundlich«, Zeile 41: »ein offenes Ohr für Sorgen«),
in zweiter Linie auch das Verhalten des Patienten (vgl. insbesondere in Zeile 26 ff. die Erwähnung der Besuche nach Abschluß
des Krankenhausaufenthalts). Dagegen wird z. B. die Ereignis-

kette (der Verlauf des Krankenhausaufenthalts) nicht weiter als relevant angesehen. Der Kondensierungszwang manifestiert sich aber nicht nur im Weglassen diesbezüglicher Informationen, sondern auch im ausdrücklichen Verzicht auf weitere Details über das Krankenhauspersonal, zu denen der Erzähler ohne weiteres in der Lage wäre (Z. 18 ff.: »Ich könnte sehr viele positive Beispiele geben«) und deren Weglassen nur durch den beschränkten Platz in einem Leserbrief bedingt ist. Diese angedeutete Detaillierungsmöglichkeit (vgl. dazu Kallmeyer & Schütze (1977), S. 197 ff.) macht die Relevanz der Detaillierung gerade in diesem Bereich besonders deutlich.

In Beispiel (5) wird ein übergeordnetes Handlungsschema nur durch den ersten Absatz angedeutet, der zugleich die kommunikative Funktion der Erzählung festlegt. In dem Handlungsschema geht es um die angemessene Behandlung alter Leute; die Erzählung soll als Warnung dienen (Z. 5/6: »mettre en garde«) und den Kommunikationspartnern, d. h. den Lesern, die in der Erzählung berichteten negativen Erfahrungen ersparen (Z. 6 ff.: »damit sie nicht Opfer des Mißgeschicks werden, das meiner eigenen Mutter zugestoßen ist«).

(5) confidences pour confidences

Le chauffage des personnes âgées

5 Je me permets de mettre en
garde les personnes âgées pour
qu'elles ne soient pas victimes
de la mésaventure qui est ar-
rivée à ma propre mère.
10 A la fin de l'hiver dernier,
elle s'était vu proposer un
chauffage électrique. ce qui la
séduisit immédiatement. Elle
vit seule, en effet, dans un pe-
15 tit pavillon de banlieue: elle
a quatre-vingt-deux ans. A cet
âge, c'est dur de manipuler
fuel ou charbon pour faire
marcher un poêle. On lui posa
20 donc un radiateur mural qu'elle fit fonctionner nuit et jour.
Malheureusement, ceux qui
vendirent l'appareil et qui fi-

rent l'installation laissèrent
25 croire à ma mere que le tarif
serait dégressif. Ma mère ne
s'inquiéta donc pas de ce côté-
là. Et puis, l'E.D.F. envoya sa
facture dont le montant était
30 énorme. Ma mère avait été
mal renseignée, on lui avait
compté son chauffage à plein
tarif. C'est elle qui aurait dû
faire appeler un inspecteur de
35 l'E.D.F. pour demander le tarif dégressif. J'ai expliqué la
situation à l'E.D.F. et je leur
ai suggéré de bien faire atten-
tion quand ils proposent des
40 chauffages électriques à des
personnes âgées. Ils doivent
bien les renseigner, au besoin
envoyer automatiquement un
inspecteur pour les conseiller
45 et leur laisser une feuille pour
expliquer les démarches à faire.

Mme D. M. 75020 Paris
(Confidences, No 1504/1976)

Dem angedeuteten Handlungsschema entsprechend, ist die Detaillierung in diesem Beispiel deutlich bei der Einführung der
Mutter als Ereignisträgerin zu beobachten (Z. 13 ff.: sie lebt allein
in einer Vorstadt von Paris, sie ist 82 Jahre alt, und es ist daher
mühsam für sie, mit Öl oder Kohle zu heizen) und bei der
›thematischen Geschichte‹, die man mit dem Stichwort »Mißge-
schick« (Z. 8: »mésaventure«) zusammenfassen könnte (es wird
mehrfach darauf hingewiesen, daß die Mutter vom Elektrizitäts-
werk falsch oder unzureichend informiert worden war, vgl. z. B.
Z. 22 ff., 30 ff. und daß in Zukunft die Kunden besser informiert
werden müssen, vgl. Z. 37 ff., 41 ff.).

1.3. Charakteristika funktionaler Erzählungen

Die bisher zitierten Textausschnitte enthalten verhältnismäßig
kurze Erzählungen, in denen aber – vielleicht gerade wegen ihrer

Kürze – die kognitiven Strukturen und die Zugzwänge im Sinne von Kallmeyer & Schütze deutlich erkennbar sind. Als gemeinsame Charakteristika dieser Erzählungen lassen sich die folgenden festhalten:

– Die Erzählung weist ein ungleiches Detaillierungsniveau auf: Nur die unmittelbar für das übergeordnete Handlungsschema relevanten kognitiven Strukturen werden detailliert; das Detaillierungsniveau ist »problemadäquat« im Sinne von Kallmeyer & Schütze (1977), S. 166.
– Der Relevanzfestlegungs- und Kondensierungszwang manifestiert sich deutlich gerade in der Beschränkung der Detaillierung auf wenige Punkte und im Weglassen aller für das übergeordnete Handlungsschema nicht relevanten Informationen.
– Die Parallelität zwischen der Reihenfolge beim Erzählen und der Reihenfolge im Ereignisablauf wird beachtet (Parallelitätskomponente des Detaillierungszwangs).
– Der Gestaltschließungszwang läßt sich in einer Ergebnisfeststellung erkennen, mit der der Erzähler oder einer der Zuhörer an den übergeordneten Handlungszusammenhang anknüpft und den erzählten Sachverhalt inhaltlich auf diesen bezieht.

Jede dieser Erzählungen hat also eine bestimmte kommunikative Funktion für Sprecher und Hörer in einem übergeordneten Handlungsschema, nämlich als Beleg oder Illustration für eine – vom Erzähler selbst oder von einem Kommunikationspartner geäußerte – These. Solche Erzählungen nenne ich ›funktionale‹ Erzählungen. Mit dem Terminus ›funktional‹ soll auf Funktionen hingewiesen werden, die sich unmittelbar aus einem übergeordneten Handlungsschema oder auch einem übergeordneten Sachverhaltsschema wie ›Argumentieren‹ ergeben; ›funktional‹ heißt also ›handlungsschematisch und inhaltlich funktional‹.

2. Die Herauslösung einer Erzählung aus dem Funktionszusammenhang (›Entfunktionalisierung‹)

Nach den kurzen Erzählungen in Abschnitt 1 soll nun eine etwas längere Erzählung vorgestellt werden, die allerdings nur in Ausschnitten wiedergegeben werden kann. (Das Transkript umfaßt insgesamt etwa 18 Seiten).

Die Situation, in der es zu dieser Erzählung kommt, läßt sich folgendermaßen charakterisieren: Claude (C.), ein französischer Student, ist bei einer langjährigen deutschen Bekannten, Anne (A.), ebenfalls Studentin, zu Besuch. Beide sitzen beim Essen. Anne erzählt, daß sie in der Stadt mit ihrem Auto im Schnee steckengeblieben sei; es seien überall Polizeiwagen zu sehen gewesen, aber Hilfe sei ihr von den Polizisten nicht geleistet worden. Dabei fällt Claude ein eigenes Erlebnis mit Polizisten ein:

(6a)

```
     A.: il y a . . . les flics deux voitures avec trois ou quatre flics
     A.: en en tout et pour tout qui sont arrivés là' ils ont ouvert la
   ┌ A.: fenêtre' et ils ont re ils ont regardé tout ça ils ont bien
   └ A.: rigolé' puis ils ont fait demi-tour, . . . c'est bien ça hein'
 5   C.: ça me rappelle mon accident en Yougoslavie' quand j'avais la
   ┌ C.: voiture qui était . . . en plein milieu d'un tournant'. évidem-
   └ A.:                                                        hm
     C.: ment' . . . et puis je pouvais ni avancer ni reculer' la le euh
   ┌ C.: j'avais cassé un cardan'. à la voiture . . . c'était foutu . . . le
10 └ A.:              hm                 hm
     C.: flic qui m'a dit mais de toute façon vous pouvez pas rester
     C.: là' il faut enlever la voiture'
     A.: oui sur les bras' ou bien comment'
     C.: j'y c'est ce que je lui ai dit' j'ai j'ai gueulé là, j'ai dit
15   C.: mon vieux comment voulez-vous. hein' . . . elle peut pas
     C.: bouger la voiture c'est tout' . . . alors il . . . il a regardé
     C.: la voiture de partout chais pas' . . . vous vous débrouillez'
     C.: il faut l'enlever de la' . . . j'ai dit ben faites quelque chose'
     C.: . . . ça c'est votre boulot maintenant enfin chais pas chais
20   C.: pas ce que j'ai dit mais j'étais mauvais,
     A.: oui, . . . quand même' . . .
     C.: ((leise lachend)) il m'a appelé une grue'
     A.: hein'
     C.: il m'a appelé une grue' . . .
25   A.: ((lacht)) quand même, . . .
     C.: hm . . . ((kauend)) finalement on je on a + . . . après le
     C.: coup-là on a bien rigolé avec cette historie d'accident, ((Pau-
     C.: se)) ((essend)) le bonhomme il m'a pris ma carte d'identité'
     C.: . . . il m'a dit j'appelle une grue' . . . on descend quand euh la
30   C.: grue et quand la grue arrivera' je vous rendrai vos papiers,
     A.: hm . . . et pourquoi ça.
```

Die vorangegangenen Überlegungen über funktionale Erzählungen treffen zunächst auch auf die Erzählung von Claude (Z. 5 ff.) zu. Claudes Erzählung wird ausgelöst durch Anne, die am Ende ihrer eigenen Erzählung über die mangelnde Hilfsbereitschaft von Polizisten mit einer Abschlußevaluation (Z. 4: »c'est bien ça hein«) den Gesprächspartner zu einer Bestätigung auffordert. Claude beginnt daraufhin, seinerseits eine negative Erfahrung mit Polizisten zu erzählen, die Annes Erfahrung und Bewertung bestätigt. (Auf einer Reise durch Jugoslawien hatte Claude einen Autounfall. Ein Polizist forderte ihn auf, seinen Wagen, der aber gar nicht mehr fahrtüchtig war, zu entfernen, ohne ihm jedoch zu helfen.) Claudes Erzählung hat also eine Funktion in einem übergeordneten Handlungsschema, das man als ›Demonstration geteilter Erfahrungen‹ bezeichnen könnte. Aus diesem Schema wird Claudes Erzählung herausgelöst durch die vorgreifende Andeutung »ça me rappelle mon accident en Yougoslavie« (Z. 5). Trotz dieser vorgreifenden Andeutung werden im folgenden jedoch zunächst keine Details über den erwähnten Unfall gegeben, da im Zusammenhang des übergeordneten Handlungsschemas eben nicht der Unfall, sondern nur das Verhalten der Polizisten nach dem Unfall als relevant gesetzt wird. Dementsprechend manifestiert sich der Detaillierungszwang nur in der Ausgestaltung dieses relevanten Aspekts. Die mangelnde Hilfsbereitschaft des Polizisten dokumentiert der Erzähler vor allem durch die Wiedergabe seines Dialogs mit dem Polizisten (Z. 11 ff.). In Zeile 26/27 gibt der Erzähler in Form eines metanarrativen Satzes eine Evaluation, die einen möglichen Abschluß des Erzählschemas darstellt (deutsch etwa: »hinterher haben wir diese Unfallgeschichte ziemlich komisch gefunden«). Die daraufhin entstehende Pause wird von Anne jedoch nicht zu einem Gesprächsbeitrag genutzt. Das veranlaßt den Erzähler, weitere Details über das Verhalten des Polizisten anzufügen, die durchaus noch dem relevant gesetzten Aspekt zuzuordnen sind (Zeile 28-30). Die Frage von Anne in Zeile 31 führt zu einer Fortsetzung der Erzählung, die hier nicht mehr abgedruckt ist. Sie betrifft zunächst noch das Verhalten des Polizisten und erfüllt damit weiterhin die von Anne provozierte Bestätigungsfunktion. Dazu ist allerdings anzumerken, daß die Bestätigungsfunktion, zumindest vom Erzähler aus betrachtet, bereits erfüllt zu sein scheint; sonst würde sich in Zeile 26/27 nicht der Gestaltschließungszwang in Form einer abschließenden Bewertung manifestieren. Das, was als ›thematische Geschichte‹ zu bezeichnen wäre, wird im Folgenden jedoch in zunehmendem Maße erweitert. Claude erzählt nämlich nicht nur, wie seine Auseinandersetzung mit dem Polizisten weiterging, sondern er beginnt eine neue Ereigniskette: Er erzählt den Verlauf der Reise bis zu Ende und führt dabei als neuen Ereignisträger seine Reisebegleiterin Danielle ein und präzisiert einige weitere Umstände der Reise. Dann schließt er diesen Strukturzusammenhang ab, wiederum mit Hilfe einer Abschlußevaluation: »ah ça allait trop bien ce voyage« (»das ging alles viel zu gut auf dieser Reise«):

```
    (6b)
    C.: ah ça allait trop bien ce voyage, . . .
    A.: trop bien je ne sais pas' vu votre ret euh . . . départ
    A.: tellement . . . repotrté et le départ retardé
    C.: oui il y a eu des ennuis là aussi,
 5  C.: (. . .)
    C.: bon mais euh je devais partir le soir, hein' . . .
    A.: (Seufzer) oui' oui' . . . tu es rentré euh vitesse grand V
    A.: . . . à notre retour d'Antibes'
    C.: oui oui'
10  C.: et puis j'ai trouvé le le papier euh le papier comme quoi'
    C.: (. . .)
    A.: et tu es revenu encore une fois,
    C.: ((laut))            après . . . quand je remonte à la maison
    C.: parce que je devais partir vers vers neuf heures' non' . . .
15  C.: je devais partir vers neuf heures' . . . je suis passé vous
    C.: voir avant' . . . je suis allé chez elle' ((gemeint ist Danielle))
    C.: . . . elle y était pas' il y avait un papier comme quoi on
    C.: pouvait pas partir avant midi' . . .
                    (. . .)
20  C.: et puis après je l'ai trouvée' . . . première chose qu'elle
    C.: me dit' . . . ah bonjour Claude' ((lauter)) tiens' . . . euh j'ai
    C.: un ennui' . . . les les drapeaux ils peuvent pas rentrer dans
    C.: la voiture' faut aller les faire couper' . . .
    A.: ah,
25  C.: à la à la ville là-bas' . . tu prends la voiture' . . .
    A.: ((lacht))
    C.: et tu te débrouilles tiens là les clefs' . . .
  ⌈ A.: hm
  ⌊ C.: une R 16 la première fois que je touche une ((lachend))
30  C.: R 16 moi . . . mais. ph s'occupait de rien' hein
    A.: hm
  ⌈ C.: m'a pas dit euh fais attention tu tu . . . aucun conseil rien tiens
  ⌊ A.:                                              hm
    C.: tu te démerdes tu prends les clefs' tu tu cherches les clefs
35  C.: je dis mais comment ça s'ouvre comment ça . . . ((laut))
    C.: démerde-toi ((lacht))
    A.: ((lacht))
```

352

```
        C.:  comme ça . . . je suis parti avec mes drapeaux'. je suis
 40     C.:  allé les faire couper' . . . par un employé de la ville là-bas'
        C.:  je suis revenu, tout fier' . . . au volant de la . . . de la R 16
        C.:  de Monsieur le Maire' . . .
             (. . .)
        C.:  on part c'était midi' (. . .) ((leise)) qui c'est qui commençait
 45  ⌈ C.:  à conduire +. elle
     ⌊ A.:                   elle
        C.:  commence à conduire'. ah mais je t'ai raconté' non,
        A.:  partiel partiellement oui
        C.:  on part euh bon' . . . on continue on arrive à un après
        C.:  Grenoble là-bas' . . .
             (. . .)
```

Dadurch, daß Anne Claudes Abschlußevaluation (Z. 1) widerspricht, veranlaßt sie ihn zu einer Fortsetzung des Erzählschemas.
Claude nimmt ihre Bemerkung über die verspätete Abreise (Z.
2-3) auf und bestätigt sie (Z. 4, deutsch etwa: »ja da hat es
Schwierigkeiten gegeben«). Annes und Claudes Bemerkungen
fungieren als vorgreifende Andeutung für die nun folgende ziemlich detaillierte Schilderung des Aufbruchs zu der Jugoslawien-
Reise. Wenn man als relevant gesetzten Aspekt für diesen neuen
Erzählansatz die Verspätung bei der Abreise ansieht, so lassen
sich die vom Erzähler berichteten Details jedoch nur zum Teil
von einem Relevanzfestlegungszwang bezüglich dieses Aspekts
her begründen. Der Erzähler gibt mit offensichtlichem Vergnügen in ausführlicher szenischer Darstellung seinen Dialog mit
Danielle wieder (Z. 20-37), wohl eher um seine Reisebegleiterin
zu charakterisieren, als um die Verspätung zu begründen. (Danielle fordert ihn auf, mit ihrem Wagen, einem R 16, den er noch
nie gefahren hat, in die Stadt zu fahren, um Fahnen, die auf die
Reise mitgenommen werden sollten, zu kürzen, damit sie in das
Auto passen.) Eine Funktion der Erzählung in einem übergeordneten Handlungsschema ist im Unterschied zu der ersten Erzählung von den Polizisten (Beispiel 6a) nicht mehr zu erkennen. Das
wird noch deutlicher von Zeile 43 an: Claude erzählt ohne
erkennbaren Anlaß über die verspätete Abreise hinaus weiter; es
manifestiert sich also hier kein Gestaltschließungszwang. Hinzu
kommt – und das ist in diesem Zusammenhang nicht unwichtig –,
daß sich herausstellt, daß Anne die Geschichte bereits kennt (vgl.
Z. 47/48). Dadurch läßt sich der Erzähler jedoch in keiner Weise
davon abhalten, in der Erzählung fortzufahren (Z. 49). Die

Erzählung befriedigt also im Unterschied etwa zu Beispiel (1) kein Informationsdefizit der Gesprächspartnerin. Allerdings akzeptiert die Gesprächspartnerin das Erzählschema trotzdem. Spätestens von dieser Stelle an wird es auch schwierig, Auswirkungen des Kondensierungszwangs zu erkennen. Die Erzählung bekommt – im Gegensatz zu den in Abschnitt 1 diskutierten Beispielen – auf ein gleichmäßiges Detaillierungsniveau. Claude erzählt den Verlauf der ganzen Reise durch Jugoslawien bis hin zu dem Unfall; er erzählt also Ereignisse, die zeitlich vor der zuerst erzählten Geschichte vom Verhalten des Polizisten beim Unfall (Beispiel 6a) liegen. Die Parallelitätskomponente des Detaillierungszwangs ist hier also aufgehoben, zumindest was die Erzählung insgesamt betrifft; nach dem Neuansatz bei der Abreise (Beispiel 6b) wird sie wieder wirksam. Der Gestaltschließungszwang manifestiert sich erst wieder am Schluß der Unfallgeschichte, der im folgenden zitiert wird. Claude ist im Dunkeln auf regennasser Straße in einer gefährlichen Kurve ins Schleudern geraten, weil er einem Lastwagen ausweichen mußte. Dabei ist er an einen Felsen gefahren.

```
(6c)
    C.: ça ça a fait quand même un bon choc hein, . . . je me suis
    C.: arrêté . . . peut-être euh huit ou dix mètres après l
    C.: l'endroit du choc' . . . je sors de la voiture' . . j'y vais'
    C.: . . . je trouve euh une baguette'. tu sais qu'il y a sur
 5 ⎡C.: les . . . sur les voitures (    )
   ⎣A.:       hm      hm
    C.: et puis. un enjoliveur, . . . je ramène mon enjoliveur et
    C.: ma baguette' . . . je fais le tour de la voiture' . . . ph . . .
   ⎡C.: et j'avais j'avais
10 ⎣A.:                                                        rien
   ⎡C.: pas perdu d'enjoliveur' ((lacht)) non'
   ⎣A.:                    ah bon ((lacht))
   ⎡C.: je regarde pour les baguettes' . . . ((lacht))
   ⎣A.:                               ((lacht))
15 ⎡C.: j'avais pas perdu de baguettes, . . .
   ⎣A.: (    )
    C.: j'ai dit ça va. je suis pas le seul'. on y est retourné
    C.: on est on est repassé là en remontant après' . . . je me
    C.: suis arrêté j'ai pris le vol . . . j'ai même pris le le
20 C.: virage en photo tellement ça m'avait . . . ((leises Lachen))
   ⎡C.: marqué, . . .
   ⎣A.:                                                    ((lacht))
```

```
      C.:  y a des . . . ((sehr betont)) y a toutes les couleurs sur ce
    ⌈ C.:  rocher là-bas,.
25  ⌊ A.:  ((lacht))
      C.:  toutes les couleurs de carrosserie, . . .
            (Cathrin Brunet 1978)
```

Deutlich erkennbar scheint mir in diesem letzten Ausschnitt ein
Bemühen des Erzählers um das Gestalten der Erzählung, z. B. in
der Erzeugung von Spannung bei der Schilderung des wider
Erwarten unbeschädigten Autos (Z. 3-15). (Claude erzählt, wie er
aus dem Auto steigt, herumliegende Zierleisten (»enjoliveur« und
»baguette«) findet und aufhebt, seinen Wagen umrundet und
feststellt, daß er sie gar nicht verloren hat: offenbar sind schon
andere Wagen an der Stelle an den Felsen gefahren (vgl. Z. 17:
»ich bin also nicht der einzige«.) Sprachlich wird diese Gestal-
tungsabsicht vor allem durch den Parallelismus der Darstellung
deutlich: »j'avais pas perdu d'enjoliveur« (Z. 9-11), »j'avais pas
perdu de baguettes« (Z. 15). Der Erzähler zögert die Pointe
hinaus durch die Bemerkung, er habe auf der Rückfahrt eigens
angehalten, um die Stelle zu fotografieren (Z. 19/20), weil sie ihn
so beeindruckt habe – das Wort »marqué« (Z. 21) wird mit
Überlegung gewählt und betont. Nach einer Pause folgt dann als
Pointe, daß an dem Felsen Spuren aller Autofarben zu erkennen
waren. Die Pointe schließt das Erzählschema ab; sie wird durch
Betonung und Wiederholung (nach dem Lachen der Zuhörerin)
besonders hervorgehoben: »y a toutes les couleurs sur ce rocher
là-bas ((A. lacht)) toutes les couleurs de carrosserie« (Z. 23 ff.).
  Claudes Erzählung hat sich nicht nur von der Bestätigungsfunktion entfernt, die die erste Geschichte von der mangelnden Hilfsbereitschaft des Polizisten beim Unfall hatte, sondern sie hat sich
im Laufe der Zeit überhaupt aus dem ursprünglich übergeordneten Handlungsschema der Demonstration wechselseitig geteilter
Erfahrungen herausgelöst, so daß ihr in diesem Handlungsschema
überhaupt keine spezifische kommunikative Funktion mehr zukommt. Es hat sich aber auch kein neues, ähnlich geartetes
Handlungsschema konstituiert, in dem die Erzählung eine den in
Abschnitt 1 besprochenen Funktionen vergleichbare kommunikative Funktion erfüllte. Das bedeutet natürlich nicht, daß die
Erzählung überhaupt keine Funktion hätte; es bedeutet nur, daß
sich die Funktion der Erzählung nicht bzw. nicht mehr aus einem
übergeordneten Handlungsschema ergibt und insofern auch nicht

in Zusammenhang mit dem erzählten Sachverhalt steht. Das Erzählen wird im Laufe des Gesprächs sozusagen »entfunktionalisiert«; die Erzählung ist handlungsschematisch und inhaltlich nicht-funktional. Sie hat zweifellos eine andere Art von Funktion, die z. B. mit der Beziehung der Gesprächspartner zu tun haben könnte. Eine Erzählung bietet dem Erzähler eine besondere Möglichkeit der Selbstdarstellung, weil er sich als Handelnder präsentiert. Gerade nicht-funktionale Erzählungen sind vielleicht besonders geeignet, ein bestimmtes ›Image‹ und damit einen ›sozialen Wert‹ zu vermitteln; ihnen dürfte daher in der ›Imagearbeit‹ (Holly (1979)) eine wichtige Rolle zukommen.[6]

In einer Situation wie in Beispiel (6), einem Tischgespräch, könnte man auch eine phatische Funktion des Erzählens annehmen: Das entfunktionalisierte Erzählen dient zur Aufrechterhaltung des kommunikativen Kontakts. Von den Beteiligten wird das Erzählen im übrigen offenbar als eine angenehme Unterhaltung empfunden. Anne hört sich die Erzählung an, obwohl sie den erzählten Sachverhalt bereits kennt, und bewertet sie durch ihr Lachen in einer für den Erzähler positiven Weise. Claude selbst erzählt – wie man u. a. aus seinem eigenen Lachen entnehmen kann – offenbar mit Vergnügen. Insofern erscheint es naheliegend, dem entfunktionalisierten Erzählen auch so etwas wie eine spielerische Funktion zuzuschreiben.

Welche Funktion in solch einem Fall genau vorliegt, oder besser gesagt: welcher Funktionsaspekt dominiert, ist nicht ohne weiteres festzulegen, gerade weil die Funktion vermutlich eher etwas mit dem Erzählen als Darstellungs*form* als mit der Darstellung eines bestimmten Sachverhalts zu tun hat. Um eine vorschnelle Festlegung dieser Funktion zu vermeiden, bezeichne ich solche Erzählungen als ›nicht-funktional‹; das bedeutet: ›handlungsschematisch und/oder inhaltlich nicht funktional‹ (es bedeutet also nicht: ›ohne Funktion‹).[7]

3. Nicht-funktionale Erzählungen

3.1. Die Auslösung nicht-funktionaler Erzählungen

Anhand von Beispiel (6) ist die Herauslösung der Erzählung aus einem handlungsschematischen Funktionszusammenhang skizziert worden. Nicht-funktionale Erzählungen treten jedoch nicht nur als Ergebnis eines solchen Entfunktionalisierungsprozesses auf; es gibt auch Erzählungen, die von vornherein im oben angegebenen Sinne nicht-funktional sind. Wichtig erscheint in diesem Zusammenhang, in welcher Situation erzählt wird und wie die Erzählung ausgelöst wird. Dabei kommt es weniger darauf an, ob eine Erzählung durch den Erzähler selbst oder durch einen Gesprächspartner ausgelöst wird – die Beispiele (1) bis (5) haben gezeigt, daß in beiden Fällen funktionale Erzählungen vorkommen können –; sondern es kommt darauf an, auf welche Frage oder Aufforderung eine Erzählung »antwortet«. Fragen vom Typ »wie war es denn (z. B. in den Ferien, in Portugal, auf der Auktion usw.)?« oder Aufforderungen vom Typ »erzähl doch mal« lösen offenbar andere Erzählungen aus als so spezifische Fragen wie die nach den Erfahrungen mit Behörden (Beispiel 1), der defensiven Aufrüstung (Beispiel 2), der Zurückstellung vom Wehrdienst (Beispiel 3), der Besuchsregelung im Krankenhaus (Beispiel 4) oder den Heizungsproblemen älterer Menschen (Beispiel 5).

Im folgenden soll ein Beispiel für eine Erzählung gegeben werden, die auf eine Frage des Typs »wie war das denn . . .?« antwortet. Die ausdrückliche Frage oder Erzählaufforderung geht allerdings dem Gespräch, aus dem der Ausschnitt stammt, voraus:

Charlotte (die Zuhörerin in Beispiel 7) hat mit einer Gruppe ausländischer Studenten Zeitungsartikel über eine Kirchenbesetzung in einer deutschen Stadt gelesen. Sie hat Sophie (die Erzählerin in Beispiel 7), die Mitglied des Kirchenvorstands der betreffenden Gemeinde ist, gebeten, mit ihr noch einmal über diese Kirchenbesetzung zu sprechen, um den Studenten noch ergänzendes Material anbieten zu können. Das Gespräch ist telefonisch vereinbart worden. Sophie meint zunächst, daß sie eigentlich gar nicht mehr so viel wisse – die Angelegenheit liegt etwa ein ¾ Jahr zurück. Sie erwähnt, daß sie damals gerade erst aus dem Urlaub gekommen war. Charlotte scheint das als einen möglichen Erzählanfang aufzufassen und nimmt – nach einer Unterbrechung des Gesprächs durch eine dritte Person – diese Bemerkung wieder auf:

(7)
Ch.: (. . .) fang nochma an ((lacht)) . . . also du. du bist ausm
Ch.: Urlaub gekommen.
S.: ((schnell)) ich bin an dem Sonntag ausm Urlaub gekommen’
S.: und das war ungefähr das . . . ((langsamer)) erste Gespräch’

S.: . . . äh . . . das ich zu Hause bekam' . . . und . . . habe . . . das
S.: gar nich richtig eingeschätzt, ((leise, beiläufig)) hab ge-
[S.: dacht irgendwelche Jugendliche
[Ch.:   nach der Kirche war das dann'
[S.: nach der Kirche' nicht, . . . ja der Anruf kam
[Ch.:   hm
[S.: dann so mittags um zwölf' . . . oder oder . . .
[Ch.:   hm
S.: äh . . . hab gesagt ach irgendwie solche Jugendliche warum
[S.: solln die da nich ma n Tag drin sitzen' und äh (   )
[Ch.: ((zustimmend))   ja
[S.: gar nich *schlimm*' und. eigentlich sogar ganz *gut*'
[Ch.:   ja
S.: daß die sich da mal in die *Kirche* setzten,
Ch.: hm
S.: ((betont)) und erst abends durch einen Anruf von Herrn
S.: Friedrich' . . . + äh . . . bin ich drauf aufmerksam geworden
[S.: daß da sehr viel hinter. *mehr* hinter steckte, und daß in-
[Ch.:   hm
S.: zwischen auch Vertreter des Landeskirchenamts' . . .
S.: und unsere Pfarrer'. und
[S.: auch einige Kirchenvorstandsmitglieder getagt hatten,
[Ch.:   ach so   ach *so*'
Ch.: warst du nicht beim Kirchenvorstand da bei der ersten
Ch.: bei der Sitzung,
[S.: bei der Sitzung war ich *nicht* dabei, . . . nein' . . .
[Ch.:   mhm
S.: und ich bin dann. äh . . . abends noch in die Kirche ge-
[S.: fahren' . . . und hab mich mit den Leuten unterhalten' . . .
[Ch.:   hm
Ch.: mit den Jugendlichen (da),
[S.: mit diesen Jugendlichen, . . . die warn da aber nicht mehr
[Ch.:   hm
[S.: bereit inhaltlich zu diskutieren . . . sondern es ging darum.
[Ch.:   ach so'
S.: dann nur darum ähm . . . äh welche Toilette benutzt
[S.: wurde . . . ob die in der
[Ch.:   ach ((lacht))
S.: Sakristei (lacht) oder ob die Toilette
[Ch.: ((lacht)) (das find ich ja)
[S.: von äh ob die Toilette am Marktplatz benutzt wurde, weil das
[S.: die nächste der nächste öffentliche Abort ist, ((lacht)) . . .
[Ch.:   ((lacht))
S.: und ich hab dann auch noch gemeint daß se doch eigentlich

⌈S.:	Decken brauchten
⌊Ch.:	hm

S.:   und und wenn man ne Kirche besetzt ob man dann auch . . .
S.:   rauchen und Tee trinken darf, und die ham *fürchterlich*
S.:   geraucht' und . . .

⌈Ch.: ach die ham dann in der Kirche geraucht'
⌊S.:   ja sie ham in der Kirche

⌈S.:   geraucht' und äh das hab ich also
⌊Ch.:   das hat doch sicher

S.:   ((leise)) ich glaub Herr unser Küster Herr Riemann war
S.:   dann auch da, + das ham wer auch moniert' . . . daraufhin

⌈S.:   sagten sie
⌊Ch.:   hm

S.:   sie gingen auch gerne. *vor* die Kirche'. aber nur wenn sie
S.:   eingeschlossen wären *könnten* se das ja nich, . . . las ließen

⌈S.:   sich also Besen
⌊Ch.:   ja

S.:   und Tersch, äh ((lachend)) Besen und Kehrschaufel geben

⌈S.:   und ham das dann
⌊Ch.:   ((lacht))

S.:   auch fein säuberlich zusammengefegt' . . . und äh unsere
S.:   Toilette ist ja in der Sakristei'.
Ch.:   ach so das wußt ich nicht
S.:   eine Treppe runter etwas umständlich zu erreichen' und . . .

⌈S.:   äh ((schneller)) das hat man
⌊Ch.:   hm

S.:   halt nicht gern gewollt weil da unten . . . auch Gelder . . .

⌈S.:   aufgehoben werden und alle möglichen Bücher' und . . . und
⌊Ch.:   ja jaja

S.:   dann hat man sich also geeinigt daß man hnen die . . . äh
S.:   kleine Westtür' . . . am Chorraum aufläßt, . . .
      (EG 1978)[2]

Aufgefordert, sich zu einem bestimmten Sachverhalt zu äußern, wählt Sophie als Schema der Sachverhaltsdarstellung hier zunächst das Erzählen (erst in einem wesentlich späteren Teil des Gesprächs geht sie zu anderen Sachverhaltsschemata (Kommentieren, Argumentieren) über. Da durch die Erzählaufforderung nur der Sachverhalt als solcher, die Kirchenbesetzung, festgelegt war, ist die »thematische Geschichte« ziemlich weit; die Erzählerin nimmt keine deutliche Relevanzfestlegung vor, von der aus eine Kondensierung erfolgte. Die Erzählung weist daher ein ziemlich gleichmäßiges Detaillierungsniveau auf: Sophies erste

Reaktionen, ihr Gespräch mit den Kirchenbesetzern, die Frage des Rauchens und der Toilettenbenutzung werden in gleicher Weise detailliert. Bestimmte Details werden auf Nachfragen oder andere Reaktionen der Zuhörerin hin gegeben. Im weiteren Verlauf der Erzählung, der hier nicht mehr abgedruckt ist, zeigen verschiedene Rückblenden, daß die Erzählung nicht immer der Chronologie der Ereignisse folgt. Der Gestaltschließungszwang manifestiert sich an keiner Stelle; das Erzählschema wird nicht gegen andere Schemata abgegrenzt, sondern geht stellenweise in sie über. Das Thema ›Kirchenbesetzung‹ insgesamt wird abgeschlossen durch eine Bemerkung von Sophie, sie müßte noch einmal alle Papiere lesen, »um richtig in Fahrt zu kommen«.

Die Erzählung repräsentiert m. E. einen Typ von Erzählungen, der in der Alltagskommunikation ziemlich häufig ist. Es wäre sicher nicht angemessen, eine solche Erzählung als ›inhaltlich nicht-funktional‹ zu bezeichnen, denn es geht ja um die Darstellung eines bestimmten, nicht eines beliebigen Sachverhalts. Sie ist aber kein Diskussionsbeitrag zur Lösung eines bestimmten Problems in dem Sinne wie die Erzählungen in den Beispielen (1) bis (5); insofern ist sie handlungsschematisch nicht-funktional. Wenn in einer Gesprächsrunde z. B. Witze oder Ferienerlebnisse erzählt werden, kann auch der Inhalt weitgehend beliebig oder sehr unspezifisch werden; u. U. ist – im Sinne von Kallmeyer & Schütze (1977, S. 181) – nur die ›Modalität‹, z. B. ›lustige Geschichte‹, festgelegt.

3.2. Indikatoren nicht-funktionalen Erzählens

Die schwierige Frage nach den möglichen Funktionen nicht-funktionaler Erzählungen soll im Folgenden zunächst zurückgestellt werden. Sie verdient ja nur dann Interesse, wenn Funktionalität oder Nicht-Funktionalität auch Einfluß auf die Binnenstrukturen der Erzählungen haben und die Texte funktionaler und nicht-funktionaler Erzählungen sich deutlich voneinander unterscheiden. Nachdem anhand der letzten Beispiele schon einige Überlegungen zur unterschiedlichen Manifestation der »Zugzwänge« angestellt worden sind, soll jetzt der oben anläßlich von Beispiel (6c) (s. S. 354) nur angedeutete Aspekt des Bemühens um die sprachliche Gestaltung der Erzählung in den Vordergrund gestellt werden.

Das folgende Beispiel stellt insofern einen interessanten Fall dar, als es hier im Unterschied zu den Beispielen (6) und (7) überhaupt nicht auf den Inhalt ankommt, sondern nur darauf, daß etwas *erzählt* wird: die Erzählung soll im Rahmen eines Seminars über Erzähltextanalyse als Beispiel für eine mündliche Erzählung dienen. Der Afrikaner Laurent (L.), wissenschaftlicher Assistent, der selbst an dem Seminar nicht teilnimmt, ist von seinen Kollegen gebeten worden, ein afrikanisches Märchen zu erzählen. Daß es sich hier um einen fiktionalen Text handelt, wird auch in dem Einleitungssatz deutlich: »de quoi parle ce conte« (deutsch: »wovon erzählt das Märchen«). (Ich bezeichne solche Sätze, in denen die Erzählung oder das Erzählen thematisiert wird, die also im Verhältnis zur Erzählung auf einer Meta-Ebene stehen, als ›meta-narrative‹ Sätze, vgl. Gülich 1976, S. 234 ff.).

(8)
```
    L.: (. . .) bon alors euh . . . de quoi parle ce conte' s . . . il
        s'agit d'un homme et d'une femme' . . . qui s'appelaient.
        Krutongo, . . . ils vivaient dans un pays . . . euh très éloigné
        enfin très très lointain' (. . .)
 5      ((Krutongos Frau erwartet ein Kind. Krutongo ist unterwegs
        zum Fischen.))
        seulement' . . . pendant qu'il est. euh là-bas' . . . la femme'
        . . . après un certain temps' . . . commence à ressentir les
        douleurs, . . . elle essaie de supporter' pendant un certain
10      temps' . . . euh mais. à la fin elle n'en peut plus, . . . et
        elle crie mais qu'est-ce que je vais faire' . . . mais qui
        est-ce qui va venir' il faudrait il faudrait quelqu' un il
        faudrait que quelqu' un vienne m'aider, . . . alors . . . à *peine*
        eut-elle dit cela' . . . que tout d'un coup un esprit apparaît'.
15      et lui dit mais tiens moi je vais t'aider à . . . à accoucher,
        . . . ((Lachen)) bon (   ) voilà vous voulez qu'on continue
        comme ça' . . . ((Lachen der Zuhörer))
        ein Zuhörer: oui oui très bien (    ) ((allgemeines Gelächter))
        eine Zuhörerin: il a le sens du suspense' . . . ((Lachen))
20  L.: bien alors euh l'esprit fait tout donc' accouche assiste la
        femme à l'accouchement' (. . .)
        ((der Geist verlangt von der Frau, daß sie ihm ihr neuge-
        borenes Kind gibt; andernfalls will er ihr nichts zu essen
        geben.))
25  L.: alors la femme euh. elle ne sait plus quoi faire'. parce que.
        elle ne peut pas. elle n'a pas le droit d'aller à la cuis ne
        pour faire la cuisine elle-même' parce que l'esprit est là.
```

il s'y oppose absolument' ... seulement' ... il y a la faim
aussi qui commence à ... à. lui poser de sérieux problèmes'
30   ... ((Lachen der Zuhörer)) chaque fois qu'elle répète qu'elle
demande à l'esprit mais est-ce que je peux manger' ... il
lui dit non non' euh si jamais tu essaies de toucher à ...
à la nourriture' euh ... je non je je vais te rouer de coups'
jusqu'à ce que tu meures, ... (voilà) alors la femme elle
35   n'en peut plus, ... alors ... la situation est plus ou moins
bloquée, ... alors, comment est-ce que ça va continuer, ...
((Lachen der Zuhörer)) heureusement' ((lacht)) qu'il y
avait un oiseau' (...)
(EG 1977)[2]

Dieser Text weist ziemlich deutliche Anzeichen für das Bemühen um die sprachliche Gestaltung der Erzählung auf. Z. B.
unterbricht der Erzähler sich mitten in der Darstellung der
Ereigniskette (genauer gesagt: im Dialog zwischen den Personen
der Erzählung) und wendet sich mit einer (metanarrativen) Frage
an die Zuhörer: »vous voulez qu'on continue comme ça« (Z. 16,
deutsch: »soll ich so weitermachen?«), ähnlich in Z. 36: »comment est-ce que ça va continuer«. Dieses Verfahren wird von
einer Zuhörerin ausdrücklich als ein Mittel zur Erzeugung von
Spannung qualifiziert (Z. 19: »il a le sens du suspense«). Daß die
Zuhörer an dieser Stelle zum ersten Mal m t Lachen und Zustimmung reagieren, faßt der Erzähler offensichtlich als positive
Bewertung seiner Erzählung auf, denn er stellt sich im Laufe des
Erzählens immer mehr auf seine Zuhörer ein und erzählt immer
stärker erfolgsorientiert. An diesem kurzen Ausschnitt läßt sich
das natürlich nur andeutungsweise nachvollziehen. Beispiele sind
Formulierungen wie in Zeile 28/29: »il y a la faim aussi qui
commence à ... à lui poser de sérieux problèmes« oder in Zeile
35/36: »la situation est plus ou moins bloquée«, Formulierungen
also, die eher dem Sprachstil der Zuhörer als dem des Märchens
entsprechen. Die Zuhörer honorieren diese Bemühungen des
Erzählers durch Lachen und bestätigen ihn damit als »guten«
Erzähler.
Ähnliche Beispiele, die auf ein Bemühen um »gutes« Erzählen
hindeuten, lassen sich im Corpus des CREDIF, das der Erstellung des »français fondamental« zugrunde gelegen hat, finden.
(Einige Texte aus diesem Corpus sind bei Gougenheim u. a.
(1964) und bei Gülich (1970) abgedruckt). Ein großer Teil der

Erzählungen in diesem Corpus ist vermutlich durch Aufforderungen vom Typ ›erzähl doch mal was‹ ausgelöst worden (die Texte selbst enthalten die Aufforderungen und vorherigen Absprachen nicht). Dementsprechend findet man Erzählungen mit gleichmäßigem Detaillierungsniveau, z. B. von einem Tagesablauf in einer Ferienkolonie (M 25, Gülich (1970), A. 21 bis A. 24), von der Laufbahn eines Musikers (M 37, ebd., A. 28 bis A. 34) oder von Schulerlebnissen (M 38, ebd., A. 37 bis A. 45). Diese Erzählungen werden häufig wie Beispiel (8) durch metanarrative Sätze eingeleitet, z. B. »Tiens je vais te raconter les histoires quand j'étais à R.« (M 38, Gülich (1970), A. 37); und sie weisen oft ein deutliches Bemühen um die sprachliche Formulierung auf, z. B. wenn bei der Einführung oder Beschreibung der Ereignisträger in einer Erzählung mehrere synonyme Aussagen aneinandergereiht werden, um einen besonders treffenden Ausdruck zu finden:

(9)

> Y avait là deux violonistes, deux fils, deux violonistes, . . . enfin deux enfants qui avaient appris le violon, à qui on a essayé de . . . d'inculquer quelques notions de musique générale et de violon en particulier.
> (M 38, Gülich (1970), A. 44)[8]

(10) Il était tellement bête qu'il suffisait de lui dire qu'il était génial pour qu'il le croie, tu comprends (. . .). Il ne pêchait pas par manque de modestie, lui! C'était pas la modestie qui l'étouffait.
(M 38, Gülich (1970), A. 45)[8]

Das Bemühen um die Gestaltung der Erzählung, sei es bei der Erzeugung von Spannung oder bei der Suche nach einem besonders treffenden Ausdruck, scheint mir einen gewissen Grad an Verarbeitung eines Sachverhalts vorauszusetzen und durch eine Situation begünstigt zu werden, die von der Notwendigkeit unmittelbarer Relevanzsetzungen aus einem spezifischen Handlungsschema entlastet ist. Insofern lassen sich die angedeuteten sprachlichen Phänomene als Indikatoren für nicht-funktionales Erzählen ansehen.

Dieser Grad an Verarbeitung ist bei schriftlichen Erzählungen natürlich noch größer, da der Erzähler sich mehr Zeit für die Abfassung und Gestaltung der Erzählung nehmen kann. Dementsprechend lassen sich Indikatoren für nicht-funktionales Erzählen hier noch leichter finden. Als Beispiel zunächst ein Leserbrief, der von der Redaktion der Illustrierten als bester Brief der Woche gewertet und mit 100 F. belohnt wurde:

Nos lectrices ont la Parole

(11) Vous avez gagné 100 F.

Nous publions chaque semaine des extraits, d'une lettre de notre courrier que nous mettons au tableau d'honneur pour ses qualités. Cette semaine, voici la lettre de Mme C. F. . . . 74560 Monnetier-Mornex.

5 *L'Intelligence
des oiseaux*
Nous étions en plein hiver 1976-77 quand je ramassai un petit rouge-
10 gorge engourdi dans la neige. Après l'avoir réchauffé, restauré et abreuvé, je lui mis un fil vert à la patte et, ouvrant
15 ma fenêtre, je lui rendis sa liberté. Tous les jours, je le revis sur le bord de ma fenêtre où il venait picorer la moelle et la graisse que
20 je disposais pour les oiseaux.
En septembre 1977, des réparations s'imposaient dans notre maison et nous
25 dûmes aller habiter dans un ancien presbytère, à un bon kilomètre de là. Un jour, je pensais tristement à mon foyer abandonné et
30 à mes oiseaux qui attendraient en vain leur nourriture. Quelle ne fut pas ma surprise d'entendre un

léger: »Toc-toc« à la fe-
35 nêtre et de reconnaître mon rouge-gorge. Vite, je lui servis des graines et de la moelle. Après avoir bien picoré, il repartit
40 pour revenir tous les jours accompagné d'une bonne dizaine de mésanges.
En décembre 1978, nous regagnâmes notre
45 maison restaurée et dès le lendemain, j'entendis le »toc-toc« contre les vitres et le joyeux »cui-cui« de mon rouge-gorge.
50 Il était là, avec son armée de mésanges. Je l'ai appelé »copain« et quand je l'appelle, il faut le voir sautiller sur le bord
55 de la fenêtre et gonfler ses plumes comme s'il voulait m'exprimer son amitié. Il peut rester là une heure, et ni la chienne, ni les chats
60 ne lui font peur. Il sait que je le protège et que je ne lui veux que du bien.

Mme C. F. . . .
74560 Monnetier-Mornex
(Confidences, No 1639/1979)

Die Briefschreiberin verwendet in ihrer Erzählung durchgehend das Passé simple, das klassische literarische Erzähltempus, das

heute auch in der geschriebenen Umgangssprache kaum noch
gebräuchlich ist: sie schreckt sogar vor ausgesprochen seltenen
Formen wie der ersten Person Plural nicht zurück (vgl. Z. 24 f.:
»nous dûmes« und Z. 44: »nous regagnâmes«). Das Bemühen um
»guten« Stil schlägt sich auch in bestimmten Satzkonstruktionen
nieder, etwa am Anfang, Zeile 7 ff.: »Nous étions en plein hiver
1976-77 quand . . .« oder in Zeile 32 ff.: »Quelle ne fut pas ma
surprise . . .« Vergleicht man diesen Leserbrief mit dem oben als
Beispiel (5) abgedruckten (s. S. 347), so scheinen mir die Unterschiede sowohl hinsichtlich der Funktionalität als auch hinsichtlich der sprachlichen Gestaltung evident. Für den Leserbrief als
einer Erscheinungsform der Sachverhaltsdarstellung stehen beide
Möglichkeiten, die der funktionalen und die der nicht-funktionalen Erzählung, offen. Dies soll noch durch ein deutsches Beispiel
bestätigt werden:

(12) *Das Märchen vom lieben, lieben Mann*
Betr.: Äußerungen des Herrn Stratenwerth, Hanglehne 63, v. 3 u.
11. 1. 79.
Vor vielen hundert Jahren, als wir alle noch im Himmel lebten, wohnte
am Teutoburger Wald ein lieber, lieber Mann. Sein bescheiden Häuschen
stand an einer Hanglage, die ihm erlaubte, von oben herab auf das emsige
Völkchen im Tal zu schauen.
(. . .)
Auch bei Ansammlungen erhob er seine Stimme und wies darauf hin,
wie mut g es sei, den Regierenden, die wie barocke Fürsten herrschten, zu
widersprechen. So widersprach ihm auch keiner, um der Sache zu dienen
und seine Sache wuchs und wurde »in« (wie man heute sagt).
Und es kam, wie es kommen mußte: Eines Tages verteilte er neue
Menschenbilder, die ihm alle sehr ähnlich sahen. Da riet er den Menschen,
ihre freie Zeit nicht mehr dem Völkchen der Schausteller (heute nennt
man das längst Kino) zu widmen, sondern die Stiefel zu schnüren, das
Ränzel zu packen und mit Phantasie und Initiative menschenwürdig, in
intakter Landschaft die Freizeit zu verbringen.
(. . .)
So wirkte er weiter, fast ohne Widerspruch, und merkte nicht, daß er
schon alle Eigenarten und Untugenden, gegen die er einst zu Felde zog,
selbst angenommen hatte.
Sicher, ein alltägliches Märchen, nur der Schluß gab mir zu denken. Da
heißt es: Und wenn er nicht gestorben ist, so lebt er heute noch.

Hans Vogt
Bezirksvorsteher von Sennestadt
(Neue Westfälische Nr. 19, 23. 1. 1979)

Mit diesem Brief reagiert zwar (anders als in Beispiel 11) der Schreiber auf eine vorangegangene Äußerung, die Funktion der Erzählung ist aber sicher nicht nur in einem bestimmten Handlungsschema zu suchen, sondern hat zweifellos auch etwas mit der Selbstdarstellung des Schreibers und seiner Präsentation als guter Erzähler zu tun. Die Art und Weise, wie erzählt wird, deutet eher auf Nicht-Funktionalität hin. Den Rückgriff auf ein konventionelles Erzählmuster, das Märchen, kündigt der Schreiber schon im Titel an, und er bedient sich auch im Text der entsprechenden konventionellen sprachlichen Muster (vgl. z. B. den Anfang »Vor vielen hundert Jahren« oder die Schlußformel »Und wenn er nicht gestorben ist, so lebt er heute noch«, die Untergliederung durch »Und es kam, wie es kommen mußte« oder Wendungen wie »sein bescheiden Häuschen«, »das emsige Völkchen«).

Nun ist das Vorkommen einer solchen Erzählung in einem Leserbrief vielleicht nicht besonders typisch, deshalb sollen zur Besprechung konventioneller sprachlicher Muster noch einige weitere Beispiele herangezogen werden. Eine reichhaltige Quelle für nicht-funktionale Erzählungen, in denen in hohem Maße von solchen Mustern Gebrauch gemacht wird, bietet die Sendereihe des NDR/WDR »Spiel mir meine Melodie«. Sie ist nach folgendem Prinzip organisiert: Rundfunkhörer, die einen Musikwunsch erfüllt bekommen wollen, müssen dem Moderator der Sendung eine Erzählung zusenden, die – mehr oder weniger – mit der gewünschten Melodie zu tun hat. (Die Erzählungen sind immer schriftlich konzipiert und werden in der Sendung vom Moderator vorgelesen.) Wie in Beispiel (11) wird das Erzählen also belohnt, in diesem Fall durch Spielen der Melodie. Insofern könnte man zwar sagen, daß diese Erzählungen in einen Handlungszusammenhang (›eine Belohnung erwirken‹) eingebettet sind, aber hier gilt wie schon für Beispiel (8), daß der erzählte Sachverhalt für diesen Handlungszusammenhang überhaupt nicht relevant ist, sondern nur die Tatsache des Erzählens. Als Beispiel für den gängigen Typ von Erzählung, der in dieser Sendereihe vorkommt, kann der folgende Text dienen:

(13)
    und nun zur Geschichte'. es war vor etwa 16 Jahren' es gab
    noch nicht so viele Autos' man mußte per Bus oder Bahn Aus-
    flüge machen wenn man ausfliegen wollte, . . . es war ein schöner

Sommertag ein Sonntag, als wir mit einem Busunternehmen eine
5 Münsterlandfahrt unternahmen ... unterwegs stiegen noch einige
Mitreisende zu ... an einer der Zusteigehaltestelle'. stellen'
stürmte plötzlich eine Gruppe Kinder in den Bus' und verteilte
sich lärmend, ... wir waren nicht gerade begeistert und fürchteten
um unsern beschaulichen Sonntagsausflug, ... bald stellte sich
10 heraus daß es ein Teil eines Kinderchores war'. der einen Aus-
flug unternommen hatte, ... die Kinder fingen dann zu singen an
und rissen uns alle mit, ... zuletzt veranstalteten sie eine Art
Wunschkonzert. mir gefiel am besten von allen dargebotenen Lie-
dern'. der Gefangenenchor aus der Oper Nabucco, ... seit *die-*
15 *sem* Sonntag ist *dieses* Chorlied meine Lieblingsmelodie. immer
wenn ich dieses Opus höre'. dann denke ich zurück ((langsamer
und betonter)) an jenen harmonischen Sommersonntag, ...
(»Spiel mir meine Melodie«, WDR/NDR I, 18. 2. 1975)[2]

Die Erzählung enthält eine Ereigniskette, in der eine Melodie
eine Rolle spielt. Der Erzähler ist zugleich auch der Ereignisträger. Die ›thematische Geschichte‹ erscheint am Schluß noch
einmal in einer ausdrücklichen Bestätigung des Erinnerungswer-
tes der Melodie und/oder der Bewertung als Lieblingsmelodie.
Bei dieser Art von Erzählungen ergibt sich der Gestaltschließungszwang grundsätzlich daraus, daß die Erzählung bei einer
Melodie enden muß, weil diese Melodie ja im Anschluß an das
Vorlesen der Erzählung gespielt wird. Der Relevanzfestlegungszwang manifestiert sich in der Beziehung der gewünschten Melodie zu der Ereigniskette. Ein Kondensierungszwang ist auch
dadurch vorgegeben, daß zu lange Geschichten u. U. nicht vorgelesen werden. Die Frage, inwieweit die Erzählungen aus dieser
Sendereihe das Kriterium ›erzählenswert‹ erfüllen würden (vgl.
Kraft, Nikolaus, Quasthoff (1977), S. 300), ist manchmal schwer
zu beantworten; auf jeden Fall werden sie als erzählenswert
hingestellt. Daß die Detaillierung nicht unbedingt von der Relevanzfestlegung abhängt, wird etwa in Beispiel (14) deutlich, das
sich durch ein ziemlich gleichmäßiges Detaillierungsniveau aus-
zeichnet. Die Parallelität zwischen Erzählung und Ereignisablauf
ist nicht in vollem Umfang gegeben (der in Z. 29 ff. erzählte
Opernbesuch liegt vor der unmittelbar vorher erzählten Zeit, in
der die Erzählerin mit der Hauptperson »Tante Suse« Kontakt
hatte; und der zu Anfang der Erzählung erwähnte Geburtstag der
Tante (Z. 9) liegt zeitlich nach den von Zeile 11 an erzählten
Ereignissen » zu Beginn des Krieges«).

eine sehr hübsche Geschichte schrieb mir Erika Nase aus
Dortmund-Hörde'. und eine so hübsche Geschichte muß
natürlich mit einer kostbaren Raritätenplattenaufnahme ge-
krönt werden . . . und ich habe eine Platte herausgesucht mit
5 August Seidler Felix Fleischer Georg Hann und dem Orchester
der städtischen Oper Berlin' unter der Leitung von Robert
Heger, . . . Titel sag ich noch nicht denn ich will der Geschichte die Pointe nicht vorwegnehmen . . . Frau Erika schreibt'.
im Dezember hatte eine Nenntante von mir Geburtstag die
10 lange schon nicht mehr lebt, . . . sie war bereits sehr alt'
aber ich zu Beginn des Krieges noch ein halbes Kind' und
sprach kaum von sich. Tante Suse sah aus wie heute niemand mehr, sie war zart und klein' hatte schneeweißes
kurzes Haar wunderschöne rote Bäckchen' in einem immer
15 freundlichen Gesicht'. und sehr klare leuchtende Augen, . . .
ihre Kleidung war dunkel' die Röcke reichten bis an die
Erde'. ich liebte sie sehr, . . . sie besaß eine riesige Bibliothek' und allerlei merkwürdige Andenken aus Indien und anderen Ländern' ich wußte daß sie Erzieherin in England
20 gewesen war'. wie vieles hätte ich sie später fragen mögen, . . . wir lebten in Radebeul bei Dresden, . . . es gelang
mir einmal begehrte Opernkarten zu erwischen' und zwar
für den Freischütz, . . . natürlich teilte Tante Suse die Vor-
freude'. aber lachte ganz eigenartig, . . . wie sie schließ-
25 lich erzählte'. hätten sie einmal zwei junge Engländе-
rinnen ehemalige Schülerinnen besucht'. als sie schon im
Ruhestand gewesen sei . . . die beiden hätten natürlich Dresden sehen wollen' und sie habe ihnen die Schönheiten und
Sehenswürdigkeiten ja auch gezeigt, . . . natürlich hätte ein
30 Besuch in der Staatsoper nicht fehlen dürfen. und es sei
zufällig auch der Freischütz gegeben worden, . . . sie hätten
zusammen mitten im Parkett gesessen' es war ausverkauft'
und alles wäre erst schön und gut gewesen, . . . nun waren
die Deutschkenntnisse der jungen Damen aber recht gering'.
36 und für eine Oper völlig ungenügend, . . . das perfekte Englisch der Tante nützte da gar nichts, . . . es kam zur Szene
in der Wolfsschlucht' und zum Gießen der Freikugeln, . . . da
geht es ja mit Nebelschwaden Leuchtkugeln Donner und
Blitz recht gespenstig zu, . . . ((mit höherer Stimme)) die
40 beiden Misses lachten immer mehr und mehr' und schließlich Tränen und amüsierten sich + blendend, das Publikum
zischte wütend und empört' und Tante Suse wäre am lieb-
sten in ein *Mauseloch* gekrochen, . . . ((leiser)) aber da war

keins, . . . und heraus. konnte sie auch nicht, . . . + zur Er-
45 innerung daran an so manches andere'. bitte lassen Sie
((sehr betont)) Freikugeln gießen, . . .
(»Spiel mir meine Melodie«, NDR/WDR I, 15. 4. 1975)[2]

Sprachliche Formulierungen, die auf ein Bemühen um gutes
Erzählen hindeuten könnten, treten vor allem bei der Realisierung von zwei der von Kallmeyer & Schütze genannten kognitiven Strukturen auf, nämlich bei den Angaben zur Situation und
bei der Einführung der Ereignisträger.

Bei den Angaben zur zeitlichen Situierung, die ich ›Episodenmerkmale‹ nenne (vgl. Gülich & Raible (1974), S. 90 f.), fallen vor
allem die Episodenmerkmale in Form eines Satzes auf wie in
Beispiel (13) »es war vor etwa 16 Jahren« (Z. 1) und »es war ein
schöner Sommertag ein Sonntag« (Z. 3 f.) oder in anderen Beispielen aus derselben Sendereihe:

– »Es war 1948« (18. 2. 1975)
– »Es war im Jahre 1947, ich war etwa 9 Jahre alt« (23. 3. 1979)
– »Es war im Januar 1975« (23. 3. 1979)
– »Es war im Frühsommer 1936« (15. 4. 1975)

Auch Episodenmerkmale vom Typ »eines Tages« (s. z. B. auch
oben in Beispiel (12)), »eines Abends«, »eines Sonntags« usw.
tauchen in diesen Erzählungen mit einer gewissen Regelmäßigkeit
auf.[9] Insbesondere Erzählanfänge vom Typ »es war ein schöner
Sommertag« scheinen mir deutliche Indikatoren für nicht-funktionales Erzählen zu sein, da sie den Beginn der Erzählung mit
einer Hintergrundgeschichte und den Verzicht auf eine vorgreifende Andeutung signalisieren. Eine solche würde dem Bemühen,
Spannung zu erzeugen, u. U. entgegenstehen. In Beispiel (14) läßt
der Moderator beim Vorlesen sogar den T tel der Platte weg, um
»der Geschichte die Pointe nicht vorweg(zu)nehmen« (Z. 7 f.).

Bei der Einführung und Darstellung der Ereignisträger werden
in Erzählungen der hier geschilderten Art auffallend häufig Adjektive verwendet. Das wird in Beispiel (14) ganz besonders
deutlich (vgl. etwa die Anhäufung von Adjektiven in Z. 13 ff.).
Vielleicht ist es nicht zuletzt den Adjektiven zu verdanken, daß
der Moderator der Sendung diese Erzählung als »eine sehr hübsche Geschichte« (Z. 1) bezeichnet. Die reichliche Verwendung
von Adjektiven läßt sich auch oben in Beispiel (12) schon beobachten, ebenso unten in Beispiel (15).

Häufig greift der Erzähler bei der Vorstellung der Ereignisträger auf sprachliche Stereotypen zurück; hier einige Beispiele aus verschiedenen Sendungen:

- »Ich war ein junger Dachs beim Bayerischen Rundfunk« (18. 2. 1975)
- »Ich war ein Knirps von 5 oder 6 Jahren« (15. 4. 1975)
- »Als ich just 20 Jahre jung war« (15. 4. 1975)
- »Ein junger Mann, schwarzhaarig und mit braunen Augen« (15. 4. 75)

Sprachliche Stereotypen werden auch häufig bei der Beschreibung von Gefühlen oder Gemütszuständen verwendet. Ausdrücke wie »wir mußten herzlich lachen«, »er freute sich königlich«, »ich habe mich köstlich amüsiert«, »ich weinte bitterlich« lassen sich in jeder Sendung ohne Schwierigkeit finden. Besonders wenn der Tod einer dem Erzähler verbundenen Person erwähnt wird, häufen sich die Stereotypen, wie in Beispiel (15):

(15)
Frau Rowohlt schreibt mir, ... seit Monaten habe ich meinen geliebten Mann nicht mehr an meiner Seite' ... den großen Verlust kann ich nicht verwinden' ... waren wir immerhin 28 glückliche Jahre verheiratet, ... (...) dort lernte ich auch die Schwester meines Mannes kennen. in einem Köfferchen trug sie die Bilder ihrer Familie mit sich. sie zeigte mir ... diese Bilder' und ich tippte auf das Bild meines zukünftigen Mannes' und sagte' das sind ja Märchenaugen wie Sterne' ... (...) immer schwärmte ich von diesen blauen Märchenaugen. mich erfüllt Wehmut. daß sie sich für immer geschlossen haben, ...
(»Spiel mir meine Melodie«, WDR/NDR I, 4. 3. 1975)[2]

Beispiele aus anderen Sendungen sind:

- »Der Vater weilt nicht mehr unter uns« (15. 4. 1975)
- »Es war ein Abschied für immer« (15. 4. 1975)
- »Mein Mann lebte damals noch, bis ihm wenig später der Tod
  Lupe und Pinzette aus der Hand nahm« (13. 3. 1979)

Im Bemühen, »gut« zu erzählen, greifen die Erzähler in diesen Beispielen auf konventionelle sprachliche Muster zurück, von denen sie meinen, daß sie als »guter Stil« gelten, weil sie aus dem Sprachunterricht oder der Literatur bzw. Trivialliteratur vertraut sind. Ich möchte solche sprachlichen Phänomene als ›quasi-literarisch‹ bezeichnen. Je mehr sich die Abwicklung des Sachverhaltsschemas ›Erzählen‹ von einem übergeordneten Handlungsschema entfernt und verselbständigt bzw. zu einer Art Kunstform wird, um so wahrscheinlicher scheint mir das Auftreten solcher quasi-literarischen Phänomene, besonders in schriftlichen Erzählungen.

Daß Einflüsse des Aufsatzunterrichts anzunehmen sind, legt schon ein flüchtiger Blick in deutsche Sprachbücher nahe. Genau die sprachlichen Muster, die sich in den zuletzt zitierten Beispielen fanden, werden als charakteristisch für »lebendiges« oder »anschauliches« Erzählen empfohlen: die Wahl des »treffenden Worts«, insbesondere des »treffenden Adjektivs«, überhaupt die Ausschmückung durch Details, die Beschreibung von Gemütszuständen sowie die »Zuspitzung« des Geschehens und die Erzeugung von Spannung werden als Kennzeichen der »Erlebniserzählung« genannt.[10]

Auf den Einfluß solcher konventionellen sprachlichen Muster geht auch Klaus-Peter Klein in seinem Beitrag (in diesem Band S. 263 ff.) ein; er sieht das Kernproblem der erzähldidaktischen Beeinflussung von Kindern und Jugendlichen darin, daß die »normbildenden Paradigmen überwiegend aus dem literarischen Bereich genommen werden« (S. 266 ff.). Erzählungen wie die zuletzt zitierten zeigen, daß beim nicht-funktionalen Erzählen dieser Einfluß bis ins Erwachsenenalter reicht.

3.3. Charakteristika nicht-funktionaler Erzählungen

Die Beobachtungen an den Textbeispielen in Abschnitt 2 und 3 zeigen, daß Kriterien für die Unterscheidung funktionaler und nicht-funktionaler Erzählungen sich in zwei Bereichen finden lassen, im Bereich der »Zugzwänge« und im Bereich der sprachlichen Gestaltung.

Charakteristisch für nicht-funktionale Erzählungen ist, daß die genannten »Zugzwänge« im Sinne von Kallmeyer & Schütze (vgl. dazu oben Abschn. 1.1.) in ihrer Gültigkeit eingeschränkt sind oder sich anders manifestieren als in funktionalen Erzählungen:

– Der Relevanzfestlegungs- und Kondensierungszwang manifestiert sich oft nur in sehr geringem Maße; die Relevanzfestlegung erfolgt nicht von einem übergeordneten Handlungsschema, sondern von der »thematischen Geschichte«. Je nachdem, wie die Erzählung ausgelöst wird, ist sie mehr oder weniger weit oder eng angelegt und erfordert damit ein geringeres oder größeres Maß an Kondensierung.

– Der Detaillierungszwang wirkt sich nicht nur in relevant gesetzten kognitiven Strukturen aus. Die Erzählung weist daher ein relativ gleichmäßiges Detaillierungsniveau auf. Die Parallelitätskomponente scheint häufiger als in funktionalen Erzählungen durch Rückblenden aufgehoben zu werden.

– Der Gestaltschließungszwang manifestiert sich häufig in Form einer Pointe. Er steht nicht in Zusammenhang mit einer Rückbeziehung des erzählten Sachverhalts auf ein übergeordnetes Handlungsschema.

Charakteristisch für nicht-funktionale Erzählungen ist weiterhin ein erkennbares Bemühen des Erzählers um die sprachliche Gestaltung:

– Der Erzähler bemüht sich, Spannung zu erzeugen. Die verschiedenen Möglichkeiten, dies zu erreichen, müßten für Alltagserzählungen zweifellos noch genauer untersucht werden. Der Verzicht auf eine vorgreifende Andeutung läßt sich jedoch sicher aus diesem Bemühen erklären. Metanarrative Einleitungssätze leisten eine solche Andeutung nur in geringem Maße, da sie oft nur die Tatsache des Erzählens oder eine nur sehr grobe thematische Festlegung beinhalten. Bestimmte Formen der zeitlichen Situierung (Episodenmerkmale vom Typ »es war ein schöner Sommertag«) nehmen nichts vorweg und kommen daher dem Bemühen um Spannung entgegen.

– Der Erzähler widmet den sprachlichen Formulierungen besondere Aufmerksamkeit. Dies wurde hier vor allem am Beispiel der Ereignisträger und ihrer Gemütszustände gezeigt. Das Ausschmücken mit Details wird begünstigt durch die eingeschränkte Auswirkung des Relevanzfestlegungs- und Kondensierungszwangs und läßt den Eindruck eines gleichmäßigen Detaillierungsniveaus entstehen. Der Erzähler greift bei der Gestaltung auf konventionelle sprachliche Muster zurück, die er aufgrund von Erfahrungen aus dem Sprachunterricht oder dem Umgang mit »Literatur« (im weitesten Sinne) positiv bewertet. Diese »quasi-literarischen« Phänomene sind deutliche Indikatoren nicht-funktionaler Erzählungen.

Wenn diese Beobachtungen zutreffen, ist anzunehmen, daß der Zuhörer/Leser mit Hilfe solcher Indikatoren wie der hier angedeuteten eine Erzählung als nicht-funktional erkennt. Dies könnte bei ihm ein anderes Rezeptionsverhalten als bei einer funktionalen Erzählung zur Folge haben. Es wäre interessant zu untersuchen, wie Kommunikationspartner im weiteren Verlauf eines Kommunikationsprozesses eine nicht-funktionale Erzählung behandeln. Das ist in diesem Rahmen nicht möglich. Ich möchte hier nur im Anschluß an den Beitrag von Stempel (in diesem Band) die Vermutung äußern, daß der Wahrheitsanspruch an eine solche Erzählung gegenüber funktionalen Erzählungen reduziert ist, d. h. es ist anzunehmen, daß zwar für den Kern des Ereignisses die Wahrheit gewährleistet sein muß, dem Erzähler aber bei der Gestaltung und Ausschmückung eine gewisse Freiheit zugestanden wird (vgl. Stempel, S. 391).

Erzählungen aus der Sendereihe »Spiel mir meine Melodie« im Detail auf ihre Wahrheit überprüfen zu wollen, wäre sicher nicht adäquat; sie können durchaus im Sinne von Stempel ›Alltagsfiktionen‹ sein. Funktionale Erzählungen hingegen sind der Wahrheit in weit stärkerem Maße verpflichtet, da auch Details relevant für das übergeordnete Handlungsschema sind. Ein besonders strenger Wahrheitsanspruch richtet sich an Erzählungen in institutionellen Kontexten, etwa vor Gericht (vgl. dazu Hoffmann (in diesem Band)), in der Arzt-Patient-Kommunikation (vgl. dazu Bliesener (in diesem Band)) oder in einer Beratungsstelle (vgl. dazu Rehbein (in diesem Band)). ›Alltagsfiktionalität‹ ist also ein (mögliches) Charakteristikum von nicht-funktionalen Erzählungen.

4. Die Problematik der Unterscheidung ›funktional‹ vs. ›nicht-funktional‹

Daß Erzählungen in der Alltagskommunikation einerseits sehr unterschiedliche Funktionen haben und andererseits vom Erzähler in sehr unterschiedlicher Weise sprachlich gestaltet werden können, ist natürlich im Grunde nicht neu. Ich habe hier versucht, die Unterschiede bezüglich der Funktionen mit den Unterschieden bezüglich der sprachlichen Gestaltung in Zusammenhang zu bringen. Meine Hypothese ist, kurz zusammengefaßt, daß es auch ›nichtfunktionale‹ Erzählungen gibt, also Sachverhaltsschemata, die *nicht* im Sinne von Kallmeyer & Schütze (s. o. S. 338) unter dem Aspekt ihrer Handlungsfunktionalität zu betrachten sind und daß sich diese Tatsache auf die Erzählstrukturen und die sprachliche Gestaltung der Erzählung auswirkt. Anders gesagt: an den Erzählstrukturen (gemeint sind die ›kognitiven Strukturen‹ im Sinne von Kallmeyer & Schütze, s. o. S. 339) und an bestimmten sprachlichen Phänomenen lassen sich die Unterschiede bezüglich der Handlungsfunktionalität erkennen.

Die Bezeichnung ›nicht-funktional‹, selbst wenn man sie als Abkürzung für ›handlungsschematisch‹ und/oder ›inhaltlich nicht-funktional‹ verwendet (s. o. S. 356), befriedigt natürlich nicht, weil auch solche Erzählungen Funktionen haben – es sind nur andere Arten von Funktionen (s. o. § 2, bes. S. 356). Der Sache nach werden zwei grundsätzlich verschiedene Funktionen von Erzählungen, oder besser: Arten von Funktionen, auch in anderen Arbeiten unterschieden:

4.1. ›Kommunikative‹ vs. ›interaktive‹ Funktion (Quasthoff)

Uta Quasthoff, die sich anhand reichhaltigen Textmaterials ausführlich mit diesem Problem auseinandergesetzt hat (vgl. (1980), Kap. 2; (1979); für ein kurzes Resümee s. § 3 ihres Beitrags in diesem Band), unterscheidet kommunikative und interaktive Funktionen von konversationellen Erzählungen. »*Kommunikative Funktionen* sind *semantisch* begründet, ihre Wirksamkeit beruht in der Hauptsache auf dem Inhalt der erzählten Geschichte. (. . .) *Interaktive Funktionen* liegen demgegenüber in der interaktiven Wirksamkeit der gewählten Repräsentations*form* (. . .)« ((1980), S. 165). Diese Unterscheidung ist zwar nicht mit der hier getroffenen ›funktional‹ und ›nicht-funktional‹ gleichzusetzen, aber sie ist doch mit ihr vergleichbar. Wenn bestimmte sprachliche Phänomene anzeigen, daß der Erzähler sich besonders um die »Form« bemüht, und wenn sich daraus Indikatoren für nicht-funktionales Erzählen gewinnen lassen, so müßten diese Phänomene auch auf eine interaktive Funktion der Erzählung im Sinne von Quasthoff hindeuten. Die phatische Funktion, auf die hier im Zusammenhang mit der Nicht-Funktionalität eingegangen wurde (s. o. § 2, S. 356), gehört nach Quasthoff ((1980), S. 193) zu den möglichen interaktiven Funktionen. Umgekehrt wären die von Quasthoff als eine Art von kommunikativer Funktion erwähnten Belegfunktionen (vgl. die Übersicht in (1980), S. 167) nur bei in meinem Sinne funktionalen Erzählungen zu finden. Quasthoff nennt aber bei den kommunikativen Funktionen auch solche wie ›Selbstdarstellung‹ oder ›Belustigung und Unterhaltung‹, die ich eher ›nicht-funktionalen‹ Erzählungen zuordnen würde. Man kann also zwar vermuten, daß nicht-funktionale Erzählungen immer eine interaktive Funktion im Sinne von Quasthoff haben, die dann jeweils noch genauer zu spezifizieren wäre; man kann aber nicht davon ausgehen, daß Erzählungen mit einer der von Quasthoff genannten kommunikativen Funktionen immer in meinem Sinne funktional sind. Der Ausgangspunkt bei beiden Unterscheidungen ist eben ein anderer: bei Quasthoff Inhalt vs. Form, hier die handlungsschematische Einbettung.

4.2. ›Praktische‹ vs. ›emotionale‹ Funktion (van Dijk)

Ein Versuch, zwei Grundfunktionen von Erzählungen, nämlich praktische und emotionale, zu unterscheiden, findet sich auch bei van Dijk ((1974) u. (1974/75); vgl. dazu Gülich & Raible (1977), S. 265). Eine Erzählung hat praktische Funktion, wenn der Erzähler den Hörer (z. B. durch einen Rat oder eine Warnung) beeinflussen, ihm ein »Erfahrungsmodell« für künftige Interaktionen geben will ((van Dijk (1974), S. 36; (1974/75), S. 286). Von emotionaler Funktion spricht van Dijk, wenn es dem Erzähler mehr darauf ankommt, daß der Hörer ihn – seine Handlungen oder seine Erzählung – positiv beurteilt. Van Dijk setzt diese Unterscheidung in Beziehung zu der Unterscheidung zwischen ›natural narratives‹ (Alltagserzählungen) und ›artificial narratives‹ (literarischen Erzählungen): Alltagserzählungen haben vorwiegend praktische, literarische Erzählungen vorwiegend emotionale Funktion. Für Erzählungen wie die hier als ›nicht-funktional‹ bezeichneten könnte man sicher meist eine solche emotionale Funktion annehmen. Auch die Verwendung quasi-literarischer Phänomene (s. o. S. 370) rückt diese Erzählungen in die Nähe von van Dijks »artificial narratives«. Nun sollen hier keinesfalls so schwierige Fragen wie die der ›Literarizität‹ oder der Funktionen literarischer Texte in Angriff genommen werden, aber die hier als Beispiel für nicht-funktionale Erzählungen zitierten Texte legen die Vermutung nahe, daß eine strenge Trennung zwischen alltäglichen und literarischen Erzählungen nicht möglich ist. Es gibt offenbar im Bereich mündlicher und schriftlicher Erzählungen Übergangsformen, und die Funktionen handlungsschematischer und/oder inhaltlich nicht-funktionaler Erzählungen lassen sich ohne Rückgriff auf Überlegungen zu Funktionen literarischer Texte vielleicht gar nicht adäquat beschreiben.

4.3. ›Bericht‹ vs. ›Erzählung‹

Die Unterscheidung ›funktional‹ vs. ›nicht-funktional‹ läßt sich auch zu einer traditionellen Unterscheidung in Beziehung setzen, auf die besonders im Aufsatzunterricht großer Wert gelegt zu werden scheint: der Unterscheidung zwischen Bericht und Erzählung. Es wurde schon darauf hingewiesen, daß die als ›quasi-literarisch‹ bezeichneten Phänomene, die in nicht-funktionalen

Erzählungen auftauchen, in Sprachbüchern als Merkmale der »lebendigen«, »anschaulichen« Erzählung bzw. der »Erlebniserzählung« genannt werden (s. o. S. 370). ›Erzählung‹ wird aber in Sprachbüchern meist im Unterschied zu ›Bericht‹ definiert.[11] Von linguistischer Seite geht Rehbein (in diesem Band, § 3) auf diese Unterscheidung ein.[12] Nun deckt sich weder seine noch die von sprachdidaktischer Seite etablierte Unterscheidung zwischen Bericht und Erzählung völlig mit der zwischen ›funktional‹ und ›nicht-funktional‹, weil auch hier die Ausgangspunkte unterschiedlich sind, aber ›Berichte‹ scheinen doch in aller Regel funktional zu sein, während die Muster, die zumindest in Sprachbüchern für die »Erlebniserzählung« empfohlen werden, weitgehend für nicht-funktionale Erzählungen typisch sind.

4.4. ›Homilëischer Diskurs‹ (Ehlich & Rehbein)

Die Notwendigkeit, im Bereich der Funktionen des Erzählens eine grundlegende Unterscheidung zu treffen, wird also durch andere Arbeiten bestätigt. Die Bezeichnung als ›funktional‹ bzw. ›nicht-funktional‹ bleibt, wenn man so will, hinter Unterscheidungen wie zwischen kommunikativer und interaktiver oder praktischer und emotionaler Funktion zurück, da sie eine Festlegung der nicht-funktionalen Erzählungen auf bestimmte Funktionen zu vermeiden versucht.

Ein Hauptproblem bei der Bestimmung dieser Funktionen liegt wohl auch darin, daß man im Grunde noch zu wenig über die übergeordneten Handlungsschemata weiß, in die Erzählungen eingebettet sind. Je genauer man diese bestimmen und beschreiben kann, desto sicherer läßt sich angeben, ob eine Erzählung in bezug auf ein bestimmtes Handlungsschema funktional ist oder nicht.[13] Es ist kein Zufall, daß Ehlich & Rehbein (1980) gerade bei der Analyse von »Sprache in Institutionen« auf einen Bereich sprachlichen Handelns gestoßen sind, »der einerseits aufgrund seiner festen Organisation gewisse Gemeinsamkeiten mit dem Sprechen in Institutionen aufweist, andererseits dem institutionsspezifischen Handeln entgegengesetzt zu sein scheint« ((1980) § 4.2.). Sie bezeichnen diesen Bereich als »scheinbar für die Institution dysfunktionale Kommunikation« und schlagen als zusammenfassenden Ausdruck für solche Erscheinungen (sie erwähnen z. B. das Pausengespräch in Schulen, Produktionsstätten und Wartezimmern, den Schwatz beim Einkauf u. a.) den Terminus ›homilëischer Diskurs‹ vor. Wenn in institutionell geregelter Kommunikation Erzählungen vorkommen, ist es sicher im allgemeinen leichter als in der Alltagskommunikation, festzustellen, ob und gegebenenfalls welchen institutionsspezifischen Zweck sie erfüllen oder ob sie ›dysfunktional‹ sind. Allerdings muß man präzisieren, für wen sie dysfunktional sind, für den ›Agenten‹, d. h. den Vertreter der Institution, oder für den ›Klienten‹ (diese Termini werden von Ehlich & Rehbein verwendet). Der Agent erwartet bzw. verlangt grundsätzlich funktionale Erzählungen, der Klient hat u. U. – wie Quasthoff ((1977); (1978), S. 197 ff.) am Beispiel einer Beratung im Sozialamt zeigt, andere Interessen. Oder für den Klienten kann eine Erzählung funktional sein, die dem Agenten dysfunktional erscheint. Dysfunktionale Erzählungen werden im allgemeinen vom Vertreter der Institution zurückgewiesen. Quasthoff weist darauf hin, daß es in Sozialamts-Beratungen überhaupt selten zu Erzählungen kommt ((1978), S. 195 f.). In dem von ihr analysierten Beispiel akzeptiert eine Beraterin zwar zunächst die dysfunktionale Erzählung der Klientin, aber sie leitet dann so etwas wie eine ›Refunktionalisierung‹ der Kommunikation ein durch eine ›explizite Reinstallierung des Sachberatungsthemas‹ (»so – Frau Brosse – nu noch ma zurück zu der Hauspflege«, Quasthoff (1978), S. 200).

In ähnlicher Weise sind die Ergebnisse von Blieseners Analyse von Kommunikation im Krankenhaus zu verstehen: Er spricht von »funktionalen« und »nicht-funktionalen« Antworten der Patienten auf Fragen des Arztes (in diesem Band, § 3.2.). In dem von ihm analysierten Beispiel (S. 153 ff.) sind die Erzählversuche der Patientin für diese selbst sicher funktional. Von der Ärztin werden sie jedoch offenbar als dysfunktional angesehen. Aus diesem Grund ist bei der Krankenhausvisite »Erzählen unerwünscht« und wird weitgehend verhindert.

Ebenso erwartet – wie Hoffmann (in diesem Band) zeigt – das Gericht vom Angeklagten, daß er sich bei der Rekonstruktion des Tatbestands auf die »entscheidungsrelevanten Themenbereiche« konzentriert (Hoffmann, S. 41), also: funktional erzählt. Eine für das Gericht dysfunktionale Erzählung (Hoffmann verwendet diesen Terminus ebenfalls) würde zurückgewiesen und u. U. sanktioniert werden (ebd.).

Die im vorliegenden Beitrag zur Diskussion gestellten nicht-funktionalen Erzählungen wären im Sinne von Ehlich & Rehbein ›homilëische Diskurse‹. Auch für sie muß jeweils gefragt werden, für wen sie nicht-funktional oder dysfunktional sind, für den Erzähler oder den/die Zuhörer. Ebenso wie eine bestimmte kommunikative Funktion von Erzähler *und* Zuhörer akzeptiert werden muß (vgl. Beispiel 2, s. o. S. 340 f.), muß der Zuhörer die Dysfunktionalität in irgendeiner Weise akzeptieren (s. o. Beispiel 6, S. 350), andernfalls wäre die Erzählung wenn nicht Sanktionen, so doch zumindest Rückfragen ausgesetzt.

Überträgt man die Forderung von Ehlich & Rehbein nach einer systematischen Berücksichtigung dysfunktionaler Phänomene in institutionell geregelter Kommunikation auf die Alltagskommunikation, so kommt m. E. der Analyse nicht-funktionaler Erzählungen als charakteristischer Erscheinungsformen des homilëischen Diskurses besondere Bedeutung zu. Über die Funktionen des homilëischen Diskurses und damit auch des nicht-funktionalen Erzählens kann man zum gegenwärtigen Zeitpunkt nur Vermutungen anstellen. Sie empirisch zu untersuchen, dürfte eine schwierige Aufgabe sein, da man häufig sehr komplexe Interaktionszusammenhänge als Kontext heranziehen müßte, wenn es z. B. um die Konstitution einer Beziehung oder eines ›Image‹ geht. Zugleich wäre es aber sicher auch eine lohnende Aufgabe, weil die Funktionen des nicht-funktionalen Erzählens möglicherweise Aufschluß über Grundfunktionen des Erzählens überhaupt geben könnten. Vielleicht kommt Tucholsky diesen Grundfunktionen ziemlich nahe, wenn er beschreibt, wie die Liebespaare »Abends nach sechs« (so der Titel des Essays) im Berliner Tiergarten sich den Ärger des Tages erzählen:

»So gehen sie dahin, die vielen, vielen Liebespaare im Tiergarten, erzählen sich gegenseitig, klagen sich ihr kleines Leid, und haben alle recht. Sie stellen das Gleichgewicht des Lebens wieder her.«[14]

Anmerkungen

1 Frühere Fassungen dieses Beitrags wurden in der Arbeitsgruppe ›Erzählstrukturen‹ in Tübingen und in Bochum intensiv diskutiert (s. o. Einleitung des Herausgebers, S. 26); diesen Diskussionen verdankt die vorliegende Fassung viele Anregungen. Außerdem möchte ich

Werner Kallmeyer (Mannheim), Barbara Sandig (Saarbrücken) und Pierre Bange (Lyon) sehr herzlich für wichtige Anregungen danken.

2 In den in diesem Beitrag abgedruckten Transkripten werden zusätzlich zu den allgemein in diesem Band verwendeten noch folgende Transkriptionszeichen verwendet:

» ’ » = steigende Melodie, z. B. »bitte’«

» , « = fallende Melodie, z. B. »sondern getrennt,«

»(. . .)« = Auslassung.

Alle hier verwendeten Zeichen sind Transkriptionszeichen; es werden in den Transkripten also keine Satzzeichen verwendet. Die Herkunft der Transkripte und der Aufnahmen ist wie folgt gekennzeichnet: Aufnahmen, die ich selbst in face-to-face-Kommunikation gemacht habe, sind mit »EG« und dem Jahr der Aufnahme gekennzeichnet. Bei Aufnahmen, die ich von Rundfunksendungen gemacht habe, werden der Sender, der Titel und das Datum der Sendung angegeben. Bei den Transkriptionen und der Überprüfung von Rohtranskriptionen haben Wilfried Schütte und Bernd Terwey (beide Bielefeld) mitgearbeitet. Die französischen Transkripte in den Beispielen (3) und (6) sind aus der Arbeit von Cathrin Brunet (1977) entnommen. – In allen Transkripten mit Ausnahme derjenigen von Rundfunksendungen wurden die Eigennamen verändert.

3 Eine noch weiter differenzierte Unterscheidung verschiedener Ebenen gibt Kallmeyer (1977).

4 Als ›Zugzwänge‹ definieren Kallmeyer & Schütze konditionelle Relevanzen, die nicht nur punktuell, sondern fortlaufend wirksam sind. Das Prinzip der konditionellen Relevanz besagt, daß ein Kommunikationspartner mit einer kommunikativen Handlung immer Bedingungen für bestimmte Folge-Handlungen schafft, die an der betr. Stelle erwartbar sind; z. B. hat auf eine Frage eine Antwort zu folgen, auf einen Gruß ein Gegengruß usw. ((vgl. Kallmeyer & Schütze (1976), S. 15; (1977), S. 262, Anm. 27).

5 Auf die Notwendigkeit, die »in wörtlicher Rede abgebildeten Interaktionen« systematisch im Rahmen der Erzählanalyse zu behandeln, haben neuerdings Dittmar & Thielicke ((1979), § 4.3., hier S. 12) hingewiesen. Die von ihnen analysierten Beispiele zeigen, was im vorliegenden Beitrag durch Beispiel (2) bestätigt wird, daß gerade in einem erzählten Konfliktfall die Handlungskomplikation (verstanden als Bestandteil einer Erzählung) typischerweise aus wörtlich wiedergegebener Rede und Gegenrede besteht.

6 Ich beziehe mich hier auf die Arbeit von Holly (1979), der die Begriffe ›Image‹ und ›Imagearbeit‹ im Sinne Goffmans interpretiert (vgl. Holly (1979), S. 35 ff.). Zwei interessante Beispiele für Erzählungen, die eine Funktion in der ›Imagearbeit‹ haben, gibt Holly unter dem Titel ›Nachverbrennungen‹ (S. 180-193): Die Erzählungen fungieren als

nachträgliche Korrektur eines geschädigten ›Image‹; der jeweilige
Erzähler rechtfertigt gegenüber anderen Interaktanten sein Handeln in
einer bestimmten Situation und bringt damit eine für sein ›Image‹
notwendige Korrektur an, die in der Situation selbst nicht möglich
war. Die erste der beiden von Holly analysierten Erzählungen wäre im
Sinne meines Ansatzes *auch* funktional (sie gibt auf eine Frage in einer
Diskussion ein Beispiel), die zweite wäre nicht-funktional (es handelt
sich um die Texte h und i in Hollys Korpus).

7 In den Diskussionen in Tübingen und in Bochum (vgl. Ehlich in
diesem Band, Anm. 1) wurde u. a. auch die Frage aufgeworfen, ob in
solchen Fällen nicht das Erzählen als eigenes Handlungsschema angesehen werden könnte. Das wäre jedoch im Rahmen der hier vorgetragenen Überlegungen nicht konsequent. Nach dem Ansatz von Kallmeyer & Schütze (1977) ist für ein Handlungsschema charakteristisch,
daß es zweck- oder ergebnisorientiert ist und sich auf Probleme und
Bedürfnisse im unmittelbaren Handlungskontext bezieht (vgl. dazu
bes. S. 160-163, 244-249). – In (1976), S. 16 nennen Kallmeyer
& Schütze als Beispiel für ein Handlungsschema u. a. auch ›eine
Erzählung zum besten geben‹; diese Annahme wird aber in (1977)
durch die Einführung der Ebene der Sachverhaltsdarstellung (s. o.
S. 337) ausdrücklich korrigiert. – Ich selbst habe in (1976), S. 231 f.
von einem anderen Ansatz aus eine Illokution ›Erzählen‹ angenommen. Diese Annahme würde ich heute für funktionale Erzählungen
nicht mehr und für nicht-funktionale nur eingeschränkt aufrechterhalten; eine Illokution ›Erzählen‹ würde am ehesten der hier erwähnten
phatischen Funktion entsprechen.

8 Die in den CREDIF-Texten verwendeten Zeichen sind keine Transkriptionszeichen, sondern Satzzeichen. Die Aufnahmen zu diesen
Texten, die Anfang der fünfziger Jahre entstanden sind, existieren
heute nicht mehr. – Vergleichbare deutsche Beispiele für nicht-funktionale mündliche Erzählungen kann man finden in: Standardsprache
I, z. B. S. 76 ff., 124 ff., und in Wackernagel-Jolles (1971), z. B. S.
33 ff., 54 ff., 63 ff.

9 Die Beobachtungen in Gülich (1976), S. 246 ff. zu erzähltextspezifi-
schen Gliederungselementen, bes. den meta-narrativen Sätzen und den
Episodenmerkmalen, scheinen mir inzwischen ergänzungsbedürftig.
Ich glaube zwar nicht, daß die Gliederungselemente als solche an
nicht-funktionale Erzählungen gebunden sind, aber sie werden in
funktionalen und nicht-funktionalen Erzählungen unterschiedlich
realisiert. Gliederungselemente, die ich ursprünglich als besonders
typisch für das Erzählen im allgemeinen angesehen habe, erscheinen
mir jetzt eher typisch für nicht-funktionale Erzählungen. Vgl. dazu
auch die von Quasthoff (1976) geäußerte Kritik.

10 Es wäre sicher sehr interessant, dieser Beobachtung einmal genauer

nachzugehen. Hier muß ich mich mit wenigen kurzen Hinweisen begnügen. Besonderer Wert auf das Erzählen wird vor allem in älteren Sprachbüchern gelegt. Vgl. z. B. *Wort und Sinn* 1, S. 11 ff. (bes. S. 15: als sprachliche Gestaltungsmittel für den Hauptteil der Erzählung mit dem Höhepunkt werden u. a. »treffende Adjektive« genannt), S. 47 ff. (bes. S. 50 »Das passende Adjektiv«); 2, S. 46 ff. (S. 48 betr. Darstellung von Gefühlen); 4, S. 60 ff.; *Unsere Muttersprache* (Diesterweg) 1, S. 5 ff.; 2, S. 5 ff.; *Unsere Muttersprache* (Volk und Wissen) 7, S. 53 ff. (S. 56 betr. Darstellen von Gefühlen, S. 58 betr. Eigenschaften der handelnden Personen); *Deutscher Sprachspiegel* 1, S. 25 ff.; 2, S. 91 ff.; *Lebendige Sprache* 7, S. 47 ff.; *Lesen, Darstellen, Begreifen* 5, S. 33 f., S. 105, S. 258 f. über die Wahl des treffenden Worts, S. 77, S. 142 über Spannung, Gestaltung des Höhepunkts; *Sprachliche Mitteilungen im Alltag* S. 194 f. (Wahl des treffenden Adjektivs). Ausführlich wird auch in Büchern zur Aufsatzerziehung auf die entsprechenden Merkmale guten Erzählens eingegangen, z. B. Sanner 1976: S. 52 ff.; Wolfrum 1972: S. 176 f.; Steinbügl 1975: S. 14 ff. (interessant sind hier vor allem die »Auswertungen« der Beispiele und die Merksätze). – Das Erzählen erscheint in diesen Lehrwerken immer als nicht-funktionales Erzählen. Es wird mehr Aufmerksamkeit auf die Form als auf den Inhalt gelegt. Vgl. zu dem Problem auch Sandig 1980, bes. Abschnitt 4. In neueren Sprachbüchern spielt das Erzählen – vermutlich gerade wegen dieser Nicht-Funktionalität – eine untergeordnete Rolle. Eine parallele Entwicklung zeichnet sich in den Lesebüchern ab. (Hinweise zu diesem Themenbereich verdanke ich Wolfgang Klein (Bielefeld) und Adelheid Meyer-Hermann (Bielefeld).)

11 Vgl. z. B. *Wort und Sinn* 1, S. 78 ff. und 2, S. 12 ff. über den Bericht; 2, S. 105 über Erzählung und Bericht; *Unsere Muttersprache* (Diesterweg) 1, S. 13 f.; 2, S. 16 ff.; 3, S. 9 ff. über den Bericht; *Deutscher Sprachspiegel* 2, S. 78 ff.; *Unsere Muttersprache* (Volk und Wissen) 7, S. 79 ff.; *Lesen, Darstellen, Begreifen* 5, S. 104 ff.; *Sprachliche Mitteilungen im Alltag*, S. 157, 187. Vgl. ferner Sanner (1976), S. 59 ff.; Steinbügl (1975), S. 111 ff.; Wolfrum (1972), S. 173 f.

12 Vgl. dazu auch Klein (1979).

13 In der antiken Rhetorik wird mit ›narratio‹ ein bestimmter Teil in der Gerichtsrede bezeichnet: die ›narratio‹ als Darlegung des Tatbestands hat damit eine genau bestimmbare Funktion in einem übergeordneten Handlungsschema (vgl. Curtius (1961), S. 79). Die ›narratio‹ wurde aber offenbar schon früh ›entfunktionalisiert‹; der Begriff wurde auf die gesamte Literatur ausgeweitet (ebd., S. 491, 481, 80).

14 Aus: Kurt Tucholsky, *Na und –?* Eine neue Auswahl. Herausgegeben von Mary Gerold-Tucholsky. Hamburg: Rowohlt (1950), S. 18.

Brunet, C. (1978) Erzählstrukturen in mündlichen französischen Texten. Staatsexamensarbeit, Bielefeld

Curtius, E. R. (1961³) Europäische Literatur und lateinisches Mittelalter. Bern, München

van Dijk, T. A. (1974) Philosophy of action and theory of narrative. Amsterdam: mimeo.

Dittmar, N. & Thielicke, E. (1979) Der Niederschlag von Erfahrungen ausländischer Arbeiter mit dem institutionellen Kontext des Arbeitsplatzes in Erzählungen. In: H.-G. Soeffner (Hg.), Interpretative Verfahren in den Sozial- und Textwissenschaften. Stuttgart: Metzler, 65-103.

Ehlich, K. & J. Rehbein (1980) Sprache in Institutionen. In: H. P. Althaus, H. Henne, H. E. Wiegand (Hgg.), Lexikon der Germanistischen Linguistik, 2. Aufl. Tübingen: Niemeyer, S. 338-345.

Gougenheim, G.; Michéa, R.; Rivenc, P. & Sauvageot, A. (1964²) L'élaboration du français fondamental. Paris.

Gülich, E. (1970) Makrosyntax der Gliederungssignale im gesprochenen Französisch. München.

Gülich, E. (1976) Ansätze zu einer kommunikationsorientierten Erzähltextanalyse (am Beispiel mündlicher und schriftlicher Erzähltexte). In: W. Haubrichs (Hg.): Erzählforschung 1. Theorien, Modelle und Methoden der Narrativik. Lili, Beiheft 4, S. 224-256.

Gülich, E. & Raible, W. (1974) Überlegungen zu einer makrostrukturellen Textanalyse. J. Thurber, The Lover and his Lass. In: Gülich, E., Heger, K.; Raible, W.: Linguistische Textanalyse. Überlegungen zur Gliederung von Texten. Hamburg: Buske, S. 73-126.

Gülich, E. & Raible, W. (1977) Linguistische Textmodelle. Grundlagen und Möglichkeiten. München: UTB 130.

Holly, W. (1979) Imagearbeit in Gesprächen. Zur linguistischen Beschreibung des Beziehungsaspekts. Tübingen

Kallmeyer, W. (1977) Verständigungsprobleme in Alltagsgesprächen. Zur Identifizierung von Sachverhalten und Handlungszusammenhängen. In: Der Deutschunterricht 29, 6, S. 52-69.

Kallmeyer, W. & Schütze, F. (1976) Konversationsanalyse. In: Studium Linguistik 1, S. 1-28.

Kallmeyer, W. & Schütze, F. (1977) Zur Konstitution von Kommunikationsschemata der Sachverhaltsdarstellung. In: D. Wegner (Hg.), Gesprächsanalysen, Hamburg: Buske, S. 159-274.

Klein, K.-P. (1979) Handlungstheoretische Aspekte des ›Erzählens‹ und ›Berichtens‹. In: W. Vandeweghe & Van de Velde, M. (Hgg.), Bedeutung, Sprechakte und Texte. Akten des 13. Linguistischen Kolloquiums, Gent 1978, Band 2, Tübingen: Niemeyer, S. 229-240.

Kraft, E.; Nikolaus, K.; Quasthoff, U. (1977) Die Konstitution der konversationellen Erzählung. In: Folia Linguistica XI 3/4, S. 287-337.

Quasthoff, U. (1979) Eine interaktive Funktion von Erzählungen. In: Soeffner, H.-G. (Hg.), Interpretative Verfahren in den Sozial- und Textwissenschaften. Stuttgart: Metzler, S. 104-126.

Quasthoff, U. (1980) Erzählen in Gesprächen. Linguistische Untersuchungen zu Strukturen und Funktionen am Beispiel einer Kommunikationsform des Alltags. Tübingen: Narr.

Sandig, B. (1979) Erzählen – Vorschläge für eine Lehreinheit in Klasse 6 auf erzähltheoretischer Grundlage. In: Linguistik und Didaktik X 3 S. 171-190.

Sanner, R. (1976⁴) Aufsatzerziehung und Ausdruckspflege. München (1964¹).

Steinbügl, E. (1975⁹) Der deutsche Aufsatz. Ein Lehr- und Arbeitsbuch für den Aufsatzunterricht. Bd. I, 5.-9. Schuljahr. München (1965¹).

Texte gesprochener deutscher Standardsprache I (1971). Erarbeitet im Institut für deutsche Sprache, Forschungsstelle Freiburg. München, Düsseldorf: Hueber, Schwann.

Wackernagel-Jolles, B. (1971) Untersuchungen zur gesprochenen Sprache. Beobachtungen zur Verknüpfung spontanen Sprechens. Göppingen: Kümmerle.

Wildgen, W. (1977) Narrative Strukturen in den Erzählungen ausländischer Arbeiter. In: W. Klein (Hg.): Methoden der Textanalyse. Heidelberg. Quelle & Meyer, S. 100-118.

Wolfrum, E. (1972) Taschenbuch des Deutschunterrichts. Grundfragen und Praxis der Sprach- und Literaturpädagogik. Hohengehren.

Sprachbücher:

Deutscher Sprachspiegel. Sprachgestaltung und Sprachbetrachtung. Ausgabe für Gymnasien. Düsseldorf: Schwann, Bd. I. Arnold, A., Glinz, H. u. a. (1968⁵): Bd. II: Arnold, A., Essen, E., Glinz, H. u. a. (1968¹⁰).

Lebendige Sprache. Sprachbuch für die Hauptschule, Bd. 7, von Schorer; Wiechmann; Reiss. Neubearbeitung von K. Daniels u. a. (1971²) Frankfurt, Berlin, München: Diesterweg.

Lesen, Darstellen, Begreifen (1971²) Lese- und Arbeitsbuch für den Literatur- und Sprachunterricht. Ausgabe A. Hebel, F., u. a. (Hg.), 5. Schuljahr. Frankfurt: Hirschgraben.

Sprachliche Mitteilungen im Alltag (1972) von W.-D. Jägel. Paderborn: Schöningh.

Unsere Muttersprache. Arbeitshefte für den Deutschunterricht im 5. bis 13. Schuljahr. H. Thiel (Hg.) Frankfurt, Berlin, Bonn, München: Diesterweg. Bd. 1: (1968⁸), Bd. 2: (o. J.), Bd. 3 (1968¹⁰), Bd. 4: (o. J.).

Unsere Muttersprache. Übungsstoffe für den Deutschunterricht. Klasse

7. G. Schreinert u. a. (1973⁶) Berlin: Volk und Wissen (1968¹).
Wort und Sinn. Sprachbuch für den Deutschunterricht. K.-E. Jeismann
   & G. Muthmann (Hgg.) Paderborn: Schöning Bd. 1: (1966), Bd.
   2 (1967), Bd. 4: (1969).

Wolf-Dieter Stempel
Alltagsfiktion

In der bisherigen, auf die Literatur konzentrierten Fiktionalitätsdebatte ist die Alltagssprache so gut wie ausgeschlossen geblieben – zu Unrecht, denn namentlich konversationelle Erzählungen bieten reiches Belegmaterial, das freilich in seiner Besonderheit betrachtet und differenziert werden muß. Ausgehend von der Erzählung eines belgischen Bahnbeamten kann die rationale Analyse zeigen, daß verschiedene inhaltliche Aussagen sich entweder ausschließen oder zumindest nicht zu sichern sind. Zwei Fingierungsverfahren, eines, das ausdeutet, ein anderes, das frei erfindet, lassen sich ermitteln, die – auf lebensweltlicher Erfahrung beruhenden Wahrscheinlichkeit verpflichtet – im Dienst einer übergeordneten Intention des Sprechers stehen, der über die Erzählung den Zuhörer zu positiver Einstellung ihm gegenüber veranlassen will. Die Kontrolle der Fingierung wird dabei in Abhängigkeit von bestimmten Modalitäten des Beziehungsaspekts der Interaktion neutralisiert.

0.1. Fiktion, so ist allenthalben zu erfahren und gerade auch der in den letzten Jahren wieder emsiger geführten Debatte zwischen Literaturwissenschaftlern, Philosophen und Linguisten zu entnehmen, ist ein besonderes Kennzeichen von Literatur, und wie immer man sich das Verhältnis von im literarischen Text konstituierter und außerliterarischer Wirklichkeit vorzustellen hat, so ist doch unbestritten, daß die literarische Aussage generell anderen Regeln unterliegt als die alltägliche. Denn während dort Fiktion auf Übereinkunft zwischen Autor und Rezipient beruht, scheint hier gerade die Nichtfiktion allzeit akzeptierte Voraussetzung zu sein, und in der Tat: ob es um das Reden über vergangene oder gegenwärtige Sachverhalte geht oder Zukünftiges, Hypothetisches anvisiert wird, in jedem Fall besteht die Verpflichtung zu Wahrheit und Aufrichtigkeit, und nur in ganz wenigen Fällen, zum Beispiel beim Witz, wird in stillschweigender Vereinbarung diese Verpflichtung in der Alltagssprache außer Kraft gesetzt, aus Gründen eben, wie leicht zu sehen ist, die gerade im Elementarbereich des Ästhetischen liegen. Es scheint nun allgemein als ausgemacht zu gelten, daß da, wo in alltäglicher Rede Wahrheit und Aufrichtigkeit nicht eingehalten werden, nur Lüge oder Heuchelei vorliegen kann, zwei Arten des sprachlichen Umgangs, die wenn sie vom Adressaten entlarvt werden, zu ernsten Störungen des zwischenmenschlichen Verhaltens führen und entsprechende gesellschaftliche Sanktionen zur Folge haben. Gewiß gibt es die geläuterte Form des Dispenses von Wahrheit und Aufrichtigkeit in Gestalt etwa der Ironie (die zwar auch nicht immer nach dem Geschmack des betroffenen Adressaten ist, aber von Dritten durchaus geschätzt wird), aber im allgemeinen wären Lüge und Heuchelei, unbeschadet ihrer Häufigkeit im Alltag, unter dem Terminus Fiktion kaum zureichend erfaßt.

Von Fiktion kann aber auch da nicht gesprochen werden, wo sich Geschehenes unter dem hermeneutischen Zugriff des Betrachters oder Beurteilers unausweichlich immer schon je spezifisch formt, denn mag auch die Aneignung von Geschehen als Geschichte von je verschiedenen Interessen gesteuert sein, so bleibt sie dennoch in der Regel subjektiv dem Wahrheitsanspruch verpflichtet. Es kann also, wenn von Alltagsfiktion die Rede sein soll, darunter weder die Lüge als intentionaler Täuschungsakt noch die unausweichlich subjektive Darstellung von Sachverhalten, vielmehr nur etwas Dazwischenliegendes gemeint sein, in dem sich Erfindung einerseits und Subjektivität andererseits zu einem akzeptierbaren Kompromiß der Redegestaltung verbinden.

0.2. Was darunter konkret zu verstehen ist, wird später auszuführen sein. Als Ausgangspunkt soll zunächst eine Einsicht gelten, die sich in den neueren Entwicklungen der Sprechakttheorie nur zögernd bemerkbar macht, aber gleichwohl für ein angemessenes Verständnis der Pragmatik sprachlicher Interaktion von ausschlaggebender Wichtigkeit ist. Sie besagt, daß frei vollzogene Sprechhandlungen in der Regel einen Zweck verfolgen, der den sprachimmanenten Sinn ihrer Äußerung in der einen oder anderen Weise übersteigt bzw. zusätzlich zu dem Ziel des eigentlichen Handelns anvisiert wird (wenn also einer, der warnt, sich zugleich wichtigmachen will). So ist, wenn man etwa die Behauptung herausgreift, mit der klassischen Definition, der Sprecher habe auf Verlangen den Wahrheitsbeweis des Behaupteten anzutreten, so gut wie nichts über die verschiedenen Ziele ausgesagt, die mit dem Behaupten gemeinhin verfolgt werden (z. B. ein Gespräch einzuleiten, seine Wissenskompetenz darzustellen, o. a.), und ebenso kann man beispielsweise den Akt des Informierens semantisch-pragmatisch genau analysieren, ohne auch nur das Geringste darüber auszusagen, welchen Umständen und Ab-

sichten die Information sich da, wo sie nicht institutionell geregelt ist, verdankt. Auf den komplexen Akt des konversationellen
Erzählens bezogen kann es nur heißen (und Entsprechendes hat
auch die einschlägige Forschung der letzten Jahre mit Recht
herausgestellt; man vergleiche die Arbeiten von F. Schütze, E.
Gülich, U. Quasthoff), daß es ein Erzählen um des Erzählens
willen nicht geben kann, dieses vielmehr übergeordneten Zwek-
ken unterworfen ist und infolgedessen, begreift man Erzählen als
Information, die die Abbildung eines Ere gnisablaufes zum Inhalt
hat, dieses in seinem intentionalen Sinn verfehlt wird. Es ist daher
die grundsätzliche Frage zu stellen, ob nicht in die Konstitution
des Erzählens selbst schon immer auch die jeweils übergeordneten Zwecke eingehen, die der Sprecher mit ihr verfolgt. Ob und
bis zu welchem Grad es sich dabei um »bewußte« Strategien
handelt, ist eine Frage, die man getrost vernachlässigen darf.
Aufmerksamkeit verdient dagegen die Art und Weise, wie der
pragmatische Zweck sich an der Erzählung selbst darstellt.

1.1. In dem hier zugrunde gelegten Text (s. Anhang) erzählt ein
Bahnbeamter aus Lüttich über sein enttäuschendes Abschneiden
bei einem international besetzten Schachturnier. Das Aufnahme-
protokoll vermerkt, daß er aus eigenem Antrieb zur Hamburger
Interview-Gruppe gestoßen ist (die sich in einem Lütticher Café
mit dem Besitzer unterhielt):

>»Hatte das Bedürfnis, sich darzustellen. Kam zunächst wegen Erzähldo-
minanz des ›patron‹ nicht zum Zuge und versuchte bei der nächstsitzen-
den Gesprächspartnerin Aufmerksamkeit auf sich zu lenken. Das Wegge-
hen des ›patron‹ (zur Theke) ermöglichte ihm eine Sprechphase«.

Der Blickkontakt wird als »intensiv« bezeichnet.
Bereits von diesen äußeren Gegebenheiten her wird indiziert,
was in dem protokollierten Text selbst deutlich zum Ausdruck
kommt. Schon im Vorgespräch bezeichnet der Sprecher sich als
»schlechter Verlierer gegenüber sich selbst« (»das tut weh«), und
auf die Themafrage der Interviewerin, ob er sich an eine Gelegenheit erinnere, bei der er besonders enttäuscht war, beginnt er
seinen Bericht mit einer gewissermaßen leitmotivischen Selbsteinschätzung: er sei so etwas wie der »Poulidor des Schachspiels«,
lande meistens (als Pechvogel, so ist die Anspielung auf den
Tour-de-France-Matador Raymond Poulidor zu verstehen) auf
dem 2. Platz und erhalte infolgedessen bei den Preisverleihungen

als Zweitplazierter meist mehr Applaus als der Sieger. Auch bei dem fraglichen Turnier verpaßte er knapp den Gesamtsieg, und der Hinweis auf sein dadurch gestörtes seelisches Gleichgewicht durchzieht nun die ganze Erzählung (vgl. Z. 22, 30, 34). Was war dort vorgefallen? Eben das ist schwer zu sagen: Mehrmals versichert der Erzähler (z. T. mit – protokollierter – Emphase), daß er »das ganze Turnier beherrscht« habe (Z. 17, 36, 45), allerdings, so heißt es gegen Ende, lediglich bis zur siebten Runde (von insgesamt neun), nur ein Spiel habe er verloren; wie es ihm in der neunten (oder achten?) Runde ergangen ist, wird nicht gesagt. Eine Erklärung für das enttäuschende Abschneiden wird in verschiedener Weise gegeben oder insinuiert: unkorrekte Entscheidung des Schiedsgerichts (Z. 20, 43 – so ist wohl auch zu verstehen, daß der Sieger sich bei ihm entschuldigt habe, Z. 33), eigenes Verschulden (»de ma faute«, Z. 39), unsportliches Verhalten zweier Spieler eines gleichen Clubs in der letzten Runde, durch das der offenbar besser im Rennen liegende Partner den entscheidenden Punkt geschenkt bekam (Z. 48). Durchleuchtet man also etwas genauer diese Erzählung, so muß sie inkonsistent erscheinen, denn die als Grund genannten Umstände scheinen sich auszuschließen, auch wenn zwischendurch zwei von ihnen, sozusagen kombiniert, vom Erzähler in Anspruch genommen werden (eigene Schuld »und außerdem« unkorrekte Schiedsrichterentscheidung, Z. 39, 43). Da ist dann auch die Frage, ob der Erzähler tatsächlich die ersten sieben Runden des Turniers »beherrscht« hat, denn wenn der Turniersieger in den zwei letzten Runden an ihm vorbeigezogen ist, dann setzt dies wohl doch voraus, daß dieser auch vorher zumindest die gleiche Punktzahl nach der siebten Runde aufzuweisen hatte. Und man wird sich auch fragen müssen, ob z. B. tatsächlich der Gewinner sich bei dem Unterlegenen entschuldigt hat, wenn eigenes Versagen für dessen Abschneiden im Spiel war. Schließlich wird man Zweifel hegen an der einleitenden Behauptung, daß er bei Preisverteilungen stets stärkeren Applaus erhalte als der eigentliche Gewinner; ein Grund ist jedenfalls nicht einsehbar. Weil es »wiederum nicht gereicht« hat? Dies kann nicht zutreffen, denn nach Abschluß des Turnierberichts teilt der Erzähler mit (der betreffende Passus ist im Textanhang nicht mehr abgedruckt), daß er zweimal belgischer Schachmeister gewesen sei. Weil er stets benachteiligt wird? Dies ist wenig wahrscheinlich. Ganz abgesehen davon, daß die objektive (meßbare) Applausstärke eine Sache, die interessiert wahrgenommene eine andere ist.

1.2. Es ist nach dem Gesagten nicht allzu schwierig, anzugeben, welches Ziel der Autor mit seiner Erzählung verfolgt. Er hat offensichtlich auch nachträglich noch psychische Schwierigkeiten, die Niederlage beim kürzlichen Schachturnier zu verwinden und ist bestrebt (vgl. den oben zitierten Protokoll-Vermerk), von neutralen Beurteilern (mit denen er also weder eine positiv noch negativ bestimmte vorgängige Interaktionsgeschichte gemein hat) über einen spezifisch arrangierten Erzähltext Stabilisierungshilfe zu gewinnen. Er braucht dazu das Alibi des Fremdverschuldens, das im übrigen, wird es von den Adressaten anerkannt, u. U. sogar noch das ebenfalls geäußerte Eingeständnis der eigenen Schuld in deren Augen als letztlich edle, aber nicht ganz ernstzunehmende Selbstbezichtigung erscheinen läßt.

1.2.1. Das entsprechende Arrangement beruht im vorliegenden Fall zum einen auf der Wahl einer geeigneten Konstitutionsebene der Erzählung. Der Ereigniszusammenhang, der nach der Einleitung im Anfangsteil des Textes dargeboten wird (Z. 12-22), ist stark synthetisiert: »J'ai dominé tout le tournoi«, mit nur zwei Details: höchste Punktzahl erreicht und lediglich eine Partie verloren (Z. 18, 19), und entsprechend werden auch die vorgeführten Faktoren der ›Komplikation‹ auf einer sehr allgemeinen Ebene formuliert und bleiben somit recht diffus. Die Erzählung entbehrt also jeder Anschaulichkeit und schwächt daher im Ansatz die Möglichkeiten einer Kontrolle der Konsistenzbildung. In der Tat: wie genau »J'ai perdu de ma faute« (Z. 39), »n'a pas été arbitré correctement« (Z. 21), »l'arbitrage était pas bon« (Z. 43) zu verstehen ist, bleibt in der Schwebe. Das angebliche Punktgeschenk hat zwar konkreten Charakter, ist aber dafür in seinem Bezug zum Geschehen nicht präzisiert (ist der ›Beschenkte‹ der spätere Gewinner?).

1.2.2. Es ist somit offenkundig, daß die relevanten Daten des Ereigniszusammenhangs nur als Elemente der Inszenierung der übergeordneten Interaktionshandlung eingesetzt werden. Dies zeigt sich auch an dem stark ausgeweiteten Evaluationsteil, der nicht nur durch Wiederholung seiner Basisaussage in den Vordergrund rückt, sondern vielfach auf die aktuelle Dialogsituation bezogen wird (vgl. z. B. die Rückschau bei »je crois que ça m'a fait terriblement mal«, Z. 22; ähnlich Z. 30, 34). Dem entspricht die Aktivierung der Gesprächspartner durch die Bestätigung oder Verständnis erheischende Partikel »hein«, die zwar in konversationellen Erzählungen häufig Verwendung findet, hier aber gerade, mit Ausnahme vielleicht von Z. 32, an den kritischen Punkten eingesetzt wird, wo die Faktoren der Komplikation angedeutet werden (Z. 39, 51, 52). Im letzten Fall werden die Partner direkt angesprochen, offenbar mit dem Ziel, über die Zustimmung zu dem Allsatz »vous savez, en sport, il y'a des cadeaux, hein« (Z. 51) zugleich dessen Anwendung auf die Interpretation der fraglichen Turnierszene legitimieren zu lassen.

1.3. Wir können nun mit einiger Bestimmtheit sagen, daß zum einen die Menge der relevanten Ereignisse, die die Erzählung konstituieren, eine Funktion der übergeordneten Sprechhandlung ist, und zweitens diese Funktion über einen fingierenden Diskurs verwirklicht wird. Die Fiktion beruht im vorliegenden Text, grob gesprochen, auf zwei Operationen. Die erste besteht in der durch die komplexe Intention beeinflußten Ausdeutung von Vorkommnissen, richtiger: in der Projektion dieser Ausdeutung in das reale Faktum selbst. Man kann dieses erste Verfahren als »metonymisch« verstehen, da es (entsprechend der Definition der rhetorischen Figur der Metonymie) einen generellen möglichen Aspekt eines bestimmten Wirklichkeitsausschnitts artikuliert. Bereits in der einleitenden Selbstcharakteristik zeigt sich dieses Verfahren an der Behauptung des Erzählers über den besonderen Applaus, der ihm als zweitem Sieger stets zuteil werde; in der Erzählung selbst lassen sich die mehrfache Versicherung »j'ai dominé tout le tournoi« sowie der Hinweis auf die unkorrekte Entscheidung des Schiedsgerichts anführen, wobei allerdings hier die Distanz zwischen dem wahrscheinlich doch zutreffenden Faktum der korrekten Schiedsrichterentscheidung und der interessierten Fiktion an einer Stelle durch die Zwischenstufe der Information aus zweiter Hand (»j'ai appris que l'arbitrage était pas bon«, Z. 43) vermittelt, die Fiktion also plausibler gemacht wird. Auch die Darstellung der Partie der zwei Clubkameraden gehört wohl hierher, insofern diese Partnerkonstellation, für sich gesehen, als eine mögliche Bedingung unsportlichen Verhaltens angesehen werden kann und somit der Schritt von der Möglichkeit zur Tatsache unter den vorliegenden Voraussetzungen leicht getan werden kann.

Die zweite Operation besteht in der Erfindung von Tatsachen. Es ist oben schon angedeutet worden, daß die Entschuldigung des

Turniergewinners gegenüber dem Erzähler wenig wahrscheinlich ist. Auch Erfindungen geschehen nicht von ungefähr, sondern erfolgen nach einem bestimmten Plan. Man könnte sie »metaphorische« Verfahren nennen, insofern sie als faktische Chiffren eines Intentionsausschnitts (und nicht als Interpretament eines vorgegebenen Wirklichkeitsausschnitts wie im Falle der metonymischen Prozedur) figurieren. Das genannte Beispiel der Entschuldung wäre somit das Ergebnis einer Umsetzung des intendierten Sachverhalts der ungerechten Behandlung des Erzählers auf die Ebene des Faktischen. Gewiß scheint die Grenze zwischen den hier sogenannten metonymischen und metaphorischen Verfahren fließend zu sein, doch spricht das nicht gegen die grundsätzliche Notwendigkeit, Ausdeutung und Erfindung voneinander zu unterscheiden.

Man sieht sofort, daß der eigentliche Bereich dieser erzählerischen Fingierung durch Beispiele der ersten Sorte charakterisiert wird, was nicht weiter überraschend ist, ist doch die Grenze fließend zwischen Fällen, wo über die Wirklichkeit selbst keine schlüssige objektive Ermittlung angestellt werden kann und die subjektive Interpretation daher für die vorläufige Wahrheit selbst stehen mag (sie hätte sich dann freilich argumentativ auszuweisen), und solchen der in unserem Text belegten Art. Zur zweiten Operation ist vorläufig zu sagen, daß sie naturgemäß seltener und vermutlich an die Bedingung geknüpft ist, nur nebensächliche Aspekte einzuführen, niemals aber zentrale Bedeutung zu beanspruchen. Denn während das metonymische Fingierungsverfahren durch entsprechende Insinuierungsprozeduren etwaigen Verifikationsbestrebungen entgegenzuwirken und im Extremfall sogar das Resultat des Ereignisablaufs zu erfassen vermag, hat das zweite grundsätzlich nur dann Chancen durchzukommen, wenn es auf Einzelheiten zurückgreift, auf die es nicht eigentlich anzukommen scheint.

2.1. Ein flüchtiger Vergleich mit der Literatur, im weitesten Sinne gefaßt, sei in diesem Zusammenhang erlaubt. Searle hat mit Recht darauf hingewiesen, daß in bestimmten literarischen Gattungen die Verpflichtung referenzieller Exaktheit relativ streng sein kann. Den Eiffelturm nach London zu versetzen, die Elbe an Bremen vorbeifließen zu lassen, ist in einem Kriminalroman gängiger Sorte fatal, auch wenn natürlich Irrtümer, die einem geringer verbreiteten Wissensstand zuwiderlaufen (etwa ein Kon-

zert mit der 5. Sinfonie von Brahms) vielfach unbemerkt bleiben
mögen. Die Fiktionalität eines Gesamtwerks solcher Art wird
natürlich durch die Referenzverpflichtungen nicht aufgehoben,
ja, man kann wohl sagen, daß deren Einhaltung in solchen Fällen
gerade die besondere Bedingung dafür ist, daß das zentrale fiktionale Geschehen zur genuinen Wirkung gelangt. In konversationellen Erzählungen von der Art der hier zugrunde gelegten ist das
in gewisser Weise gerade umgekehrt: Wenn wir, wie einleitend
gesagt, den Fall der Lüge aus dem Spiel lassen, so heißt dies, daß
der Kern der Geschichte referenziell abgesichert bzw. die Wahrheit des zentralen, der Erzählung zugrundeliegenden Ereignisses
– in unserem Fall also die Zweitplazierung im Schachturnier
– gewährleistet und im Falle einer metonymischen Fingierung,
die auf schwer objektivierbarer Beurteilungslage gründet (z. B.
Entscheidungen bei nicht meßbaren sportlichen Leistungen), die
Operation in irgendeiner Weise abgestützt sein muß. Auf der
anderen Seite kann, gerade was die Erfindungsoperation anlangt,
mehr Lizenz gegenüber dem Realitätsausschnitt in Anspruch
genommen werden, wenn es sich um Zutaten, Ausschmückungen
u. ä. handelt. Natürlich muß auch hier der Eiffelturm in Paris
bleiben usw., aber nicht um Daten des sozialen Wissens geht es
hier, sondern um akzidentielle Fakten, d. h. begleitende Umstände oder Vorkommnisse. Während im ersten Fall die Übereinstimmung mit der Realität durch das entsprechende Wissen des
Adressaten kontrolliert wird, ist eine Kontrolle im zweiten allenfalls durch Zuhörer möglich, die die Geschichte miterlebt haben
– aber die pflegen im allgemeinen gerade nicht die Adressaten der
Erzählung zu sein. Dies kann wiederum nicht heißen, daß der
hier berücksichtigte Typ von konversationeller Erzählung sich
nun in dieser Hinsicht den einschlägigen Gattungen fiktionaler
Literatur nähere. Im Falle von Vorkommnissen (Handlungen)
gilt ein Referenzgebot dort nur hinsichtlich der Bedingungen
ihrer Möglichkeit (so kann etwa Maigret schwerlich eine Beleidigung mit einer Duellforderung beantworten oder bei seinen
Ermittlungen das Orakel von Delphi konsultieren), während die
Faktizität gegenüber der prinzipiell gegebenen Möglichkeit unbe-
fragt bleibt. In der konversationellen Erzählung unseres Typs ist
dagegen eine solche Befragung aufgrund des Wahrheitsgebots,
dem sie unterstellt ist, grundsätzlich möglich und in bestimmten
Fällen sinnvoll, aber im allgemeinen ohne Interesse.

2.2. Der Grund für diese Erscheinung ist in der face-to-face-Kommunikation zu suchen, in deren Rahmen sich die konversationelle Erzählung vollzieht. Da, wo – wie in unserem Ausgangstext – der Adressat über die Geschichte zu einer bestimmten positiven Einstellung gegenüber dem Erzähler veranlaßt werden soll, wird er sich dem illokutiv indizierten Begehren im allgemeinen kaum verschließen können, da dies gewissen Regeln der (von R. Lakoff so bestimmten) »pragmatischen Kompetenz« zuwiderliefe, wenn man sie auf den Hörer bezieht (vgl. Regel 3: »Make A [Adressat] feel good – be friendly«). Solche Regeln gelten natürlich in erster Linie unter den äußeren Bedingungen, wie sie im vorliegenden Fall bei der Unterhaltung zwischen Erzähler und Interview-Partner gegeben sind: beide haben zwar ein befristetes Kommunikationsverhältnis vereinbart, kannten sich aber vorher nicht. Da nun aber der Erzähler in Kenntnis der genannten Regeln das Reaktionsverhalten seiner Zuhörer hypothetisch zu antizipieren vermag, kann er nicht nur auf eine detaillierte Rechenschaft über den Verlauf seines Abschneidens beim Schachturnier verzichten, sondern auch auf Verständnistoleranzen auf seiten der Partner spekulieren.

2.2.1. Hier ist nun der Punkt, wo auf den naheliegenden Einwand einzugehen ist, daß ja Inkonsistenzen, wie sie hier herausgestellt wurden, auch einem Kommunikationspartner aufgehen müßten. Aber selbst wenn dieser bemerkt, daß der Sprecher in seinem Beitrag gegen einige Konversationsmaximen verstoßen hat, wäre es ihm dennoch unter den genannten äußeren Bedingungen grundsätzlich verwehrt, einen solchen Verstoß mit gleicher Münze heimzuzahlen und somit die strengen Bräuche, zu denen das Gesprächsritual anhält, zu mißachten. Hätte dagegen unter den gleichen Gesprächsbedingungen der Erzähler beim Adressaten über eine anerkennende Einstellung hinaus etwa für ihn vorteilhafte Handlungskonsequenzen erreichen wollen (materielle Hilfe o. ä., auch wenn so etwas im vorliegenden Fall kaum konstruierbar ist), hätte er bei diesem stärkere Kontrollabsichten erwarten und folglich seinen Erzählbericht konsistenter und zugleich konkreter gestalten müssen.

Es ist im übrigen keineswegs ausgemacht, daß die Inkonsistenzen in der Darstellung des belgischen Schachchampions von einem echten Gesprächspartner tatsächlich mit der bei unserer Prüfung beachteten Strenge und Skepsis wahrgenommen worden wären. Man kann sich ohne weiteres vorstellen, daß in einem solchen Fall und wofern die Insinuierungspraktiken erfolgreich waren, der Inhalt der gemachten Ausführungen im Verständnis auf die Basissätze »Einem Pechvogel ist es wieder mal typisch ergangen: gute Voraussetzungen für den Erfolg, aber Einbruch in der Schlußphase (aufgrund von undurchsichtigen, schwer bestimmbaren, aber sicherlich nicht von ihm allein zu verantwortenden Umständen)« verkürzt wird.

2.3. Kommen wir zur Frage der Fiktion, besser gesagt zur Grundsatzfrage zurück. Wenn sich an ihr Literatur und konversationelle Erzählungen (immer des zugrunde gelegten Typs) scheiden, so mag man unter Umständen ganz in Abrede stellen wollen, daß es so etwas wie Alltagsfiktion überhaupt gibt. Denn wenn der fiktionale Diskurs der Literatur auf Kommunikationsbedingungen beruht, die, was die Anerkennung durch die beteiligten Partner anlangt, symmetrisch zu nennen sind, so liegt eine solche Symmetrie in unserem Fall nicht vor. Also handelt es sich doch, wenn nicht um Lüge, so doch um mildere Formen der Täuschung (Flunkern usw.), oder wenn um Fiktion, dann eben in jenem anderen Sinne von ›Schwindel‹? In der Tat ist, gerade was unser Textbeispiel anlangt, nicht die große Nähe zu übersehen, die zwischen den hier vorliegenden Voraussetzungen einerseits und dem »Gefährlichkeitskalkül« andererseits besteht, das für das Lügen vor Gericht ermittelt wurde; so gilt dort als günstige Bedingung u. a., daß das Geschehen keine oder wenig materielle Spuren (z. B. Gespräche) hinterläßt und insbesondere, daß das Geschehen in seinen Bedingungen für den Außenstehenden schwer überschaubar ist, wie z. B. bei komplexen technischen Abläufen (A. Bahrs (1977), S. 42 u. Kap. 3), denn es ist klar, daß ein turniererfahrener Schachexperte ein ungleich unbequemerer Partner für die Darstellung unseres belgischen Champions wäre.

Hinter dem, was oben metonymische Fingierung genannt wurde, verbergen sich natürlich eine ganze Reihe von noch ungeklärten Problemen, so etwa, um nur eines anzudeuten, inwieweit nicht bereits die Sprache, mit der wir einen historischen Wandel artikulieren (der definitorisch einer Erzählung zugrunde liegt), bestimmte Interpretationen von Wirklichkeit vorgibt, die, wollte man sie Fiktion nennen, dann auch letztlich Anlaß wären, im Lexikon einer gegebenen natürlichen Sprache ein Fiktionspotential zu sehen. Der Gedanke ist vielleicht nicht ganz unsinnig, aber im Endergebnis dennoch unfruchtbar; Sprachbeherrschung ist nicht mit der Interpretation einer erlebten singulären Geschichte gleichzusetzen, die im übrigen, wie gesagt, von Interessen und Absichten des Interpreten nicht unabhängig gedacht werden kann. Es ist aber zuzugestehen, daß an dieser ganzen Problematik vieles noch nach Diskussion verlangt. – Was freilich schon jetzt zu dem genannten Einwand gesagt werden kann, ist m. E. folgendes: Wenn Fiktionalität in der literarischen Kommunikation auf Vereinbarung beruht, so gilt für unsere konversationellen Erzählungen, daß zwar diese Vereinbarung nicht zutrifft, wohl aber die Rahmenbedingungen konventionell gesichert sind, unter denen Fiktion prinzipiell ermöglicht wird. Oder spezieller gewendet: die narrativen Fiktionen des Erzählers, die ja stets nur partieller Natur sind, werden im Risikofall aufgefangen von der Fiktion einer nach dem Geheiß des »be friendly« befolgten Einstellung des Partners, die ihm das Ritual auch gegen eventuelle spontane Sanktionsgelüste abzuverlangen in der Lage ist. Aber es bedarf ja, wie angedeutet wurde, dieser Sicherung vielfach nicht, und so hätte es letztlich dann keinen Sinn, gegenüber Alltagsfiktionen Realität einzuklagen oder Verstöße gegen die Wahrheitsmaximen zu monieren. Der Unterschied zur Fiktion in der Literatur liegt somit, wenn man will, hauptsächlich darin, daß sie dort erwartet wird und, z. B. als Wirklichkeitsmodell, die Grundlage eines besonderen Kommunikationsprozesses bildet. Was in der konversationellen Erzählung dagegen den Ausschlag gibt, ist die Art der übergeordneten Sprechhandlung, die die aktuelle, direkte Interaktion vollzieht. Diese ist es, die zuallererst Möglichkeit, Ausmaß und Form der fiktionalen Rede im Rahmen von Erfahrungsverarbeitung regelt mit der Einschränkung freilich, daß die Fingierung, zumindest für sich genommen, die lebensweltlich orientierte Wahrscheinlichkeitskontrolle bestehen muß (mutmaßliche Toleranzen, wie in unserem Text zu ersehen, hinsichtlich der Konsistenzbildung). In letzterem scheint tatsächlich die Grundbedingung der alltäglichen Fingierungsverfahren zu liegen: nur insoweit, als Wahrheit durch Wahrscheinlichkeit ersetzt wird (ob im metonymischen oder metaphorischen Verfahren), haben sie Aussicht auf Erfolg.

2.4. Wir sind noch nicht am Ende der Analyse unseres Textbeispiels angelangt. Nach der bisherigen Darlegung ist der Komplex der Alltagsfiktion auf zwei verschiedenen Ebenen zu lokalisieren, einmal auf der Objektebene der inhaltlichen Aussage, sodann auf der Beziehungsebene der sprachlichen Interaktion, und das heißt, daß hier sowohl für den Erzähler wie für den Adressaten die Bedingungen der Möglichkeit verankert sind, daß sich Fiktion gleichsam symmetrisch verwirklicht. Nach dem zuletzt Gesagten scheint es nun so zu sein, daß die Art der übergeordneten Sprechhandlungsintention, also in unserem Fall so etwas wie ein Begehren von ›Identifikation‹ von seiten des Hörers, die eigentliche Instanz der Wahrheit ist, von der, wie gesagt, die entsprechenden Dispositionen auf der Objektebene abhängen. Aber wir können, zumindest anläßlich unseres Textes, noch einen Schritt weitergehen. Nach der Darstellung des Erzählers ergab sich, davon waren wir ausgegangen, daß er mit dem Mißerfolg bei dem fraglichen Schachturnier, aber auch mit seinem Abschneiden bei ähnlichen Veranstaltungen psychische Probleme hat, die er über ein Identifikationsbegehren gegenüber dem Gesprächspartner wenn nicht zu bewältigen, so doch zu verringern hofft. Nun hatten wir schon einleitend (vgl. § 1.1.) bemerkt, daß diese Problemlage so generell nicht gelten kann, daß der Informant zweimal belgischer Schachmeister war bzw. im Augenblick »champion de Belgique« ist. Auf die Frage der Interviewerin, welches seine Reaktion darauf gewesen sei, antwortet er (das folgende ist nicht mehr im Anhang wiedergegeben): »Eh bien j'étais content de moi-même, et puis c'est tout. disons que ... euh je suis content de moi-même et je me dis l'année prochaine, j'essaierai encore de l'être« (zu verstehen wahrscheinlich: ›d'être champion de Belgique« d. h. den Titel erfolgreich zu verteidigen). Es geht daraus wohl hervor, daß die Wahrheit des Identifikationsbegehrens zumindest in bezug auf ihre Voraussetzungen insofern zu relativieren ist, als der Erzähler aufgrund seiner Erfolge, insgesamt gesehen, keineswegs der immer nur vom Pech verfolgte Unglücksrabe ist, vielmehr sich sozusagen außerhalb der Erzählung durchaus zufrieden fühlt. Dies wirft nun neues Licht auf das Verständnis des eigentlichen Erzählvorgangs, wenn wir ihn als komplexe Sprechhandlung begreifen. Auch der inszenierte Appell an die Identifikationsbereitschaft der Zuhörer beruht hier auf einem nicht vollkommen der Wahrheit entsprechenden Sachverhalt, auch er ist letzten Endes also fingiert, insofern er zwar für die erzählte Geschichte zutreffen mag, aber der in der Darstellung behaupteten Generalisierung vom Erzähler post festum selbst widersprochen wird. Siedelt man Fiktion nun aber auch auf dieser Ebene der Interaktionsgeschichte an, so wird man sogleich hinzufügen müssen, daß sich dann die Voraussetzungen unserer Beurteilung verändern, denn es handelt sich hier nicht mehr um die oben beschriebenen Fingierungsverfahren, auch nicht um die Kriterien ihres erfolgreichen Vollzugs, sondern um die Selbstdarstellung als solche, die im Rahmen der sprachlichen Interaktion nicht etwa ihre Einheit in den objektiven Sachverhalten sucht, sondern in den auf den Hörer jeweils spezifisch abgestimmten Selbstentwürfen. War der Erzähler im Turnierbericht selbst ein beklagenswerter Unglückswurm, so ist er, wo es um die Würdigung seiner Meisterschaftserfolge geht, von lässigem Stolz, und es ist nun nicht mehr von den herben Frustrationen, Meister zu werden, die Rede, sondern nur noch von den Schwierigkeiten, den Titel erfolgreich zu verteidigen: »bien entendu«, sagt er zum Schluß des Gesprächs, »c'est plus facile d'arriver que de rester, beaucoup plus facile d'arriver que de rester«. Wir sind damit an die Grenze gelangt, wo die Fiktion übergeht in die Identitätskonstitution, wie sie jedem Gespräch und insbesondere jeder Erzählung von Selbsterlebtem eingeschrieben ist (Stempel (1979a), S. 502 ff.; (1979b), S. 669 ff.). Diese ist selbstverständlich auch schon auf der durch den Text implizierten Beziehungsebene mit im Spiel und in vermittelter Weise natürlich auch auf der inhaltlichen Ebene, im jetzigen Zusammenhang jedoch die eigentlich bestimmende Größe. Sie läßt uns freilich nochmals erkennen, daß mit der grobkörnigen Unterscheidung von Wahrheit und Lüge bzw. Aufrichtigkeit und Heuchelei die Alltagssprache nicht zureichend erfaßt werden kann, weil die komplizierten Interaktionsprozesse auf ein Differential von Ansprüchen und Ratifizierungen verweisen, das auf der Inhaltsebene allein nie zureichend erfaßt werden kann.

3. Ein letzter Punkt sei hier angefügt, auch wenn unser Text selbst so gut wie keine Belege mehr dafür bietet. Es handelt sich dabei um relativ bekannte, um nicht zu sagen banale Erscheinungen, die jedoch im vorliegenden allgemeinen Zusammenhang interessant werden und z. T. in einen weiteren Bereich von Alltagsfiktion vorausweisen. Es ist in der letzten Zeit schon des öfteren hervorgehoben worden, wie häufig in konversationellen Erzählungen das Präsens zur Präsentierung von vergangenem Geschehen verwendet wird, in erster Linie natürlich bei der

Artikulierung von Ereignissen, dann aber auch von Begleitumständen. Von den speziellen Bedingungen dieses Tempusgebrauchs soll hier nicht weiter die Rede sein. Es scheint nichts dagegen zu sprechen, auch hierin ein fingierendes Verfahren zu sehen (›als – ob – Gegenwart-Präsentierung‹), das z. B. erlaubt, die theoretisch monologisch bestimmte Abbildung von Geschehen interaktionell viel wirkungsvoller zu vermitteln, als das der entsprechende literarische Gebrauch vermöchte. Nun mag man sagen, daß dies ja ein rein formales Verfahren sei, das gerade aufgrund seiner Konventionalität nicht mit Fingierung gleichzusetzen wäre, da sich an der Tatsächlichkeit der betreffenden Verbalaussagen nichts ändere. Selbst wenn man dieses Argument gelten ließe, so tritt doch ein vergleichbares Verfahren in den konversationellen Erzählungen noch viel häufiger auf, das nun aber eine inhaltliche Kehrseite hat. Gemeint ist die Wiedergabe von Protagonistenäußerungen in direkter Rede. Diese erweckt den Schein von Authentizität, während in Wirklichkeit das, was der Erzähler seinen Personen wie selbstverständlich in den Mund legt, in den seltensten Fällen der tatsächlich geäußerten Rede Wort für Wort entsprechen kann, ja unter Umständen, zumindest im Fall der berichteten Selbstrede, gar nicht geäußert worden ist (der Bereich fingierender Redeerwähnung ist hinsichtlich seiner pragmatischen Implikationen noch vielfach unerforscht). Schließlich sei noch auf die ebenfalls gängige Praxis verwiesen, singulär konstellierte Ereigniszusammenhänge als Beleg allgemeiner Erfahrungs- oder Glaubensweisheiten hinzustellen. Bedenkt man, daß die entsprechenden Allsätze, die meist eine Erzählung abschließen (›Ja, so kommt es immer, wenn . . .‹, ›Man darf eben nicht . . .‹), oft auch von Zuhörern geäußert werden, so ist an den in diesem letzten Abschnitt locker aufgereihten Verfahren insgesamt die Vermutung zu gewinnen, daß Alltagsfiktion u. U. sich in noch ganz anderen Zusammenhängen festmachen läßt, wo nun tatsächlich, wenn auch nicht vollkommene Symmetrie herrscht, von seiten des Adressaten positive Sanktionen gewährt werden können. Doch das, was man die Pragmatik des »Se non è vero, è ben trovato« nennen könnte, erfordert eine gesonderte Untersuchung (dazu demnächst Vf. in Poetik und Hermeneutik X).

Textanhang

Der folgende Text wurde am 22. 5. 1976 in einem kleinen Café in Lüttich aufgenommen. Interviewpartner und Erzähler war ein belgischer Bahnbeamter, 22 Jahre alt und mehrfacher Schachmeister (= E). Das Interview selbst wurde von drei Hamburger Studentinnen organisiert, von denen eine (= I) das Gespräch leitete. Die dem abgedruckten Text vorausgehende Unterhaltung hatte das wechselvolle Abschneiden von E bei Schachturnieren zum Gegenstand.

Bei der Transkription des Textes wurde auf eine auch nur andeutungsweise Wiedergabe der lautlichen Eigentümlichkeiten der französischen Umgangssprache verzichtet.

1 I: Vous vous souvenez d'une occasion où vous avez
   Erinnern Sie sich an eine Gelegenheit, bei der Sie
2   été particulièrement déçu?
   besonders enttäuscht waren?
3 E: Oui, (en effet).
   Ja, (in der Tat).
4 I: Laquelle?
   Welche?
5 E: Ouais, moi je suis plus ou moins le Poulidor des
   Tja, ich bin mehr oder weniger der Poulidor im
6   échecs. j'ai beaucoup plus de de deuxièmes places
   Schachspiel. ich habe viel mehr zweite Plätze
7   que de premières.
   als erste.
8 I: ((Lachen))
9 E: ⌊₁ Ce qui fait. qu'à une remise de prix, je suis plus
   Was bewirkt. daß bei einer Preisverleihung ich
10   applaudi en étant deuxième. que le premier _/. alors
   als zweiter mehr Applaus erhalte. denn als erster. nun,
                          (⌊₁ mit leichtem Lächeln in der Stimme gesprochen)
11   disons que. en général, ça apaise toujours. euh
   sagen wir mal. das mildert immer, äh
12   ⌊₂ un peu. le mal _/, mais disons que. j'étais très déçu
   ein bißchen den Schmerz, aber sagen wir. ich war sehr enttäuscht
         (₂ Sprechtempo verlangsamt)
13   dernièrement parce que. euh je jouais. euh le
   neulich weil, äh ich spielte. äh auf dem
14   premier grand tournoi international, ici tout
   ersten großen internationalen Turnier, hier ganz
15   près, c'était à Petit (Cerc), et ils ont voulu
   in der Nähe, das war in Petit (Cerc), und die haben

16   mettre un tournoi international ∪ il y avait cin-
ein internationales Turnier machen wollen. sechsundfünfzig

17   quante-six participants ∪ j'ai dominé *tout* le tour-
Teilnehmer waren dabei. ich habe das ganze *Turnier beherrscht*

18   noi, seulement *tout* le tournoi ∪ j'avais le maxi-
aber wirklich das ganze *Turnier. ich hatte die maxi-*

19   mum de points ∪ j'ai perdu qu'une partie . . . mais
male Punktzahl. ich habe nur eine Partie verloren . . . aber

20   il y avait un arbitrage. qui, pour moi, c'était.
es gab da eine Schiedsrichterentscheidung, die für mich, das war.

21   (   ) n'a pas été arbitré. correctement . . et alors
(   ) nicht korrekt, entschieden worden ist . . und da

22   j'ai perdu ce tournoi. j'étais deuxième, et je
habe ich dieses Turnier verloren. ich war zweiter, und ich

23   crois que . . ça ça m'a fait terriblement mal.
glaube daß. das das hat mir verdammt wehgetan.

24   je n'ai jamais eu. je n'ai jamais ressenti ça.
ich habe das niemals gehabt, ich habe sowas niemals gefühlt.

25 E: ça m'a vraiment. euh.
      das hat mich wirklich

    I: hum
                       hm

26 E: j'ai déjà eu des deuxièmes places, mais il y a
       ich habe schon zweite Plätze gehabt, aber es gibt

27   il y a des deuxièmes places qui parfois vous
es gibt zweite Plätze, die einem bisweilen

28   font plaisir. mais ici, c'était. ∠₃ j'aurais préféré ⌐
Spaß machen. aber hier war das. ich hätte es vorgezogen
                  (∠₃ *schneller gesprochen*)

29   être dernier. dernier euh. bien loin là que
Letzter zu sein. Letzter. äh. weit eher als

30   d'être deuxième. ce jour là, je crois que j'étais
Zweiter zu sein. an dem Tag, glaube ich, war ich

31   vraiment malheureux, et *surtout* quand j'ai vu
wirklich unglücklich, und vor allem *als ich*

32   le beau trophée que l'autre avait, hein, qui est
den schönen Siegerpreis gesehen habe, den der andere hatte, nicht,

33   venu me dire: »ben je m'excuse«. mais. alors *là*
der mir dann gesagt hat: »na ja ich entschuldige mich«. aber.
                          in dem Augenblick

34   vraiment ça ça m'a fait mal euh. je crois que,
hat mir das aber wirklich wehgetan äh. ich glaube daß

35   même *seul* dans mon coin, je pleurais presque
ich sogar in meiner Ecke fast weinte

36   parce que. j'avais une partie gagnant. j'ai do-
weil ich. ich eine Partie auf Gewinn stehen hatte. ich habe

37   miné tout le tournoi, mais il y avait cet ar-
das ganze Turnier beherrscht, aber es war da eben diese

38   bitrage là et. la décision $\angle_4$ (enfin une partie)
Schiedsrichterentscheidung und. die Entscheidung (jeden-
                                         falls bei einer Partie)

39   avec moi. hein _/, je l'ai perdu de ma faute, le tour-
gegen mich. nicht, es war mein eigener Fehler, daß ich das Turnier
                               ($\angle_4$ *schneller gesprochen)*

40   noi. mais disons, je me disais l'arbitrage
verloren habe. aber sagen wir, ich sagte mir das Schiedsgericht

41   de toutes façons, tu auras raison,
kriegst du auf jeden Fall recht,

42   tu gagneras le tournoi. mais en plus de ça, j'ai
du wirst das Turnier gewinnen. aber ich habe dann auch noch

43   appris que l'arbitrage était pas bon et. je per-
gehört daß die Entscheidung des Schiedsgerichts nicht
                            richtig war und. ich

44   dais le tournoi à un demi-point là, et c'était
verlor das Turnier um einen halben Punkt, und das war

45   vraiment . . mais j'avais dominé tout tout, de la
das jetzt wirklich . . aber ich hatte alles alles be-
                                  herrscht, von der

46   première ronde jusqu'à la septième ronde. $\angle$, il y
ersten Runde bis zur siebten Runde. Es waren

47   avait neuf rondes _/∪ j'étais premier, c'était cer-
neun Runden. ich war Erster, das war
                             ($\angle_5$ *schneller gesprochen)*

48   tain. et puis alors à la dernière ronde, c'était
sicher. und dann bei der letzten Runde, da waren

49   deux joueurs du même cercle qui jouaient en-
zwei Spieler vom gleichen Club die spielten zu-

50   semble, si bien que. il y avait un petit cadeau
sammen, so daß. da ein kleines Geschenk

51   là, hein. vous savez, en sport, il y a des cadeaux,
fällig war, nicht. wissen Sie, im Sport da macht man sich
                                  schon mal Geschenke,

52   hein.
nicht.

Literaturverzeichnis

Bahrs, A. (1977) Die Vulgärlüge in der gerichtlichen Praxis. Berlin: Duncker & Humblot.

Stempel, W.-D. (1979a) Sprechhandlungsrollen. In: Poetik und Hermeneutik VIII. München: Fink, S. 481-504.

Stempel, W.-D. (1979b) Historisch und pragmatisch konstituierte Identität. In: Poetik und Hermeneutik VIII. München: Fink, S. 669-674.

Stempel, W.-D. (demn.) Fiktion in konversationellen Erzählungen. In: Poetik und Hermeneutik X.

Hans Ulrich Gumbrecht
Erzählen in der Literatur –
Erzählen im Alltag

Ziel des Vergleichs von Erzählen in der Literatur und Erzählen im Alltag ist die Entwicklung einer prägnanten Abgrenzung des Begriffs ›Alltagserzählen‹, der bisher offenbar nur sehr vage durch den Eindruck bestimmt ist, daß die so benannten Texte ›nicht-literarischen‹ Charakter haben. Zu diesem Zweck wird dem gängigen, allzu stark von literarischen Paradigmen geprägten Narrationsbegriff eine Definition von ›Erzählen‹ als anthropologischer Diskursform gegenübergestellt, welche einer von drei lebensweltlich gegebenen Sinnbildungsoperationen, dem Thematisieren (Erleben), zuzuordnen ist. ›Literatur‹ wird demgegenüber als in seinem Vorkommen historisch begrenzter Typ einer Kommunikationssituation beschrieben, und diese Beschreibung führt zu einer Spezifizierung des Fiktionscharakters, welcher jene Texte kennzeichnet, die in der Kommunikationssituation ›Literatur‹ als Medium dienen: er liegt nicht etwa in durchgängiger Referenzlosigkeit literarischer Texte, sondern in der Neutralisierung (Suspension) der Frage nach ihrer Wirklichkeitsreferenz. Eine solche pragmatische und semantische Bestimmung der Literatur verweist auf die von ihr verwirklichte besondere Funktionsmöglichkeit, Imaginationen des Autors zu repräsentieren und Imaginationen der Leser zu stimulieren, anstatt – wie nicht-literarische Texte – Zeichen für vom Autor vollzogene und dem Leser zu vermittelnde Wirklichkeitserfahrung zu sein. Durch die Wahl jeweiliger anthropologischer Diskursformen bei der Gestaltung literarischer Texte wird die Richtung der Verarbeitung von beim Leser stimulierten Imaginationen vororientiert. Während nun der fiktionale Charakter literarischer Erzählungen Voraussetzung für die Funktion der Repräsentation und Stimulierung von Imaginationen ist und eben deshalb gewöhnlich vom Autor aufgedeckt wird, beruht der Name ›Alltagsfiktion‹, mit dem Wolf-Dieter Stempel konversationelle Erzählungen bezeichnet, welche der Identitätspräsentation des Sprechers dienen, auf dem Eindruck des Rezipienten/Interpreten, daß solche Identitätspräsentationen die biographische Wirklichkeit des Sprechers idealisieren. Diesen Idealisierungseffekt und die von ihm bedingte Fiktionalität ihrer Texte suchen die Sprecher von konversationellen Erzählungen zu verdecken, weil sie ihre narrativen Identitätspräsentationen mit dem Anspruch auf Referentialisierbarkeit vortragen; ›Alltagsfiktionen‹ sind also nicht ›Alltagserzählungen mit literarisierender Tendenz‹, sondern Alltagserzählungen, in deren Rezeption sich die Sprecherintention nicht erfüllt.

1. Warum dieser Vergleich?

Der Begründungspflicht, mit der das Diktum ›comparaison n'est pas raison‹ einer (nicht nur geisteswissenschaftlichen) Manie, dieses und jenes zu vergleichen, entgegenwirkt, kann man, was die Gegenüberstellung von *alltäglichem* und *literarischen Erzählen* angeht, relativ leicht genügen. Nicht der Ehrgeiz, den Alltagserzählungen einen Hauch von ästhetischer Dignität zu sichern, indem man ihnen – vorsichtig – das Prädikat ›literarisch‹ zuspricht, und auch nicht das Schlichtheitspathos, welches in der Literaturwissenschaft der letzten Jahre die Hinwendung zu Textgruppen und Sprachhandlungen unterhalb des ästhetischen Höhenkamms zu begleiten pflegt, motivieren diesen Beitrag im Rahmen eines Sammelbandes über ›Alltagserzählen‹. Es ist vielmehr die Unbestimmtheit des hier nur durch die verschiedenen Gegenstände einzelner Beiträge grob extensional abgesteckten Zentralbegriffs ›Alltagserzählung‹, zu deren Überwindung seine Abgrenzung vom Begriff der ›literarischen Erzählung‹ beitragen soll. Die Gerichtsverhandlung, das therapeutische Gespräch, der Grundschul-Unterricht, die Konversation – das sind institutionalisierte Kommunikationssituationen von so markanter Verschiedenheit, daß man zunächst geneigt sein könnte, die in sie eingebetteten Erzählungen als jeweilige Einzelgattung voneinander abzuheben. Fragt man hingegen nach ihrer Gemeinsamkeit, so lassen sich aus den vorliegenden Abhandlungen drei rekurrente Merkmale induzieren: die Mündlichkeit ihres Vollzugs, die – der Mündlichkeit fast immer konkomitante – Unmittelbarkeit der Interaktionsbeziehung zwischen den Kommunikationspartnern (›face-to-face-Situation‹) und eben ihr ›nicht-literarischer‹ Charakter. Sucht man nun dieselbe Frage nicht im Rekurs auf eine Serie von Artikeln über Typen der Alltagserzählung, welche ihrerseits Ergebnis einer Serie einschlägiger Kolloquien ist, zu beantworten, sondern sucht – umgekehrt – nach jenem (gewiß vagen) Begriff von ›alltäglichem Erzählen‹, der die Planung und Durchführung solcher wissenschaftlicher Zusammenarbeit ermöglichte, dann gewinnt das dritte seiner induzierten Bestimmungselemente, der nicht-literarische Charakter alltäglichen Erzählens, besondere Bedeutung. Denn mündlicher Vollzug und Unmittelbarkeit der Interaktionsbeziehung eignen etwa auch der Kommunikationssituation des Epos, das – unter sich wandelnden Fragestellungen – seit Beginn ihrer Geschichte zu den zentralen Gegenständen der Literaturwissenschaft gehörte. Solche Beobachtungen legen den Schluß nahe, daß bisher lediglich das Bewußtsein von einer Überschreitung des traditionellen Objektbereichs der Literaturwissenschaft die interdisziplinäre Zusammenarbeit auf dem noch unzureichend abgegrenzten Feld des ›alltäglichen Erzählens‹ fundierte.

Es ist eine Folge der bis vor wenigen Jahren in der Sprachwissenschaft selbstverständlichen Ausblendung der Textebene und der bis zur systematischen und historischen Thematisierung des Literaturbegriffs ebenso üblichen Konzentration der Literaturwissenschaft auf ›literarisch‹ genannte Texte, daß die in der analytischen Praxis unterstellten und von den gängigen Wörterbüchern angebotenen *Narrationsbegriffe* – bei aller Verschiedenheit – doch allesamt deutlich von Paradigmen *literarischen Erzählens* geprägt sind. Dieser aus literarischen Paradigmen gewonnene literaturwissenschaftliche Narrationsbegriff führt bei seiner Anwendung auf Formen alltäglichen Erzählens, das zeigen mehrere Beiträge im vorliegenden Sammelband, zu konkreten Schwierigkeiten. Sie lassen sich in der Erfahrung zusammenfassen, daß verschiedene Sprachhandlungen, die wir alle mit unserem *umgangssprachlichen Narrationsbegriff* unschwer als ›Erzählen‹ identifizieren können, dem (literatur-)wissenschaftlichen Narrationsbegriff nicht entsprechen. Deshalb muß der erste Schritt zur erwünschten Abgrenzung eines Begriffs von ›alltäglichem Erzählen‹ in der Entwicklung eines *allgemeinen Narrationsbegriffs* liegen, der so weit zu fassen ist, daß vor ihm als Hintergrund alltägliches Erzählen nicht zum defizienten (weil ›nicht-literarischen‹) Erzählmodus gerät. Einen solchen Begriff des ›Erzählens‹, der in seiner Extension etwa dem umgangssprachlichen Begriff entsprechen soll, wollen wir in § 2 entwickeln und anthropologisch fundieren. Während das Erzählen in diesem Zusammenhang als ein auf eine von drei metahistorisch konstanten Grundoperationen der Sinnbildung zugeordneter Diskurs erscheinen wird, führt § 3 eine Interpretation des Literaturbegriffs als besondere – übrigens in ihrer Genese historisch lokalisierbare – Kommunikationssituation ein. Damit ergibt sich die Möglichkeit, nach pragmatischen und semantischen Unterschieden zwischen dem Erzählen in literarischen und in alltäglichen Kommunikationssituationen zu fragen, das heißt: auf der Ebene der Semantik und der Pragmatik eine Abgrenzung des Begriffs ›alltägliches Erzählen‹ vorzuschlagen. § 4 schließlich hat im Rahmen unserer Argumentation den Status einer ›*Probe aufs Exempel*:‹ wir wollen überprüfen, ob sich jene Texte, denen Wolf-Dieter Stempel (Stempel 1979b) mit der Bezeichnung ›Alltagsfiktion‹ einen Zwischenstatus zuweist, aufgrund der von uns vorgeschlagenen semantischen und pragmatischen Unterscheidung eindeutig dem literarischen oder dem alltäglichen Situationsrahmen des Erzählvollzugs zuordnen lassen.

2. Für einen anthropologisch fundierten Narrationsbegriff

Dieter Flader und Michael Giesecke (1979) schlagen unter Rückgriff auf das Kommunikationsmodell von Karl Bühler (Bühler (1978)) und die von Werner Kallmeyer und Fritz Schütze eingeführte Kategorie ›Sachverhaltsdarstellung‹ (Kallmeyer & Schütze (1977)) eine Unterscheidung von drei Modi der Sachverhaltsdarstellung vor, die ausdrücklich als anthropologisch intendiert gekennzeichnet wird: in dem ›Erzählen‹ genannten Schema der Sachverhaltsdarstellung dominiere die Funktion des sprachlichen Zeichens, *Symptom* für die »Innerlichkeit« (Bühler) des Sprechers zu sein; beim ›Beschreiben‹ wirke es vor allem als *Symbol* für Referenzgegenstände; beim ›Argumentieren‹ fungiere es primär als »*Signal* kraft seines Appells an den Hörer« (Bühler (1978), S. 28). Bevor wir versuchen, den von Flader und Giesecke bloß postulierten anthropologischen Charakter dieser Trias zu begründen und so eine Grundlage für die angestrebte Entwicklung eines umfassenden Narrationsbegriffs zu etablieren, muß durch eine Uminterpretation der Kategorie ›Sachverhaltsdarstellung‹ deren Kompatibilität mit dem phänomenologischen Konzept der

›Lebenswelt‹ gesichert werden, von dem wir bei der Skizzierung unseres anthropologischen Modells ausgehen werden.

Erzählen, Beschreiben und Argumentieren, die drei ›Schemata der Sachverhaltsdarstellung‹, verstehen wir als drei Diskursformen, welche je einer von drei Grundoperationen der Sinnbildung zugeordnet sind. Durch eben diese Grundoperationen der Sinnbildung werden Sachverhalte allererst konstituiert. Wenn man sich nun klarmacht, daß die Unterscheidung zwischen Operationen der Sinnbildung und auf sie zugeordneten Diskursen eine rein theoretische Trennung ist, für die es im Vollzug der Sinnbildung kein Pendant gibt, wird deutlich, warum wir es vorziehen, auch die Diskursformen als Modi der Sachverhalts*konstitution* zu interpretieren, statt durch den Terminus ›Sachverhalts*darstellung*‹ den Eindruck zu suggerieren, jeweiligen Typen von bereits vor der Versprachlichung konstituierten Sachverhalten entsprächen jeweilige Formen ihrer Darstellung. Erzählen, Beschreiben und Argumentieren sind Schemata der Sachverhalts*darstellung* nur insofern, als sie ineins mit der Konstitution von Sachverhalten diese auch durch Artikulation kommunizierbar machen.

Unsere zentrale These, nach der die Diskursformen Erzählen, Beschreiben und Argumentieren als anthropologisch konstante (metahistorisch rekurrente) Modi der Sachverhaltskonstitution (Sachverhaltsdarstellung) anzusehen sind, hat eine weitere, sozial-anthropologische Hypothese zur Voraussetzung. Ihr zufolge wird jeglichen historisch konkreten Gesellschaften die Funktion zugeschrieben, den für die Gattung ›Mensch‹ spezifischen Mangel an Instinktorientierung durch die Konstruktion und Distribution je verschiedener – stets aber intersubjektiver – Sinnvorgaben (anders formuliert: sozial konstruierter ›Wirklichkeiten‹) zu kompensieren. Zur Bezeichnung solcher, je spezifischer, gesellschaftlich konstruierter Wirklichkeiten verwendet die phänomenologisch fundierte Wissenssoziologie meist den Terminus ›*Alltagswelten*‹. Unbeschadet der von unserem Vorstellungsvermögen kaum auszulotenden inhaltlichen Variationsbreite von Alltagswelten, deren synchrone und diachrone Entfaltung Ethnologie und Geschichtswissenschaft rekonstruieren, haben sie doch alle einen Grundbestand an Sinnstrukturen gemeinsam; diesen anthropologisch konstanten Rahmen der sinnhaften Orientierung, durch dessen je spezifische Auffüllung die Alltagswelten entstehen, nennt man ›*Lebenswelt*‹.

Zu den lebensweltlichen Grundstrukturen gehört der *Prozeß der Sinnbildung*, den man als eine Sequenz von drei Operationen beschreiben kann. Durch den Vollzug dieser Operationen gelingt es dem Menschen, sich gegenüber einem überkomplexen Angebot an Umweltwahrnehmungen zu orientieren und, wie immer die inhaltlichen Vorgaben der Sinnbildungsoperationen aussehen, die zum Wissensbestand historisch spezifischer Gesellschaften gehören, Intersubjektivität zu konstituieren. Die drei Operationen des lebensweltlich vorgegebenen Sinnbildungsprozesses heißen ›*Thematisieren*‹, ›*Interpretieren*‹ und ›*Motivkonstitution*‹. Mit dem Terminus ›Thematisieren‹ wird die in jedem Bewußtseinsmoment vollzogene Selektion eines zentralen Objekts unserer Aufmerksamkeit aus der Fülle simultaner Wahrnehmungen bezeichnet; ›Interpretation‹ ist die aufgrund jeweiligen Vorwissens mögliche Operation, in der dem durch Thematisierung konstituierten Aufmerksamkeitsgegenstand gewisse Eigenschaften zugeschrieben werden; unter ›Motivkonstitution‹ versteht man die ausgehend von der Interpretation zu leistende Entwicklung der Vorstellung von einer zukünftigen Situation (des Motivs), die durch Handeln herbeigeführt werden soll.

Wenn wir davon ausgehen können, daß im sprachlichen Handeln die wichtigste Möglichkeit zur Sicherung der Intersubjektivität von Sinnbildung liegt, dann wird unser Vorschlag plausibel, den drei lebensweltlich vorgegebenen Phasen des Sinnbildungsprozesses drei anthropologisch konstante Diskursformen zuzuordnen. Durch Erzählen werden die in subjektiven Bewußtseinsabläufen vollzogenen Thematisierungssequenzen kommunizierbar; Beschreibung stellt Interpretationen von thematisierten Wahrnehmungsgegenständen zur Übernahme durch andere Subjekte bereit; Argumentation zielt auf die intersubjektive Koordinierung von Handlungsmotiven. Anders formuliert: die drei anthropologischen Diskursformen stabilisieren drei in der lebensweltlich-natürlichen Einstellung gemachte Annahmen, die gerade deshalb jegliche Alltagswelt fundieren, weil sie aufgrund des Fehlens eines biologischen Instinktapparates beim Menschen nie tatsächlich gegeben sind: die Annahmen von der Intersubjektivität des Erlebens (Thematisierens), des Erfahrens (Interpretierens) und des Handelns (der Motive). Dies leisten Erzählen, Beschreiben und Argumentieren, indem sie subjektive Bewußtseinsabläufe, die Ergebnisse subjektiver Erfahrungsprozesse und subjektive

Motive in den intersubjektiven Raum der Kommunikation holen. Wenden wir uns nun dem Erzählen zu. Unsere Zuordnung dieser Diskursform auf Thematisieren/Erleben als erster Operation des lebensweltlich vorgegebenen Sinnbildungsprozesses liefert eine anthropologische Erklärung für die zu unserem kommunikativen Alltagswissen gehörende Assoziation zwischen Erzählung und Zeit. Sie problematisiert allerdings die gängige literaturwissenschaftliche Artikulationsweise dieser Erfahrung, nach der Erzählungen stets Transformationen von Sachverhalten zur Darstellung bringen. Alfred Schütz und Thomas Luckmann (Schütz & Luckmann (1975), S. 67) haben Husserls Definition der *Zeit* als ›Form des Erlebens‹ zu neuer Geltung verholfen. Diese Definition folgt der Beobachtung, daß die vom subjektiven Bewußtsein in jeweiligen Gegenwartsmomenten vollzogenen Themenselektionen stets einerseits von der Erinnerung an vorgängige Selektionen (›*Retention*‹) vororientiert werden und andererseits Ausgangspunkt für die Antizipation folgender Themenselektionen (›*Protention*‹) sind. Wenn also Erzählen die auf die lebensweltliche Sinnbildungsoperation des Thematisierens (Erlebens) zugeordnete Diskursform ist, und Zeit als Form des Erlebens definiert wird, dann erklärt sich, warum die Struktur von Erzählungen Zeit für den Rezipienten erfahrbar macht. Diese Einsicht ist nun abschließend unter drei Perspektiven zu präzisieren.

Erstens durch die Unterscheidung zwischen dem durch ihren unvermeidlich sukzessiven Vollzug vorgegebenen Erlebnischarakter jeglicher Textrezeption und der spezifischen Leistung der Diskursform des Erzählens, durch Artikulation der Thematisierungssequenzen (des Erlebens) im Bewußtsein jeweils anderer Subjekte Zeit für den Rezipienten erfahrbar zu machen. Wenn aber zweitens auch beschreibende und argumentative Diskurse vom Rezipienten in Zeitform erlebt werden (Modus der Rezeption), dann ist deren Besonderheit dadurch gegeben, daß sie nicht Erleben als einen Prozeß, der zu Erfahrungen und Motiven hinführt, sondern Erfahrungen und Motive selbst, Ergebnisse von Erlebnisprozessen also, präsentieren (Struktur des rezipierten Inhalts). Nicht selten setzen übrigens Erzähltexte mit der Vergegenwärtigung jener Erfahrungen ein, zu denen der in ihnen artikulierte Erlebnisprozeß hinführt. Drittens schließlich können wir die Inkongruenz zwischen dem intensional bestimmten literaturwissenschaftlichen Narrationsbegriff und dem extensional abgesteckten Begriff ›Alltagsnarration‹ verstehen und damit ihre Aufhebung vorbereiten, wenn wir uns klarmachen, daß von einem anthropologisch fundierten Narrationsbegriff auch solche Texte erfaßt werden, welche Erlebnisprozesse artikulieren, deren Protentionen stets eingelöst werden. Diese komplizierte Formulierung meint Texte, die wir alltagssprachliche ›Erzählungen ohne Pointe‹ nennen. Wenn ›Erzählungen ohne Pointe‹ beispielsweise auf unbelebte Gegenstände bezogene Erlebnisprozesse präsentieren, dann sind sie allerdings kaum mehr von Beschreibungen zu unterscheiden. Denn obwohl Beschreibungen auf das Vermitteln gemachter Erfahrungen ›in Gänze‹ zielen – und nicht auf das Vermitteln des Prozesses, der zum Erwerb dieser Erfahrung führte –, erlegt auch ihnen das Medium der Sprache den Zwang der sukzessiven Artikulation auf.

3. Die Kommunikationssituation der Literatur und das literarische Erzählen

Während wir mit dem Terminus ›Erzählen‹ eine anthropologisch konstante Diskursform bezeichnen wollen, verweist das Prädikat ›Literatur‹ in den beiden folgenden Abschnitten auf gemeinsame Merkmale einer Gruppe von Kommunikationssituationen, deren Vorkommen historisch begrenzt ist. Die Perspektivierung der ›Literatur‹ als historisches Phänomen schließt aus, das ist vorab klarzustellen, daß wir einen Definitionsvorschlag für dieses Prädikat entwickeln: wir können nur Ansätze zu einer typisierenden Beschreibung liefern. Der Vorschlag, die immer wieder gescheiterten Bemühungen um eine ›Literaturdefinition‹ zu ersetzen durch eine Rekonstruktion jenes Ausdifferenzierungsprozesses von Kommunikationssituationen, aus dem – auch – die ›Literatur‹ hervorging, ist in der literaturwissenschaftlichen Diskussion der letzten Jahre häufig formuliert worden. Allerdings müßte man wohl bei einer Realisierung dieses Vorschlags die bisher meist unterstellte Idee eines unilinearen Evolutionsprozesses im Rahmen der europäischen Kulturgeschichte aufgeben; denn die Wurzeln unseres neuzeitlichen Literaturbewußtseins liegen im europäischen Hoch- und Spätmittelalter, sie sind nicht durch einen Strang historischer Kontinuität mit dem Literaturbewußtsein der Antike vermittelt.

Wir werden allerdings auf solche historischen Aspekte nicht eingehen, und diese Ausblendung hat Konsequenzen für den Stellenwert der Abgrenzung von literarischem und alltäglichem Erzählen, zu der wir gelangen wollen; sie kann – anders als der vorgeschlagene anthropologische Narrationsbegriff – nicht auf beliebige Epochen und Kommunikationsgemeinschaften appliziert werden.

Wenn wir ›Erzählen‹ als eine von drei anthropologisch konstanten Diskursformen definiert und damit angedeutet haben, daß das Prädikat ›Literatur‹ zur Bezeichnung eines Situationstyps verwendet werden soll, ist klar, daß eine Antwort auf die Frage nach den Differenzen zwischen literarischem und alltäglichem Erzählen in einer Rekonstruktion jener differenten Auswirkungen liegen muß, welche die literarischen und nicht-literarischen (›alltäglichen‹) Kommunikationssituationen auf den Vollzug der Diskursform ›Erzählen‹ haben. Der Sondercharakter jenes Typs von Kommunikationssituation, in dem ›literarisch‹ genannte Texte als Medium dienen, läßt sich anhand von drei Kriterien darstellen, die vor dem Hintergrund alltäglicher Kommunikationssituationen als Defizienzen erscheinen: a) die Kommunikationspartner haben nur ein wenig prägnantes Bild von jenen Funktionen, deren Realisierung sie sich vom Vollzug der Textproduktion und -rezeption erhoffen (es ist selbstverständlich, daß solche geringe Prägnanz der Handlungsmotive nicht mit ›Funktionslosigkeit‹ gleichgesetzt werden kann); b) ihre jeweiligen Erwartungen hinsichtlich des Vorwissens und der Erwartungen des je ›anderen‹ sind ebenso unscharf und befinden sich deshalb auch nur selten in Kongruenz; c) aus der geringen Prägnanz und der Divergenz wechselseitiger Erwartungen folgt schließlich, daß den Kommunikationspartnern normalerweise nicht, wie es in alltäglichen Kommunikationssituationen der Fall ist, Sanktionsmöglichkeiten zur Verhinderung von Erwartungsenttäuschungen zur Verfügung stehen.

Wolfgang Isers These, daß »literarische Texte ... fiktionaler Natur« seien (Iser (1979), S. 1), läßt sich in den Satz umformulieren, daß Texte, die wir in *pragmatischer Hinsicht* (also bezüglich jener Kommunikationssituation, in der sie als Medium dienen) ›literarisch‹ nennen, in *semantischer Hinsicht* stets als ›fiktional‹ angesehen werden können. Es ist offensichtlich, daß ›Fiktionalität‹ als Attribut der Literatur nicht mit ›Referenzlosigkeit‹ gleichgesetzt werden darf; was aber kann ›Fiktionalität‹ heißen, wenn nicht ›Referenzlosigkeit‹? Eine Antwort auf diese Frage hat Jean-Paul Sartre vorgegeben. Neben den in Sprachhandlungen vollzogenen Setzungen der bezeichneten Bewußtseinsinhalte als ›existent‹ oder ›nicht existent‹ bestehe, so Sartre, auch die Möglichkeit einer ›Neutralisierung‹, mit anderen Worten: die Möglichkeit, sich einer solchen Setzung zu enthalten (Sartre (1940), S. 24). Neutralisierung – verstanden als Relevanzverlust der Frage nach Wirklichkeitsreferenz – weist sich unter anderem deshalb als die adäquate Interpretation des Fiktionalitätscharakters literarischer Texte aus, weil sie unschwer in Zusammenhang mit der geringen Prägnanz der wechselseitigen Erwartungen der Kommunikationspartner in der Kommunikationssituation der Literatur gebracht werden kann.

Wenn es nun im Normalfall keine Probleme bereitet, bestimmte Texte intersubjektiv als ›literarisch‹ zu identifizieren, so hängt das gewiß damit zusammen, daß sie Signale enthalten, die uns zur Neutralisierung veranlassen sollen. Aus der oben zitierten Abhandlung von Wolfgang Iser übernehmen wir einen Vorschlag zum Verständnis der Neutralisierung und der sie fordernden Signale. Wenn die Fiktionssignale auf der einen Seite Referentialisierung als inadäquaten Rezeptionsmodus literarischer Texte auszuschließen suchen, dann ermöglichen sie es auf der anderen Seite, die literarische Texte konstituierenden Zeichenkomplexe – statt als Zeichen für Wirklichkeit – als *Repräsentation von Imaginationen* im Bewußtsein des Autors aufzufassen. Imaginationen als Inhalte subjektiver Bewußtseinsabläufe sind nicht – wie das soziale Wissen – an ein konventionelles Zeichenrepertoire angeschlossen, das ihre Vermittlung durch Kommunikation ermöglichte. Eben deshalb kann man literarische Texte nicht als ›Zeichen‹ von Imaginationen deuten, eben deshalb können sie nur als Stimuli für die Imagination des Rezipienten wirken, nicht als ein Medium, auf dessen Grundlage die Imagination des Autors für den Leser exakt dechiffrierbar würde. Wenn es aber zutrifft, daß literarische Texte (Autor-) Imaginationen repräsentieren und (Leser-) Imaginationen stimulieren, statt vom Autor konstituierte Sachverhalte an den Leser zu vermitteln, dann wird auch plausibel, warum die Sprachhandlungsmotive in der literarischen Kommunikationssituation beiderseits nur geringe Prägnanz aufzuweisen pflegen.

Natürlich können die jeweiligen textuellen Konkretisierungen aller drei anthropologischen Diskursschemata – Erzählungen, Beschreibungen und Argumentationen – als Repräsentationen des Imaginären fungieren, auch wenn unser kommunikatives Alltagswissen eine besondere Affinität zwischen den Begriffen ›Literatur‹ und ›Imagination‹ auf der einen, ›Erzählen‹ auf der anderen Seite nahelegt. Denn noch steht zu vermuten, daß der von jeweiligen Autoren zum Zweck der Repräsentation ihrer Imaginationen vollzogene Rückgriff auf eines der drei anthropologischen Diskursschemata nicht arbiträr ist. Wenden wir uns für einen Augenblick einem historischen Beispiel zu, um zumindest einen ersten Ansatz zur funktionalen Differenzierung der Diskursformen in der Kommunikationssituation der Literatur zu entwickeln. Im Zeitalter der Aufklärung haben sich Vorstellungen (Imaginationen) von einer anderen, besseren, neuen Gesellschaft in den verschiedensten Gattungen artikuliert. Am Anfang dominiert die *Reise* nach Utopia, also eine Konkretisation der Diskursform ›Erzählung‹; sehr bald schon degeneriert die Reiseerzählung zum konventionellen ›Rahmen‹ einer nicht mehr als Erlebnisprozeß, sondern nach *systematischen Kriterien gestalteten Beschreibung* jenes Landes oder jener Insel, welche die Vorstellung von der »anderen« Gesellschaft repräsentieren; als Nachfolger der utopischen Romane und Beschreibungen kann man schließlich – zumindest im Frankreich des XVIII. Jahrhunderts – *politische Programmschriften* ansehen, welche das jetzt nur noch durch Abstrakta repräsentierte Bild von der ›anderen‹ Gesellschaft aus dem Horizont der Vergangenheit und der Peripherie der Gegenwart in die Zukunft rücken. Dieses historische Beispiel legt die Vermutung nahe, daß die zur Repräsentation der (Autor-) Imaginationen herangezogenen Diskursformen – zumindest – Richtungen für die Umsetzung stimulierter (Leser-) Imaginationen in jeweilige Operationen der Sinnbildung – in Erleben, Erfahrung oder Handeln – vorgeben. Wo die Vorstellung von einer anderen Gesellschaft in Programmschriften repräsentiert wird, welche auf die Zukunft verweisen, liegt die Transformation stimulierter Imagination in *Handlungsmotivationen* nahe; wo das Land Utopia beschrieben wird, empfängt die Imagination des Lesers einen Stimulus unter Bedingungen, welche ihre Transformation in *intersubjektive Konzepte* von einer besseren Gesellschaft fördern; Narration als Repräsentationsform von

Vorstellungen ermöglicht auf seiten der Rezipienten einen dem Erleben ähnlichen, *schrittweise vollzogenen Aufbau korrespondierender Imaginationen,* was die quantitative Dominanz utopischer *Romane* in der Frühaufklärung verständlich macht.

Literarische Erzählungen, so können wir resümieren, machen wie alle Erzählungen Erlebnisprozesse für den Rezipienten erfahrbar. Indem sie aber – wie alle literarischen Texte – durch entsprechende Signale eine Neutralisierung der Frage nach ihrer Referenzialisierbarkeit nahelegen, können sie als Repräsentation der (Autoren-) Imagination und als Stimulus der (Leser-)Imagination fungieren, und sie orientieren, da hier Erlebnisprozesse (und nicht Erfahrungsbestände oder Handlungsmotivationen) der Repräsentation und Stimulierung von Imagination dienen, die Richtung von deren Umsetzung durch Sinnbildung des Rezipienten vor. Geht man von einer solchen Rekonstruktion der Funktion literarischer Erzählungen aus, dann gewinnt man den Eindruck, daß eine zentrale These der strukturalistischen Narrationsforschung, nach der – pauschal gesagt – die Funktion von Erzählungen in der Veranschaulichung, Abgrenzung und wechselseitigen Vermittlung abstrakter Konzepte liegt, aus einer etwas leichtfertigen Verwechslung zwischen strukturaler Analyse und der Rekonstruktion kommunikativer Funktionen hervorgegangen ist. Weil Texte in der literarischen Kommunikationssituation von der Pflicht zur Wirklichkeitsreferenz entlastet sind, konstruieren ihre Autoren Kontraste und Ähnlichkeiten, die weit prägnanter sind als in der Alltagswelt gewonnene Erfahrungen. Eben deshalb liegt es nahe, *zur wissenschaftlichen Analyse und Beschreibung* der in literarischen Narrationen erfahrbar gemachten Erlebnisprozesse eine möglichst einfache Struktur von Konzepten zu entwerfen. Solche konzeptuellen Strukturen haben aber rein heuristischen Charakter; sie dürfen nicht gleichgesetzt werden mit jenen Imaginationen, welche literarische Narrationen repräsentieren und stimulieren. Funktional – und nicht nur heuristisch – relevant sind konzeptuelle ›Tiefenstrukturen‹ bei jenen Gattungen allein, die man der ›exemplarischen Rede‹ zuordnen kann; das heißt bei Texten, in denen Erlebnisprozesse erfahrbar gemacht werden, um als Einzelfälle jeweilige allgemeine Erfahrungssätze oder Handlungsmaximen zu veranschaulichen.

4. Haben ›Alltagsfiktionen‹ literarischen Charakter?

Bereits im vorausgehenden Abschnitt haben wir darauf hingewiesen, daß die Bedeutung des Prädikats ›Alltag‹ im Kompositum ›Alltagserzählung‹ durch die Opposition zum Prädikat ›literarisch‹ geprägt ist. So gesehen läßt sich die in der Überschrift des abschließenden Teils unserer Problemskizze gestellte Frage rasch negativ beantworten. Nun hat aber Wolf-Dieter Stempel die These entwickelt, daß jene Teilgruppe der ›konversationellen Erzählungen‹, die er ›Alltagsfiktion‹ zu nennen vorschlägt, semantisch durch einen ›rudimentären Aristotelismus‹ gekennzeichnet sei und pragmatisch, wie das Motto ›se non è vero, è bene trovato‹ nahezulegen scheint, in Situationen als Medium fungiere, zu deren Konventionen so etwas wie eine ›Lockerung‹ (wenn nicht ›Neutralisierung‹) des Referenzpostulats gehöre (Stempel (1979b), S. 20, 18). Folgt man Stempel, dann sind ›Alltagsfiktionen‹ nicht eindeutig auf der Seite des alltäglichen Erzählens, sondern vielmehr zwischen alltäglichem und literarischem Erzählen zu lokalisieren. Bevor wir nun versuchen, eine eigene Antwort auf die Frage zu entwickeln, ob Alltagsfiktionen als eine Teilgattung im Bereich alltäglichen (›nicht-literarischen‹) Erzählens oder als eine Zwischenform anzusehen sind, gilt es festzuhalten, daß der Wert der vorgeschlagenen Definition von ›Erzählen‹ als anthropologischer Diskursform und der darauf aufbauenden Rekonstruktion der Funktion ›literarischen Erzählens‹ für uns weniger von der Möglichkeit einer eindeutigen Zuordnung der Alltagsfiktion auf alltägliches oder literarisches Erzählen abhängt als von ihrer Leistung beim Erfassen und Verstehen jener Kommunikationskonventionen, in die Alltagsfiktionen eingebettet sind.

Eine Tendenz zur Idealisierung der in den analysierten Alltagsfiktionen stets geleisteten Identitätspräsentation des Sprechers und eine ihr komplementäre Lockerung der Referenzerwartung auf seiten des Hörers, das waren jene beiden Beobachtungen, die Stempel veranlaßten, Alltagsfiktionen zwischen den Idealtypen literarischen und alltäglichen Erzählens anzusiedeln. Als Anhaltspunkt für die Lockerung der Referenzerwartung auf der Seite des Hörers führt Stempel die Beobachtung an, daß die Hörer von Alltagsfiktionen den Sprecher auch dann kaum unterbrechen, wenn ihnen klar ist, daß dessen Identitätspräsentation der Wahrheit nicht entspricht. Wir stellen nun Stempels Interpretation kommunikativen Verhaltens die These entgegen, daß sich in dem Satz ›se non è vero, è bene trovato‹ nicht etwa eine Kommunikationskonvention artikuliert, sondern eine besondere, nämlich ästhetische Einstellung zum Alltag, die einen sophistizierten Charakter gerade aus ihrer Differenz zur konventionellen Rezeption von Alltagsfiktionen gewinnt. Diese Gegenthese stützen wir mit einer alltäglichen Erfahrung, die Stempel in seine Überlegungen nicht einbezogen hat. Zwar ist es richtig, daß man in der Rolle des Hörers Identitätspräsentationen in konversationellen Erzählungen kaum einmal unterbricht, ja, solche Unterbrechungen sind sogar als ›unhöflich‹ sanktioniert; aber es ist ebenso üblich, daß man immer dann, wenn es darum geht, solche identitätspräsentierenden Konversationserzählungen – allein oder im Gespräch mit Dritten – als Grundlage für ein eigenes Urteil über den Sprecher zu nutzen, eine festgestellte oder vermutete Diskrepanz zwischen Identitätspräsentation und ›wirklicher Identität‹ als Minuspunkt für den Sprecher bucht. Bewunderung für die Genialität eines Hochstaplers – und das wäre doch eine Konkretisation des ›se non è vero, è bene trovato‹ – ist Symptom für eine ästhetische Einstellung zum Alltag; anders formuliert: es macht eben einen Unterschied, ob man Felix Krull als Protagonisten eines Romans oder als Interaktionspartner im Alltag begegnet.

Unsere Kritik an Stempels Deutung des Verhaltens von Kommunikationspartnern, deren Interaktion sich über das Medium von Selbstpräsentationen in konversationellen Erzählungen vollzieht, führt zu zwei Hypothesen im Hinblick auf die Funktion von Alltagsfiktionen. Die erste Hypothese geht aus von der Vermutung, daß die in Alltagsfiktionen geleisteten Identitätspräsentationen – generell – Vorbereitung (auf seiten des Sprechers auch: Versuch der Vororientierung) späterer Interaktionen zwischen Sprecher und Hörer sind; sie liegt genauer in einer Antwort auf die Frage, warum sich der Sprecher nicht auf die meist weniger aufwendige Diskursform der Beschreibung zurückzieht. Konkreter: warum gibt sich etwa der ›belgische Schachmeister‹ in Stempels Beispieltext (Stempel (in diesem Band), S. 399 ff., Z. 5/6) nicht mit der Selbstcharakterisierung als »Poulidor des échecs« zufrieden, sondern vergegenwärtigt narrativ einen Erlebnisprozeß, der eben wieder zu der Erfahrung hinführt, er sei der »Poulidor des échecs«? Der ›Mehrwert‹ der Narration gegenüber der deskriptiven Charakterisierung scheint darin zu liegen, daß sie dem Hörer nicht nur ein Selbstbild des Sprechers vermittelt, sondern ihm darüber hinaus durch die Vergegenwärtigung jenes Erlebnisprozesses des Sprechers, aus dem eben dieses Selbstbild entstanden ist, ein Urteil über dessen Wirklichkeitsadäquanz oder Inadäquanz zu fällen ermöglicht. So gesehen eröffnet die narrative Entfaltung der Identitätspräsentationen dem Sprecher die Chance, überzeugender zu machen, was sich prägnanter deskriptiv fassen läßt. So gesehen wird aber auch plausibel, warum der Hörer kaum ein Interesse daran haben kann, eine als inadäquat durchschaute Identitätspräsentation des Sprechers zu unterbrechen; denn durch eine solche Unterbrechung begäbe er sich selbst der Möglichkeit, die Selbsteinschätzung des Sprechers als ein Symptom für dessen Identität auszuwerten, auf der anderen Seite böte er dem Sprecher allzuviel Anhaltspunkte dafür, seine narrative Identitätspräsentation besonders wahrscheinlich und damit für den Hörer überzeugend zu gestalten.

Unsere Thesen legen am Ende dann doch wieder eine *eindeutige* Zuordnung der Alltagsfiktionen zum alltäglichen Erzählen nahe. Denn anders als literarische Erzählungen, darin liegt die erste Differenz, verweisen Alltagsfiktionen nicht auf ihren – tendenziell – fiktionalen Charakter; zweitens verliert die Referenzialisierbarkeit der Texte im Fall der Alltagsfiktionen für den Rezipienten nicht an Relevanz, er neutralisiert nicht etwa den Unterschied zwischen referenzhaltigen und referenzlosen Textpassagen; bedeutend ist vielmehr drittens, daß Referenzhaltigkeit und Referenzlosigkeit der in den Alltagsfiktionen artikulierten Identitätspräsentationen für den Hörer in gleicher Weise relevant sind. Referenzhaltige Passagen sind Zeichen für die Identität des Sprechers, referenzlose Passagen sind Symptome für seine hypertrophe Selbsteinschätzung. Eine Grenze für die Fiktionalisierungstendenz von Identitätspräsentationen in konversationellen Erzählungen ist also gesetzt durch die Gefahr, daß diese – gegen den Willen des Sprechers – zu einem Symptom überzogener Selbsteinschätzung geraten können.

Alltagsfiktionen, mit dieser Feststellung wollen wir schließen, sind konventionellerweise Zeichen oder Symptom für die Identität des Sprechers; damit ist freilich nicht ausgeschlossen, daß sie für einen Rezipienten in ästhetischer Einstellung als Repräsentation fremder und Stimulus eigener Imagination wirken können.

Literaturverzeichnis

Berger, P. L. & Luckmann, Th. (1971²) Die gesellschaftliche Konstruktion der Wirklichkeit – eine Theorie der Wissenssoziologie. Frankfurt.
Bühler, K. (1934) (1978) Sprachtheorie – die Darstellungsfunktion der Sprache. (Stuttgart) Frankfurt/Berlin/Wien.
Danto, A. (1974) Analytische Philosophie der Geschichte. Frankfurt.
Flader, D. & Giesecke, M. (1979) Erzählen im psychoanalytischen Erstinterview – eine Fallstudie. mimeo.
Gumbrecht, H. U. (1977) Fiktion/Nichtfiktion. In: H. Brackert & E. Lämmert (Hgg.) (1977) Funkkolleg Literatur. Bd. 1. Frankfurt. S. 188-209.
Gumbrecht, H. U. (1979a) Zur Pragmatik der Frage nach persönlicher Identität. In: O. Marquard & K. Stierle (Hgg.) (1979) Poetik und Hermeneutik VIII. Identität. München. S. 674-681.
Gumbrecht, H. U. (1979b) Lebenswelt als Fiktion/Sprachspiele als Antifiktion – Versuch zur Pragmatik des realistischen Romans in Frankreich und Spanien. In: D. Henrich & W. Iser (1981) Poetik und Hermeneutik X. Funktionen des Fiktiven. München.
Gumbrecht, H. U. (1979c) ›Das in vergangenen Zeiten Gewesene so gut erzählen, als ob es in der eigenen Welt wäre‹. Versuch zur Anthropologie der Geschichtsschreibung. In: R. Kosellek & J. Rüsen (Hgg.) (1981) Darstellungsformen der Geschichte. Theorie der Geschichte IV. München.
Iser, W. (1979) Akte des Fingierens oder: was ist das Fiktive im fiktionalen Text? In: D. Heinrich & W. Iser (Hgg.) (1981) Poetik und Hermeneutik X.
Kallmeyer, W. & Schütze, F. (1977) Zur Konstitution von Kommunikationsschemata der Sachverhaltsdarstellung. In: D. Wegener (Hg.) (1977) Gesprächsanalysen. Hamburg.
Sartre, J.-P. (1940) L'imaginaire – psychologie phénoménologique de l'imagination. Paris.
Schütz, A. & Luckmann, Th. (1975) Strukturen der Lebenswelt. Neuwied.
Sprondel, W. M. & Grathoff, R. (Hgg.) (1979) Alfred Schütz und die Idee des Alltags in den Sozialwissenschaften. Stuttgart.
Stempel, W.-D. (1979) Fiktion in konversationellen Erzählungen. In: D. Henrich & W. Iser (Hgg.) (1971) Poetik und Hermeneutik X.
Stierle, K. (1977) Die Strukturen narrativer Texte. Am Beispiel von J. P. Hebels Kalendergeschichte ›Unverhofftes Wiedersehen‹. In: H. Brackert & E. Lämmert (Hgg.) (1977), S. 210-233.
Ströker, E. (Hg.) (1979) Lebenswelt und Wissenschaften in der Philosophie Edmund Husserls. Frankfurt.
Waldenfels, B. (1978) Im Labyrinth des Alltags. In: B. Waldenfels,

Broekman, J. M., Pazanin, A. (Hgg.) (1978) Phänomenologie und Marxismus III – Sozialphilosophie. Frankfurt. S. 18-44.
Warning, R. (1979) Pour une pragmatique du discours fictionnel. In: Poétique 39 (1979). S. 321-337.

Stichwortregister

Das Register soll – über seinen üblichen Zweck hinaus – dazu beitragen, Querverbindungen zwischen den einzelnen Beiträgen des Bandes sichtbar zu machen. Terminologische Einheitlichkeit anzustreben, war angesichts des Forschungsstandes weder möglich noch sinnvoll.
Christa Borchers, Brigitte Mann und Barbara Rheinbold ist für technische Hilfen bei der Herstellung des Registers zu danken.

Hinweise zu den Autoren

Thomas Bliesener, geb. 1951; studierte an der Universität Bonn Mathematik und erwarb dort den M. A. im Fach Kommunikationsforschung und Phonetik sowie das Diplom in Psychologie. Seine Forschungsinteressen liegen in der Kommunikation in Institutionen, Rhetorik und dem Verhältnis von Psychotherapie und Alltag. Er promoviert z. Zt. über Gesprächskrisen und arbeitet in dem Ulmer Projekt über therapeutische Beziehungen- auf einer internistisch-psychosomatischen Modellstation mit. Veröffentlichungen: Episodenschwellen und Zwischenfälle (zus. mit W. Nothdurft), Hamburg 1978; Strategien der Abweisung von Initiativen – Zur Kommunikation zwischen Krankenhauspersonal und Patient in der Visite (erscheint).

Konrad Ehlich, geb. 1942; Studium der Protestantischen Theologie, Orientalischer Sprachen, der Philosophie, Soziologie und Sprachwissenschaft. Arbeitete als Assistent am Fachbereich Germanistik der FU Berlin. Seit 1973 Assistent am Seminar für Allgemeine Sprachwissenschaft der Universität Düsseldorf. Forschungsarbeiten und Publikationen zur Sprechhandlungstheorie, Diskursanalyse, Sprachsoziologie und zum Deutschen der Gegenwart. Wichtigste Veröffentlichungen: Verwendungen der Deixis beim sprachlichen Handeln (Frankfurt 1979). Interjektionen (demn.). Artikel im Sammelband »Linguistische Pragmatik« (hg. von D. Wunderlich, 2. Aufl. Frankfurt 1975). Sprache im Unterricht – Linguistische Verfahren und schulische Wirklichkeit (zus. mit J. Rehbein, in Studium Linguistik 1, 1976). Wissen, kommunikatives Handeln und die Schule (zus. mit J. Rehbein, in H. C. Goeppert (Hg.) Sprachverhalten im Unterricht, München 1977). Sprachliche Handlungsmuster (zus. mit J. Rehbein in H.-G. Soeffner (Hg.) Interpretative Verfahren in den Sozial- und Textwissenschaften, Stuttgart 1979).

Dieter Flader, 1965-73 Studium an der Universität Hamburg (Germanistik, Linguistik, Psychoanalyse), dort 1973 promoviert (Dr. phil.). Seit 1974 Wissenschaftlicher Assistent an der Universität Essen im Bereich »Sprach- und Kommunikationswissenschaft«; 1979 habilitiert (venia legendi: Linguistik/Kommunikationswissenschaft). Redaktionsmitglied der Zeitschrift »Studium Linguistik«. Wichtigste Veröffentlichungen: »Strategien der Werbung«, 1974 (Kronberg/Ts.); »Hypothesen zur Wirkungsweise der psychoanalytischen Grundregel« (zusammen mit W.-D. Grodzicki), 1978, in: Psyche H.7 (Stuttgart); »Therapeutische Kommunikation« (hrsg. mit R. Wodak-Leodolter), 1979 (Königstein/Ts.).

Michael Giesecke, geb. 1949; Studium an der Technischen Universität Hannover und der Freien Universität Berlin; nach dem Studium Mitarbeit in einem Projekt zur Erforschung der Entwicklung kindlicher Sprechhandlungsfähigkeit (Hannover), 1977/78 Aufenthalt im Zentrum für Interdisziplinäre Forschung der Universität Bielefeld (›Zwischen Linguistik und Geschichte‹), 1978/79 Forschungsstipendiat der Herzog-August-Universität Wolfenbüttel: Arbeit über sprachhistorische Themen im Zusammenhang mit der Herausbildung des Frühneuhochdeutschen; seit 1979 arbeite ich in einem Projekt zur »Erforschung interaktioneller Vorgänge in Supervisions- und Balintgruppen«, das im Modellversuch Soziale Studiengänge an der Gesamthochschule Kassel durchgeführt wird. Veröffentlichungen: u. a. Instruktionssituationen in Sozialisationsinstitutionen – Ablaufschemata und Bedeutungsübertragung bei instrumentellen Instruktionen im Kindergarten, in: Interpretative Verfahren in den Sozial- und Textwissenschaften, Hrsg. Hans-Georg Soeffner, Stuttgart 1979. Schriftsprache als Entwicklungsfaktor in Sprach- und Begriffsgeschichte, in: Reinhart Koselleck (Hrsg.), Historische Semantik und Begriffsgeschichte, Stuttgart 1979. »Volkssprache« und »Verschriftlichung des Lebens« im Spätmittelalter, in: H.-U. Gumbrecht (Hrsg.), Literatur in der Gesellschaft des Spätmittelalters, Heidelberg (erscheint). Übersicht über Grundannahmen und Untersuchungsverfahren in dem Projekt »Erforschung interaktioneller Vorgänge in ausbildungs- und berufsbegleitenden Supervisions- und Balintgruppen« an der Gesamthochschule Kassel, in: Materialien 7 des Modellversuchs, 3. erweiterte Aufl. 1979, Hrsg.: Adrian Gaertner

Elisabeth Gülich, geb. 1937; Studium in Freiburg, Wien und Kiel; Staatsexamen in Französisch und Sport in Kiel, Promotion in Romanistik und Mittellatein in Köln, Habilitation in Romanischer Philologie in Bielefeld. Wiss. Assistentin am Romanischen Seminar der Universität Köln und an der Fakultät für Linguistik und Literaturwissenschaft der Universität Bielefeld; Dozentin in Bielefeld; Professur für Linguistik (Schwerpunkt: Textlinguistik) am Fachbereich Germanistik der Freien Universität Berlin. Wichtigste Veröffentlichungen: Makrosyntax der Gliederungssignale im gesprochenen Französisch, München 1970; (zus. mit W. Raible) Textsorten. Differenzierungskriterien aus linguistischer Sicht, Frankfurt 1972, 2. Aufl. 1975; (zus. mit K. Heger, W. Raible) Linguistische Textanalyse. Überlegungen zur Gliederung von Texten, Hamburg 1973, 2. Aufl. 1979; (zus. mit W. Raible) Linguistische Textmodelle, München 1977; Was sein muß, muß sein. Überlegungen zum Gemeinplatz und seiner Verwendung. Bielefelder Papiere zur Linguistik und Literaturwissenschaft 7/1978; Ansätze zu einer kommunikationsorientierten Erzähltextanalyse, in: W. Haubrichs (Hg.), Erzählforschung 1, Göttingen 1976; Redewiedergabe im Französischen. Beschreibungsmöglichkeiten im Rahmen einer Sprechakttheorie, in: R. Meyer-Hermann (Hg.), Sprechen – Handeln – Interaktion, Tübingen 1978; (zus. mit K. Henke) Sprachliche Routine in der Alltagskommunikation. Überlegungen zu »pragmatischen Idiomen« am Beispiel des Englischen und des Französischen, in: Die Neueren Sprachen 78 (1979) und 79 (1980).

Hans Ulrich Gumbrecht, geb. 1948; ab 1967 studierte er in München (u. a. bei Hugo Kuhn), Regensburg und Salamanca Romanistik und Germanistik. 1971 promovierte er in Konstanz mit einer Arbeit zur Stilistik und Gattungsgeschichte hochmittelalterlicher Texte. Danach war er ein Jahr Redaktor des von H. R. Jauß und E. Köhler herausgegebenen ›Grundrisses der romanischen Literaturen des Mittelalters‹, dann wissenschaftlicher Assistent im Konstanzer Fachbereich Literaturwissenschaft. Gleichzeitig studierte er bei F. Kambartel, T. Luckmann und J. Mittelstraß Philosophie und Soziologie. 1974 habilitierte er sich mit einer Arbeit über ›Funktionen parlamentarischer Rhetorik in der Französischen Revolution‹ (München 1978); seit 1975 lehrt er an der Ruhr-Universität Bochum. 1977 und 1980 war er Gastprofessor in Rio de Janeiro und in Berkeley/Kalifornien. Seine derzeitigen Arbeitsschwerpunkte sind Theorie und Methode einer historischen Textpragmatik, die französische und spanische Literatur des Mittealters (Ende 1980 wird der von ihm herausgegebene Band über ›Literatur in der Gesellschaft des Spätmittelalters‹ in Heidelberg erscheinen), die französische Literatur der Spätaufklärung und der Revolutionsjahre (1981 erscheint ein gemeinsam mit R. Reichardt und T. Schleich herausgegebener Band ›Für eine Sozialgeschichte der Aufklärung‹) und die spanische Literatur des XIX. Jahrhunderts.

Ludger Hoffmann, geb. 1951; Studium der Germanistik und Theologie an der Westfälischen Wilhelms-Universität Münster, erste Staatsprüfung 1974, Promotion im Hauptfach Germanistik Anfang 1977. Seit 1977 Wiss. Assistent im Fach Deutsch der Pädagogischen Hochschule Münster, ab 1980 an der Universität Münster. Wichtigste Veröffentlichungen: Zur Sprache von Kindern im Vorschulalter (1978), Sprechen vor Gericht. Ein Versuch zur Beschreibung von Kode-Merkmalen (1980), Kommunikation vor Gericht (i. V.).

Bettina Hurrelmann, 1962-65 Lehrerstudium; 1965-68 Grund- und Hauptschullehrerin; 1968-74 Studium der Germanistik, Pädagogik, Philosophie an der Universität Münster; 1974 Promotion; 1974-76 wissenschaftliche Assistentin an der Pädagogischen Hochschule Westfalen-Lippe. Z. Zt. wissenschaftliche Assistentin an der Universität Essen – Gesamthochschule im Bereich Germanistik (Literaturwissenschaft), Schwerpunkt: Literaturdidaktik. Wichtigste Veröffentlichungen: Jugendliteratur und Bürgerlichkeit. Paderborn 1974. Kinderliteratur und Rezeption. (Hrsg.) Baltmannsweiler 1980. Aufsätze zu den Gebieten Kinder- und Jugendliteratur, Textrezeption, Textproduktion.

Klaus-Peter Klein, geb. 1948; Studium in Würzburg und Bochum; Staatsexamen für das höhere Lehramt, Promotion zum Dr. phil. Lehrtätigkeit an Gymnasien, mehrjährige Schulleitertätigkeit an einer Modelleinrichtung der Berufsbildung. Derzeit wiss. Assistent im Lehrgebiet ›Deutsche Sprache und Literatur und ihre Didaktik‹ an der Universität Münster (Schwerpunkte: Sprachwissenschaft/Sprachdidaktik). Veröffentlichungen: Zukunft zwischen Trauma und Mythos: Science-fiction (1976). Grundprobleme der Linguistik (1979, Hrsg. zusammen mit W. Gewehr). Außerdem Aufsätze zur Pragmalinguistik, Soziolinguistik und zu einer pragmatisch fundierten Sprachdidaktik; daneben Publikationen zu pädagogisch-sozialwissenschaftlichen Fragestellungen.

Uta M. Quasthoff, geb. 1944; Studium der Fächer Germanistik (Linguistik), Theaterwissenschaft, Philosophie und Kunstgeschichte an der University of Utah (1 Jahr) und an der Freien Universität Berlin. Forschungsaufenthalte an der University of Michigan und der University of Hawaii. Zunächst Assistentin, später Assistenzprofessorin am Fachbereich Germanistik (Linguistische Abteilung) der Freien Universität Berlin. Promotion und Habilitation an diesem Fachbereich. Wichtigste Veröffentlichungen: Soziales Vorurteil und Kommunikation. Eine sprachwissenschaftliche Analyse des Stereotyps. Frankfurt/M. (Fischer-Athenäum-Taschenbuch) 1973. Herausgegeben: Sprachstruktur – Sozialstruktur. Zur linguistischen Theorienbildung. Königstein/Ts. (Scriptor) 1978. Erzählen in Gesprächen: Linguistische Untersuchungen zu Strukturen und Funktionen am Beispiel einer Kommunikationsform des Alltags. Tübingen (Narr) 1980. »Linguistik und Sozialpsychologie« In: Bartsch, R. / Th. Vennemann (eds.) Linguistik und Nachbarwissenschaften. Kronberg/Ts. (Scriptor) 1973. »›Homogenität‹ vs. ›Heterogenität‹ als Problem einer historischen Sprachwissenschaft«. In: Ehrich, V. / P. Finke (eds.) Beiträge zur Grammatik und Pragmatik. Kronberg/Ts. (Scriptor) 1975. »Bestimmter Artikel und soziale Kategorisierung: Zum Mechanismus von Referenz und Kohärenz«. In: Hartmann, D. et al. (eds.) Sprache in Gegenwart und Geschichte. Festschrift für H.-M. Heinrichs. Köln (Böhlau) 1978. »The Uses of Stereotype in Everyday Argument: Theoretical and Empirical Aspects.« In: Journal of Pragmatics 2.1., 1978. Zahlreiche Aufsätze zu konversationellen Erzählungen.

Jochen Rehbein, geboren 1939; Studium der Medizin, Germanistik, Komparatistik, Sprachwissenschaft und Philosophie in Berlin und Paris. Assistent für Sprachwissenschaft an den Universitäten Berlin (FU) und Düsseldorf. Gegenwärtig Professor am Seminar für Sprachlehrforschung der Ruhr-Universität Bochum. Arbeiten zur Linguistischen Pragmatik, Institutions- und Diskursanalyse, Kommunikation in der Schule, Sprachlehrforschung und nonverbalen Kommunikation (viele in Zusammenarbeit mit Konrad Ehlich). Monographie: *Komplexes Handeln. Elemente der Handlungstheorie der Sprache.*

Wolf-Dieter Stempel, geb. 1929; 1949-53 Studium der Romanistik in Marburg, Aix-en-Provence, Paris und Heidelberg. 1954 Promotion in Romanischer Philologie in Heidelberg, 1954-62 wiss. Assistent am Romanischen Seminar der Univ. Bonn, 1962 Habilitation in Bonn. 1963-67 o. Professor für Romanische Philologie in Bonn, 1967-73 in Konstanz, seit 1973 in Hamburg. Wichtigste Veröffentlichungen: Untersuchungen zur Satzverknüpfung im Altfranzösischen, Braunschweig 1964; Beiträge zur Textlinguistik (Hrsg.), München 1971; Texte der russischen Formalisten II: Texte zur Theorie des Verses und der poetischen Sprache, München 1972; Geschichte – Ereignis und Erzählung. Poetik und Hermeneutik V (hrsg. zus. mit R. Koselleck), München 1973; M. Červenka, Der Bedeutungsaufbau des literarischen Werks (hrsg. zus. mit F. Boldt), München 1978; Gestalt, Ganzheit, Struktur. Aus Vor- und Frühgeschichte des Strukturalismus in Deutschland, Göttingen 1978.

Ruth Wodak, geb. 1950; Studium der Allgemeinen und Angewandten Sprachwissenschaft, Nebenfach Slavistik. Promotion sub auspiciis praesidentis rei publicae am 5. Dezember 1974 mit einer soziolinguistischen Dissertation (Ansätze zu einer soziolinguistischen Theorie der Verbalisierung. Ihre Anwendung in einer explorativen Studie des Sprachverhaltens von Angeklagten bei Gericht, Wien 1974). Ab Februar 1975 Anstellung als Universitätsassistent am Institut für Sprachwissenschaft der Universität Wien. Seit Juni 1980 läuft das Habilitationsverfahren für die Venia »Angewandte Sprachwissenschaft, einschließlich Sozio- und Psycholinguistik«. Forschungsschwerpunkte: Soziolinguistik (schicht- und geschlechtsspezifisches Sprachverhalten und Sozialisation, Minderheitensprachen, Bilinguismus, Sprachunterricht für Gastarbeiter), Textlinguistik (Theorien zur Textplanung, Konversationsanalyse), Patholinguistik (Schizophrenieforschung, therapeutischer Diskurs). Mitarbeit an Projekten in Zusammenarbeit mit der Psychiatrischen Universitätsklinik. Wichtigste Publikationen: Das Sprachverhalten von Angeklagten bei Gericht, Kronberg/Ts. 1975. Das Wort in der Gruppe. Linguistische Studien zur therapeutischen Kommunikation. München 1980 (in Druck). Dressler, W. / Wodak-Leodolter, R. (eds), Language Death, Int. J. Soc. Lg. 12/1977. Flader, Dr. / Wodak-Leodolter, R. (eds): Therapeutische Kommunikation, Königstein/Ts. 1979. Ca. 35 weitere Aufsätze, 12 Rezensionen.